मुग़ल ह़रम

समकालीन राजनीति, समाज, संस्कृति एवं महिलाएँ

मुग़ल ह़रम

समकालीन राजनीति, समाज, संस्कृति एवं महिलाएँ

शमऊन अहमद

SHARADA

शारदा पब्लिशिंग हाउस

दिल्ली

प्रथम संस्करण : 2011

आई. एस. बी. एन. : 978-81-88934-73-7

SHARADA ₹ 2500/-

प्रकाशक
शारदा पब्लिशिंग हाउस
111, विद्या विहार अपार्टमेन्ट
सैक्टर-9, रोहिणी, दिल्ली-110085
दूरभाष : +91-11-3292 1560, 2755 2102
ई-मेल : bansal_sph@rediffmail.com
Website : www.sharadabooks.com

भारत में प्रकाशित

समर्पण

मेरी माँ
श्रीमती कसीब बानो
को

आत्म निवेदन

नारी प्रकृति की अनुपम कृति है। कभी देवी तो कभी देवदासी; कभी साम्राज्ञी तो कभी सेविका; कभी शक्तिस्वरूपा तो कभी सुकोमला के रूप में — वह मानव सभ्यता के प्रत्येक सोपान पर अपनी उपस्थिति प्रकट करती रही है। किंतु उसके योगदानों को प्रायः हस्तक्षेप अथवा अनअपेक्षित प्रभाव के रूप में परिभाषित किया जाता रहा है। इस नकारात्मक दृष्टिकोण की भुक्तभोगी मुख्यतः वे महिलाएँ रहीं, जिन्होंने विपरीत परिस्थितियों में भी अपनी प्रतिभा तथा क्षमताओं का प्रदर्शन किया। संप्रति समाजविज्ञानियों में, जबकि नारी की क्षमताओं एवं विविध सामाजिक-सांस्कृतिक सोपानों पर उसके संभावित योगदानों के विषय में विचार-मंथन जारी है, एक इतिहास के विद्यार्थी का यह दायित्व बन जाता है कि इस हेतु वह वैज्ञानिक कसौटी पर जाँची-परखी पृष्ठभूमि उपलब्ध कराए।

मुग़लकालीन भारत के परिप्रेक्ष्य में राजनीतिक, आर्थिक, सामाजिक एवं सांस्कृतिक जीवन पर अनेक स्तरीय कार्य हुए हैं। किंतु महिलाओं की स्थिति एवं योगदानों की यहाँ या तो उपेक्षा हुई है अथवा उनके रहन-सहन पर पार्श्विक दृष्टि डालकर संतुष्ट हो जाया गया है। मुग़ल अभिजात वर्ग, विशेष रूप से शाही परिवार की महिलाओं के संदर्भ में स्थिति और भी विडम्बनापूर्ण है। पर्दा तथा कड़ी सुरक्षा के कारण समकालीन फ़ारसी इतिहासकार भी अधिक विवरण नहीं देते। यूरोपीय यात्रियों के विवरण प्रायः किंवदंतियों एवं अनुमानों से भरे पड़े हैं। फलतः किंवदंतियों के समक्ष ऐतिहासिक तथ्य *पर्दानशीनी* के शिकार हो गए और अनेक भ्रामक अवधारणाओं को स्थान मिल गया। वर्तमान पुस्तक

इन्हीं भ्रान्तियों के निवारण तथा कदाचित् नवीन ऐतिहासिक तथ्यों एवं सत्यों के प्रतिपादन का विनम्र प्रयास है।

इस पुस्तक का क्षेत्र वस्तुतः उस नारी समष्टि तक सीमित है, जिसका मुग़ल बादशाहों से प्रत्यक्ष अथवा अप्रत्यक्ष संबंध था। इसमें मुग़ल राजशाही से रक्त एवं वैवाहिक संबंधों के माध्यम से जुड़ी हुई महिलाओं के साथ ही वे महिलाएं भी आ गई हैं जो मुग़ल शाही हरम में अधिकारी, कर्मचारी अथवा सेविका के रूप में नियुक्त की जाती थीं। मुग़लों से पूर्व स्त्रियों की स्थिति के प्रदर्शन के प्रयोजनार्थ प्राचीन भारत, तुर्क-मंगोल एवं इस्लामी परंपरा तथा दिल्ली सल्तनत में स्त्रियों, विशेष रूप से अभिजात वर्ग की महिलाओं के राजनीतिक तथा सांस्कृतिक योगदानों का संक्षिप्त परिचय उपलब्ध कराने का प्रयास भी किया गया है तथापि अध्ययन की मुख्य अभिप्रेत मुग़ल शाही महिलाएँ ही रही हैं। मुग़ल राजनीति एवं प्रशासन में महिलाओं की भागेदारी के साथ ही, उनके सांस्कृतिक जीवन के विविध पक्षों; यथा — हरम में आयोजित उत्सवों, त्यौहारों, क्रीड़ाओं, मनोरंजन के विविध साधनों, साहित्य, संगीत, सजावट तथा स्थापत्य कला में शाही परिवार की महिलाओं की रुचियों का अवलोकन भी प्रस्तुत किया गया है। इसके साथ ही इन महिलाओं के आवास, सुरक्षा, आर्थिक स्थिति तथा उस परिवेश एवं प्रतिबंधों को समझने का प्रयास भी किया गया है जिसका इनके व्यक्तित्व एवं कृतित्व पर अनिवार्य रूप से प्रभाव पड़ता था।

विभिन्न पुस्तकालयों एवं संस्थाओं के सहयोग के अभाव में यह अध्ययन-कार्य संभव न था। टैगोर पुस्तकालय, लखनऊ विश्वविद्यालय; अमीरूद्दौला पब्लिक लाइब्रेरी, लखनऊ; राज्य अभिलेखागार पुस्तकालय, लखनऊ; केन्द्रीय पुस्तकालय, रूहेलखण्ड विश्वविद्यालय, बरेली; सेन्टर फॉर एडवांसड स्टडी इन हिस्ट्री, अलीगढ़ मुस्लिम विश्वविद्यालय, अलीगढ़; रज़ा पब्लिक लाइब्रेरी, रामपुर से अत्यंत महत्त्वपूर्ण सामग्री प्राप्त हुई है। नई दिल्ली स्थित भारतीय इतिहास अनुसंधान परिषद पुस्तकालय, राष्ट्रीय संग्रहालय, पुरातत्त्व संस्थान पुस्तकालय, फ़ोटो लाइब्रेरी तथा केन्द्रीय पुस्तकालय, भारतीय पुरातत्त्व सर्वेक्षण से अनेक महत्त्वपूर्ण सूचनाएँ तथा-अध्ययन-सामग्री जुटाने में सहायता मिली है। पुस्तक में प्रयुक्त अधिकांश छायाचित्रा बिट्रिश म्यूज़ियम, भारतीय संग्रहालय, कोलकाता तथा भारत कला भवन, वाराणसी से प्राप्त हुए हैं। मैं इन समस्त संस्थाओं के प्रति कृतज्ञता ज्ञापित करने के साथ ही भारतीय पुरातत्त्व सर्वेक्षण में अपने मित्रों तथा शुभचिंतकों, विशेष रूप से अपनी लाइब्रेरियन श्रीमती उज्जवल हंडू, श्रीमती रजनीलाल तथा सविता टुस्सू के प्रति अभार प्रकट करता हूँ जिन्होंने अध्ययन के प्रत्येक स्तर पर सहयोग में किंचित् भी संकोच प्रकट नहीं किया।

माँ और अब्बाजान की दुआओं के बग़ैर इस पुस्तक को वर्तमान स्वरूप दे पाना संभव नहीं था। वह माँ ही हैं जिनकी मुग़ल शाहज़ादियों पर बचपन में सुनायी गई कहानियाँ बालक मन को सदैव तर्क और कल्पना के झूले झुलाती रहीं और कालान्तर में मेरे गुरुदेव प्रोफ़ेसर पी.के. घोष ने इस विचार को अध्ययन हेतु चयन के लिए प्रेरित किया जो पुस्तक के रूप में आपके समक्ष प्रस्तुत है। इनके प्रति कृतज्ञता ज्ञापित करने में शब्द असमर्थ हैं, भावनाएँ प्रबल। काश, भावनाओं को शब्द दे पाता।

इस पुस्तक के प्रकाशन हेतु शारदा पब्लिशिंग हाउस बधाई का पात्र है जिसने इस कार्य को दत्तचित्त होकर संपन्न किया।

इतने महानुभावों के सहयोग के बावजूद इस पुस्तक में अनेक त्रुटियाँ रह गई होंगी। इस हेतु मैं अपने पाठकों से क्षमायाचना के साथ सुझावों का निवेदन भी करता हूँ ताकि भविष्य में इस पुस्तक को और भी परिमार्जित तथा उपयोगी बनाया जा सके।

शमऊन अहमद

अनुक्रमणिका

संक्षेपिका

अ.सं.	-	अभिलेख संख्या
आई.सी.	-	इस्लामिक कल्चर, हैदराबाद
इलि. एण्ड डाउ.	-	इलियट एण्ड डाउसन, हिस्ट्री ऑफ़ इण्डिया एज़ टोल्ड बाई इट्स ओन हिस्टोरियन्स
एस.जे.पी.एच.एस.	-	सेलेक्टेड जनरल ऑफ पंजाब हिस्टोरिकल सोसाइटी
जे.आई.एच.	-	जनरल ऑफ इण्डियन हिस्ट्री
जे.ए.एस.बी.	-	जनरल ऑफ एशियाटिक सोसाइटी ऑफ़ बंगाल
जे.बी.ओ.आर.एस.	-	जनरल ऑफ बिहार एण्ड उड़ीसा रिसर्च सोसाइटी
पी.आई.एच.सी.	-	प्रोसीडिंग्स ऑफ़ इण्डियन हिस्ट्री कांग्रेस
फ.स.	-	फ़रमान संख्या
फो.	-	फ़ोलियो
बेव.	-	ए.एस. बेवरिज
रो. एण्ड बेव.	-	रोजर्स एण्ड बेवरिज
सरकार	-	जदुनाथ सरकार
हा. एवं ब.	-	हालैण्ड एवं बेवरिज
हि.	-	हिन्दी

चित्र-पटल सूची

रेखाचित्र

छायाचित्र

श्वेत–श्याम

नगीना मस्जिद, लालक़िला, आगरा
ख़ैरुल मनाज़िल मस्जिद, दिल्ली
जामा मस्जिद, आगरा
हुमायूँ का मक़बरा, दिल्ली
मरियम-उज़-ज़मानी का मक़बरा, आगरा
एतमादुद्दौला का मक़बरा, आगरा
जहाँगीर का मक़बरा, लाहौर
नूरजहाँ बेगम का मक़बरा, लाहौर
मुमताज़महल का मक़बरा (ताजमहल), आगरा
बीबी (राबिउद्दौरानी) का मक़बरा, औरंगाबाद
जहाँआरा बेगम की समाधि पर स्थित अभिलेख, दिल्ली
फ़तेहपुरी बेगम का मक़बरा, आगरा
कुदुसिया बेगम का मक़बरा, दिल्ली
नूरजहाँ बेगम के नाम के साथ जहाँगीरकालीन सिक्का
नूरजहाँ बेगम की मुहर
नादिराबानो बेगम की मुहर
नूरजहाँ बेगम की तुग़रा
जहाँआरा बेगम की तुग़रा
ख़ानज़ादा बेगम, मेहरबानो बेगम तथा अन्य महिलाओं से मिलता हुआ बाबर (बाबरनामा, राष्ट्रीय संग्रहालय, नई दिल्ली)
नदी पार करती अकबर की माता (विक्टोरिया एण्ड एल्बर्ट म्यूज़ियम, 2006BF0319)
विहावोत्सव में अकबर तथा माहम अनगा (विक्टोरिया एण्ड एल्बर्ट म्यूज़ियम, 2006AU0462)
माण्डू में नूरजहाँ तथा जहाँगीर, साथ में शाहजादा खुर्रम जिसे शाहजहा की उपाधि मिली (फ्रीयर गैलरी आफ़ आर्ट, F07.258)
हरम स्थित जच्चाख़ाना का एक दृश्य
नूरजहाँ बेगमकृत सुलेख शैली का एक नमूना
ख़तना का एक दृश्य (केर कलेक्शन)
नूरजहाँ बेगम को गले लगाते हुए जहाँगीर (लास एंजिलस काउण्टी म्यूज़ियम आफ़ आर्ट, M.83.1.6)

रंगीन

अध्याय एक

पूर्व मुग़लकाल में महिलाओं की स्थिति

मुग़ल साम्राज्य के संस्थापक, ज़हीरुद्दीन मुहम्मद बाबर की रगों में मध्य एशिया के दो महान योद्धाओं, अमीर तैमूर गुर्गन तथा चंगेज़ ख़ाँन का रक्त प्रवाहमान था।[1] एक तुर्क था दूसरा मंगोल। इन दोनों ही जातियों के सामाजिक एवं राजनीतिक जीवन में महिलाओं की भूमिका अत्यन्त महत्त्वपूर्ण थी। तुर्कों का फ़ारस के साथ निकट संबंध होने के कारण उन पर फ़ारसी संस्कारों का प्रभाव भी पड़ा। दूसरी ओर बाबर ने हिन्दुस्तान में दिल्ली सल्तनत के उस ढाँचे पर मुग़ल साम्राज्य की नींव डाली थी, जिसके शासक इस्लामी ख़िलाफ़त के एक राज्य के प्रशासक; यथा—सुल्तान के रूप में स्वीकार करते थे। स्वयं बाबर एक मुसलमान था और उसे अपने वंशज अमीर तैमूर की वीरता एवं संस्कारों पर गर्व था। किन्तु तथ्य है कि भारत की बहुसंख्यक जनता हिन्दू थी जिसके अपने संस्कार काफ़ी प्राचीन थे। ऐसी परिस्थिति में नए शासक वर्ग का, विद्यमान जीवन मूल्यों से थोड़ा-बहुत प्रभावित होना और प्रभावित करना स्वाभाविक था।[2] यही नहीं, मुग़लों तथा अनेक भारतीय शक्तियों के मध्य वैवाहिक सम्बन्धों ने इस प्रक्रिया को प्रायः अवश्यंभावी बना दिया।

अतः मुग़ल शाही महिलाओं के राजनीति एवं संस्कृति के क्षेत्र में योगदानों की विवेचना से पूर्व प्राचीन भारतीय परम्परा, तुर्क-मंगोल-फ़ारसी परम्परा तथा सल्तनत काल में महिलाओं की स्थिति की किंचित् चर्चा समीचीन प्रतीत होती है। साथ ही, मुग़लों द्वारा अंगीकृत धर्म, इस्लाम में महिलाओं की स्थिति का अवलोकन भी उपयोगी होगा। इससे हमें ऐतिहासिक

तथ्यों एवं परिस्थितियों को समझने में सहायता तो मिलेगी ही, साथ ही तथ्यों के सतही सामान्यीकरण (generalization) से बचने में सहायता भी मिलेगी।

प्राचीन भारत में स्त्रियाँ

प्राचीन भारत में अनेक महिलाओं के राजनीति में प्रत्यक्ष अथवा अप्रत्यक्ष रूप से भाग लेने के उद्धरण प्राप्त होते हैं। राजकुल की महिलाएँ ज्ञान-विज्ञान, नीति एवं ललित कला में प्रवीण होने के साथ ही राजनीति एवं युद्धकला की शिक्षा प्राप्त करती थीं।[3] उत्तम एवं न्यायानुकूल शासन व्यवस्था के संचालन में राजा को राजमहिषी का परामर्श भी प्राप्त होता था। अनेक विचारकों ने महिलाओं के प्रत्यक्ष शासिका बनने का अनुमोदन किया था। राम के वनागमन पर सीता को राजमुकुट देने का प्रस्ताव रखा गया था।[4] किन्तु कभी-कभी महिलाओं के शासिका बनाए जाने का विरोध इस आधार किया जाता था कि शासिका का पद महिलाओं की प्रकृति के विपरीत होता है।[5] किन्तु राजनीति में अप्रत्यक्ष प्रभाव प्रायः दृष्टिगोचर होता है। महिलाओं के प्रभाव का अनुमान इस तथ्य से लगाया जा सकता है कि राम को कैकेयी के कहने के कारण वनवास पर जाना पड़ा था।

जहाँ तक मनु का प्रश्न है, उसने राजा को सजातीय, शुभ लक्षणों वाली, श्रेष्ठ कुल में उत्पन्न हृदयप्रिय तथा रूप-गुण-सम्पन्न स्त्री से विवाह करने का परामर्श दिया है ताकि परिस्थिति आने पर राज्य-कार्य का संचालन भी कर सके।[6] मौर्यकाल में महिलाओं को शासक की सुरक्षा एवं गुप्तचर सेवाओं हेतु नियुक्त किया जाता था।[7] गुप्तकाल में महिलाएँ राजनीति में भाग लेती थीं तथा शासन संचालन में सहयोग करती थीं। चन्द्रगुप्त प्रथम के सिक्कों पर लिच्छवि राजकुमारी कुमारदेवी के चित्र का अंकन इस तथ्य का प्रतीक है।[8] चन्द्रगुप्त द्वितीय की पुत्री प्रभावती गुप्त ने अपने पति वाकाटक नरेश रूद्रसेन द्वितीय के निधन पर अपने पुत्र प्रवरसेन की अल्पव्यस्कता के कारण संरक्षिका के रूप में कार्य किया।[9]

चीनी यात्री ह्वेनसांग ने सातवीं सदी में उत्तर भारत में दो स्त्री-राज्यों का उल्लेख किया है। इनमें से एक पूर्व की ओर तथा दूसरा पश्चिम की ओर था। इन्हें क्रमशः पश्चिमी स्त्री राज्य तथा पूर्वी स्त्री-राज्य कहा जाता था।[10] उसका पश्चिमी स्त्री-राज्य से आशय संभवतः आधुनिक बलूचिस्तान स्थित लंकारा के प्रदेश तथा पूर्वी स्त्री-राज्य का आशय ब्रह्मपुत्र के

उत्तर के क्षेत्रों या कुमायूँ-गढ़वाल से था।[11] इन राज्यों में उत्तराधिकारी महिलाएँ होती थीं, तथापि राजा उनका पति कहलाता था। प्रशासन का संचालन रानी द्वारा किया जाता था जबकि विद्रोहों आदि के दमन के लिए राजा को भेजा जाता था।[12] ह्वेनसांग द्वारा उल्लिखित उदाहरणों के अतिरिक्त भी हमें ऐसे कुछ अन्य उदाहरण मिलते हैं जबकि महिलाएँ प्रत्यक्ष रूप से प्रशासन चलाती हुई दिखायी गई हैं।

कर्नाटक में अक्का देवी (1010-64 ई.) ने चालुक्य साम्राज्य के बड़े भाग पर लगभग आधी सदी तक शासन किया।[13] वह युद्ध में भाग लेती थी तथा युद्धों का बखूबी संचालन भी करती थी। उड़ीसा के भौमिकर राजवंश के अंतिम शासक सुभकार की पुत्री गौरी-महादेवी ने लगभग आठ वर्षों तक शासन किया।[14] इससे पूर्व उसकी माँ दाण्डी-महादेवी शासन का संचालन कर चुकी थी। दक्षिण में काकतीय शासक प्रताप गणपति रूद्रदेव की विधवा रूद्रामा देवी ने तेरहवीं शताब्दी के उत्तरार्ध में लगभग तीस वर्ष तक शासन किया।[15] रूद्रामा के पश्चात् उसकी बहन गहपम्बा काकतीय साम्राज्ञी बनी एवं अपने नाम पर उसने शासन का सफलतापूर्वक संचालन किया।[16] काश्मीर की रानी सूर्यमती ने साम्राज्य में शांति व्यवस्था की स्थापना एवं प्रशासन के क्षेत्र में अभूतपूर्व सफलता का परिचय दिया।[17] दसवीं शताब्दी में काश्मीर में रानी सुगन्धा एवं दिद्दा ने शासन का संचालन किया। सुगंधा को काश्मीर की प्रजा ने शासिका बनाया था। उसने अपने नाम पर सुगंधा नामक नगर की स्थापना की तथा सिक्के जारी किए।[18] सुगंधा के सिक्कों के अग्रभाग पर लक्ष्मी की आकृति अंकित है तथा रानी का नाम *सुग(ध)* उत्कीर्ण है।[19] पृष्ठ भाग पर राजा की आकृति के साथ देव्य शब्द अंकित है। इससे प्रतीत होता है कि सुगंधा अपने पति के स्थान पर अथवा उसके सहयोग से शासन चलाती थी। काश्मीर के शासक क्षेमगुप्त (950-985 ई.) की पत्नी दिद्दा ने न केवल अपने पति के साथ मिलकर शासन किया बल्कि अपने अल्पव्यस्क पुत्र की अभिभाविका के रूप में वास्तविक शासिका बन गई। दिद्दा के द्वारा जारी अत्यधिक मात्रा में ऐसे सिक्के प्राप्त होते हैं जिन पर *दि-क्षेम* अंकित है।[20] उल्लेखनीय तथ्य यह है कि क्षेम उत्कीर्ण सिक्कों की संख्या अपेक्षाकृत अल्प है। कुछ सिक्कों पर लक्ष्मी की आकृति का अंकन है तथा 'दिद्दा' अंकित है।[21] श्रीनगर से प्राप्त दिद्दा के एक अभिलेख से ज्ञात होता है कि दिद्दा ने राजकीय परंपरा के अनुसार अभिलेख भी उत्कीर्ण करवाए सुगन्धा एवं उसके सिक्कों के अनुशीलन से ज्ञात होता है कि उसने अभिभाविका के रूप में शासन किया तथा शासन-संचालन हेतु मंत्री-परिषद् की सहायता

लेती थीं।[22] कश्मीर के अतिरिक्त भारत के अन्य भागों से भी अपने पति के साथ शासन-संचालन में भाग लेने वाली अनेक शासिकाओं के उल्लेख प्राप्त होते हैं।

आठवीं शताब्दी में राष्ट्रकूट रानी शीलमहादेवी ने अपने पति ध्रुवराजा के साथ मिलकर शासन किया। उसने राजा की अनुमति के बग़ैर अनेक अनुदान एवं उपहार बाँटें। उसके द्वारा 786 ई. में जारी दान-पत्र में उसे *परमेश्वरी* एवं *परमभट्टारिका शील महादेवी* जैसे संबोधनों से अभिहित किया गया है। इससे प्रशासन में उसकी भूमिका का अनुमान लगाया जा सकता है।[23]

अनेक शासिकाओं ने अपने पति की मृत्यु के पश्चात् अपने अल्पव्यस्क पुत्रों की संरक्षिका के रूप में शासन की बागडोर अपने हाथ में लिया तथा स्वतन्त्र रूप से शासन किया। इस श्रेणी में प्रभावती गुप्त एवं दिद्दा के नामों का उल्लेख पहले ही किया जा चुका है। चालुक्य शासक चन्द्रादित्य की पटरानी विजयभट्टारिका का सातवीं शताब्दी का एक अभिलेख प्राप्त हुआ है जो उसके शासन के पाँचवें वर्ष में जारी किया गया था।[24] इससे ज्ञात होता है कि वर्तमान महाराष्ट्र एवं दक्कन के अनेक भागों में उसने शासन का संचालन किया। सन् 1048 ई. में उत्कीर्ण सूडि के अभिलेख में विक्रमादित्य षष्टम् की रानी लक्ष्मी देवी का उल्लेख है जिसने सम्राट के समान ही कल्याणी में शासन किया। चोल शासक गंधारादित्य की पत्नी सेम्बियन-महादेवी अपनी युवावस्था में ही विधवा हो गयी थी। उसने अपने पुत्र राजराज-प्रथम के काल में शासन में महत्त्वपूर्ण स्थान प्राप्त किया तथा अनेक दान दिए।[25] राजस्थान में सांभर के शासक अजयराज की पत्नी सोमल देवी ने न केवल शासन का संचालन किया, अपितु अपने नाम के सिक्के भी जारी किए। संभवतः यह सिक्के उसने अपने पति की मृत्यु के पश्चात् अभिभाविका के रूप में जारी किए थे।[26] ऐसे ही कुछ अन्य उदाहरण भी प्राप्त होते हैं।

जहाँ तक सामाजिक जीवन का प्रश्न है, प्राचीन भारतीय समाज में नारी की स्थिति के संबन्ध में विरोधाभासपूर्ण प्रसंग प्राप्त होते हैं। एक ओर नारी के लिए प्रशंसात्मक संबोधन मिलते हैं तो दूसरी ओर उनके प्रति हीन भावनाएँ व्यक्त की गई हैं। पौराणिक वाङ्मय के उद्धरण नारी को सृष्टि तथा सामाजिक संतुलन का कारणभूत आवश्यक अंग प्रतिपादित करते हैं। वायु एवं ब्रह्माण्ड पुराण में प्रसंग है कि स्त्रीरूपधारिणी वसुन्धरा वैन्य को निर्देशित करती

हैं तथा जनजीवन के अस्तित्व में उसकी कारणभूत प्रतिष्ठा है। महिलाओं को शुभ एवं सुलभ-स्वभाव वाला स्वीकार किया गया है।[27] गुणवती महिलाओं को भूमण्डल का अलंकार समझा जाता था।[28] वहीं दूसरी ओर स्त्री, संपत्ति एवं शूद्र के सम्मिलित उल्लेख भी मिलते हैं जिससे नारी की निम्न सामाजिक प्रतिष्ठा का भी आभास होता है।[29]

भारतीय शास्त्रों में स्नेह की दृष्टि से पुत्र एवं पुत्री में भेद नहीं किया गया, किन्तु पुत्री की अपेक्षा पुत्र को अधिक महत्त्व दिया जाता था। वैदिक मंत्रों में बार-बार वीर पुत्रों की प्राप्ति हेतु कामना की गई है, किन्तु पुत्री की प्राप्ति हेतु शायद ही कोई ऐसा मंत्र हो जिसका उल्लेख किया जा सके।[30] उपनिषदकाल में कन्या का जन्म कम उपेक्षित था तथापि इस काल में भी अयोग्य पुत्र के स्थान पर ही पुत्री को महत्त्व मिलना संभव था।[31] रामायण एवं महाभारत में भी कन्या का जन्म दुःख, संशय एवं अपशकुन का कारण कहा गया है।[32]

गीता में शूद्र, वैश्य एवं नारी को श्रीकृष्ण ने पाप यौनि से उत्पन्न बताया है तथा उनके उद्धार का आश्वासन दिया है।[33] पूर्व मध्यकाल में स्थिति और भी निराशाजनक दिखती है। ग्यारहवीं शताब्दी में हम यह अवधारणा पाते हैं कि पुत्र प्रसन्नता का कारण है जबकि पुत्री क्लेश का मार्ग है।[34]

कन्या का जन्म दुःख का कारण होने के बावजूद उसे कुलाभूषण माना जाता था और कन्या का दर्शन शुभ माना जाता था।[35] माता-पिता, पुत्र के समान ही कन्या के सुख की कामना करते थे। उनकी समुचित शिक्षा-दीक्षा का हर संभव प्रयास किया जाता था। वैदिक युग एवं सूत्रकाल में महिलाओं द्वारा वेदाध्ययन एवं मंत्रोच्चारण का उल्लेख प्राप्त होता है। वैदिक काल में कन्या का वेदाध्ययन, उपनयन संस्कार से प्रारम्भ होता था।[36] पूर्ववैदिक काल में लोपामुद्रा, विश्ववारा तथा घोषा आदि विदुषी कवियत्रियों ने वैदिक मंत्रों की रचना की और उन्हें ऋषि उपाधि से संबोधित किया गया। उत्तरवैदिक काल में नोघा, अकृष्टमाप, सिकता, निवावरी तथा गोपायना आदि नारियों का उल्लेख मिलता है। महाभारत के अनुसार पाण्डवों की माता कुंती अथर्ववेद में निष्णात थीं। बौद्ध एवं जैन ग्रंथों में भी अनेक विदुषी महिलाओं का उल्लेख प्राप्त होता है।

अध्ययनरत छात्राओं की दो श्रेणियाँ थीं — ब्रह्मवादिनी तथा सद्योवधु। ब्रह्मवादिनी वे छात्राएँ कहलाती थीं जो आजीवन आध्यात्म एवं दर्शनशास्त्र का अध्ययन किया करती थीं। सद्योवधु

विवाह के पूर्व तक ही शिक्षा ग्रहण करती थीं। उपनिषदों में नारी शिक्षिकाओं का उल्लेख है, जिन्हें उपाध्याया कहा गया है। कुछ अन्य स्थानों पर इनके लिए आचार्या शब्द का प्रयोग किया गया है।[37] किन्तु ऐसी शिक्षिकाओं की संख्या अधिक न थी और प्रायः लड़कियाँ घर में ही शिक्षा ग्रहण करती थीं।[38]

कालान्तर में स्त्री शिक्षा में ह्रास के चिह्न दृष्टिगोचर होते हैं। बाल विवाह के प्रचलन के चलते सम्पन्न परिवारों की लड़कियों का शिक्षा पूर्ण कर पाना प्रायः दुष्कर हो गया।[39] मनु तथा याज्ञवल्क्य की व्यवस्था ने महिलाओं की शिक्षा को आघात पहुँचाया। इन व्यवस्थाकारों ने महिलाओं के विवाह संस्कार को ही उपनयन की मान्यता देकर पति की सेवा को ही स्त्री का गुरुकुल बना दिया जिससे उनकी आत्मनिर्भरता को भारी आघात पहुँचा।[40] फिर भी, पूर्वमध्यकाल में कदाचित् राजपरिवारों में राजकुमारियों के शिक्षित होने की जानकारी मिलती है। इनमें मालविका, सुमति, राजश्री, कलावती, अवन्तिसुन्दरी तथा विजयभट्टारिका आदि सुशिक्षित महिलाओं के नाम लिए जा सकते हैं। राजपरिवार की लड़कियों को शस्त्रास्त्र चलाने तथा राजनीति की शिक्षा, विशेष रूप से दी जाती थी।

भारतीय परम्परा में माता-पिता द्वारा योग्य वर के साथ कन्यादान को उत्तम माना जाता था। राजपरिवारों में स्वयंवर प्रथा यह दर्शाती है कि राजकन्याओं को अपनी इच्छानुसार वर चुनने की अनुमति थी। गूवक की बहन कलावती ने अन्य बारह राजाओं को छोड़कर कन्नौज के शासक से विवाह किया था। नाडोल के शासक महेन्द्र की बहन दुर्लभ देवी तथा गहड़वाल राजकुमारी संयोगिता ने भी स्वयंवर के द्वारा विवाह किया था।[41] अप्रतिम रूपवती कन्या की प्राप्ति हेतु कई बार युद्ध भी होते थे। पूर्वमध्यकाल में ऐसे उदाहरण प्राप्त होते हैं जब शत्रुभय के कारण राजपरिवारों में कन्याओं को भूमिगृहों में रखा जाता था तथा विवाह तक वे वहीं रहती थीं।[42]

पत्नी के रूप में नारी को कुलाभूषण एवं अर्धांगिनी कहकर महत्त्व दिया गया था। वैदिककाल में अपत्नीक यज्ञ का अधिकार पति को नहीं था।[43] यज्ञ में पति की सहायता करने का अधिकर पहली स्त्री को ही था और वही वास्तविक रूप से पत्नी या धर्मपत्नी कहलाने की अधिकारिणी थी। कहने की आवश्यकता नहीं कि राजपरिवारों में रानियाँ दानादि देती थीं तथा राज्य के कार्यों में अपनी भूमिका का निर्वाह करती थीं। लेकिन पुरुष के मुक़ाबले उनका स्थान गौण

माना जाता था और पति को श्रेष्ठता प्राप्त थी। रामायण में यहाँ तक कहा गया है कि नृपरहित राज्य में व्यक्तिगत संपत्ति पर अधिकार को क़ायम नहीं रखा जा सकता और न ही पत्नी नियन्त्रण में रहती है।[44] महाभारत में उल्लेख है कि कुशल व्यक्ति द्वारा भी रखी हुई स्त्री और संपत्ति स्थायी और विश्वसनीय नहीं होती, चाहे उनके लिए कितना भी अध्यावसाय क्यों न किया जाए।[45] अतः स्वाभाविक है कि वही पत्नी सम्मान की पात्र थी जो पति की श्रेष्ठता स्वीकार करते हुए उसकी सेवा करे।

बहुपत्नी तथा बहुपति प्रथा भारत में सनातन काल से प्रचलित थी। किन्तु सामान्यजन से एक विवाह की अपेक्षा की जाती थी। राजपरिवारों में बहुपत्नी प्रथा सर्वप्रचलित थी। राजा दशरथ की तीन पत्नियों तथा 350 उपपत्नियों का उल्लेख मिलता है।[46] स्वयं श्री कृष्ण की अनेक पत्नियों का नामोल्लेख मिलता है। कालान्तर में बिम्बिसार, अशोक तथा अन्य शासकों की एकाधिक पत्नियों एवं उपपत्नियों का नाम मिलता है। इनमें से अनेक विवाह राजनीतिक लाभ एवं प्रतिष्ठा अर्जित करने के निमित्त होते थे। पूर्व-मध्यकाल में बहुत कम ऐसे शासक थे, जिनकी एकाधिक पत्नियाँ न हों।[47]

बहुसंख्यक पत्नियों के साथ लाखों की संख्या में दासियों का रखना भी सम्मान का विषय समझा जाता था। पत्नी के साथ दहेज में अन्य वस्तुओं के साथ दासियाँ भी मिलती थीं।[48] शासक दान, युद्धबन्दी तथा क्रय के द्वारा भी दासियाँ प्राप्त किया करते थे। युधिष्ठिर के पास एक लाख दास एवं कई लाख दासियाँ थीं। युधिष्ठिर ने राजसूय यज्ञ के समय ब्राह्मणों को एक लाख कन्याओं को दान में दिया था।[49] इस प्रकार के उदाहरणों से यह अनुमान लगाना कि किस परिवेश में अन्तःपुरों का विकास हुआ, कठिन कार्य नहीं है। हमें यह जानकारी प्राप्त होती है कि श्रीकृष्ण ने स्वजन सुरक्षार्थ द्वारका में जो दुर्ग बनवाया था उसमें पुरुष सैनिकों के अतिरिक्त स्त्री योद्धा भी नियुक्त थीं।[50] इस तथ्य की तुलना मध्यकालीन हरम से की जा सकती है। इससे समकालीन समाज में पर्दा प्रथा के संकेत भी मिलते हैं।

रामायण से ज्ञात होता है कि जब राम के साथ सीता, वनागमन हेतु नगर के मार्ग से निकलीं तब कहा गया कि जो कभी गगन के उड़ते हुए पक्षियों को दिखाई नहीं दी, वह मार्ग में चलते हुए मनुष्यों के दर्शन का केन्द्रबिन्दु बन गई।[51] इसी प्रकार युधिष्ठिर के द्वारा जुए में हारने के पश्चात् द्रौपदी को जब सभा में लाया गया तो यह उसकी दूसरी उपस्थिति

थी। इससे तो यही निष्कर्ष निकलता है कि रानियों को पर्दे में रखने की प्रथा जटिल भले न हो, किन्तु प्रचलन में आ गई थी। सम्भवतः इसीलिए *अष्टाध्यायी* में महिलाओं को असूर्यपश्या कहा गया था।[52]

पूर्व-मध्यकाल में राजपरिवार की महिलाओं तथा अन्य महिलाओं की रक्षा हेतु महलों में अन्तःपुर की व्यवस्था की जाती थी। अन्तःपुरों में सामान्यतः अनुमति के बग़ैर प्रवेश दण्डनीय अपराध माना जाता था।[53] अन्तःपुर में रहने वाली महिलाओं को जनसमुदाय में आने की अनुमति नहीं थी। महल में आयोजित समारोहों के दर्शन के लिए झरोखे बनाए जाते थे।[54] अभिलेखों से ज्ञात होता है कि शासक विभिन्न राज्यों की कन्याओं से विवाह कर वहाँ रखते थे।[55] यहाँ बाग़-बग़ीचों के अतिरिक्त महिलाओं के मनोरंजन के विभिन्न साधनों की व्यवस्था होती थी। इन महिलाओं को कई बार युद्ध के समय राजा की पराजय के भय से 'जौहर' का पालन करना पड़ता था। ऐसे भी उदाहरण हैं, जब पति की मृत्यु के बाद महिलाओं को 'सती' हो जाना पड़ता था।

माता के रूप में नारी को सर्वाधिक सम्मान मिलता था। ऋग्वेद से लेकर, पूर्व-मध्यकाल तक अनेक ऐसे ग्रंथ हैं, जहाँ माता के सम्मान की चर्चा की गई है। प्रायः माता की आज्ञा पुत्र के लिए अनतिक्रमणीय मानी जाती थी। चेदिराज ने अपनी माता के कहने पर अपने शत्रुओं के परामर्शदाताओं के समूह तथा क़ैद की गई शत्रुओं की महिलाओं को मुक्त कर दिया था।[56] हर्ष अपनी माता यशोमती एवं बल्लालसेन अपनी माता विलास देवी की चर्चा बड़े गर्व से करता है।

इस प्रकार भारतीय परम्परा में नारी के विभिन्न रूपों के दर्शन होते हैं। निश्चय ही अपनी योग्यता के बल पर अनेक महिलाओं ने राजनीति एवं प्रशासन में सक्रिय भाग लिया। किन्तु पूर्ण वैधानिक शासिका के रूप में शासन करने वाली शासिकाओं की संख्या उंगलियों पर गिनी जा सकती है। अधिकांश शासिकाओं ने या तो अपने पतियों के साथ शासन में भाग लिया अथवा पुत्रों की अभिभाविका के रूप में राजनीतिक गतिविधियों में भाग लिया। प्राचीन भारत में दत्तक पुत्र ग्रहण करने की प्रथा के कारण पुत्रियों अथवा विधवा रानियों के स्वतन्त्र शासिका बनने की संभावनाएँ और भी क्षीण हो गईं। पूर्व-मध्यकाल में लड़कियों की स्थिति और भी दयनीय हो गई, क्योंकि सुन्दर कन्या हेतु युद्ध होने की संभावनाओं एवं कुछ स्मृतिकारों

की अनुशंसा के चलते बाल विवाह एवं पर्दा प्रथा को बढ़ावा मिला। इन लड़कियों को पूर्ण शिक्षा प्राप्त करना दुष्कर हो गया। पत्नी एवं माँ के रूप में इन महिलाओं को सम्मान मिलता था। किन्तु पति की आज्ञा का पालन उनका सर्वप्रथम कर्तव्य था। बहु विवाह के प्रचलन के कारण राजपरिवारों में महिलाओं के मध्य ईर्ष्या एवं पतिप्रेम की लालसा की सहज कल्पना की जा सकती है।

इस्लामी परम्परा में स्त्रियाँ

इस्लामी राजनीतिक सिद्धान्त में स्त्री द्वारा ताज की दावेदारी के संबंध में हमें कोई स्पष्ट निर्देश नहीं प्राप्त होते, सिवा इसके कि इमाम की अनेक अनिवार्य योग्यताओं में से पुरुष होना भी एक योग्यता है।[57] तथ्य है कि इस्लामी क़ानून शरा में, धार्मिक एवं राजनीतिक नेतृत्व में विभेद नहीं किया जाता। राजनीतिक नेतृत्व का एक आधार यह भी है कि शासक धार्मिक सभा का नेतृत्व करने में सक्षम हो अर्थात् इमाम के दायित्वों की पूर्ति कर सके अथवा उसके नाम पर खुतबा पढ़ा जाय।[58] इस प्रकार उसके इमाम या ख़लीफा होने की पुष्टि भी इस आधार पर हो जाती है कि आम लोग उसके धार्मिक नेतृत्व को स्वीकार करते हैं। अतः स्पष्ट है कि जब स्त्री द्वारा इमाम का पद धारण नहीं किया जा सकता, तब उसके द्वारा राजनीतिक प्रभुता ग्रहण करने का प्रश्न ही नहीं उठता। स्त्री द्वारा प्रभुता ग्रहण करने के मार्ग में एक अन्य महत्त्वपूर्ण बाधा यह भी है कि इस्लाम में स्त्री के साक्ष्य को पुरुष के मुक़ाबले आधा माना गया है, अर्थात् दो महिलाओं के साक्ष्य को एक पुरुष के साक्ष्य के बराबर स्वीकार किया गया है।[59] आशय यह है कि बुद्धिमत्ता एवं प्रत्युत्तपन्नमत्ता के संबंध में स्त्री, पुरुष से कुछ कम है। जबकि न्यायप्रियता और सर्वोच्च बुद्धिमत्ता इमाम की योग्यता एवं दायित्व निर्वाह के लिए आवश्यक गुण माने गए हैं।[60] इस स्थिति में किसी स्त्री द्वारा सर्वोच्च शासिका अथवा इमाम बनने की परिकल्पना निरर्थक प्रतीत होती है।

किन्तु ऐतिहासिक तथ्य है कि अब्बासी ख़लीफ़ाओं के समय तक विस्तृत इस्लामी साम्राज्य पर ख़लीफ़ा का व्यवहारिक नियंत्रण प्रायः असंभव हो गया। अनेक स्वतन्त्र मुस्लिम राज्यों का उदय हुआ। अब *अल्लाह के साम्राज्य* की अखण्डता को सुरक्षित रखने के लिए नवोदित इस्लामी अधिराज्यों को ख़िलाफत के अन्तर्गत लाने की आवश्यकता पड़ी। इस प्रकार सल्तनत व्यवस्था का प्रादुर्भाव हुआ। सैद्धान्तिक रूप से ही सही, इन नवोदित अधिराज्यों के नायकों

ने स्वयं को अखण्ड इस्लामी साम्राज्य का अंग स्वीकार किया। यद्यपि वे सिद्धान्त में ख़लीफ़ा के अन्तर्गत इस्लामी साम्राज्य के अंग थे तथापि व्यवहार में यह सुल्तान निर्णय लेने के लिए स्वतन्त्र थे। ऐसे सुल्तानों में पहला नाम महमूद ग़ज़नवी का लिया जाता है। एक अन्य तथ्य भी है कि सुल्तान, ख़लीफ़ा का प्रतिनिधि था। अतः उसे वे सारी शर्तें पूरी करना आवश्यक नहीं था जोकि ख़लीफ़ा के लिए बतायी गई हैं। ऐसे में किसी स्त्री द्वारा ख़लीफ़ा के प्रतिनिधि के रूप में स्वीकृति प्राप्त होने की संभावना का मार्ग प्रशस्त हो गया।[62] जहाँ तक धार्मिक सभाओं के नेतृत्व का प्रश्न है, कालान्तर में छोटी जगहों पर यह कार्य प्रायः *ख़ातिब* तथा राजधानियों में *शेख़-उल-इस्लाम* द्वारा सम्पन्न किया जाने लगा। स्वयं इमाम कभी-कभी ही धार्मिक सभाओं का नेतृत्व करते थे। अतः नारी सुल्तान के मामले में यह विकल्प सर्वथा सुविधाजनक था।

रोचक तथ्य यह है कि सल्तनत व्यवस्था में सम्मिलित होने वाले अधिराज्यों का संबंध तुर्क, मंगोल एवं फ़ारसी जातियों से था जिन्होंने भारत में इस्लाम के विधिवत् आने से पूर्व ही, दसवीं शताब्दी तक इस्लाम की अनेक सैद्धान्तिक मान्यताओं को अपनी परंपराओं के अनुरूप ढ़ाल लिया था। इन जातियों में नारी द्वारा प्रभुता ग्रहण करना कोई असामान्य बात न थी। फ़ारसी परम्परा के अनुसार मेडियन वंश की राजकुमारी हुमाई, अपने पिता बहमन (Artaxerexex Longimanes) की उत्तराधिकारी बनी और लगभग तीस वर्ष तक शासन किया।[63] सातवीं शताब्दी में सासानी वंश के शासक ख़ुसरो परवेज़ की दो पुत्रियों, पूरनदुख़्त तथा अर्जुमन्द दुख़्त ने क्रमशः 632 ई. तक शासन किया।[64] इनके सत्ता में रहने का विरोध नारी होने के कारण कभी नहीं किया गया। इन्होंने मृत्युपर्यन्त शासिका का पद धारण किया।

तुर्क-मंगोल परंपराओं में भी महिलाओं द्वारा राजनीतिक नेतृत्व का प्रायः विरोध नहीं किया जाता था। ये जातियाँ सम्प्रभुता संबंधी ईश्वरीय सिद्धान्त पर विश्वास करती थीं। इसके चलते संप्रभुता का स्थानान्तरण केवल संप्रभु के सीधे वंशज में ही हो सकता था। इस स्थिति में पुत्र के अयोग्य होने अथवा उसकी अनुपस्थिति में पुत्री के उत्तराधिकार की सम्भावनाएँ प्रबल हो गईं। वस्तुतः इसी कारण इस्लाम धर्म के ग्रहण करने से पूर्व तथा पश्चात्, दोनों कालों में अनेक महिलाओं द्वारा संप्रभुता ग्रहण करने के प्रमाण मिलते हैं। खिताई तुर्कों, जिनका संबंध कालान्तर में दिल्ली आने वाले तुर्कों से होने वाला था, के अन्तर्गत बारहवीं शताब्दी में गुरख़ाँन की मृत्यु के बाद उसकी विधवा एवं पुत्री कुयुकख़ातून ने क्रमशः संप्रभु की हैसियत

से शासन किया।[65] बारहवीं शताब्दी के प्रारम्भिक वर्षों में ख़्वारिज़्म (ख़ीवा) के एक सामंती शासक की मृत्यु के पश्चात्, उसकी एकमात्र संतान, जो कि पुत्री थी, वहाँ की शासिका बनी और ख़्वारिज़्मी वंश के संस्थापक के साथ विवाह के बाद भी उसकी संप्रभुता एवं पद पर कोई प्रभाव नहीं पड़ा।[66] एक अन्य उदाहरण मेसोपोटामिया के हलब राज्य से है जहाँ सलाहुद्दीन अयूबी की पुत्रवधू और मलिक ज़हीर की पत्नी साफ़िया ख़ातून ने 1242 ई. तक संप्रभु के रूप में शासन किया।[67] मिस्र में मामलूक सुल्तान अयूब की 1249 ई. में मृत्यु के पश्चात् उसकी एक दासी शजारत-उल-दर को अमीरों द्वारा शसिका के रूप में चुना गया। उसने न केवल *मलिकात-उल-मोमेनीन* (मुसलमानों की महारानी) की उपाधि धारण किया, अपितु उसने अपने नाम के सिक्के तथा अभिलेख भी जारी किए।[68] उसका नाम अब्बासी ख़लीफ़ा अलमोहतसिम के साथ ख़ुतबा में भी पढ़ा गया।[69]

महिलाओं द्वारा राज प्रतिनिधि के रूप में भी कार्य करने के उदाहरण प्राप्त होते हैं। ख़्वारिज़्मी शासक अलाउद्दीन मुहम्मद (1200-1220 ई.) के सैन्य अभियानों के समय उसकी माँ तुर्कन ख़ातून ने राजप्रतिनिधि के रूप में अनेक बार राज्य के प्रशासन के दायित्व का निर्वाह किया।[70] इसी प्रकार चंगेज़ ख़ाँन के पुत्र उकताई ख़ाँन की मृत्यु के पश्चात् उसकी विधवा तुराकिना ख़ातून ने अपने पुत्र कोयुक ख़ाँन के गद्दी पर बैठने तक, लगभग चार वर्ष, राजप्रतिनिधि के रूप में मंगोल साम्राज्य का शासन चलाया।[71] महमूद ग़ज़नवी के समय में अनेक वर्षों तक बुवैया राजकुमार माजदुद्दौला की माँ ने राजप्रतिनिधि के रूप में कार्य किया।[72]

उन महिलाओं की संख्या अत्यधिक है जिन्होंने सीधे प्रभुता तो नहीं ग्रहण किया, किन्तु समकालीन राजनीति को प्रभावित किया। यहाँ कुछ महत्त्वपूर्ण उदाहरणों का उल्लेख ही संभव हो सकेगा। स्वयं *उम्मुल मोमेमीन* (मुसलमानों की माँ) हज़रत आइशा न केवल पैग़म्बर के समय में राजनीतिक मामलों के प्रति संवेदनशील रहीं बल्कि तीसरे ख़लीफ़ा हज़रत उस्मान ग़नी की हत्या के पश्चात् राजनीतिक गतिविधियों में सक्रिय रहीं और जमल के युद्ध में सीधे तौर पर भाग लिया।[73] महदी के काल में, उनकी पत्नी ख़ैज़ुरान, जो कि महान ख़लीफ़ा हारून अल रसीद की माँ थी, ने अपने पति के कार्यों में बढ़-चढ़कर हाथ बंटाया।[74] ख़लीफ़ा हारून अल रसीद की पत्नी ज़ुबैदा ख़ातून ने लगभग सहशासिका की भाँति शासन-प्रशासन की गतिविधियों को नियन्त्रित किया।[75] ख़लीफ़ा मुक़्तदिर की माँ ने हस्तक्षेप की सीमा को शिखर पर पहुँचा दिया।[76] महान सल्जूको के अंतर्गत सुल्तान मलिक शाह ने अपनी पत्नी के प्रभाव

में आकर साम्राज्य की तीस वर्षों तक सेवा करने वाले विद्वान वज़ीर निज़ामुल-मुल्क तूसी को कार्यमुक्त कर दिया। सम्भवतः इसीलिए अपनी पुस्तक *सियासतनामा* में निज़ामुल-मुल्क तूसी ने स्त्री जाति के प्रति बदले की भावना से प्रेरित होकर, उन पर नियन्त्रण का उपदेश दिया है।[77] किंतु निज़ामुल मुल्क तूसी की शिक्षा का शायद ही कोई प्रभाव पड़ा, क्योंकि महिलाएँ बाद में भी राजनीति को प्रभावित करती रहीं।

इस्लाम में महिलाओं के युद्ध में भाग लेने की प्रवृत्ति को बढ़ावा नहीं दिया गया और इसे उनकी प्रकृति के विरुद्ध बतलाया गया है। हाँ, आवश्यकता पड़ने पर युद्ध में भाग लेने को उचित भी ठहराया गया है। युद्ध के लिहाज़ से पर्दे के हुक्म में भी ढील की अनुमति है।[78] वस्तुतः इस्लाम से पूर्व भी अरब की महिलाएँ युद्ध में भाग लिया करती थीं और अग्रिम पंक्ति के पीछे, सैनिकों के भोजन बनाने, घायल सैनिकों की सेवा करने तथा घोड़ों एवं लश्कर की देखभाल का दायित्व निभाती थीं।[79] यह परम्परा इस्लाम के आगमन के बाद भी जारी रही। प्रसिद्ध ख़ैबर के युद्ध में, जिसमें पैगम्बर ने स्वयं भाग लिया था, लगभग एक दर्जन महिलाओं ने अपनी सेवाएँ दीं जिनमें उम्मे सलीम, उम्मे ज़ैद, आशजिया तथा उम्मे अतिया आदि का उल्लेख विशेष रूप से किया जा सकता है।[80] उहद के युद्ध में राबिया बिन्त माज़ तथा उम्मे रक़ीबा ने भाग लिया।[81] कुदसिया के युद्ध में हज़रत आईशा और उम्मे सलीम अपनी पीठ पर फ़ौजों के लिए पानी लाने का कार्य करती थीं।[82] उम्मे सलीम के बारे में बुख़ारी की आख्या है कि उम्मे सलीम ने अनेक युद्धों में भाग लिया जिनमें कि पैग़म्बर ने स्वयं भाग लिया था।[83] उम्मे सुलैत के बारे में हज़रत उमर का कहना है कि वे पैग़म्बर की रक्षा के लिए जंग-ए-उहद में निरन्तर उनके दाएँ-बाएँ लगी रहीं।[84] उम्मे अतिया ने सात युद्धों में भाग लिया।[85] पैग़म्बर की फूफ़ी सफ़िया, वह पहली मुस्लिम महिला हैं जिन्होंने युद्ध में दुश्मन (बनू कुरैजा) का क़त्ल किया।[86] उम्मे अमारा की पहल पर महिलाओं का एक समूह भी बना जिसे इतिहास में *बैयत-ए-उक़बा* के नाम से जाना जाता है।[87] यह वही उम्मे अमारा हैं जिन्होंने क्रुद्ध कुरेश के विरुद्ध अनेक लोगों के साथ मरते दम तक लड़ने की पैग़म्बर के हाथों पर शपथ लिया जिसे *बै'यत-ए-रिज़वान* कहा जाता है। वह जंग-ए-उहद तथा ख़लीफ़ा अबूबक्र के समय में यमामा के युद्ध में तब तक लड़ती रहीं जब तक बुरी तरह घायल न हो गईं।[88] ख़लीफ़ा अबूबक्र के ही काल में दमिश्क के घेरे के समय दुश्मनों से घिर जाने पर मुस्लिम महिलाओं ने अज़दार की पुत्री ख़ौला के नेतृत्व में घमासान युद्ध किया जिसमें दमिश्क के

30 सैनिक मारे गए और दुश्मन की सेनाओं के पैर उखड़ गए। इस युद्ध में वीरता का प्रदर्शन करने वाली अन्य महिलाएँ थी — अफ़ीरा बिन्त अफ़ारा, उम्मे अबान बिन्त अतबा एवं सलमा बिन्त नोमान।[89] यारमुक के युद्ध में जिस समय रोमन सेनाओं के तूफ़ान ने इस्लामी सेना के वाम पक्ष को तोड़कर अंतिम पंक्ति को भेद दिया तब मुस्लिम महिलाएँ भी युद्ध में तलवार लेकर सम्मिलित हो गईं। हरीस की पुत्री उम्मे हकीम तथा यजीद की पुत्री असमा ने बड़ी बहादुरी का परिचय दिया। केवल असमा ने ही नौ रोमन सैनिकों को मौत के घाट उतार दिया।[90] इस युद्ध में भाग लेने वाली अन्य महिलाओं में हज़रत अबूबक्र की पुत्री असमा, तलबा की पुत्री खौला, मलिक सलमा की पुत्री काब, क़नस की पुत्री ना'म तथा अफ़ारा की पुत्री अफ़ीरा के नाम प्रमुख हैं।[91] सीरिया की विजय में भी महिलाओं की महत्त्वपूर्ण भूमिका थी। इन महिलाओं में उम्मे हक़ीम, हिन्द, उम्मे कसीर, असमा, उम्मे अबान, उम्मे अमारा, ख़ौला, लुबना तथा अफ़ीरा आदि के नाम प्रमुख हैं। इसी प्रकार मुस्लिम महिलाओं ने दमिश्क विजय, सिफ़ीन के युद्ध तथा यौम-उत-तावीर आदि स्थानों पर अपनी वीरता का परिचय दिया। यहाँ प्रत्येक युद्ध का उल्लेख करना न तो संभव है और न ही समीचीन ही। उक्त विवरण का प्रयोजन मात्र यह स्पष्ट करना है कि इस्लाम में आवश्यकता पड़ने पर महिलाओं द्वारा युद्ध में भाग लेने की अनुमति है, किन्तु राजनीति तथा युद्ध में भाग लेने की यह अनुमति अपरिहार्य परिस्थितियों तक ही सीमित है।

इस्लाम में स्त्री की सामाजिक स्थिति पर विचार करने से पूर्व यह समझना आवश्यक है कि अरब में इस्लाम का उदय उस काल में हुआ जबकि पुत्री का जन्म सामाजिक और आर्थिक अभिशाप माना जाता था और उन्हें ज़िन्दा गाड़ दिया ज़ाता था अथवा पहाड़ी पर से ढकेल कर मार दिया जाता था।[92] इस्लाम ने इस स्थिति में सुधार लाने का प्रयास किया और संतानों की हत्या को महान पाप के रूप में परिभाषित किया गया।[93] क़ुरान में यह घोषणा की गई कि अल्लाह ने नर और नारी को एक ही इन्द्रिय (नफ़्स) से पैदा किया है तथा वे एक ही आत्मा (जिन्स) के भाग हैं, उसके (अल्लाह) के समक्ष स्त्री और पुरुष में कोई भेद नहीं है।[94] पुरुष जैसा कर्म करेंगे वे उसका फल पाएँगे और महिलाएँ जैसा कर्म करेंगी वे उसका फल पाएँगी।[95]

इस्लाम में पुत्री के जन्म को सौभाग्य माना गया। ऐसी कई हदीसे हैं जबकि पैग़म्बर

ने पुत्री के जन्म पर प्रसन्नता प्रकट किया है। इब्ने अब्बास की आख्या के अनुसार पैग़म्बर ने घोषित किया कि यदि किसी की एक पुत्री है और उसने उसका प्रेमपूर्वक पालन-पोषण किया, किसी प्रकार का असम्मान प्रकट नहीं किया और पुत्र के समान व्यवहार किया तब अल्लाह उसे जन्नत (स्वर्ग) प्रदान करेगा।[96] अनस बिन मलिक की आख्या है कि लड़कियाँ स्नेह और सहानुभूति की प्रतिमूर्ति है तथा परिवार के लिए वरदान (अल्लाह का)। यदि किसी की एक पुत्री है तो अल्लाह उसे दोज़ख़ (नर्क) की आग से बचाएगा। यदि किसी की दो पुत्रियाँ हैं तब अल्लाह उसे जन्नत में प्रवेश दे देगा; तथा जिसकी तीन पुत्रियाँ हैं उसे अल्लाह दान एवं जिहाद की अनिवार्यताओं से मुक्त कर देगा।[97] इसी प्रकार की आख्या अबू हुरैरा ने भी दी है। अब्दुल्ला इब्न-ए-मसूद की आख्या है कि पैग़म्बर ने यहाँ तक कहा है कि यदि किसी के यहाँ पुत्री का जन्म होता है और वह उसका समुचित पालन-पोषण करता है तथा शिक्षा देता है एवं जीवन की कला मे निपुण बनाता है तब मैं (पैग़म्बर) स्वयं उसके और दोज़ख़ (नर्क) की आग के बीच खड़ा हो जाऊँगा।[98]

उपरोक्त कथन से स्पष्ट है कि पैग़म्बर ने न केवल पुत्री के प्रति व्याप्त घृणा को दूर करने का प्रयत्न किया अपितु नारी शिक्षा को भी आवश्यक माना। एक स्थान पर यहाँ तक कहा गया है कि यदि कोई अपनी दासी को भी अच्छी शिक्षा-दीक्षा देकर उसे स्वतन्त्र करके उसका विवाह कर देता है तो उसे दोहरा पुण्य मिलेगा।[99] स्पष्ट है कि यदि इस्लाम दासी की शिक्षा पर इतना अधिक ज़ोर देता है तब सामान्य स्त्री-पुरुषों की शिक्षा के प्रति उदासीनता का प्रश्न ही नहीं उठता। स्वयं पैग़म्बर ने महिलाओं को प्रश्न पूछने का अधिकार दिया था। इस प्रयोजनार्थ स्त्री एवं पुरुषों हेतु अलग-अलग समय नियत किया गया था।[100] इससे स्पष्ट होता है कि सहशिक्षा को प्रोत्साहन नहीं दिया गया। किन्तु नारी शिक्षिकाओं द्वारा शिक्षा देने पर प्रतिबन्ध नहीं है जैसाकि पैग़म्बर की पत्नी हज़रत आइशा न सिर्फ महिलाओं बल्कि पुरुषों को भी हदीस, व्याख्या एवं फ़िक़ह की शिक्षा देती थीं।[101] एक अन्य स्थान पर कहा गया है कि प्रत्येक मुस्लिम मर्द और औरत के लिए आवश्यक है कि वह ज्ञान प्राप्त करे।[102] स्पष्टतः शिक्षा के संबंध में स्त्री-पुरुष में कोई विभेद नहीं किया गया।

किन्तु शिक्षा के स्वरूप के परिप्रेक्ष्य में विभेद को स्त्री की उत्पत्ति की अवधारणा के प्रकाश में देखा जा सकता है। क़ुरान में कहा गया है कि अल्लाह ने स्वयं तुम्हीं में से जोड़े बनाये

हैं ताकि तुम उनके पास सुकून हासिल करो।[103] दूसरा कारण यह बताया गया है, ताकि मानव संतति का विस्तार हो।[104] तीसरी महत्त्वपूर्ण बात यह है कि महिलाएँ अपने पति के घर की हुक्मरान हैं और वह अपनी हुकूमत की सीमा में अपने कृतित्व के लिए उत्तरदायी हैं।[105] इस प्रकार इस्लामी जीवन पद्धति में यद्यपि स्त्री अन्य क्षेत्रों में योगदान कर सकती है लेकिन उसका मौलिक कर्तव्य पति को सुख-शान्ति देना, संतति का विस्तार करना तथा घर तथा बच्चों की समुचित देखभाल के दायित्व का निर्वाह करना है। अतः स्त्री शिक्षा के स्वरूप का आंकलन इन्हीं उद्देश्यों के परिप्रेक्ष्य में करना चाहिए। पर्दा पर अत्यधिक ज़ोर देने एवं लड़के तथा लड़कियों की शिक्षा के मौलिक स्वरूप में अंतर को देखते हुए सह-शिक्षा की चर्चा अप्रासंगिक प्रतीत होती है।

वस्तुतः इस्लाम स्त्री और पुरुषों के स्वच्छन्द मेल-जोल को सख़्ती से प्रतिबन्धित करता है। किसी लड़की के लिए यह उचित नहीं माना गया कि वह व्यस्क होने के पश्चात् अनावश्यक रूप से घर से बाहर निकले और न ही यह उचित है कि अपने सौन्दर्य और यौवन का किसी प्रकार से अमर्यादित प्रदर्शन करे।[107] महिलाओं एवं पुरुषों, दोनों के लिए सतर के पालन का निर्देश दिया गया है। पर्दे की सख़्ती का अनुमान इस बात से लगाया जा सकता है कि घर में असमय बिना सूचित किए प्रवेश वर्जित किया गया है।[108] महरम के अतिरिक्त किसी अन्य व्यक्ति के साथ आने-जाने एवं रहने की अनुमति भी नहीं दी गई।[109] यहाँ तक कि महिलाओं के लिए यद्यपि मस्जिद में नमाज़ पढ़ने की अनुमति दी गई है, किन्तु उत्तम यह माना गया है कि वे अपने कमरे में ही नमाज़ पढ़ लिया करें।[110] अति आवश्यक होने पर ही घर से निकलने की अनुमति है। घर से बाहर निकलते समय महिलाओं को *जिलबाब* धारण करने का आदेश दिया गया है।[111] बूढ़ी स्त्रियों, युद्ध आदि की अनिवार्यताओं तथा बीमारी आदि अति आवश्यक प्रयोजनों को छोड़कर अन्य किसी भी स्थिति में, इस्लाम पर्दे से छूट की अनुमति नहीं देता।

इस्लाम में वैवाहिक जीवन जीने पर ज़ोर दिया गया है और कहा गया है कि बालिग़ होने के पश्चात् विवाह कर लेना चाहिए, क्योंकि विवाह नैतिकता को सुरक्षित करने के लिए क़िले की भाँति सुरक्षा प्रदान करता है।[112] निकट संबंधियों अर्थात् महरम को छोड़कर किसी भी स्त्री के साथ पुरुष विवाह कर सकते हैं बशर्ते लड़की *अहल-ए-किताब* हो।[113] कोई भी स्त्री ऐसे ही व्यक्ति के साथ विवाह कर सकती है जो इस्लाम धर्म का अनुयायी हो।[114] आशय

यह है कि कोई भी स्त्री इस्लाम धर्म के अनुयायियों के अतिरिक्त अन्य किसी के साथ विवाह नहीं कर सकती। एक महत्त्वपूर्ण शर्त यह है कि ऐसी स्त्री के साथ विवाह संभव नहीं है जो पहले से ही किसी की पत्नी हो या तलाक़ लेकर इद्दत का समय पूरा न कर लिया हो।[115] अतः स्पष्ट है कि कोई भी स्त्री एक साथ, एक से अधिक विवाह नहीं कर सकती। पुरुषों के लिए क़ुरान में यद्यपि एक पत्नी के आदर्श को उचित ठहराया गया है, लेकिन एक साथ अधिकतम चार पत्नियों के रखने की अनुमति दी गयी है।[116] एक से अधिक पत्नी के रखने के संदर्भ में सभी के साथ समान व्यवहार एवं समय के विभाजन का प्रावधान आवश्यक बताया गया है।[117] कुछ व्याख्याकारों ने एक साथ अधिकतम पत्नियों की संख्या को नौ, यहाँ तक कि कुछ ने अठारह तक निर्धारित करने को उचित ठहराया है।[118] इस संदर्भ में इस तथ्य का स्पष्टीकरण आवश्यक है कि स्वयं पैग़म्बर की एक साथ पत्नियों की संख्या नौ से ग्यारह तक बतायी जाती है।[119] इस तथ्य के प्रकाश में उक्त व्याख्याकारों के मतों का समर्थन नहीं किया जा सकता, क्योंकि क़ुरान तथा हदीस में अनेक ऐसे निर्देश पूरी तरह स्पष्ट हैं जहाँ पत्नियों की संख्या को चार तक सीमित किया गया है।[120] पैग़म्बर के अधिकांश विवाह धार्मिक अथवा राजनीतिक कारणों से प्रेरित थे जिन्हें सामान्य व्यक्तियों के लिए मान्य नहीं स्वीकार किया गया।

विवाह संबंधी उक्त प्रावधानों का संबंध स्थायी विवाह अर्थात् *निक़ाह* से है। एक अन्य प्रकार का अस्थायी विवाह, प्राचीन ईरान में प्रचलित था जिसे *मुताह* कहा जाता है। इसके तहत विवाह एक निश्चित समय के लिए किया जाता है। इसके पश्चात् स्त्री-पुरुष स्वतः ही स्वतंत्र माने जाते हैं। अनेक व्याख्याकारों ने इस विवाह को विधिसम्मत स्वीकार करते हुए क़ुरान के प्रावधानों के अनुकूल माना है जबकि कुछ ने क़ुरान की मूल भावना के विरुद्ध बताया है और प्रावधानों को तोड़-मरोड़कर अर्थ निकालने का मत जताया है।[121] मुताह में अधिकतम पत्नियों की संख्या को सीमित नहीं किया गया। अतः मुताह के प्रावधान का चार से अधिक पत्नियों को रखने के लिए किस प्रकार दुरुपयोग हुआ होगा, इसका अनुमान लगाया सकता है।

इस्लाम में विवाह एक प्रकार का स्त्री-पुरुष के बीच किया गया समझौता है। समझौते की प्रकृति यही होती है कि महिला अथवा पुरुष विवाह पूर्व यदि समझते हैं कि कुछ शर्तें आवश्यक हैं तब वे ऐसी शर्त रख सकते हैं।[122] स्त्री अथवा पुरुष के लिए यह उचित माना

गया है कि वे अपने भावी साथी के बारे में जानकारी हासिल कर लें और आवश्यकता हो तो देख भी लें ताकि भविष्य में सुखमय जीवन व्यतीत कर सकें।[123] यदि लड़की या लड़के के अव्यस्क रहते हुए अथवा उनकी इच्छा के विरुद्ध अभिभावक विवाह करते हैं, तब उन्हें ऐसे विवाह से हट जाने का पूरा अधिकार है। ऐसा विवाह शून्य क़रार दिया जायेगा।[124] आशय यह है कि इस समझौते के प्रमुख पक्षकार वर एवं कन्या ही हैं। यदि इनमें से कोई चाहे तो यह अधिकार अपने अभिभावकों या संबंधियों को स्थानान्तरित कर सकते हैं।

मुस्लिम विवाह की एक महत्त्वपूर्ण शर्त *महर* है। *महर* वह धनराशि है जो विवाह के समय पुरुष द्वारा स्त्री को दी जाती है। यह अपेक्षा की जाती है कि पुरुष स्त्री को अपनी क्षमतानुसार पर्याप्त *महर* अदा करे। दूसरी ओर स्त्री का पूरा अधिकार है कि वह अपनी इच्छानुसार *महर* निर्धारित कर दे।[125] *महर* की राशि का प्रावधान विवाह के बाद स्त्री की आर्थिक स्थिति की सुरक्षा को दृष्टिगत रखते हुए किया गया है। इसमें पुरुष का कोई अधिकार नहीं है। दूसरी ओर पत्नी के रूप में पुरुष की संपत्ति पर स्त्री का कोई अधिकार नहीं है बल्कि वह अपने पति के घर की संरक्षक कही गयी है। इससे स्पष्ट है कि घर में पति की स्थिति एक सीमा तक पत्नी से ऊपर है।[126] यहाँ यह स्पष्ट कर देना आवश्यक है कि स्त्री को अपने माता-पिता की संपत्ति में जो हिस्सा प्राप्त होता है उस पर पति दावा नहीं कर सकता। यह स्त्री पर निर्भर है कि उस संपत्ति का उपयोग वह अपनी इच्छानुसार करे। पति की मृत्यु के पश्चात् पत्नी को नियमानुसार उसकी संपत्ति में एक निश्चित भाग पाने का अधिकार है ताकि वह अपना जीवनयापन कर सके।[127]

इस्लाम के अनुसार विवाह एक समझौता है, जन्म-जन्मान्तर का संबंध नहीं है। अतः स्वाभाविक है कि यदि कोई पक्ष समझता है कि सुखमय जीवन एक साथ रहते हुए संभव नहीं है तब वह संबंध तोड़ सकता है।[128] पुरुष द्वारा संबंध तोड़ने की यह प्रक्रिया *तलाक़* कहलाती है, जबकि महिला को *खुला* करने का अधिकार है। महिला द्वारा *खुला* की अर्जी तभी दी जा सकती है जबकि पुरुष विवाह की आवश्यक शर्तों को पूरा न कर रहा हो। तलाक़ की प्रक्रिया अपेक्षाकृत आसान है। कुछ विद्वान कहते हैं कि एक ही बैठक में पुरुष द्वारा तीन बार *तलाक़* कह देने से *तलाक़* मान लिया जायेगा जबकि कुछ विद्वान इसके लिए तीन अलग-अलग बैठकों में निर्धारित समयान्तराल का होना आवश्यक मानते हैं।[129] यहाँ स्पष्ट करना

आवश्यक है कि *तलाक़* की प्रक्रिया को इस्लाम में अति आवश्यक होने पर ही अपनाने की अपेक्षा की गई है। वस्तुतः अल्लाह की जो सबसे नापसंदीदा जायज़ चीज़ कही है, वह *तलाक़* ही है।[130]

प्राचीन काल में दास प्रथा का प्रचलन एक सामान्य तथ्य है। अनेक बार भयंकर युद्धों के परिणामस्वरूप युद्ध-बंदियों की संख्या हज़ारों तक पहुँच जाती थी। इनमें महिलाओं एवं बच्चों की संख्या अत्यधिक होती थी। इन सभी से दास एवं दासियों के रूप में कार्य लिया जाता था। दास-दासियों के क्रय-विक्रय के उल्लेख भी पर्याप्त संख्या में प्राप्त होते हैं। ऐसे दास-दासियों का मानसिक एवं शारीरिक शोषण एक सामान्य बात थी। इस्लाम ने यद्यपि दास एवं दासियों के प्रति अच्छा व्यवहार करने का निर्देश दिया, किन्तु इस प्रथा का पूर्ण उन्मूलन नहीं किया। दास एवं दासियों को समुचित शिक्षा-दीक्षा देकर उन्हें स्वतंत्र कर देने अथवा उनके विवाह कर देने को स्वामी के लिए पुण्य का विषय तो माना गया, किन्तु दास एवं दासियों के रखने पर निषेध नहीं लागू किया गया। निषेध के परिणामस्वरूप युद्ध-बंदियों को रखने की एक अलग समस्या का उदय हो सकता था; विशेष रूप से उन महिलाओं के लिए समस्या हो सकती थी जिनके संबंधी युद्ध में पहले ही मारे जा चुके थे। यह स्वामी का दायित्व था कि वह इन महिलाओं के खान-पान एवं रहन-सहन की व्यवस्था करे। इसके बदले में स्वामिभक्ति एवं स्वामी की सेवा उनका कर्तव्य बन गया। स्वामी यदि चाहे तो इनके साथ यौन-संबंध भी स्थापित कर सकता था।[131] ऐसी स्थिति में दासी यदि सन्तान को जन्म दे दे, तब वह स्वतंत्रता की अधिकारिणी थी।[132] प्रारम्भ में यह व्यवस्था, युद्ध-बंदी बनायी गयी महिलाओं को शरण देने अथवा अराजकता से बचने के लिए ही स्वीकृत की गयी थी। किन्तु कालान्तर में, इस्लाम अरब मुजाहिदों से होते हुए धन एवं वैभव से परिपूर्ण सम्राटों का धर्म बना, तब इस व्यवस्था का लाभ उठाकर बड़ी संख्या में महिलाओं को महलों में रखना गौरव का विषय माना जाने लगा। इस प्रकार प्राचीनकाल के अन्तःपुरों की ही भाँति विशाल हरम मध्यकालीन शासक वर्ग की जीवन शैली के आवश्यक अंग बन गए।

अधिकांश संस्कृतियों की ही भाँति, इस्लाम में भी माता के रूप में स्त्री को सर्वोच्च सम्मान दिया गया है। माता-पिता को उफ़ तक न कहने का निर्देश देते हुए उनकी सेवा की अपेक्षा की गई है।[133] सम्मान एवं सेवा के संबंध में पिता पर माता को अधिक वरीयता प्राप्त है।[134]

नारी को माता के रूप में मात्र सम्मान ही नहीं दिया गया बल्कि सम्भवतः पहली बार पति अथवा सन्तान की मृत्यु की स्थिति में उनकी संपत्ति में उसके अधिकार को मान्यता दी गई ताकि वह किसी पर आश्रित न रहे।[135]

इस प्रकार इस्लाम में पुत्री के रूप में नारी को न केवल सम्मान दिया गया है बल्कि उसके जन्म को सौभाग्य के रूप स्वीकार किया गया है और पुत्री की शिक्षा-दीक्षा को पुत्र के परिप्रेक्ष्य में किसी भी प्रकार कम महत्त्व नहीं दिया गया। टुकड़ों में ही सही, नारी के संपत्ति के अधिकार को मान्यता भी दी गई। किन्तु व्यवहार में कार्य-विभाजन के सिद्धान्त के चलते नारी की गतिविधि का मुख्य केन्द्र पति के घर की देखभाल करना एवं बच्चों का पालन-पोषण हो गया। पर्दा के आदेश की भ्रामक व्याख्याओं के चलते पुरुष की भाँति, नारी राजनीतिक एवं आर्थिक गतिविधियों में भाग लेने के लिए कालान्तर में उतना भी स्वतन्त्र न रही जितना कि स्वयं पैग़म्बर के काल में; तथापि तुर्क-मंगोल उत्तराधिकार के सिद्धान्तों के चलते अनेक महिलाओं ने प्रभुता के अधिकार तक को ग्रहण किया। बहु-विवाह को यद्यपि चार पत्नियों तक सीमित किया गया लेकिन इसका पूरी तरह उन्मूलन नहीं किया गया। इसके साथ ही, असीमित संख्या में दास एवं दासियों को संरक्षण की अनुमति का कालान्तर में दुरुपयोग भी हुआ और बड़े-बड़े ह़रम सम्मान एवं वैभव के प्रतीक माने जाने लगे। किन्तु माता के रूप में नारी को पूरा सम्मान प्राप्त हुआ।

दिल्ली सल्तनत एवं अभिजात महिलाएँ

तुर्क-फारसी परंपराओं का आत्मसात करने के कारण, सल्तनत काल में, सुल्तानों का अपने ह़रम की महिलाओं के प्रति विशेष अनुराग रहता था। सुल्तान ह़रम की महिलाओं के साथ पर्याप्त समय व्यतीत किया करते थे। इन महिलाओं में सुल्तान की माता, उसके निकट संबंधी एवं पत्नियाँ, उपपत्नियाँ तथा अन्य महिलाएँ सम्मिलित थीं।[136] इनमें से अधिकांश महिलाएँ सुशिक्षित होती थीं और राजनीति एवं प्रशासन पर इनका काफ़ी प्रभाव रहता था।

दिल्ली सल्तनत के अन्तर्गत राजनीति में भाग लेने का पहला उदाहरण सुल्तान रज़िया के रूप में मिलता है। सुल्तान इल्तुतमिश को ख़लीफ़ा द्वारा मान्यता प्रदान करने के कुछ ही दिनों पश्चात् सुल्तान के ज्येष्ठ पुत्र एवं युवराज नासिरुद्दीन महमूद की मृत्यु का समाचार प्राप्त हुआ।[137] अब उत्तराधिकारी के रूप में चयन के लिए सुल्तान इल्तुतमिश के पास दो

ही विकल्प थे— प्रथम, सबसे बड़ा जीवित पुत्र फ़ीरोज़; एवं द्वितीय, रज़िया। अन्य संतान काफ़ी छोटी थीं। आलसी एवं ग़ैरज़िम्मेदार होने के कारण इल्तुतमिश को रुकुनुद्दीन फ़ीरोज़ की योग्यता पर पूरा विश्वास नहीं था। तुर्की परंपरा के अनुरूप पुत्री रज़िया को उत्तराधिकारी के रूप में नियुक्त करने का विचार इल्तुतमिश के लिए कोई नया नहीं था। किन्तु अमीरों की भावी आपत्ति एवं व्यवहारिकता के मद्देनज़र इल्तुतमिश ने दोनों को परखने का कार्य किया। सन् 1128 ई. में फ़ीरोज़ को बदायूँ का गवर्नर का नियुक्त किया और प्रशासन में फ़ीरोज़ की राय लेनी जारी रखी गयी।[138] दूसरी ओर पुत्री रज़िया को भी प्रशासनिक कार्यों में भाग लेने का अवसर दिया गया और 1231 ई. में ग्वालियर अभियान के समय राजधानी का प्रभार रज़िया को दे दिया गया।[139] अपने दायित्व निर्वाह में रज़िया, फ़ीरोज़ से कहीं अधिक योग्य निकली।

इल्तुतमिश के द्वारा पुत्री को उत्तराधिकारी नियुक्त किए जाने के संबंध में, जैसाकि अपेक्षित था, अधिकारियों ने क़ानूनी आधार पर विरोध नहीं किया, किंतु एक व्यस्क पुत्र की उपस्थिति में पुत्री को राजसिंहासन का दावेदार नियुक्त करने से सहमत भी नहीं थे।[140] कालांतर में रज़िया की योग्यता और क्षमता ने उनकी आशंकाओं का समाधान कर दिया। इस प्रकार सिक्कों के एक नवीन अनुक्रम में रज़िया के नाम का समावेश करके, रज़िया की नियुक्ति का विस्तृत विज्ञापन कर दिया गया।[141]

किन्तु एक अन्य महिला, इल्तुतमिश की पत्नी और फ़ीरोज़ की माँ, शाहतुर्कन के राजनीतिक पटल पर आ जाने के कारण, फ़ीरोज़ की संभावनाएँ अभी पूरी तरह क्षीण नहीं हुईं।[142] शाहतुर्कन की महत्त्वाकांक्षा और स्वाभावगत चतुराई, उसके अपने पुत्र फ़ीरोज़ को दिल्ली का सुल्तान बनवाने के लिए हर संभव प्रयास करने को प्रेरित कर रही थी। शाहतुर्कन ने इल्तुतमिश की मृत्यु के तत्काल बाद, उसी रात को अपने पुत्र को सिंहासनारूढ़ करा दिया और रुकुनुद्दीन फ़ीरोज़ के नाम से उसे सुल्तान घोषित करा दिया।[143] लेकिन फ़ीरोज़ ने अपने आचरण से अपने पिता की आशंकाओं की पुष्टि करते हुए विलासमय जीवन आरंभ कर दिया और अपना अधिकांश समय आमोद-प्रमोद में व्यतीत करने लगा। इस प्रकार सत्ता का केन्द्र शाहतुर्कन के हाथ में चला गया। हमें ऐसी जानकारी मिलती है कि वह स्वयं अपने फ़रमान जारी करती थी।[144] अपनी ईर्ष्यालु प्रवृत्ति के कारण, शाहतुर्कन, अपनी सौतों और उनके बच्चों को सताने लगी। शाहतुर्कन के इस व्यवहार के चलते वज़ीर जुनैदी एवं फ़ीरोज़ के छोटे भाई ग़यासुद्दीन

सहित अनेक सूबेदारों ने फ़ीरोज़ को गद्दी से हटाने का विचार बना लिया। सूबेदारों की मिली-जुली सेनाओं ने बदायूँ में एकत्रित होकर प्रस्थान किया और मंसूरपुर तक आ पहुँचीं। इनका सामना करने के लिए फ़ीरोज़ राजधानी के बाहर आ गया। मार्ग में ही उसकी सेना में विद्रोह हो गया और अनेक सैनिक अधिकारी, अपनी-अपनी सेना सहित राजधानी वापस आ गए।

रज़िया को राजधानी में फ़ीरोज़ की अनुपस्थिति का सुअवसर प्राप्त हुआ और फ़ीरोज़ की माता के शासन के विरुद्ध जो सामान्य असन्तोष था, उसका रज़िया ने लाभ उठाया। वह जुमा की नमाज़ के लिए एकत्रित जनता के समक्ष उपस्थित होकर अपकृत के प्रतीक प्रथागत लाल कपड़े पहनकर उपस्थित हुई और शाहतुर्कन के विरुद्ध सहायता की याचना की।[145] रज़िया ने अपनी योग्यता को सिद्ध करने के लिए अवसर दिए जाने की याचना भी की।[146] इस घटनाक्रम ने दिल्ली की जनता और उपस्थित अधिकारियों में इल्तुतमिश के प्रति राजभक्ति को जगा दिया। इस प्रकार सैनिक अधिकारियों की सहायता प्राप्त कर रज़िया ने शाहतुर्कन को जेल में डलवा दिया और स्वयं को दिल्ली का सुल्तान घोषित कर दिया।[147] सुल्तान रुकुनुद्दीन फ़ीरोज़ को भी बंदी बना लिया गया जिसकी जेल में ही मृत्यु हो गई।[148]

विद्रोही वज़ीर जुनैदी तथा विद्रोही सूबेदारों के गुट के लिए रज़िया द्वारा इस प्रकार अत्यन्त नाटकीय ढंग से सत्ता पर अधिकार कर लेने की घटना, बिल्कुल अप्रत्याशित थी। वस्तुतः रज़िया ने सूबेदारों की इस प्रत्याशा का खंडन कर दिया था कि सुल्तान की नियुक्ति उनकी इच्छानुसार होगी।[149] अतः विद्रोह जारी रहा। रज़िया ने दृढ़ इच्छाशक्ति का प्रदर्शन करते हुए एक-एक करके, या तो विद्रोहियों को अपनी ओर मिला लिया या फिर उन्हें कुचल दिया। किन्तु सूबेदारों के मन में बैठी इस इच्छा का दमन नहीं किया जा सका कि सुल्तान की नियुक्ति करवाने का अधिकार उनका है। इस तथ्य से स्वयं सुल्तान रज़िया भी अवगत थी। संभवतः इसीलिए अपने चार वर्ष के कुशल शासन के दौरान उमरा वर्ग की आन्तरिक संरचना में परिवर्तन का प्रयास जारी रखा।[150] इस प्रयास की परिणति स्वयं सुल्तान रज़िया के अन्त के रूप में हुई।

दिल्ली सल्तनत के इतिहास में रज़िया के चार वर्ष के जनप्रिय शासन से अधिक महत्त्व इस बात का है कि राजत्व के अनेक प्रतिमान बदल गए। रज़िया दिल्ली के सिंहासन पर बैठने वाली पहली महिला थी। उसके राज्यारोहण की घोषणा का क़ानूनी आधार पर विरोध

न होना, यह सिद्ध करता है कि इस्लाम ने विभिन्न परिस्थितियों में, अपनी शरीयत की उदार व्याख्या का आदर्श स्वीकार कर लिया था। इससे इस तथ्य की भी पुष्टि हुई की तुर्क-मुस्लिम परंपरा में योग्यता के आधार पर पुत्री को भी शासिका स्वीकार करना अब भी अप्रासंगिक नहीं हुआ था। दिल्ली की सामान्य जनता द्वारा रज़िया को सुल्तान बनाए जाने में सहयोग देना यह सिद्ध करता है कि सामान्य जनता का दबाव सुल्तान पर प्रत्यक्ष या अप्रत्यक्ष रूप से रहता था।

रज़िया के पश्चात्, किसी अन्य महिला द्वारा सीधे सत्ता ग्रहण करने का उदाहरण हमें नहीं मिलता, किन्तु महिलाओं द्वारा सत्ता-परिवर्तन तथा अन्य राजनीतिक गतिविधियों में भाग लेने के निरन्तर उदाहरण प्राप्त होते हैं। नासिरुद्दीन महमूद के सुल्तान बनने में उसकी माँ का महत्त्वपूर्ण योगदान था। ऐसा प्रतीत होता है कि सुल्तान महमूद की माँ ने बलबन के साथ कोई गुप्त समझौता कर लिया था जिसके फलस्वरूप सुल्तान मसूद को गद्‌दी से हटा दिया गया और महमूद, जो कि अपनी माँ के साथ महिला का वेश धारण करके बहराइच से आया था, को 10 जून, 1246 ई. को दिल्ली की गद्दी पर बैठा दिया गया।[151] इससे बलबन की स्थिति काफ़ी मज़बूत हो गयी। महमूद के शासन के चौथे वर्ष (1249 ई.) में बलबन ने सुल्तान का विवाह अपनी पुत्री के साथ कर दिया।[152] बलबन की इस पुत्री ने सीधे तौर पर सुल्तान नासिरुद्दीन महमूद की नीतियों को प्रभावित किया हो, हमें इसके अधिक उदाहरण नहीं मिलते। किन्तु इस रिश्ते के कारण सुल्तान का दृष्टिकोण बलबन के प्रति नरम होना स्वाभाविक लगता है। संभव है कि 1253 ई. में बलबन के पराभव तथा इमादुद्दीन रेहान के उत्थान-पत्तन की प्रक्रिया में बलबन की पुत्री का हाथ रहा हो।

ख़िलजी वंश के संस्थापक सुल्तान जलालुद्दीन फ़ीरोज़ ख़िलजी की पत्नी मलिका-ए-जहाँ एक महत्त्वाकांक्षी महिला थी। मलिका-ए-जहाँ की पुत्री का विवाह अलाउद्दीन ख़िलजी के साथ हुआ था। किन्तु इनका वैवाहिक जीवन सुखमय नहीं था। फलस्वरूप मलिका-ए-जहाँ और अलाउद्दीन के संबंध अच्छे नहीं रहे और अलाउद्दीन को 1291 ई. में राजधानी छोड़कर कड़ा का सूबेदार बनकर जाने के लिए विवश होना पड़ा।[153] सन् 1296 ई. में ज़लालुद्दीन ख़िलजी की हत्या के पश्चात् मलिका-ए-जहाँ ने अपने पुत्र रुकुनुद्दीन इब्राहिम को दिल्ली का सुल्तान घोषित कर दिया तथा सारी शक्तियाँ अपने हाथ में ले लिया और फ़रमान भी जारी करने लगी।[154] यह स्थिति जलालुद्दीन ख़िलजी के बड़े पुत्र अरकली ख़ाँन, जिसे रुस्तम-ए-ज़मान के नाम से जाना जाता है, के अधिकार का सीधा हनन था।[155] मलिका-ए-जहाँ के जल्दबाज़ी

में उठाए गए इस क़दम से अरकली खाँ का रुष्ट होना स्वाभाविक था।[156] अरकली ख़ाँ ने अलाउद्दीन के विरुद्ध रुकुनुद्दीन इब्राहिम की सहायता से इन्कार कर दिया जबकि उसे यह भली-भाँति ज्ञात था कि वह एकमात्र ऐसा व्यक्ति है जो अपने पिता के राज्य को अलाउद्दीन से बचाने का अंतिम प्रयास कर सकता है। रुकुनुद्दीन इब्राहिम अनुभवहीन था जिसे अलाउद्दीन के हाथों पराजित होना पड़ा और मलिका-ए-जहाँ को अरकली ख़ाँ की शरण में मुल्तान जाने पर विवश होना पड़ा। अरकली खाँ, मलिका-ए-जहाँ के मुल्तान जाने के पश्चात् अलाउद्दीन ख़िलजी से युद्ध करने के लिए तैयार हो गया, किन्तु अब तक काफ़ी देर हो चुकी थी। अरकली ख़ाँ को पराजय का मुँह देखना पड़ा और मलिका-ए-जहाँ बंदी बना ली गई।[157]

सुल्तान मुहम्मद तुग़लक द्वारा अपनी माता के सम्मान करने के अनेक उदाहरण हैं। सुल्तान राजनीतिक मामलों में अपनी माता के सुझावों का आदर करता था।[158] सुल्तान मुहम्मद तुग़लक की बहन ख़ुदावन्दज़ादा ने सुल्तान की मृत्यु के पश्चात् दावर बख़्श को गद्दी पर बिठाने का प्रयास किया किन्तु परिस्थितयों ने ख़ुदावन्दज़ादा का साथ नहीं दिया। जिस समय सुल्तान मुहम्मद तुग़लक की मृत्यु हुई, थट्टा में ही फ़ीरोज़ तुग़लक की उपस्थिति के चलते अमीरों द्वारा फ़ीरोज़ के पक्ष में निर्णय लिया जा चुका था।[159] किन्तु फिर भी, ख़ुदावन्दज़ादा ने अपने पुत्र दावर बख़्श के पक्ष में तर्क रखे और फ़ीरोज़ की हत्या करवाने का असफल प्रयास भी किया।[160] फ़ीरोज़ की स्थिति मज़बूत हो जाने के कारण ख़ुदावन्दज़ादा अपने प्रयासों में सफल न हो सकी।

लोदी शासकों के काल में अनेक महिलाओं ने राजनीति में अपना प्रभाव छोड़ा। सन् 1452 ई. में सुल्तान बहलोल लोदी के विरुद्ध महमूद शर्की के अभियान के समय बीबी माटो ने बड़ी वीरता का परिचय दिया।[161] बीवी माटो इस्लाम खाँन की पत्नी और सुल्तानशाह लोदी की माँ तथा बहलोल लोदी की सास थी। जिस समय महमूद शर्की की सेना ने दिल्ली को घेर लिया था, दुर्ग की रक्षा के लिए पर्याप्त सेना नहीं थी। बीबी माटो ने महिलाओं को मर्दाने कपड़े पहनाकर दुर्ग की मुंडेरों पर नियुक्त कर दिया और अफ़गान तीरंदाजों को आक्रमणकारियों पर बाण चलाने का निर्देश दिया। किंतु अन्ततः उसे हथियार डालने पड़े। इस प्रतिरोध का परिणाम यह हुआ कि अफ़ग़ानों को अपनी रणनीति बनाने का मौक़ा मिल गया।

सन् 1456 ई. में महमूद शर्की और बहलोल लोदी की सेना के मध्य पुनः युद्ध छिड़ गया।

इस संघर्ष में दरिया ख़ाँन लोदी और क़ुतुब ख़ाँन लोदी शर्कियों के हाथ पड़ गए और क़ैद में डाल दिए गए क़ुतुब ख़ाँन लोदी, बहलोल लोदी की पत्नी शम्स ख़ातून का भाई था। शम्स ख़ातून ने बहलोल लोदी पर इस बात के लिए ज़ोर डाला कि वह क़ुतुब खाँन लोदी को छुड़ाने के लिए जौनपुर के साथ युद्ध करे। सुल्तान बहलोल लोदी को जौनपुर पर हमला करना पड़ा।[162] बहलोल लोदी की एक अन्य पत्नी, बीबी अम्बा, जिसका जन्म एक हिन्दू परिवार में हुआ था, अत्यन्त महत्त्वाकांक्षी और सूझ-बूझ वाली महिला थी। बीबी अम्बा ने बहलोल लोदी की मृत्यु के पश्चात् अपने पुत्र निज़ामशाह के राज्यारोहण को निष्कंटक बनाने का महत्त्वपूर्ण कार्य किया।[163] बहलोल लोदी के भतीजे ईसा ख़ान ने निज़ामशाह के राज्यारोहण का इस आधार पर विरोध कर दिया कि निज़ामशाह का जन्म एक हिन्दू कुल की महिला से हुआ था। बीबी अम्बा ने अपने पुत्र का पक्ष रखने के लिए अफ़ग़ान अमीरों की सभा को पर्दे के पीछे से संबोधित किया और निज़ामशाह के शासक बनाए जाने के औचित्य को सिद्ध करने में सफल रही।[164] इस प्रकार बीबी अम्बा का पुत्र निज़ामशाह, सुल्तान सिकन्दरशाह लोदी के नाम से दिल्ली का सुल्तान बना।

जौनपुर के शर्की सुल्तानों के अन्तर्गत राजनीति में महिलाओं का प्रभावी हस्तक्षेप दृष्टिगोचर होता है। इन महिलाओं में बीवी राज़ी का नाम सर्वोपरि है। बीबी राज़ी दिल्ली के सैयद सुल्तान मुहम्मदशाह की पुत्री और सुल्तान अलाउद्दीन आलमशाह की बहन थी। इसका विवाह एक राजनीतिक संधि के तहत इब्राहीमशाह शर्की के साथ हुआ था।[165] इस प्रकार बीबी राज़ी का दिल्ली की गतिविधियों से घनिष्ट संबंध था। दिल्ली में अमीरों के षड्यन्त्रों के फलस्वरूप, बीवी राज़ी के भाई अलाउद्दीन आलमशाह को बहलोल लोदी के पक्ष में सत्ता-त्याग करना पड़ा था। उसने बदायूँ में शरण लिया था। बीवी राज़ी ने हस्तक्षेप करते हुए अपने पति महमूद शर्की को दिल्ली पर आक्रमण करके बहलोल लोदी को हटाने के लिए प्रेरित किया। महमूद शर्की ने 1,70,000 सैनिकों तथा 1,400 हाथियों वाली सेना के साथ दिल्ली पर आक्रमण कर दिया और अफ़गानों की स्थिति काफ़ी नाजुक हो गयी। अन्ततः छलकपट के चलते अफ़ग़ान दिल्ली को बचाने में सफल रहे और बीवी राज़ी की योजना सफल नहीं हो सकी।[166] सन् 1456 ई. में एक बार फिर महमूद शर्की का अफ़ग़ानों के साथ संघर्ष प्रारम्भ हुआ, किन्तु इसी बीच महमूद की मृत्यु हो गई।[167]

सुल्तान महमूद शर्की की मृत्यु के पश्चात् बीवी राज़ी ने अमीरों के समर्थन से सुल्तान के सबसे बड़े पुत्र भीखन ख़ाँन को मुहम्मदशाह शर्की के नाम से सिंहासनारूढ़ कराया। यह सुल्तान महमूद की उस इच्छा की पूर्ति थी जिसके तहत उसने अपनी मृत्यु के दो वर्ष पूर्व ही अपने पुत्र के नाम से सिक्के प्रचलित किए थे।[168]

सुल्तान मुहम्मद की अमीरों के बीच अलोकप्रियता और लोदियों के साथ संघर्ष में अक्षमता के मद्देनज़र बीवी राज़ी ने मुहम्मद के स्थान पर हुसैन ख़ाँन को जौनपुर का शासक बना दिया।[169] बीवी राज़ी का प्रभाव सुल्तान हुसैनशाह शर्की के काल में भी बना रहा।

हुसैनशाह के काल में बीवी खुन्जा को *मलिका-ए-जहाँ* की उपाधि प्राप्त हुई।[170] बीवी खुन्जा दिल्ली के पूर्व सुल्तान अलाउद्दीन आलमशाह की पुत्री और बीवी राज़ी की भतीजी थी। उसने अपने पति हुसैनशाह शर्की को लोदियों के साथ निरन्तर युद्ध करने लिए प्रेरित किया। सुल्तान हुसैनशाह ने बीवी खुन्जा के प्रभाव चलते लोदियों पर कम से कम आठ बार आक्रमण किए और यह संघर्ष हुसैनशाह के अंतिम दिनों तक चलता रहा। इस दौरान विभिन्न युद्धों में बीवी खुन्जा स्वयं कम से कम तीन बार बन्दी बनायी गई और मुक्त हुई। बीवी खुन्जा के प्रभाव का अनुमान इस तथ्य से लगाया जा सकता है कि दूसरे आक्रमण के समय मलिक शम्स नामक अनुभवी अमीर ने अभियान को स्थगित कर विधिवत तैयारी करने का परामर्श दिया, लेकिन मलिक शम्स का सुझाव स्वीकार नहीं किया गया, क्योंकि खुन्जा इस सुझाव से सहमत नहीं थीं।[171]

इस प्रकार दिल्ली सल्तनत तथा शर्की सुल्तानों के मध्य होने वाले संघर्षों की पृष्ठभूमि में महिलाओं की महत्त्वपूर्ण भूमिका रही। दिल्ली तथा जौनपुर के अतिरिक्त मालवा, कश्मीर, गुजरात, दक्कन तथा बंगाल आदि सल्तनतों में भी अनेक महिलाओं ने तत्कालीन राजनीति को प्रत्यक्ष अथवा अप्रत्यक्ष रूप से प्रभावित किया।

शाही परिवार की महिलाओं की सामाजिक-सांस्कृतिक गतिविधियों का केन्द्रबिन्दु शाही महल था। शाही महल अथवा हरमसरा में सुल्तान की पत्नियों, उपपत्नियों तथा सेवक-सेविकाओं के अतिरिक्त, सुल्तान की माँ, बहनें एवं पुत्रियाँ आदि भी निवास करती थीं। इन महिलाओं के केन्द्र में सुल्तान का व्यक्तित्व रहता था। शाहज़ादों एवं शाहज़ादियों का पालन-पोषण भी यहीं होता था।

सुल्तान इल्तुतमिश द्वारा रज़िया को अपना उत्तराधिकारी बनाने के सुझाव से हम यह निष्कर्ष निकाल सकते हैं कि सामान्यतः पुत्री के जन्म का स्वागत होता था। किन्तु पुत्र के जन्म के समान, पुत्री के जन्म के अवसर पर आयोजित उत्सव तथा ख़ुशियों के वृत्तान्त प्रायः कम ही प्राप्त होते हैं।[172] कुलीन परिवारों में पुत्रियों की समुचित शिक्षा का प्रबन्ध किया जाता था। लड़कियों के लिए मक़्तब का उत्सव उसी प्रकार मनाया जाता था जैसाकि लड़के के लिए।[173] लड़कों और लड़कियों की प्रारम्भिक शिक्षा एक साथ हुआ करती थी।[174] पर्दा प्रथा के कारण दस वर्ष की आयु के बाद लड़के और लड़कियाँ अलग-अलग शिक्षण संस्थाओं में शिक्षा प्राप्त करती थीं। शाही परिवार की लड़कियों को *कुरान, हदीस, फ़िक़ह* (धर्मशास्त्र) के साथ ही घुड़सवारी, तींरदाज़ी, इतिहास, ज्योतिष, संगीत, नृत्य तथा अन्य ललित कलाओं का ज्ञान कराया जाता था।[175] विभिन्न विषय के शिक्षण के प्रयोजनार्थ योग्य महिलाओं तथा श्रेष्ठ एवं अधिक आयु के व्यक्तियों को नियुक्त किया जाता था।[176]

लड़की से यह अपेक्षा की जाती थी कि वह तरुणावस्था प्राप्त करने से पूर्व ही स्वयं को पर्दे के पालन का अभ्यस्त बना लेगी और वह जीवनपर्यन्त इस रीति का पालन करती रहेगी, जब तक कि वह सन्तानोत्पत्ति की आयु न पार कर जाय।[177] शाही महल में पर्दे का पालन सुनिश्चित करने के लिए दासियाँ, हिजड़े तथा अन्य सेवक नियुक्त किए जाते थे।[178] शाही हरम में पर्दे के अस्तित्व के महत्त्व को सिद्ध करने के लिए रज़िया का उदाहरण लिया जा सकता है। हम रज़िया के पर्दा त्याग पर, तत्कालीन कई लेखकों को नाक-भौं सिकोड़ते हुए पाते हैं।[179] फ़ीरोज़ तुग़लक़ के पहले राज्य की प्रजा पर परदे के पालन के लिए कभी भी दबाव नहीं डाला गया। फ़ीरोज़शाह तुग़लक़ पहला शासक था जिसने दिल्ली शहर के बाहर मज़ारों पर औरतों के जाने पर पाबन्दी लगा दिया जिसका अनुकरण सिकन्दर शाह लोदी ने भी किया।[180] शहर के भीतर महिलाओं के आने-जाने के संदर्भ में कुछ नहीं कहा गया, संभवतः इसके लिए उन पर कोई प्रतिबन्ध नहीं था।[181]

पत्नी के रूप में मलिका-ए-जहाँ को पर्याप्त सम्मान प्राप्त होता था।[182] सुल्तान के अत्यन्त निकट होने के कारण उसका समाज पर काफ़ी प्रभाव रहता था। लेकिन शासक वर्ग में बड़े-बड़े हरम रखने तथा अनेक पत्नियों तथा उपपत्नियों के होने के कारण कोई भी स्त्री अपने पति के अक्षुण्य प्रेम की अपेक्षा नहीं कर सकती थी। हरम के अन्दर शासक की विभिन्न पत्नियों

के मध्य प्रतिद्वन्द्विता एक स्वाभाविक प्रक्रिया थी।[183] पति का प्रेम प्राप्त करने तथा उस पर अपना प्रभाव बनाए रखने के लिए महिलाएँ विभिन्न चेष्टाएँ करती थीं। वे क़ीमती वस्त्राभूषणों से लेकर संगीत तथा नृत्य आदि का सहारा लेने से भी नहीं चूकती थीं।

पदच्युत शासक की महिलाओं की स्थिति और भी विचित्र होती थी। विजेता को पदच्युत सुल्तान की पत्नियों से विवाह करने का वैध अधिकार था।[184] ऐसी पत्नियों तथा रखैलों को अनेक बार उनकी इच्छा के विपरीत विवाह करने के लिए विवश होना पड़ता था।[185]

सुल्तान की माँ को संभवतः किसी भी अन्य स्त्री की अपेक्षा सर्वाधिक सम्मान एवं विशेषाधिकार प्राप्त थे।[186] तत्कालीन समाज में सामान्य जनता में भी, माँ को अत्यधिक सम्मान मिलता था। सुल्तान की मुख्य पत्नी पर माँ को वरीयता दी जाती थी। वह साम्राज्य की सामाजिक-सांस्कृतिक गतिविधियों में बढ़-चढ़कर भाग लेती थी।

इस प्रकार सल्तनतकाल में महिलाओं ने न केवल राजनीति एवं प्रशासन में बढ़-चढ़कर भाग लिया, बल्कि उनका शिक्षा एवं संस्कृति के क्षेत्र में भी महत्त्वपूर्ण योगदान रहा। किन्तु पर्दा एवं बहुविवाह जैसी प्रथाओं के चलते, उनकी सामाजिक-सांस्कृतिक गतिविधियाँ एक सीमा तक प्रतिबन्धित रहीं।

सन्दर्भ तथा टिप्पणी

1. आर.पी. त्रिपाठी, *राइज़ एण्ड फ़ाल ऑफ़ दि मुग़ल अम्पायर,* पृ. 1
2. एस. आबिद हुसैन, *भारत की राष्ट्रीय संस्कृति,* पृ. 78-79
3. उर्मिल प्रकाश मिश्र, *प्राचीन भारत में नारी,* पृ. 20; *नवसाहसांक-चरित,* 4/59, पृ. 63
4. *रामायण,* 2/37/28

   आत्मा हि द्वारा सर्वेषां दार संग्रहवर्तिनाम्।

   आत्मेयमिति रामस्य पालयिष्यति मेदिनीम्।।
5. *महाभारत,* 5/38/92

   यत्र स्त्री यत्र कितवो बालो यत्रानुशासिता।

   मज्जन्ति तडवशा राजन्नाधामश्मप्लवा इव।।
6. उर्मिल प्रकाश मिश्र, *पूर्वोद्धृत,* पृ. 20

7. एम.ए. अन्सारी, *सोशल लाइफ़ ऑफ़ द मुग़ल इम्परर्स,* पृ. 62
8. आर. वनाजा, *इण्डियन क्वायनेज़,* पृ. 15
9. ए.एस. अल्तेकर, *पोज़ीशन ऑफ़ वूमेन इन हिन्दू सिविलाइज़ेशन,* पृ. 187
10. उर्मिल प्रकाश मिश्र, *पूर्वोद्धृत,* पृ. 110
11. एस.ए.आई. तिरमिज़ी, *इडिक्ट्स फ़्रॉम दी मुग़ल ह़रम,* पृ. IV
12. थामस वाल्टर्स, *ऑन यूवान चुवांग्स ट्रेवल इन इण्डिया,* 629-645 ए. डी., II, पृ. 357-358, एस. ए. आई. तिरमिज़ी, *उपरोक्त,* पृ. IV
13. एस.ए.आई. तिरमिज़ी, *उपरोक्त,* पृ. IV
14. स्वामी माधवानन्द एवं आर.सी. मजू, *पूर्व मुग़लकाल में महिलाओं की स्थिति, ग्रेट वूमेन ऑफ इण्डिया,* पृ. 287 तथा 314-315
15. *द बुक ऑफ सर मार्कोपोलो,* भाग-2, (अनुवाद सर हेनरी यूल) लंदन, 1903, पृ. 360-362
16. स्वामी माधवानन्द एवं मजूमदार, *पूर्वोद्धृत,* पृ. 317-318
17. *राजतरंगिणी,* 7 / 200

    भर्तुर्नारी . विधेयत्वं तथ्या भर्तृजयस्तथा।
    निष्कलंकेन शीलेन नान्योन्यं गहर्यतामगात्।।
18. *उपरोक्त,* 5 / 244
19. वी. स्मिथ, *कैटेलॉग ऑफ दी क्वायन्स इन द इण्डियन म्यूज़ियम कलकत्ता,* भाग-1, कलकत्ता, पृ. 270
20. ए. कनिंघम, *क्वायंस ऑफ एंसियेंट इण्डिया,* पृ. 45
21. वी. स्मिथ, *पूर्वोद्धृत,* पृ. 271, प्लेट 27
22. *राजतरंगिणी,* 7 / 249

    ततः समाश्रितैकांगा स्वयं संवत्सरद्वयम्।
    सुगंधा विदधे राज्यं व मित्रत्वेन तंत्रिणाम्।।
23. डी.आर. भण्डारकर (लेख), *इपीग्रेफिया.इण्डिका,* 22 (1933-34) पृ. 98-109; एस.एस. आल्तेकर, *पूर्वोद्धृत,* पृ. 313
24. जे.एफ.. लीट, *इण्डियन एण्टीक्वेरी,* VII, (जुलाई 1978), पृ. 163-64
25. के.ए. नीलकंठशास्त्री, *द चोलाज़,* भाग-1, प्लेट-1, मद्रास 1937, पृ. 483
26. कनिंघम, *पूर्वोद्धृत,* पृ. 45; रेप्सन, *जनरल ऑफ न्यूमिस्मैटिक सोसाइटी ऑफ इण्डिया,* भाग-I, पृ. 70
27. *वेणी संहार,* 2 / 15

    स्त्री-स्वभाव.सुलभामलीकांशकामपनयामि।

28. *कथासरित्सागर,* भाग.1, 4/1/98
तास्तु काश्चन सदवंश जाता मुक्ताइवांगना।
याः सुवृत्ताच्छ-हृदयायान्ति भूषणतां भुवि।।
29. रामशरण शर्मा, *प्रारम्भिक भारत का आर्थिक एवं सामाजिक इतिहास,* पृ. 60-71
30. *ऋग्वेद,* 1/91/20, 3/1/23; *अथर्ववेद,* 3/32/6/2; उर्मिल प्रकाश मिश्र, *पूर्वोद्धृत,* पृ. 1-2
31. *वृहदारण्यक उपनिषद्,* 6/4/17
अथ य अच्छेद् दुहिता मे पंडिता जायेत,
सर्वमायुरियादिति तिलौदनं पाचयित्वा सर्पिष्मन्तमश्नीयातामीश्वरौ जनयितवै।
32. *रामायण,* 7/9/10-11 एवं 7/12/11-12; *महाभारत,* 6/3/7; उर्मिला प्रकाश मिश्र, *पूर्वोद्धृत,* पृ. 1-2
33. *गीता,* 9/32
मां हि पार्थ व्यापाश्रित्य येऽपि स्युः पापयोनयः।
स्त्रियो वैश्यास्था शूद्रास्तेऽपि यान्ति परां गतिम्।।
34. *कथासरित्सागर,* 28/6
शोक कन्दः हि, क्वानन्दः कायवान्सुतः।
35. *रामायण* 6/131/38; *रघुवंशचरितम्,* 2/12; *दशकुमारचरित,* 2/7/13; *विक्रमांकदेवचरित,* 9/37, कन्याः कुलभूषणत्वम्।
36. उर्मिल प्रकाश मिश्र, *पूर्वोद्धृत,* पृ. 2
37. *उपरोक्त,* पृ. 3
38. ए.एस. अल्तेकर, *पूर्वोद्धृत,* पृ 14
39. ए.एस. अल्तेकर, *प्राचीन भारत में शिक्षण पद्धति,* पृ. 162
40. उर्मिल प्रकाश मिश्र, *पूर्वोद्धृत,* पृ. 4; *मनुस्मृति,* 2/67; *याज्ञवल्क्य स्मृति,* 1/3
41. *पृथ्वीराजविजय,* 5/38; *पृथ्वीराजरासो* (जंगम कथा) 5, 6, 7; *वृहत्कल्पभाष्य* 2/34-46
42. *दशकुमारचरित* के अनुसार (4/26) राजाचण्ड ने अपनी कन्या को भूतल गृह में रखकर उसका पालन-पोषण किया था।
43. जे.बी. चौधरी; 'द वाइफ़ इन वैदिक रिचुवल', *आई.एच.क्यू.,* मार्च 1940, पृ. 70-98
44. *रामायण,* अयोध्याकाण्ड, 67/11
अराजके धनं नास्ति भार्याप्यराजके।

45. *महाभारत,* 1 / 2 / 392

    अर्थाः स्त्रियश्च निपुपैरपि सेव्यमाना।

    नेवाप्त प्रभावमुपयन्ति न च स्थिरत्वम्।।
46. *रामायण,* अयोध्याकाण्ड, 39 / 36
47. विस्तृत जानकारी हेतु देखें, उर्मिल प्रकाश मिश्र, *पूर्वोद्धृत,* पृ. 86-87
48. *महाभारत,* आदि पर्व, 76 / 16 / 77-3

    देवयानी के साथ सहस्र दासियाँ एवं उसकी दासी शर्मिष्ठा अपनी सहस्र दासियों को लेकर गई थी।
49. *महाभारत,* सभापर्व 33 / 52 तथा 61 / 8 / 14 एवं शांतिपर्व 29 / 65
50. *विष्णुपुराण,* 5 / 23 / 11
51. *रामायण,* 2 / 33 / 8

    या न शक्या पूरा दृष्टुं भूतैराकाश गैरपि।

    तामद्य सीतां पश्यन्ति राजमार्ग गताजनाः।।
52. उर्मिल प्रकाश मिश्र, *पूर्वोद्धृत,* पृ. 17
53. युसुफ़ अली, *कारून-ए-उस्ता में हिन्दुस्तान के मा सराती हालात,* पृ. 38
54. *राजतरंगिणी,* 54 / 358

    जातगीतदि दक्षाणां गवाक्षावलयो वभुः।

    आसवामोदिभिर्वक्त्रेखरोध मृगीदृशाम्।।
55. डी.सी. सरकार, *सेलेक्टेड इंसक्रिप्शंस,* पृ. 73
56. *इपीग्रेफ़िका इण्डिका,* भाग-1, पृ. 38
57. ए.बी.एम. हबीबुल्लाह 'सुल्तान रज़िया', *इण्डियन हिस्टोरिकल क्वार्टरली,* भाग-2, दिसम्बर, 1940, पृ. 750
58. ए.बी.एम हबीबुल्लाह, *पूर्वोद्धृत,* पृ. 751
59. *कुरान,* सूरे बक़राह, 3 / 282
60. बुरहानुद्दीन अबुल हसन अली, *अलहिदाया,* पृ. 121
61. इस्लाम की मान्यता के अनुसार सम्पूर्ण ब्रह्माण्ड का अधिकारी अल्लाह है और उसके आदेश या संविधान के अनुसार ही व्यवस्था चलनी चाहिए। उसके आदेशों का संकलन कुरान है। चूँकि अल्लाह एक है। अतः एक ही राज्य होना चाहिए अर्थात् संप्रभुतः का विभाजन नहीं हो सकता। ख़लीफ़ा अर्थात् नेतृत्व करने वाला, पृथ्वी पर अल्लाह का प्रतिनिधि है जिसके अनेक सहायकों को मान्यता दी जा सकती है।

62. इब्ने-ए-खल्दून, *मुक़दमा,* पृ. 182
63. मिनहाजउद्दीन सिराज, *तबक़ात-ए-नासिरी,* भाग-1 (अनु. मेजर रेवर्टी) पृ. 3; ब्राउन, *लिटरेरी हिस्ट्री ऑफ पर्शिया,* भाग-2, पृ. 159
64. मेलकॉम, *हिस्ट्री ऑफ़ पर्शिया,* भाग-1, पृ. 54; ब्राउन, *उपरोक्त,* पृ. 182
65. मिनहाज-उद्दीन सिराज, *पूर्वोद्धृत,* पृ. 227-28
66. *उपरोक्त,* पृ. 234
67. ए.बी.एम. हबीबुल्लाह, 'रज़िया', *आई.एच.क्यू.,* दिसम्बर, 1940, पृ. 752
68. ए.बी.एम. हबीबुल्लाह, *उपरोक्त,* पृ. 182
69. *तदैव।*
70. अलाउद्दीन अता जुवैनी, *तारीख-ए-जहगुशा* (सं. मिर्ज़ा अहमद काज़वीनी) भाग-2, पृ. 88-89
71. *उपरोक्त,* पृ. 241-244 एवं 274
72. ब्राउन, *पूर्वोद्धृत,* भाग-2, पृ. 159
73. अकबरशाह नजीबाबादी, *तारीख-ए-इस्लाम,* भाग-3, पृ. 446-85
74. मुहम्मद यासीन, *ए सोशल हिस्ट्री ऑफ़ इस्लामिक इण्डिया,* पृ. 120
75. *उपरोक्त,* पृ. 120-21
76. मारगोलिउथ (Margoliouth), *उम्मैयद एण्ड अब्बासिद्स,* पृ. 229-231
77. *ज़ेरे दस्तन ए ज़बरदस्त न कुनीद*। देखें — मुहम्मद यासीन, *पूर्वोद्धृत,* पृ. 121
78. एम. मज़हरुद्दीन सिद्दीकी, *वूमेन इन इस्लाम,* पृ. 90-100; अबुल आला मौदूदी, *परदा,* पृ. 260-61
79. सैयद सुमेमान नदवी, *हीरोइक डीड्स ऑफ मुस्लिम वूमेन,* पृ. 6
80. *उपरोक्त,* पृ. 8-9
81. *उपरोक्त,* पृ. 10-11
82. अबुल आला मौदूदी, *पूर्वोद्धृत,* पृ. 262
83. *उपरोक्त,* पृ. 261
84. *उपरोक्त,* पृ. 262
85. सुलेमान नदवी, *पूर्वोद्धृत,* पृ. 11
86. *उपरोक्त,* पृ. 12
87. *तदैव*।
88. *उपरोक्त,* पृ. 14
89. *उपरोक्त,* पृ. 23; विस्तृत जानकारी के लिए देखें — गिबन, *द हिस्ट्री ऑफ़ डिक्लाइन एण्ड फ़ाल ऑफ़ द रोमन अम्पायर,* पृ. 42-43

90. सुलेमान नदवी, *पूर्वोद्धृत,* पृ. 25-26
91. सुलेमान नदवी, *उपरोक्त,* पृ. 26
92. *कुरान,* 14, 58-59; मलिक राम बवेजा, *वूमेन इन इस्लाम,* पृ. 1-4; अबुल आला मौदूदी, *पूर्वोद्धृत,* पृ. 188-189
93. *कुरान,* 15, सूरे बनी इस्राइल, 31
94. *कुरान,* 4, सूरे निसा, 1
95. *कुरान,* 4, सूरे निसा, 32
96. एम. मज़हरुद्दीन सिद्दीकी, *वूमेन इन इस्लाम,* पृ. 15
97. *उपरोक्त,* पृ. 97
98. एम. मज़हरुद्दीन, *उपरोक्त,* पृ. 16, अन्य वृत्तान्तों के लिए देखें — अबुल आला मौदूदी, *पूर्वोद्धृत,* पृ. 190
99. मलिकराम बवेज़ा, *पूर्वोद्धृत,* पृ. 6; अबुल आला मौदूदी, *पूर्वोद्धृत,* पृ. 187
100. अबुल आला मौदूदी, *उपरोक्त,* पृ. 186
101. *उपरोक्त,* पृ. 186-187
102. मलिक राम बवेजा, *पूर्वोद्धृत,* पृ. 6-7; एम. अबुल फज़ल, *दि सेंइंग्स ऑफ़ दि प्रोफ़ेट मुहम्मद,* पृ. 424
103. *कुरान,* 21 सूरह अलरूम, 21
104. *कुरान,* 25, सूरह अलशूरा, 11, इसके अतिरिक्त देखें कुरान, 2 सूरह अलबक़र, 223
105. अबुल आला मौदूदी, *पूर्वोद्धृत,* पृ. 178; बुख़ारी, *बाब कुअनफुसकुम व अलीकुम नारन*
106. *कुरान,* 18, सूरह नूर, 31
107. सतर : मर्द एवं औरतों के लिए वस्त्र धारण करने की सीमा है। मर्द के 'नाफ़ से घुटने' तक भाग 'सतर' है जबकि महिलाओं के लिए चेहरे और हाथ के सिवा अन्य सभी भागों को सतर के अंतर्गत रखा गया है। सतर के अन्तर्गत आने वाले भागों को खुला रखना नाजायज़ क़रार दिया गया है। अबुल आला मौदूदी, *पूर्वोद्धृत,* पृ. 214-218
108. *कुरान,* 18, सूरह नूर, 59 तथा 27 भी देखें। मलिक राम बवेजा, *पूर्वोद्धृत,* पृ. 8-17, एम. मजहरुद्दीन, *पूर्वोद्धृत,* पृ. 101-109
109. *महरम* ऐसे निकट सम्बन्धी हैं जिनके साथ विवाह करना हराम है और घर में एक साथ रहना होता है। उदाहरण के लिए माँ और बेटा, बाप और बेटी, भाई और बहन, फूफी और भतीजा, चाचा और भतीजी, मामा-खाला और भाँजा-भाँजी, सौतेला बाप और बेटी आदि। विस्तृत जानकारी के लिए देखें — अबुल आला मौदूदी, *पूर्वोद्धृत,* पृ. 172-173

110. यह सलाह हज़रत उमर द्वारा दी गई थी। स्वयं पैग़म्बर के विषय में रवायतें हैं कि वे बालिग बेटियों और लड़कियों को ईद आदि की नमाज़ के लिए ले जाते थे। देखें — अबुल आला मौदूदी, *पूर्वोद्धृत,* पृ. 258-260; मुहम्मद मज़हरुद्दीन, *पूर्वोद्धृत,* पृ. 143
111. ज़िलबाब एक प्रकार का ढीला-ढाला वस्त्र है, जिसके पहनने से शरीर के अंग-प्रत्यंगों का आभास नहीं होता। कुछ विद्वान इसके अंतर्गत मुँह ढकने का प्रावधान करते हैं जबकि कुछ का मत है कि मुँह का ढकना आवश्यक नहीं है। *कुरान,* अलनूर 18, 30 तथा 22, सूरह एहजाब/59 भी देखें।
112. एम. मज़हरुद्दीन *पूर्वोद्धृत,* पृ. 32-33; *कुरान* में शादीशुदा औरतों को *अलमोहसनात* कहा गया है जिसका अर्थ होता है किलाबन्द हो जाना। यानी बाहरी हमलों से सुरक्षित हो जाना। *कुरान,* 5 सूरह निसा/23
113. इस्लाम में चार किताबें, ईश्वर की वाणी के रूप में स्वीकार की गई हैं। इनमें पैग़म्बर हज़रत ईसा मसीह के माध्यम से इंजील, पैग़म्बर हज़रत मूसा के माध्यम से तौरात तथा पैग़म्बर हज़रत दाउद के माध्यम से ज़बूर एवं पैग़म्बर मुहम्मद के माध्यम से *कुरान* को मनुष्यों तक पहुँचाया गया है। इन सभी मतों के अनुयायी *अहल-ए-किताब* माने गए हैं।
114. किन्तु अपनी वर्तमान पत्नी की बहन, फूफी, मौसी आदि के साथ अर्थात् प्रत्येक वह सम्बन्ध, जो आपस में महरम है, के साथ विवाह जायज़ नहीं है।
115. इद्दत पति की मृत्यु या तलाक़ की स्थिति में स्त्री द्वारा दूसरा विवाह न करने के लिए निर्धारित समय है। इद्दत का उद्देश्य यह सुनिश्चित करना है कि कहीं स्त्री गर्भवती तो नहीं है ताकि आने वाली संतान के साथ अन्याय न हो। दूसरे यह कि इद्दत का काल पूरा होने से पूर्व पति-पत्नी अपने *'तलाक'* पर पुनर्विचार कर सकें। *कुरान,* सूरह बक़र, 2/227-232
116. *कुरान,* सूरह निसा, 4/2
117. *उपरोक्त,* सूरह निसा 4/2
118. मलिक राम बवेजा, *पूर्वोद्धृत,* पृ. 44-46, विस्तृत चर्चा के लिए देखें, अब्दुल क़ादिर बदायूँनी, *मुन्तख-उत-तवारीख,* भाग-2, पृ. 270
119. पैग़म्बर की पहली पत्नी हज़रत ख़ुदैज़ा थी, और अन्तिम हज़रत आइशा।
120. अब्दुल्ला इब्न-ए-उमर की आख्या है कि ग़िलन बिन सलमा सक़ाफ़ी ने जिस समय इस्लाम धर्म ग्रहण किया, उनकी नौ पत्नियाँ थीं। पैग़म्बर ने उन्हें सलाह दिया कि चार को रख लें और शेष को तलाक़ दे दें। इसी प्रकार ना'फ़िल बिन माविया की आख्या है कि जिस समय उन्होंने इस्लाम धर्म ग्रहण किया उनकी पाँच पत्नियाँ थीं। पैगम्बर ने एक पत्नी को तलाक़ देकर शेष चार को ही रखने की अनुमति दिया। अमरातुल असदी ने जिस समय इस्लाम धर्म स्वीकार किया

तब उनकी आठ पत्नियाँ थीं। लेकिन उन्हें भी केवल चार ही रखने की अनुमति दी गई। इन हदीसों से स्पष्ट है कि पैगम्बर ने सामान्य मनुष्यों के लिए किसी भी स्थिति में चार पत्नियों से अधिक रखने की अनुमति नहीं दी। मलिक राम बवेजा, *पूर्वोद्धृत,* पृ. 44-45

121. *उपरोक्त,* पृ. 38-43
122. एम. मजहरुद्दीन, *वूमेन इन इस्लाम,* पृ. 45
123. अबू हुरैरा की आख्या है कि एक व्यक्ति ने आकर पैग़म्बर से कहा कि वह अंसार में एक लड़की के साथ विवाह करना चाहता है। पैग़म्बर ने उससे पूछा कि क्या लड़की देख ली है। उसने नहीं में जवाब दिया। तब पैग़म्बर उसे देखने का निर्देश दिया। एक अन्य हदीस में मुग़ीरा बिन सबा की आख्या है कि पैग़म्बर ने कहा कि स्त्री पर एक नज़र अवश्य डाल लेनी चाहिए। यदि तुममें प्यार बढ़ाना है तो एक-दूसरे को देख लेना चाहिए (तिरमिज़ी)। इससे स्पष्ट है कि लड़का एवं लड़की, दोनों को अपने भावी साथी को देखने का और पसंद करने का अधिकार है। इमाम मलिक का कहना है कि मर्द को, स्त्री को देखने से पूर्व अनुमति लेना आवश्यक है। मलिक राम बवेजा, *पूर्वोद्धृत,* पृ. 50-51
124. निसाई की आख्या के अनुसार हज़रत आइशा के माध्यम से एक लड़की ने पैगम्बर से यह शिकायत किया कि उसके माता-पिता ने उसकी इच्छा के विरुद्ध विवाह कर दिया है। तब पैग़म्बर ने उसके पिता को राजी किया कि लड़की को संबंध से हटने दें। इसके बाद लड़की ने कहा कि उसे रिश्ता मंजूर है, वह तो मात्र इसलिए यह वाद लेकर आयी थी ताकि जान सके कि ऐसी स्थिति में लड़की के क्या अधिकार हैं। मलिक राम बवेजा, *पूर्वोद्धृत,* पृ. 58-61; एम. मज़हरुद्दीन, *पूर्वोद्धृत,* पृ. 51
125. *कुरान,* 4 / 20; जिस समय दूसरे ख़लीफ़ा हज़रत उमर ने सलाह दिया कि महर बहुत अधिक नहीं होनी चाहिए, तब एक स्त्री ने उनके मत को चुनौती देते हुए इसी आयत का हवाला दिया और कहा कि जब अल्लाह ने सोने के ढेर को देने की इज़ाजत दी है तब आप ऐसी बात कैसे कह सकते हैं। स्त्री के तर्क को हज़रत उमर ने स्वीकार कर लिया। एम. मज़हरुद्दीन सिद्दीकी, *पूर्वोद्धृत,* पृ. 47
126. *कुरान,* 5, सूरह निसा, 33
127. *कुरान,* 4, सूरह निसा, 11
128. *कुरान,* 2, सूरह बक़रा, 229
129. मलिक राम बवेजा, *पूर्वोद्धृत,* पृ. 103-104; एम. मज़हरुद्दीन सिद्दीकी, *पूर्वोद्धृत,* पृ. 143-44
130. मलिक राम बवेजा, *पूर्वोद्धृत,* पृ. 91-92

131. शादाब बानो, 'मैरेज एण्ड कनक्यूबाइनेज इन द मुग़ल इम्पीरियल फैमिली', *प्रोसीडिंग्स ऑफ़ इण्डियन हिस्ट्री कांग्रेस*, 60वाँ सेशन, 1999, पृ. 353
132. ऐसी स्त्री के लिए उम्मे वलद शब्द का प्रयोग किया गया है।
133. *कुरान*, 15, सूरह बनी इस्राइल, 22-23
134. अबू-हुरैरा की आख्या है कि एक बार एक व्यक्ति ने पैगम्बर से पूछा कि मुझे सबसे अधिक प्यार और सद्व्यवहार किससे करना चाहिए? पैगम्बर ने कहा, 'तुम्हारी माँ से'। उसने पुनः पूछा, किससे? पैगम्बर ने कहा 'तुम्हारी माँ'। तीसरी बार भी पैगम्बर ने यही जवाब दिया। तब उसने पूछा, इसके बाद? पैगम्बर ने जवाब दिया, 'तुम्हारा पिता' (बुखारी, *किताबुल अदब*)। एक अन्य हदीस के अनुसार पैगम्बर ने माँ की सेवा को *जिहाद* से अधिक महत्त्व दिया है। माविया बिन फ़ातिमा को कहा कि तुम अपनी माँ की सेवा करो जिनके पैर के नीचे जन्नत (स्वर्ग) है। अबुल आला मौदूदी, *पूर्वोद्धृत*, पृ. 191; मलिक राम बवेजा, *पूर्वोद्धृत*, पृ. 87-89
135. कुरान, 4, *सूरह निसा*, 10-12
136. के.एम. अशरफ, *भारत के लोगों का जीवन एवं परिस्थितियाँ*, पृ. 57
137. ए.बी.एम. हबीबुल्लाह, *फाउण्डेशन ऑफ़ मुस्लिम रूल इन इण्डिया*, पृ. 76
138. ए.बी.एम. हबीबुल्लाह, *उपरोक्त*, पृ. 76
139. *उपरोक्त*, पृ. 76; मिनहाजउद्दीन सिराज, *तबक़ात-ए-नासिरी*, भाग.1, पृ. 637-38; फरिश्ता, *तारीख-ए-फ़रिश्ता*, भाग-1, पृ. 68; ए.बी.एम. हबीबुल्लाह, 'सुल्तान रज़िया', *आई.एच.क्यू.*, 1940, पृ. 754
140. मिनहाजउद्दीन सिराज, *उपरोक्त*, पृ. 638; आर.पी. त्रिपाठी, *सम आस्पेक्ट्स ऑफ़ मुस्लिम एडमिनिस्ट्रेशन*, पृ. 29; ए.बी.एम. हबीबुल्लाह, *उपरोक्त*, पृ. 77; सत्रहवीं शताब्दी में पहली बार अब्दुल हक़ देहलवी ने रज़िया के सुल्तान बनाए जाने पर क़ानूनी वैधता का प्रश्न उठाया। *आई. एच.क्यू.*, 1940, पृ. 756
141. ए.बी.एम. हबीबुल्लाह, *उपरोक्त*, पृ. 141
142. शाह तुर्कन की महात्त्वाकांक्षा ही थी जिसके कारण इल्तुतमिश के परिवार में फूट के संकेत मिलने लगे। इसका लाभ षडयन्त्रकारी अमीरों को मिला।
143. ए.बी.एम. हबीबुल्लाह, *पूर्वोद्धृत*, पृ. 77
144. मिनहाजउद्दीन *पूर्वोद्धृत*, पृ. 632
145. इब्नबतूता, *किताब-उल-रहला*, भाग-2, पृ. 25-26
146. इसामी, *फुतुह-उत-सलातीन*, पृ. 127; ए.बी.एम. हबीबुल्लाह, *आई.एच.क्यू.*, 1940, पृ. 758
147. मिनहाजउद्दीन सिराज, *पूर्वोद्धृत*, पृ. 636

148. *उपरोक्त,* पृ. 636; इसामी का कहना है कि रुकुनुद्दीन फ़ीरोज़ को बन्दी बना कर हाँसी भेज दिया गया। इसामी, *फ़ुतुह-उत-सलातीन,* पृ. 187
149. सन् 1236 ई. में अपने अन्तिम अभियान से लौटते समय सुल्तान इल्तुतमिश लाहौर से अपने साथ रुकुनुद्दीन फ़ीरोज़ को लेकर आए थे। इसी आधार पर रुकुनुद्दीन फ़ीरोज को रज़िया पर वरीयता देते हुए इन अधिकारियों ने ही उसे सुल्तान बनवाने में भूमिका अदा की थी। विस्तृत चर्चा के लिए देखें, ए.बी.एम. हबीबुल्लाह, *पूर्वोद्धृत,* पृ. 76-81; *आई.एच.क्यू.,* 1940, पृ. 755-772
150. ए.बी.एम. हबीबुल्लाह, *उपरोक्त,* पृ. 78-83
151. ए.बी.एम. हबीबुल्लाह, *पूर्वोद्धृत,* पादटिप्पणी 41, पृ. 93
152. मिनहाजउद्दीन सिराज, *पूर्वोद्धृत,* पृ. 36-37, इब्नबतूता, *पूर्वोद्धृत,* पृ. 28
153. हाजी दबीर एक मनोरंजक घटना का उल्लेख करते हैं। उनके अनुसार अलाउद्दीन ख़िलजी महरू नामक स्त्री से अत्यधिक प्रेम करता था। यह प्रेम अलाउद्दीन की पत्नी और सास से अधिक समय तक गुप्त नहीं रखा जा सका। वह उससे इतना प्रेम करता था कि किसी भी दशा में वह उसका त्याग नहीं कर सकता था। संयोग से ऐसा हुआ कि एक बार जब प्रेमी-युगल साथ थे, अलाउद्दीन की सास और उसकी पत्नी वहाँ जा पहुँची। एक अजीब स्थिति पैदा हो गई। दोनों आगन्तुक महिलाओं ने माहरू को खूब पीटा, जिससे अलाउद्दीन को बल प्रयोग करके माहरू की रक्षा करनी पड़ी। ऐसा करते समय उसने अपनी पत्नी, जो सत्तारूढ़ शासक जलालुद्दीन की पुत्री थी, पर आघात किया। इस पारिवारिक असंतोष के परिणामस्वरूप अलाउद्दीन दक्कन चला गया। देखें के.एम. अशरफ़, *पूर्वोद्धृत,* पादटिप्पणी 3, पृ. 57
154. ज़ियाउद्दीन बरनी, *तारीख-ए-फ़ीरोज़शाही,* पृ. 238-239
155. के.एस. लाल, *खिलजी वंश का इतिहास,* पृ. 65
156. *मलिका-ए-जहाँ* अर्थात् विश्व की साम्राज्ञी। सल्तनतकाल में पटरानी को प्रायः यही उपाधि दी जाती थी। एस.ए.आई. तिरमिज़ी, *इडिक्स फ्रॉम द मुग़ल हरम,* पृ. VIII
157. अमीर खुसरो, *देवल रानी खिज़्र खाँ,* पृ. 172 (उद्धृत-रेखा मिश्रा, *वूमेन इन मुग़ल इण्डिया,* पृ. 8)
158. इब्न बतूता, *किताब-उल-रहला,* पृ. 234; ईश्वरी प्रसाद, *हिस्ट्री ऑफ कारूनाह टर्कस इन इण्डिया,* पृ. 310
159. शम्स सिराज अफ़ीफ़, *तारीख़-ए-फ़ीरोज़शाही,* पृ. 45
160. *उपरोक्त,* पृ. 55
161. नियामतुल्लाह, *तारीख-ए-खान-ए-जहानी व मख़ज़ान-ए-अफ़ग़ाना,* पृ. 36; अब्दुल्लाह,

तारीख़-ए-दाउदी, पृ. 13 (उद्धृत, तिरमिज़ी, *पूर्वोद्धृत,* पृ. 38); के.ए. निज़ामी 'जौनपुर का शर्कीराज्य', *दिल्ली सल्तनत,* भाग-दो, पृ. 10

162. शम्स ख़ातून ने बहलोल लोदी के पास संदेश भेजा कि जब तक कुतुब ख़ाँ, सुल्तान मुहम्मद के कारागार में रहेगा उसके लिए नींद और आराम हराम होगा। नियामतउल्लाह, *पूर्वोद्धृत,* पृ. 38; निजामुद्दीन अहमद, *तबकात-ए-अकबरी,* 1, पृ. 343, के.ए. निज़ामी, *उपरोक्त,* पृ. 11
163. बीबी अम्बा को फ़रिश्ता ने बीबी सोनारी कहकर सम्बोधित किया है इससे प्रतीत होता है कि वह सुनार की पुत्री थी। फरिश्ता, *तारीख-ए-फ़रिश्ता,* पृ. 563; नियामतुल्लाह, *उपरोक्त,* पृ.169
164. फ़रिश्ता, *उपरोक्त,* भाग-1, पृ. 563
165. *रोज़तुत्ताहिरीन* और *जौनपुरनामा* में 1437 में इब्राहीम शर्की के दिल्ली के सुल्तान मुहम्मदशाह के विरुद्ध अभियान का वर्णन है। इनके अनुसार इब्राहीम ने दिल्ली पर घेरा डाला और कुछ निकटवर्ती परगनों पर अधिकार कर लिया। सुल्तान मुहम्मद ने अपनी स्थिति कमज़ोर देखकर संधि की प्रार्थना की और इब्राहीम के पुत्र महमूद खाँन का विवाह सुल्तान मुहम्मदशाह की पुत्री बीवी राज़ी से किया गया। के.ए. निज़ामी, *पूर्वोद्धृत,* पृ. 8
166. के.ए. निज़ामी, *उपरोक्त,* पृ. 8
167. *उपरोक्त,* पृ. 11
168. के.ए. निज़ामी, *उपरोक्त,* पृ. 11; नेल्सन, एवं राइट, *कैटेलॉग ऑफ़ क्वाइंस इन द इंडियन म्यूज़ियम,* भाग-2, पृ. 207; एस. लेनपूल, *केटलॉग ऑफ द इण्डियन क्वाईस इन दि ब्रिटिश म्यूज़ियम-दि मुहम्मडन स्टेट्स,* पृ. 102-103
169. नियामतुल्लाह, *पूर्वोद्धृत,* पृ. 45
170. के.ए. निज़ामी, *पूर्वोद्धृत,* पृ. 13; रेखा मिश्रा, *पूर्वोद्धृत,* पृ. 10-11
171. निज़ामुद्दीन अहमद, *तबकात-ए-अकबरी,* भाग-2, पृ. 285
172. शिब्ली नोमानी, *शेरुल अजम,* भाग-2, पृ. 123; के.पी. साहू, *मध्यकालीन उत्तर भारतीय सामाजिक जीवन के कुछ पक्ष,* पृ. 201
173. 'मक्तब' उत्सव के अवसर पर एक रंगीन कागज पर विशेष आयत जिसे 'ईदी' कहा जाता था, लिखी जाती थी। इसे 'ज़रफ़िशानी' कहा जाता था। लड़की (या लड़का) इसे अपने अभिभावकों के समक्ष पढ़ते थे। इस अवसर पर उस्ताद को उपहार भी दिए जाते थे। मक्तब उत्सव उस समय सम्पन्न होता था जब लड़की (या लड़का) की आयु 4 वर्ष चार माह और चार दिन हो जाती थी। देखें, जाफर शरीफ़, *क़ानून-ए-इस्लाम,* पृ. 47; एस. एम. जाफर, *एजूकेशन इन मुस्लिम इण्डिया,* पृ. 190-191
174. एस.एम. जाफर, *उपरोक्त,* पृ. 191

175. एस.एम. जाफर, *उपरोक्त,* पृ. 21-22; के.एम. अशरफ़ *पूर्वोद्धृत,* पृ. 174-175
176. रेखा मिश्रा, *पूर्वोद्धृत,* पृ. 13
177. के.एम. अशरफ़, *पूर्वोद्धृत,* पृ. 176-177
178. के.एम. अशरफ़, *उपरोक्त,* पृ. 176
179. रज़िया ने अपनी स्त्री वेशभूषा को ताक पर रखकर, परदे से बाहर निकलकर परम्परा भंग कर दिया। अमीर खुसरो ने उसके अशिष्ट साहस का पूर्णरूपेण अनुमोदन नहीं किया। तुलनीय के. एम. अशरफ, *उपरोक्त,* पृ. 178, एवं पादटिपणी।
180. फीरोज़शाह तुग़लक, *फुतूहात-ए-फीरोजशाही,* पृ. 8.9 (उद्धृत के.एम. अशरफ., *उपरोक्त,* पृ. 178)
181. के.एम. अशरफ़, *उपरोक्त,* पृ. 178
182. *उपरोक्त,* पृ. 56
183. *उपरोक्त,* पृ. 56; अलाउद्दीन की पत्नी और प्रेमिका के मध्य मारपीट के प्रकरण का उल्लेख पहले ही किया जा चुका है।
184. ग़यासुद्दीन तुग़लक को बलापहारी खुसरो खाँ द्वारा मुबारकशाह की पत्नियों से विवाह किए जाने के प्रति कोई आपत्ति नहीं थी। उसे तो केवल पहले और दूसरे विवाह के मध्य अन्तर (या इद्दत) के संबंध में मुस्लिम क़ानून के नियमों के उल्लंघन होने पर आपत्ति थी। के.एम. अशरफ, *भारत के लोगों की जीवन एवं परिस्थितियाँ,* पृ. 56
185. ख़िज्र खाँन की प्रिय पत्नी देवल रानी को विवाह के लिए मुबारकशाह द्वारा बाध्य किया गया था। ज़काउल्लाह, *तारीख-ए-हिन्दुस्तान,* भाग-2, (उर्दू), पृ. 842
186. इल्तुतमिश की मृत्यु के बाद सुल्तान रुकुनुद्दीन फीरोज़ की माँ, जलालुद्दीन खिलज़ी की मृत्यु के बाद मलिका-ए-जहाँ का इब्राहीम के सन्दर्भ में तथा मुहम्मद तुग़लक की माँ के प्रभाव का उल्लेख किया जा चुका है। तुलनीय, *किताब-उल-रहला,* भाग-2, पृ. 72

अध्याय दो

मुग़ल ह़रम एवं उसका प्रबन्ध तन्त्र

ह़रमसरा–स्थापत्य

वस्तुतः इस्लामी जगत में उस स्थान अथवा भवन के उस भाग को *ह़रम* कहा जाता था, जहाँ महिलाओं का निवास होता था और यह स्थान बाहरी लोगों की दृष्टि से परे था।[1] कालान्तर में यह शब्द भवन में निवास करने वाली समस्त स्त्रियों, सेवक, सेविकाओं एवं कर्मचारियों की समष्टि के लिए प्रयोग किया जाने लगा। मुग़ल काल में क़िलों में ही नहीं बल्कि अभियानों के दौरान भी महिलाओं के आवास के लिए एक विशेष स्थान सुरक्षित रहता था। क़िले के इस आंतरिक भाग को मुग़ल काल में *महल* अथवा *महलसरा* कहा जाता था।[2] कभी-कभी इस स्थान के लिए *सबिस्तान-ए-इक़बाल, सबिस्तान-ए-ख़ास, ज़नाना* और ह़रमसरा शब्दों का भी प्रयोग किया गया है।[3] अब प्रश्न उठता है कि मुग़ल क़िलों के अन्तर्गत *महल* की क्या स्थिति होती थी? और, क्या हज़ारों की संख्या में महिलाओं के लिए पर्याप्त स्थान मिलना संभव था?

अकबर का इतिहासकार अबुल फ़ज़ल सूचित करता है कि सम्राट ने महिलाओं के आवास हेतु सुन्दर भवन बनवाए थे। वह आगे लिखता है कि यद्यपि पाँच हज़ार से अधिक महिलाएँ *(परदानियान)* हैं तथापि सभी के लिए अलग-अलग कमरों *(जुदगानाह-ए-मंज़िल)* की व्यवस्था की गई है।[4] मान्सरेट, जो कि अकबर के काल में फ़तेहपुर सीकरी आया था, का कहना है कि अकबर की तीन सौ पत्नियाँ थीं जिनके लिए विशाल महल (Palace) में अलग-अलग कमरों की व्यवस्था की गई थी।[5] जहाँ तक महिलाओं की संख्या का प्रश्न है वह अकबर

के बाद भी हज़ारों में थी। औरंगज़ेब के काल में मात्र सेविकाओं की संख्या ही दो हज़ार थी।[6] शाह आलम प्रथम के काल में भी दो हज़ार से अधिक महिलाओं का उल्लेख मिलता है।[7] शााहजहाँ तथा औरंगज़ेब के काल में भारत आने वाला बर्नियर एक हिजड़े से प्राप्त सूचना के आधार पर लिखता है कि ह़रम की महिलाओं को अलग-अलग, भव्य एवं विशाल कमरे (Apartment) मुहैया कराए गए थे जिनमें पृथक-पृथक जल आदि की सुविधा भी उपलब्ध थी।[8] किंतु आगरा, फ़तेहपुर सीकरी, लाहौर, शाहजहाँनाबाद (दिल्ली), अजमेर तथा इलाहाबाद के क़िलों में स्थित महलों के आधार पर अनेक आधुनिक इतिहासकार यह स्वीकार नहीं करते कि इतनी अधिक महिलाओं को *महल* में स्थान देना संभव था। अतः यह समीचीन लगता है कि प्रमुख क़िलों में महलों की स्थिति एवं क्षमता का परीक्षण किया जाय।

आगरे का लाल क़िला अकबर द्वारा बनवाया गया अपने प्रकार का एक शहर था जिसमें बाज़ारों, मार्गों तथा बाग़ों आदि का प्रयोजन किया गया था। अबुल फ़ज़ल के अनुसार लाल बलुए पत्थर के पाँच सौ भवनों (*हुज़रहा*) का निर्माण कराया गया था।[9] जहाँगीर के काल में अनेक भवन सुरक्षित थे जिनका विवरण यूरोपीय यात्रियों द्वारा दिया गया है। पेल्सर्ट सूचित करता है कि क़िले का अधिकांश भाग शाही महलों (Princely Edifices) से घिरा था जिसमें जहाँगीर की माँ मरियम-उज़-ज़मानी तथा उसकी पत्नी नूरमहल, के महल प्रमुख हैं।[10] *साबिस्तान-ए-इक़बाल* के अन्तर्गत तीन महल स्थित थे जिन्हें इतिवार, सनीचर, तथा मंगल के नाम से जाना जाता था। बादशाह इन भवनों में उनके नाम वाले दिनों में निवास करता था।[11] एक अन्य महल को बंगाली महल के नाम से जाना जाता था, जहाँ विभिन्न देशों से आयी हुई महिलाएँ निवास करती थीं।[12] किंतु शाहजहाँ के काल में अकबर द्वारा बनायी गई अनेक इमारतें ढहा दी गईं और इनके स्थान पर संगमरमर की इमारतें बनाई गईं। वर्तमान में अकबर द्वारा बनवायी गई कुछ इमारतें ही सुरक्षित हैं। इनमें लाल बलुए पत्थर से निर्मित दो मंजिला जहाँगीरी महल पूर्णतः सुरक्षित है। इसके अतिरिक्त अकबरी महल के भी अवशेष सुरक्षित हैं। शाहजहाँ के काल में बनवाए अनेक सुन्दर भवन आज भी सुरक्षित हैं। ह़रम से संबंधित सभी भवन किले की पूर्वी दीवार के सामान्तर, दक्षिणी भाग में स्थित हैं। शाहजहाँ के काल में निर्मित शीशमहल, ख़ासमहल, मच्छी भवन तथा नगीना मस्जिद जैसी इमारतों का उपयोग शाही महिलाओं द्वारा किया जाता था।[13] इन सभी भवनों का सम्यक् अवलोकन करने से पता चलता है कि सुविधाजनक रूप से अधिक से अधिक पाँच-सात सौ महिलाएँ

ही निवास कर सकती थीं। ऐसा तब संभव था जबकि शाही परिवार की प्रत्येक स्त्री के साथ जुड़ी चार-पाँच सेविकाओं को भी इस संख्या में जोड़ दिया जाए।

फ़तेहपुर सीकरी वस्तुतः अकबर की सबसे महत्त्वाकांक्षी योजनाओं में से एक था। इसका निर्माण अकबर ने 1569 ई. से 1574 ई. के बीच कराया था और 1586 ई. तक फ़तेहपुर सीकरी में अकबर की राजधानी रही। सौभाग्यवश शाही *ह़रमसरा* का एक बड़ा भाग हमारे अध्ययन के लिए सुरक्षित है। उत्खनन के फलस्वरूप कुछ अन्य भवनों का भी पता लगाया गया है। शाही ह़रम से संबंधित भवन दीवान-ए-आम तथा अन्य शाही कार्यालयों के पश्चिम में स्थित हैं। जबकि ह़रमसरा के दक्षिण-पश्चिम की ओर जामा मस्जिद तथा कुछ महत्त्वपूर्ण अमीरों के भवन थे।[14] मुख्य महल दो भागों में विभाजित किया जा सकता है — *दौलत ख़ाना-ए-ख़ास* तथा *ह़रमसरा*। *दौलतख़ाना-ए-ख़ास* दक्षिणी भाग है जबकि ह़रमसरा के भवन पश्चिमी भाग में स्थित हैं। *दौलतख़ाना-ए-ख़ास* में बादशाह का *ख़्वाबगाह दीवान-ए-ख़ास, मक्तबख़ाना, आबदारख़ाना* तथा कोषागार आदि भवन स्थित हैं। यह भाग ह़रम से एक दीवार द्वारा अलग होता है, किंतु यह एक दरवाज़े तथा ऊपर से जाते हुए गलियारे द्वारा *ह़रमसरा* वाले भाग से जुड़ा हुआ है। ह़रम का मुख्य भवन *सबिस्तान-ए-इक़बाल* कहलाता है जिसे स्थानीय लोग जोधाबाई का महल के नाम से भी संबोधित करते हैं। यह दो मंजिला भवन है। इसके बीच में आँगन तथा चारों ओर सुन्दर आवास बने हुए हैं जो कि बेड़ों द्वारा एक-दूसरे से अलग होते हैं। दक्षिण-पश्चिम की ओर स्नान एवं प्रसाधन की व्यवस्था की गई है।[15] जिसका उपयोग ह़रम की महिलाएँ सुगमता से कर सकती थीं। सुनहरा मकान अथवा मरियम का मकान, तुर्की सुल्ताना का महल, बीरबल का महल, बादगीर अथवा पंचमहल, जनानाबाग़ एवं नगीना मस्जिद के अतिरिक्त ह़रम से संबंधित कार्यालयों हेतु प्रयुक्त भवन भी इसी भाग में स्थित हैं।[16] इसके साथ ही पश्चिमी भाग में बरामदेदार भवन, जिसे भ्रमवश अस्तबल कहा जाता है, भी ह़रम से संबंधित भवन था जहाँ सेविकाओं अथवा ख़्वाजाओं को ड्यूटी के पश्चात् रुकने की व्यवस्था होती थी। फ़तेहपुर सीकरी के इन भवनों को देखकर ऐसा लगता है कि उच्च पद वाली बीस-पच्चीस महिलाएँ तथा उनकी दस-दस कनीज़े आसानी से रह सकती थीं। सामान्य कार्यों हेतु आने वाली सौ-डेढ़-सौ सेविकाएँ भी आसानी से रह सकती थीं। इस प्रकार सेविकाओं सहित पाँच सौ से अधिक महिलाओं के निवास-स्थान की कल्पना नहीं की जा सकती।[17]

सन् 1586 ई. में अकबर फ़तेहपुर सीकरी से लाहौर चला गया ताकि उत्तर-पश्चिमी सीमा पर अब्दुल्ला ख़ाँ उज़बेग का सामना कर सके। वह वहाँ पर अब्दुला ख़ाँ उज़बेग की मृत्यु तक (1598 ई.) रहा। इस बीच अकबर ने लाहौर में किले तथा भवनों का निर्माण कराया। लाहौर का क़िला कमोबेश आगरा की ही भाँति बनाया गया था।[18] जहाँगीर ने अनेक पुराने भवनों के स्थान पर नए भवन बनाने हेतु 1620 ई. में आदेश दिया।[19] इन भवनों में सुन्दर पेंटिंग भी उकेरित की गईं। इस काल में मुख्य ह़रमसरा के अतिरिक्त ख़ुसरों की माता के महल का उल्लेख भी फ़िच ने किया है।[20] यहाँ यह उल्लेख आवश्यक है कि ख़ुसरो की माता ने पहले ही आत्महत्या कर लिया था। शाहजहाँ के काल में अनेक भवन लाल बलुए पत्थर के स्थान पर संगमरमर से बना दिए गए। इन भवनों में ख़्वाबगाह, शीशमहल तथा नौलखा का उल्लेख किया जा सकता है।[21] लाहौर का क़िला यद्यपि अत्यन्त सुन्दर है, किंतु इसे आगरा से अधिक भव्य नहीं कहा जा सकता। अतः स्पष्ट है कि यहाँ भी एक साथ पाँच सौ से अधिक महिलाएँ सुविधाजनक ढंग से नहीं रह सकती थीं।

दिल्ली स्थित शाहजहाँनाबाद के क़िले, जिसे आजकल लाल क़िला के नाम से जाना जाता है, का निर्माण शाहजहाँ ने करवाया था। यह क़िला 1638 ई. से 1648 ई. के मध्य बनाया गया। इसे 1648 ई. में शाहजहाँ ने अपनी राजधानी बनाया।[22] शाहजहाँनाबाद के क़िले में स्थित अनेक भवन अंग्रेजों द्वारा नष्ट कर दिए गए, किंतु शाही ह़रम से संबंधित कुछ भवन आज भी सुरक्षित हैं जिससे कि इसकी भव्यता का अनुमान लगाया जा सकता है। शाही ह़रम से संबंधित भवन *दीवान-ए-आम* के पीछे, पूर्वी भाग में स्थित हैं। इन भवनों में मुमताज़महल, रंगमहल, ख़ासमहल तथा हीरामहल प्रमुख हैं जो कि जमुना की ओर क़िले की पूर्वी दीवार के सामान्तर स्थित हैं। ख़ासमहल से ही लगा हुआ *दीवान-ए-ख़ास* है जहाँ शासक, साम्राज्य के महत्त्वपूर्ण मंत्रियों से विचार-विमर्श करता था। *दीवान-ए-ख़ास* की स्थिति यह भी दर्शाती है कि यहाँ शाही महिलाएँ आसानी से आ-जा सकती थीं। ख़ासमहल से ही लगा हुआ *हमाम* है। यह सभी महल *नहर-ए-बहिस्त* से जुड़े हुए थे। इनके सामने की ओर सुन्दर बाग़, नहरों एवं फ़ौआरों आदि की व्यवस्था थी। जनानाबाग़ स्थित ज़फ़रमहल तथा सावन एवं भादों नामक भवनों का उपयोग महिलाओं द्वारा जलक्रीड़ा के लिए किया जाता था। इसका निर्माण अंतिम मुगल बादशाह बहादुरशाह 'ज़फर' ने कराया था इसीलिए इसे ज़फरमहल कहा जाता है। उल्लेखनीय है कि बहादुरशाह ने एक महल महरौली में भी करवाया था।

अजमेर, इलाहाबाद तथा औरंगाबाद जैसे क़िले आगरा, फ़तेहपुर सीकरी, लाहौर तथा शाहजहाँनाबाद से पर्याप्त छोटे हैं। यह क़िले वस्तुतः आकस्मिक उपयोग के लिए बनाए गए थे। इसके साथ ही गवर्नर के रूप में नियुक्त राजकुमार भी इनका उपयोग करते थे। अतः यहाँ भी एक साथ हज़ारों महिलाओं के सुविधाजनक ढंग से निवास करने की कल्पना नहीं की जा सकती। स्पष्टतः शाही महिलाओं के निवास के संबंध में अबुल फ़ज़ल तथा यूरोपीय यात्रियों के विवरणों की पुरातात्त्विक साक्ष्यों से संतोषजनक पुष्टि नहीं होती। किंतु इनके कथनों को पूर्णतः असत्य मान लेना, समस्या का अतिसरलीकरण होगा।

तथ्य है कि शाही परिवार की समस्त महिलाएँ प्रायः एक समय में, एक साथ, और एक ही स्थान पर नहीं रहती थीं। मुग़ल बादशाह प्रायः अभियानों पर रहा करते थे। अभियान के समय अत्यन्त महत्त्वपूर्ण महिलाएँ ही बादशाह के साथ रहती थीं जबकि शेष महिलाएँ तथा *कनीजें* राजधानी में ही रहा करती थीं। अकबर के काल के प्रारंभिक वर्षों में जिस समय वह आगरा में था, उसकी माँ हमीदा बानो बेगम और माहम अनगा दिल्ली में थीं। बैरम ख़ाँ के बढ़ते प्रभाव को देखकर इन महिलाओं ने अकबर को दिल्ली आमन्त्रित किया था। आधम खाँ की मृत्यु के समय भी माहम अनगा दिल्ली में ही थी।[23] इसी प्रकार जब औरंगज़ेब दक़न अभियान के संदर्भ में दक्षिण भारत में था, तब शाही परिवार की अनेक महिलाएँ दिल्ली में थीं। *मा'सीर-ए-आलमगीरी* में अनेक स्थानों पर ऐसे विवरण हैं जबकि बादशाह राजधानी से बाहर था और महिलाओं के संबंध में दिल्ली से समाचार आए। औरंगज़ेब की पुत्री बद्ररुन्निसा बेगम की मृत्यु दिल्ली में हुई तब वह राजपूताने में था।[24] इसी प्रकार जहाँआरा बेगम की मृत्यु का समाचार भी औरंगज़ेब को कुछ दिन बाद मिला।[25] ज़ेबुन्निसा बेगम, अपने पिता बादशाह औरंगज़ेब की नाराज़गी के कारण सलीमगढ़ के क़िले में नज़रबंद थी। इस दौरान हमें उसके द्वारा सामाजिक-सांस्कृतिक गतिविधियों में भाग लेने की चर्चा मिलती है।[26] इसका आशय यह हुआ कि ज़ैबुन्निसा बेगम के साथ उसकी सेवक-सेविकाएँ दिल्ली में ही उपस्थित थीं। औरंगज़ेब ने इस राजकुमारी की मृत्यु का समाचार पाया तब उसकी आँखों में आँसू आ गए।[27] उस समय वह दक़न में था। यहाँ बर्नियर के एक विवरण का उल्लेख भी किया जा सकता है। जब औरंगज़ेब दिल्ली से कश्मीर की यात्रा कर रहा था तब बर्नियर उसके साथ था। वह बताता है कि सम्राट के साथ वही महिलाएँ थीं जिनकी सेवाओं को नज़रन्दाज़ नहीं किया जा सकता था। इन महिलाओं में प्रथम श्रेणी की कुछ महिलाओं के अतिरिक्त रोशआरा बेगम

तथा उसकी कुछ मित्र थीं। कुछ-कुछ शाही महिलाओं को दिल्ली, लाहौर तथा भमबार के क़िलों में रहने दिया गया था।[28] इसी प्रकार जब औरंगज़ेब राजपूताने में व्यस्त था तब उसे दक़न में शाहज़ादा मुअज़्ज़म के विद्रोह का समाचार मिला। इस पर शाहज़ादे की माता नवाबबाई को दिल्ली से बुलाकर दक़न भेजा गया था ताकि वह शाहज़ादे को समझा सके।[29]

महत्त्वपूर्ण मुग़ल किलों के अतिरिक्त कुछ छोटे-छोटे क़िले, बाग़ तथा महल भी थे जहाँ बादशाह यात्रा के दौरान निवास कर सकता था। इनमें से कुछ बाग़ तथा महल शाही महिलाओं की जागीर में थे और बादशाह के स्वागत के लिए वे यहाँ हरसंभव व्यवस्था किया करतीं थीं।[30] हालांकि यह महल एवं बाग़, मुख्य क़िलों का भार कम अवश्य करते थे, किंतु यह स्थायी व्यवस्था न थी, और न ही यह निष्कर्ष निकाला जा सकता है कि वहाँ एक निश्चित संख्या में शाही महिलाएँ हमेशा निवास करती थीं।

मुग़ल राजकुमार विभिन्न स्थानों पर सूबेदारी एवं अन्य दायित्वपूर्ण कार्यों के संपादन हेतु सूबों अथवा अभियानों पर रहा करते थे। इस स्थिति में उनकी पत्नियों एवं कनीज़ों के अतिरिक्त अनेक बार उनकी माता एवं बहनें भी साथ रहती थीं जो कि क्रमशः बादशाह की पत्नी तथा पुत्री भी होती थीं। वैसे भी राजकुमारों को पन्द्रह-सोलह वर्ष की आयु में अलग महल दे दिए जाते थे। एक अन्य तथ्य भी है कि बादशाह की मृत्यु के पश्चात् राजमाता तथा कुछ अन्य महत्त्वपूर्ण महिलाओं को छोड़कर अन्य सभी को अलग-अलग महलों में भेज दिया जाता था। यह महल, हरमसरा के मुख्य भवन से अलग रहते थे। बाबर की मृत्यु के पश्चात् बीबी मुबारिका काबुल चली गई और उसी के प्रयासों के फलस्वरूप बाबर की उस अंतिम इच्छा की पूर्ति हुई जिसके अनुसार बाबर की मज़ार काबुल में बनायी जानी थी।[31] हुमायूँ की मृत्यु के पश्चात् यद्यपि अकबर आगरा में रहता था लेकिन हाजी बेगम इस दौरान दिल्ली में ही रही और हुमायूँ के मकबरे के निर्माण की देखरेख स्वयं कर रही थी।[32] अकबर की मृत्यु के पश्चात् उसकी अनेक विधवाओं को सिकन्दरा भेज दिया गया। वहाँ वे मकबरे में बनाए गए विशेष कमरों में रहती थीं।[33] यहाँ तक कि स्वयं जहाँगीर की माता लाहौर के निकट दहर नामक स्थान पर 1606 ई. में पहुँची तब जहाँगीर मिलने के लिए गया था।[34] इसी प्रकार जहाँगीर की मृत्यु के पश्चात् नूरजहाँ लाहौर में रहने लगी और कभी भी आगरा नहीं आयी। कुछ वरिष्ठ महिलाओं के राजधानी में ही पृथक महल रहते थे। अकबर की पहली पत्नी रुकैया

सुल्तान बेगम तथा पुत्री शाहज़ादा ख़ानम जमुना के किनारे आगरा स्थित अपने महलों में रहती थीं।[35] ऐसे भी उदाहरण मिलते हैं जबकि शाही परिवार के सदस्यों, विशेषकर राजकुमारों के राजधानी आने पर अमीरों के खाली पड़े महलों में रुकने की व्यवस्था की जाती थी।[36]

मुग़ल क़िलों तथा ईंट-पत्थर से निर्मित भवनों के अतिरिक्त मुग़ल *फ़र्राशख़ाने* की भी शाही जीवन में महत्त्वपूर्ण भूमिका थी। मुग़लकाल के चित्रों को देखने से पता चलता है कि महल के अन्दर भी आवश्यकतानुसार शामियानों का उपयोग किया जाता था। फ़तेहपुर सीकरी, आगरा तथा दिल्ली स्थित भवनों में विशेष प्रकार के ख़ाँचों एवं छल्लों को आसानी से देखा जा सकता है जो कि शामियानों को लगाने हेतु प्रयोग में लाए जाते थे। उत्सवों के अवसर पर उपयोग हेतु विशेष प्रकार के बनाए गए *ख़ेमों* (तम्बुओं) की व्यवस्था की जाती थी। इसी प्रकार अभियान के दौरान *खेमों* के अन्तर्गत इतना अधिक स्थान होता था कि हज़ारों महिलाएँ एक साथ रह सकती थीं।

अभियान के समय आवास

मुग़ल बादशाह तथा राजकुमारों से यह अपेक्षा की जाती थी कि वे निरंतर गतिशील रहें। महान मुग़लों की शृंखला में, अधिकांश मुग़ल बादशाहों ने अपने जीवन का आधे से अधिक समय अभियानों में व्यतीत किया। अभियान के दौरान महत्त्वपूर्ण शाही स्त्रियाँ, *कनीज़े* एवं *उर्दूबेगी* कारवाँ के साथ रहती थीं। इनके लिए न केवल यात्रा हेतु विशेष प्रबंध किए जाते थे बल्कि आवास हेतु डेरे के अन्दर विशेष स्थान सबसे पहले शाही हरम के लिए ही निर्धारित किया जाता था। *ख़ेमों* की व्यवस्था हेतु *मीर-ए सामान* के अन्तर्गत एक विधिवत विभाग रहता था जिसे *फ़र्राशख़ाना* कहा जाता था।

बादशाह तथा शाही हरम के प्रयोजनार्थ प्रयुक्त *ख़ेमें* जोड़े में हुआ करते थे ताकि बादशाह के एक स्थान से दूसरे स्थान पर जाने से पूर्व ही प्रस्तावित स्थान पर अग्रगामी *ख़ेमा* लगा दिया जाय।[37] ख़ेमें की विशालता का अनुमान इस तथ्य से लगाया जा सकता है कि अकबर के काल में एक दस्ते की ढुलाई हेतु 100 हाथी, 500 ऊँट, 400 बैलगाड़ियाँ तथा 100 अन्य सहायक व्यक्ति नियुक्त रहते थे।[38] इन्हें लगाने हेतु हज़ारो की संख्या में फ़र्राश, सहायक, बढ़ई, लुहार, चर्मकार तथा पानी ढोने वाले लगे रहते थे। इनको लगाने में पन्द्रह दिन से

एक महीने तक का समय लग जाना असामान्य बात न थी। इस संपूर्ण व्यवस्था के संचालन का दायित्व *मीर-ए-मंज़िल* नामक अधिकारी पर होता था।[39]

मुग़ल कैंप में शाही ख़ेमा अपेक्षाकृत ऊँचें स्थान और मध्य भाग में लगाया जाता था। इसका बाहर से लाल रंग रहता था जो कि बादशाह का विशेषाधिकार था।[40] शाही *ख़ेमें* के अन्तर्गत शाही महिलाओं तथा बादशाह के निवास हेतु लकड़ी का एक विशेष घेरा बनाया जाता था। इसे गुलालबार कहते थे।[41] *गुलालबार* हेतु सुरक्षित स्थान किसी भी स्थिति में 100 वर्ग गज से कम नहीं रहता था।[42] *गुलालबार* के अन्तर्गत सुदूर पूर्व की ओर *सरपरदा*[43] से घिरा हुआ बारगाह[44] लगाया जाता था। बीच में *चा'बीनरावती*[45] रहता था जबकि पश्चिमी छोर पर *दोआशियाना मंज़िल*[46] लगाया जाता था। *गुलालबार* के अन्तर्गत बीच में चालीस गज का फ़ासला छोड़कर दायीं और बायीं ओर जो स्थान शेष रहता था उसमें दोनों ओर चा'बीनरावती की श्रृंखला लगा दी जाती थी जिन्हें *क़नातें*[47] एक-दूसरे से पृथक् करती थीं। इन *चा'बीनरावतियों* में महत्त्वपूर्ण शाही महिलाएँ निवास करती थीं। रावतियों से लगे हुए कुछ अन्य *ख़ेमा*[48] एवं *ख़रगाह*[49] लगाए जाते थे जिनमें *ख़ासाह* अर्थात् महिला कर्मचारी एवं अधिकारी रहती थीं। यह सभी शामियाने रेशमी, मखमली एवं *ज़रदोज़ी* के काम से युक्त कपड़ों के उपयोग द्वारा बनाए जाते थे। *रावती, ख़ेमा* एवं *ख़रगाह* के दोनों ओर कुछ स्थान *उर्दूबेगियों* (महिला सुरक्षाकर्मी) तथ सेविकाओं हेतु नियत रहता था, जहाँ इनके लिए *ख़ेमे* लगाए जाते थे।

गुलालबार के पश्चिम में, इससे लगा हुआ विशाल खुला स्थान (लगभग 150-150 गज) *सरचाह* से घेर दिया जाता था। इसे *माहताबी* कहा जाता था।[50] *माहताबी* के मध्य भाग में एक चबूतरा बनाया जाता था जिस पर चार खंभों पर आधारित एक *नीमगिरह* अर्थात् छतरी लगायी जाती थी। सामान्यतः शाम के समय बादशाह यहीं पर बैठता था। *माहताबी* में महत्त्वपूर्ण महिलाएँ खुली हवा लेने के लिए आती थीं। इस प्रकार *गुलालबार* तथा *माहताबी* का भाग अत्यंत सुरक्षित स्थान था जहाँ किसी भी बाहरी व्यक्ति के आने की अनुमति नहीं थी। इसके आगे पश्चिम की ओर अन्य सार्वजनिक स्थान; यथा-*दीवान-ए-आम-वो-ख़ास* आदि हेतु स्थान नियत था।

गुलालबार के तीन ओर का क्षेत्र, जो लगभग 300-300 गज होता था, *कनात* के माध्यम से घेर दिया जाता था। इस क्षेत्र में *गुलालबार* के दायीं ओर सबसे बड़े राजकुमार का तंबू लगाया जाता था जबकि बायीं ओर उससे छोटे। पीछे की ओर, यदि राजमाता अथवा अन्य वरिष्ठ महिलाएँ रहती थीं तब उनके शामियाने लगाये जाते थे।[51] राजमाता तथा शाहज़ादों की अनुपस्थिति में अत्यंत विश्वसनीय एवं निष्ठावान अमीरों को यह स्थान दिया जाता था। इस अतिविशिष्ट घेरे के पश्चात् पुनः सौ मीटर का अन्तराल छोड़ा जाता था जिसके पश्चात् शाही आवश्यकताओं की पूर्ति से संबंधित विभिन्न विभाग; यथा— *कुरख़ाना* (शस्त्रागार), *मेवाख़ाना, किरकिराकख़ाना* (सम्मान अथवा वार्डरोब विभाग) तथा *मतबख़* (रसोईघर) आदि होते थे।[52] इन विभागों के बाहर विशेष सुरक्षाकर्मियों का घेरा रहता था जो बारी-बारी से कैंप की सुरक्षा का दायित्व संभालते थे।[53]

मुग़ल बादशाह हमेशा इस बात के लिए तत्पर रहते थे कि उनके फ़र्राशख़ाने में दुनियाँ के सर्वोत्तम शामियाने रहें ताकि यात्रा और उत्सवों के दौरान स्थान की कमी न रहे। मुग़ल बादशाह अत्यंत विशाल तथा अनुपम शामियाने अपने कारख़ानों में बनवाया करते थे। इनमें हवा तथा रोशनी आने के लिए पर्याप्त व्यवस्था होती थी। हुमायूँ द्वारा बनवाया गया ऐसा ही शामियाना *मिहिरआमेज़* कहलाता था।[54] जहाँगीर के काल में ऐसे शामियाने थे जिनमें चार सौ से अधिक महिलाएँ सुविधाजनक ढंग से रह सकती थीं।[55] शाहजहाँ ने दल-बदल नामक शामियाने का निर्माण अहमदाबाद कारख़ाने में कराया था जिस पर एक लाख रुपये ख़र्च हुए थे। यह शामियाना *मख़मल-ए-ज़खफ़्त* का बनाया गया था। इसे लगाने के लिए तीन हज़ार फ़र्राश लगभग तीन महीने तक का समय लेते थे। इसे राजधानी में रखा गया था और उत्सवों के अवसर पर लगाया जाता था। इसके नीचे दस हज़ार से अधिक व्यक्ति आ सकते थे।[56]

अतः शाही फ़र्राशख़ाने की क्षमता के मद्देनज़र यह अनुमान लगाना कठिन नहीं है कि यह न केवल अभियानों के समय अपितु सामान्य परिस्थितियों एवं उत्सवों के अवसर पर भी पर्याप्त स्थान उपलब्ध कराते थे।

अब हम पुनः अबुल फ़ज़ल तथा यूरोपीय यात्रियों द्वारा दिए गए विवरणों की ओर वापस आते हैं। जैसाकि हमने मुग़ल क़िलों के सर्वेक्षण में पाया कि वर्तमान में किसी भी क़िले में

इतना स्थान नहीं है कि पाँच हज़ार महिलाएँ एक साथ निवास कर सकें और उनके लिए अलग-अलग कमरे भी उपलब्ध हों। यह तभी संभव है जबकि शाही महिलाएँ पृथक-पृथक क़िलों में रहती हों जिसकी पुष्टि उपरोक्त विवेचन से भी होती है। हमें यह भी समझने की आवश्यकता है कि अबुल फ़ज़ल का कथन थोड़ा-बहुत अतिशयोक्तिपूर्ण भी हो सकता है, क्योंकि मध्यकाल में किसी शासक का हरम जितना बड़ा होता था, उसे उतना ही गौरवपूर्ण माना जाता था। इसके साथ ही अबुल फ़ज़ल शाही महिलाओं के अन्तर्गत उन सभी महिलाओं को जोड़ता है जिनका संबंध किसी भी रूप में शाही परिवार से था। इनमें वे महिला कर्मचारी एवं अधिकारी भी शामिल हैं जो अपनी सेवा देने हेतु महल में आती थीं किंतु वे हरम के बाहर निवास करती थीं। हम यह अपेक्षा नहीं कर सकते कि सभी कनीज़ों की ड्यूटी चौबीस घण्टे रहती थी। इसी प्रकार *उर्दू-बेगियों* की ड्यूटी भी शिफ़्ट (अदला-बदली) में लगती थी। इन सभी महिलाओं को शाही महल के बाहर, क़िले के अन्दर, शहर की ओर झोपड़ेनुमा भवन दे दिए जाते थे जिससे कि उन्हें महल आने एवं शहर जाने, दोनों में सुविधा हो। इसके अतिरिक्त, महल में *दरोग़ा* तथा *महलदार* जैसे पदों पर वे महिलाएँ नियुक्त की जाती थीं जिनका संबंध अभिजात वर्ग से था। इनमें जहाँगीर की सास अस्मत बेगम का नाम लिया जा सकता है जिसके पति एवं पुत्र क्रमशः साम्राज्य के वज़ीर तथा दीवान के महत्त्वपूर्ण पदों पर थे। इससे यह अनुमान लगाना असंभव नहीं है कि यह महिला अपनी ड्यूटी के बाद अपने घरों (महलों) में चली जाया करती थीं।

अतः स्पष्ट है कि यदि अबुल फ़ज़ल द्वारा दी गई पाँच हज़ार की संख्या पूरे मुग़लकाल के लिए मान भी ली जाय तब भी शाही महिलाओं को आवास में असुविधा न होती होगी। महिलाओं के पृथक-पृथक स्थानों पर रहने, कर्मचारियों के शिफ़्ट में आने तथा सुदृढ़ *फ़र्राशख़ाना* के चलते स्थान की कमी की पूर्ति हो जाती थी। किंतु हमें प्रत्येक महिला हेतु पृथक-पृथक कमरों (*जुदगानाह-ए-मंजिल*) वाले कथन को शब्दशः नहीं लेना चाहिए। हमें ज्ञात है कि अल्पव्यस्क राजकुमारियाँ तो अपनी माताओं अथवा धाय माँ के साथ रहती थीं। इनके साथ कुछ विशिष्ट कनीज़े भी रहती थीं।

हरम का प्रबन्ध तन्त्र एवं कर्मचारी

प्रारम्भिक मुग़ल बादशाहों, बाबर तथा हुमायूँ के काल में शाही महिलाओं की संख्या अपेक्षाकृत

कम थी। बादशाह के लिए इन महिलाओं के मामलों को व्यक्तिगत रूप से सुलझाना असंभव नहीं था। किंतु अकबर के काल में महिलाओं की संख्या में अप्रत्याशित वृद्धि हुई। राजनीतिक विवाहों के फलस्वरूप बड़ी संख्या में महिलाओं का ह़रम में प्रवेश हुआ। इन महिलाओं के साथ दहेज के रूप में बड़ी संख्या में सेविकाएँ भी आयीं। सैन्य अभियानों के दौरान बंदी बनायी गई अनेक महिलाओं को भी शाही ह़रम में प्रवेश मिला। वैसे भी, मध्यकाल में शासक वर्ग में एकाधिक पत्नियाँ रखना सामान्य था। इस मामले में मुग़ल बादशाहों ने इस्लामी श'रा में निश्चित अधिकतम चार पत्नियों के नियम के अनुपालन को विशेष महत्त्व नहीं दिया। इसके अतिरिक्त बाज़ारों में लड़के-लड़कियाँ वस्तु की भाँति उपलब्ध थे। इन्हें ख़रीदकर आश्रय देना, अथवा दूसरे शब्दों में, दास-दासियों के रूप में रखना, गौरव का विषय समझा जाता था। फलतः अकबर के काल में शाही-ह़रम में महिलाओं की संख्या में इतनी अधिक वृद्धि हुई कि शाही ह़रम को साम्राज्य के अन्य प्रशासनिक अंगों की भाँति एक व्यवस्थित विभाग का रूप देना पड़ा।

इससे पूर्व सल्तनत काल में सुल्तान स्वयं ही, ह़रम के अधिकारियों एवं कर्मचारियों पर नियन्त्रण रखता था। ह़रम का आन्तरिक प्रबन्ध हाक़िम नामक महिला अधिकारी के अंतर्गत रहता था जबकि बाह्य सुरक्षा एवं प्रबंध का दायित्व एक ख़्वाजासरा का होता था।[57] बाबर तथा हुमायूँ के काल में भी यह व्यवस्था पूर्ववत् ही रही। लेकिन अकबर के काल में शाही *ह़रम* के प्रबन्ध का दायित्व *ख़ान-ए-सामान* नामक अधिकारी पर आ गया। महत्त्वपूर्ण मुद्दों पर नियन्त्रणात्मक भूमिका बादशाह की ही होती थी। अकबर द्वारा स्थापित यह व्यवस्था कालान्तर में भी जारी रही। *ख़ान-ए-सामान* का विभाग केन्द्र सरकार का एक ऐसा विभाग था जिस पर बादशाह अत्यंत विश्वसनीय व्यक्ति को ही नियुक्त करता था। यह न केवल मुग़ल शाही महिलाओं की आवश्यकता की वस्तुओं की आपूर्ति सुनिश्चित करता था बल्कि बादशाह की अनुमति से ह़रम के अधिकारियों एवं कर्मचारियों की नियुक्ति भी करता था।[58]

मुग़ल ह़रम में नियुक्त कर्मचारियों एवं अधिकारियों को तीन श्रेणियों में विभाजित किया जा सकता है — प्रथम, वे अधिकारी एवं कर्मचारी जो कि शाही महिलाओं से सीधे संपर्क में रहती थीं और अनिवार्य रूप से महिलाएँ होती थीं।

द्वितीय, वे अधिकारी एवं कर्मचारी जो प्रायः महल के बाहर ही रहते थे। किंतु आवश्यकता

पड़ने पर अन्दर प्रवेश कर सकते थे और महिला अधिकारियों एवं कर्मचारियों से सीधे संपर्क में रहते थे। इस श्रेणी के अधिकारी एवं कर्मचारी किन्नर अथवा हिजड़े होते थे जिन्हें ख़्वाजा अथवा ख़्वाजासरा कहा जाता था।

तृतीय, वे अधिकारी एवं कर्मचारी थे, जो महल से बाहर रहकर हरम की सुरक्षा एवं प्रबन्ध का दायित्व निभाते थे। इस श्रेणी के अधिकारी एवं कर्मचारी अनिवार्य रूप से पुरुष होते थे। ये सभी *ख़ान-ए-सामान* के अन्तर्गत कार्य करते थे।

महिला अधिकारी एवं कर्मचारी

मुग़ल हरम के आन्तरिक प्रबन्ध हेतु महिलाएँ नियुक्त की जाती थीं, जो कार्य एवं श्रेणी के अनुसार तीन स्तर की होती थीं। प्रथम एवं मध्यम श्रेणी की महिलाएँ, महिला अधिकारियों की श्रेणी में आती थीं। जिनके लिए अबुल फ़ज़ल ने क्रमशः *महीनबानू* एवं *परिस्तारान-ए-हुजूर* शब्द का प्रयोग किया है।[59] तृतीय श्रेणी की वे महिलाएँ थीं जो महल के सामान्य कार्यों को करती थीं जिनमें *कनीज़ान* एवं *बाँदियों* के नाम लिए जा सकते हैं।[60]

शाही महिलाओं की आवश्यकता, सुविधा एवं नियन्त्रण के मद्देनज़र हरम-प्रशासन को अलग-अलग ख़ानों अथवा विभागों में विभाजित किया गया था और प्रत्येक विभाग की देखरेख के लिए सुशील, कर्मठ एवं चरित्रवान महिलाओं की नियुक्ति की जाती थीं जिन्हें दारोग़ा कहा जाता था।[61] यह महिलाएँ सुशिक्षित एवं उच्च श्रेणी के मनसबदारों के परिवारों से संबंधित होती थीं। दारोग़ा पद पर नियुक्त की जाने वाली महिलाएँ प्रायः *महीनबानू* की श्रेणी की अधिकारी होती थीं। इस पद के महत्त्व का अनुमान इस तथ्य से लगाया जा सकता है कि जहाँगीर की सास अस्मत बेगम विभिन्न दारोग़ाओं में से एक थीं।[62] मुमताज़महल की सहायिका एवं योग्य शिक्षिका सती-उन-निसा ख़ानम तथा नूरुन्निसा बेगम दारोग़ा के पद पर नियुक्ति पाने वाली चर्चित महिलाओं में से थीं। इन्हीं महिलाओं में से एक योग्य, अनुभवी एवं कर्मठ महिला को, हरम के आंतरिक प्रशासन की अध्यक्षा अथवा *महलदार*, नियुक्त किया जाता था।[63] इसे *सदर-दारोग़ा-ए-हरम, सरआमद* तथा *सदर-ए-उन्स* आदि के नामों से भी जाना जाता था।

महलदार का पद अत्यंत महत्त्वपूर्ण था। वह एक ऐसी स्त्री थी जिसकी अवहेलना करने की हिम्मत राजकुमार और राजकुमारियाँ भी नहीं कर सकती थीं।[64] महल के अन्दर महलदार

का सुसंगठित कार्यालय होता था जो साम्राज्य के किसी अन्य विभाग की भाँति कार्य करता था। महलदार की सहायता हेतु सहायक अधिकारी एवं कर्मचारी हुआ करते थे। महलदार का यह दायित्व था कि वह ह़रम के भीतर रहकर शाही सेवा में लगी सभी महिला कर्मचारियों पर नज़र रखे। इसके अतिरिक्त वह शाही परिवार से जुड़ी महिलाओं एवं राजकुमारों की गतिविधियों पर भी दृष्टि रखती थी। महलदार महल की आन्तरिक गतिविधियों के साथ ही साम्राज्य में घटने वाली विभिन्न घटनाओं की जानकारी भी रखती थी। अन्य दायित्वों के अतिरिक्त महलदार का एक दायित्व यह भी था कि वह साम्राज्य के विभिन्न भागों से *ख़ुफ़ियानवीसों* (गुप्तचरों) एवं *वाक़ियानवीसों* (सामाचार लेखकों) द्वारा भेजी गई सूचनाओं को सम्राट के समक्ष प्रस्तुत करे।[65] वह साम्राज्य की एकमात्र ऐसी अधिकारी थी जो कि सम्राट से संबंधित अत्यंत गुप्त सूचना को प्राप्त करके, सम्राट को सुनाने का अधिकार रखती थी। इन सूचनाओं के आधार पर सम्राट द्वारा दिए गए आदेशों को लिखकर उन्हें संबंधित विभाग तक भिजवाने का कार्य भी महलदार ही किया करती थी।[66]

महल के अन्दर बादशाह की व्यक्तिगत सुरक्षा भी महलदार की कुशलता पर ही निर्भर होती थी। अतः महलदार के पद पर बादशाह उसी महिला को नियुक्त करता था जो अनुशासनप्रिय होने के साथ ही बादशाह के प्रति निष्ठावान भी हो। अकबर के काल में, इस पद पर उसकी धाय माँ, माहम अनगा को नियुक्त किया गया था।[67] माहम अनगा के पश्चात् शेख़ जमाल बख़्तियार की बहन गौहर-उल-निसा को शाही ह़रम की महलदार के पद पर नियुक्त किया गया।[68] जहाँगीर के प्रारंभिक काल में, अकबर की धाय माँ ख़ालदार अनगा की पुत्री हाज़ी कोका को महलदार पद का दायित्व दिया गया था।[69] नूरजहाँ के प्रभाव के चलते, बाद में यह पद नूरजहाँ की बचपन की सेविका दिल-ए-आराम को दे दिया गया।[70] शाहजहाँ के काल में मुमताज़महल की सहेली सती-उन-निसा ख़ानम शाही ह़रम की महलदार थीं।[71]

मुख्य शाही ह़रम के अतिरिक्त व्यस्क शाहज़ादों को अलग से महल दे दिए जाते थे। इनके महलों की व्यवस्था देखने के लिए भी बादशाह पृथक महलदार नियुक्त करता था। ऐसी महलदारों से बादशाह अपेक्षा करता था कि वे राजकुमारों की गतिविधियों पर तीक्ष्ण दृष्टि रखें। यदि कोई शाहज़ादा विद्रोह करने की योजना बनाए या उद्दण्डतापूर्ण कार्य करे तब महलदार का यह कर्तव्य था कि सम्राट को सूचित करे। अतः सम्राट उन्हीं महिलाओं

को महलदार नियुक्त करता था जिनकी निष्ठा पर किंचित् भी संदेह न हो। अकबर ने अपनी अत्यंत विश्वसनीय अधिकारी आक़ा अक़यान को शाहज़ादा सलीम के ह़रम का महलदार नियुक्त किया था।[72] इसी प्रकार औरंगज़ेब ने लाहौर के सूबेदार रहे ख़लीलउल्लाह की योग्य एवं बहादुर पत्नी हमीदा बानों को शाहज़ादा मुअज्ज़म के ह़रम में महलदार नियुक्त किया था।[73]

महलदार का अपना क़लमदान तथा विवरण पुस्तिका होती थी जिसमें शाहज़ादों के महल की गतिविधियों को दर्ज करके सम्राट के पास भेजा करती थीं। राजकुमारों के सोने के स्थान, जबकि वह अपनी महिलाओं के साथ हो, को छोड़कर महलदार हमेशा राजकुमार के साथ रहती थीं।[74] महलदार के इस कार्य में बाधा डालने पर राजकुमारों को शाही कोप एवं दण्ड का सामना करना पड़ सकता था।[75]

महलदार, संबंधित विभागों की दारोग़ा की सहायता से आन्तरिक सुरक्षा भी सुनिश्चित करती थी। चूँकि बादशाह, महल में ही अपना काफ़ी समय गुज़ारता था, अतः आवश्यक था कि यहाँ सुरक्षा के व्यापक प्रबंध हो। इसके साथ ही शाही परिवार की वरिष्ठ महिलाओं, शाहज़ादियों तथा बेगमों की सुरक्षा भी आवश्यक थी। इस कार्य के लिए नारी अंगरक्षिकाएँ नियुक्त की जाती थीं, जो शाही महल के आन्तरिक भाग में निरंतर पहरा दिया करती थीं। इन्हें *उर्दूबेगी* कहा जाता था।[76] यह शारीरिक दृष्टि से अत्यंत हृष्ट-पुष्ट एवं बहादुर होती थीं। उर्दूबेगी की नियुक्ति में तातार, उज़बेग तथा पठान एवं अबीसीसियाई महिलाओं को वरीयता दी जाती थीं।[77]

महल के अन्दर महलदार के अतिरिक्त एक अन्य महत्त्वपूर्ण अधिकारी **मुशरिफ़** होती थी। वह वस्तुतः शाही महल के अन्दर के भण्डारों पर नियन्त्रण रखती थी। वह ह़रम के अन्दर आवश्यक वस्तुओं की आपूर्ति सुनिश्चित करती थी। मुशरिफ़ शाही महिलाओं की आवश्यकताओं की पूर्ति हेतु वार्षिक व्यय का लेखा-जोखा रखती थी तथा आगामी वर्ष का अनुमानित बजट भी तैयार करती थी।[78] वह अपने विभाग की प्रमुख होती थी जिसके नीचे अन्य महिला कर्मचारी भी होती थीं।

ह़रम के लेखा-अनुभाग की प्रमुख को **तहवीलदार** कहा जाता था। तहवीलदार का ह़रम के ख़र्चों पर कड़ा नियन्त्रण रहता था। वह लेखा-परीक्षक एवं खज़ाची, दोनों का कार्य करती

थी। इसकी सहायता हेतु अन्य महिला अधिकारियों एवं कर्मचारियों की नियुक्ति की जाती थी।

हरम की महिलाओं को जब किसी वस्तु की आवश्यकता होती थी, तब वह तहवीलदार के पास *याददाश्त* अथवा निवेदन पत्र भेजती थी। कोई भी स्त्री अपने वेतन की सीमा के अन्तर्गत धन की माँग कर सकती थी। तहवीलदार यह माँग पत्र मुशरिफ़ के पास भेजती थी ताकि वह वस्तुस्थिति की जाँच कर ले। इसके पश्चात् यह माँग पत्र मुख्य ख़जांची अथवा सदर तहवीलदार के पास भिजवा देती थी जो कि माँगी गई राशि, नक़द रूप में जारी कर देते थे।[79] ऐसा लगता है कि यह तरीक़ा शाही परिवार की महिलाओं को आवश्यक राशि मुहैया कराने का तरीक़ा था, अथवा अग्रिम की प्रणाली थी।

हरम के तहवीलदार का दूसरा कार्य कर्मचारियों के नियमित वेतन का वितरण था। हरम की मुशरिफ़ के वार्षिक अनुमान के आधार, कुल वेतन की रसीद (*बारात*) पर साम्राज्य के मंत्रियों (वज़ीर एवं *ख़ाना-ए-सामान*) की मुहर के पश्चात्, यह रसीद सदर तहवीलदार को भेज दी जाती थी। सदर तहवीलदार अंकित राशि, हरम की तहवीलदार के पास भेज देता था। हरम की तहवीलदार इस वेतन को हरम की अधिकारियों, कर्मचारियों तथा सेविकाओं के मध्य बाँट देती थी।[80]

महलदार, तहवीलदार, मुशरिफ़ एवं विभिन्न विभाग की दारोग़ाओं के अतिरिक्त इनकी एक अथवा एक से अधिक सहायिकाएँ भी होती थीं जो कि निम्नस्तर के कर्मचारियों को सीधे नियन्त्रित करती थीं। निम्नस्तर की कर्मचारियों में मुख्यतः सेविकाएँ थीं। इन सेविकाओं को मुख्यतः दो भागों में विभाजित किया जा सकता है — (क) दास सेविकाएँ, तथा (ख) स्वतन्त्र सेविकाएँ।

दास सेविकाओं के अन्तर्गत वे महिलाएँ थीं, जिन्हें युद्ध के समय बन्दी बना लिया जाता था या उपहार में मिलती थीं अथवा दास-व्यापारियों से ख़रीदी जाती थीं। इनके लिए *ख़वास, परिस्तार* एवं *बाँदी* आदि शब्दों का प्रयोग मिलता है। इन सेविकाओं को प्रायः महल के अन्दर परिश्रम वाले कार्य करने पड़ते थे। इसके अलावा शाही परिवार की महिलाओं की सामान्य सेवा का कार्य भी इनके द्वारा किया जाता था। इनमें से वे सेविकाएँ जो हृष्ट-पुष्ट एवं साहसी

होती थीं, को *उर्दूबेगी* का कार्य भी दिया जाता था। ये सेविकाएँ सामान्यतः परदा नहीं करती थीं और इन्हें महल के द्वारों पर खड़ा किया जाता था ताकि वे बाहर की वस्तुएँ अन्दर ला सकें और अन्दर की वस्तुओं को बाहर भिजवाने में मदद कर सकें।[81] इनमें वे महिलाएँ भी सम्मिलित हैं जो बेगमों के साथ दहेज के रूप में आती थीं।

शाही परिवार की एक महिला की सेवा के लिए इस श्रेणी की प्रायः आठ-दस सेविकाएँ नियुक्त की जाती थीं, और कभी-कभी यह संख्या सौ या उससे भी अधिक हो जाती थी। इनके ऐसे नाम रखे जाते थे कि आसानी से उन्हें पुकारा जा सके।[82] इस श्रेणी की सेविकाएँ यद्यपि अबीसिनियन, रूसी, उज़बेग, तातारी महिलाएँ तो होती ही थीं; लेकिन कश्मीरी महिलाओं को अधिक महत्त्व दिया जाता था।[83] दास सेविकाओं के साथ सामान्यतः अच्छा व्यवहार किया जाता था। लेकिन यह भी एक तथ्य है कि समकालीन समाज में संसार का ऐसा कोई भी नियम नहीं बना था जो इन्हें आज़ाद कर सके। उनकी मुक्ति का एक ही संयोग था, वह यह कि ऐसी दासी अपने स्वामी की संतान की जन्मदात्री हो। लेकिन ऐसा अवसर उन दो-चार सेविकाओं को मिलता था जो अत्यंत सुन्दर एवं बुद्धिमान हों और अपने स्वामी की अनुकम्पा प्राप्त कर सकें। मुग़ल बादशाह के महल में रहने वाली ऐसी दासियाँ आज़ाद होकर बाहर जाने के बजाय बेगम की स्थिति तक प्रोन्नति पा जाया करती थीं। अन्यथा तो इनका कार्य अपने स्वामी एवं स्वामिनियों को संतुष्ट रखना ही था।

दूसरी श्रेणी की सेविकाओं में वे स्वतंत्र महिलाएँ (*ख़ासान*) थीं जो कि सैनिकों की पत्नियाँ एवं नगर निवासियों के परिवार से आती थीं और अपना कार्य करने के पश्चात् अपने घरों में पुनः वापस चली जाती थीं। इन्हें मासिक वेतन दिया जाता था और महीने में, सात दिन तक का अवकाश भी प्राप्त कर सकती थीं।[84] इस श्रेणी की महिलाओं में वे महिलाएँ भी सम्मिलित थीं जो अपनी कलाओं; यथा — नृत्य, बाज़ीगरी, बहु-रूपिया आदि प्रदर्शन करने के लिए निर्धारित दिनों पर महल में आया करती थीं।[85]

मुग़ल हरम की सेवा में अनिवार्य रूप से कार्यरत महिलाओं के अतिरिक्त कुछ महिलाएँ ऐसी थीं जो आवश्यकतानुसार नियुक्त की जाती थीं। इनमें राजकुमार एवं राजकुमारियों की धाय माँ (*अनगा*) एवं *अतुनमामा* (शिक्षिकाओं) का नाम लिया जा सकता है। इनकी नियुक्ति को महल की दारोग़ाओं अथवा महलदारों की भाँति किसी ख़ास श्रेणी में नहीं रखा जा सकता,

बल्कि वे आवश्यकता के अनुरूप नियुक्त होती थीं। अनेक बार दारोग़ाओं में से ही किसी महिला को यह दायित्व दिया जा सकता था जैसाकि माहम अनगा एवं सतीउन्निसा ख़ानम के उदाहरणों से स्पष्ट है। इनके अलावा महल के अन्दर भविष्यवक्त्रियाँ एवं ज्योतिष की जानकार महिलाएँ भी होती थीं।[86] कुछ महिलाएँ शाही *दस्तरख़ान* पर जाने से पूर्व भोजन को चख़ने तथा परोसने के लिए नियुक्त होती थीं जिन्हें *सुफ़ार्चियाँन* कहा जाता था।[87]

मुग़ल हरम में कार्यरत महिलाओं को पर्याप्त वेतन एवं सुविधाएँ मिलती थीं। *आइन-ए-अकबरी* में अकबर के काल में हरम में कार्यरत महिलाओं को वेतन दिया गया है। इसके अनुसार प्रथम श्रेणी की महिला अधिकारियों अर्थात् महीनबानू का वेतन योग्यता एवं वरिष्ठता के आधार पर 1027 रुपए प्रतिमाह से लेकर 1610 रुपए प्रतिमाह के बीच था।[88] द्वितीय श्रेणी की कर्मचारियों, अर्थात *परिस्तारान-ए-हुज़ूर* का वेतन 40 रुपए से 51 रुपए प्रतिमाह के मध्य रहता था।[89] तृतीय श्रेणी के कर्मचारियों अर्थात् सेविकाओं का वेतन दो रुपए से चालीस रुपए प्रतिमाह के मध्य था।[90] जहाँगीर के काल में इसमें बीस प्रतिशत से सौ प्रतिशत तक की वृद्धि हुई थी।[91] यदि मनूकी पर विश्वास करें तब औरंगज़ेब के काल में द्वितीय श्रेणी के कर्मचारियों का वेतन तीन सौ से पाँच सौ रुपए प्रतिमाह था जबकि निम्नस्तरीय सेवक-सेविकाओं का वेतन पचास रुपए से दो सौ रुपए प्रतिमाह था।[92] इसी अनुपात में उच्च अधिकारियों के वेतन में वृद्धि का भी अनुमान लगाया जा सकता है। यहाँ यह स्पष्ट करना आवश्यक है कि मुग़ल काल की मूल्य एवं वेतन सूचियों से तुलना करने पर ऐसा प्रतीत होता है कि यह वेतन बहुत अधिक थे।[93]

नियमित वेतन के अतिरिक्त हरम की अधिकारियों एवं कर्मचारियों को समय-समय पर उपहारस्वरूप मुद्रा एवं अनेक बहुमूल्य वस्तुएँ प्राप्त होती थीं। हमें मुग़ल काल की अनेक पेंटिंग मिलती हैं जिसमें राजकुमारियों एवं दासियों को दिखाया गया है। इनमें बैठने के स्थान एवं कार्य करने की स्थिति के आधार पर ही राजकुमारी की पहचान संभव हो पाती हैं अन्यथा दासियाँ वैसे ही वस्त्र पहने हुए दिखाई गई हैं जैसाकि राजकुमारियाँ। राजकुमारियाँ किसी वस्त्र को पुनः शायद ही पहनती थीं। अतः यह वस्त्र स्वाभाविक रूप से सेविकओं को मिल जाते थे, जिन्हें वह पहनती थीं। मुग़ल हरम में कार्यरत महिलाओं की मज़बूत आर्थिक एवं सामाजिक स्थिति का अनुमान इस तथ्य से लगाया जा सकता है कि जहाँगीर के हरम में

33 वर्षों तक सेवा करने वाली आका अक़यान वृद्धावस्था में दिल्ली आ गई थी, जहाँ उसने एक बाग़, एक सराय, और एक मक़बरे का निर्माण कराया।[94] उसके निवेदन पर एक बार बादशाह ने उसे स्वयं दर्शन दिया जो कि एक बड़ी बात थी।

ख़्वाजासरा

महल के अन्दर की सुरक्षा एवं प्रबन्ध का कार्य महिलाओं का था, किन्तु पर्दा की अनिवार्यता के कारण महिला अधिकारी एवं कर्मचारी, सीधे पुरुष अधिकारियों के संपर्क में नहीं रह सकती थीं। इसी प्रकार पुरुष अधिकारियों का महल में प्रवेश पूरी तरह वर्जित था। अतः कुछ ऐसे अधिकारियों की नियुक्ति की गई जो महल के बाहर रहकर उसकी सुरक्षा एवं प्रबन्ध का कार्य करते थे। किन्तु आवश्यकता पड़ने पर वे हरम की महिला अधिकारियों से सीधे संपर्क में आ सकते थे और अति आवश्यक होने पर अन्दर भी जा सकते थे। दूसरी ओर वे पुरुष अधिकारियों के न केवल सीधे संपर्क में रहते थे अपितु अत्यधिक बलशाली भी थे। किन्नर अथवा ख़्वाजासराओं को नियुक्त किया जाना ही इस कार्य की प्रकृति के अनुरूप एकमात्र विकल्प था।

मुग़ल हरम की सुरक्षा एवं प्रबन्ध हेतु ऐसे अधिकारियों एवं कर्मचारियों का एक विधिवत् वर्ग था। महिला एवं पुरुष अधिकारियों एवं कर्मचारियों की ही भाँति ख़्वाजा अधिकारियों एवं कर्मचारियों का भी ढाँचागत वरीयता क्रम निर्धारित था। इस श्रेणी के तीन प्रमुख अधिकारी थे — *नाज़िर-ए-हरम, दारोग़ाए-ए-ज़िलऊ* तथा *दारोग़ा-ए-हरम*।

इन अधिकारियों में *दारोग़ा-ए-हरम* अत्यन्त महत्त्वपूर्ण पदाधिकारी था। महिला अधिकारियों एवं कर्मचारियों के संबंध में जो स्थान महलदार का था वही स्थान ख़्वाजा अधिकारियों में *दारोग़ा-ए-हरम* का था।[95] इसका अपना पृथक कार्यालय होता था और समस्त अधिकारी एवं कर्मचारी इसकी कड़ी निगरानी में कार्य करते थे। *ख़ान-ए-सामान* एवं महलदार की ही भाँति *दारोग़ा-ए-हरम* के पद पर भी सम्राट के अत्यन्त विश्वसनीय व्यक्ति को नियुक्त किया जाता था। इस पर नियुक्ति पाने वाले प्रमुख ख़्वाज़ासरों में से, जहाँगीर के काल में नियुक्ति पाने वाले मोतमद ख़ाँन एवं जवाहर ख़ाँन; औरंगज़ेब के काल में बख़्तावर ख़ाँन तथा दीदार ख़ाँन; अहमदशाह के काल में जावेद ख़ाँन तथा रोज़ आफ़जूँ और शाहआलम द्वितीय के काल में नियुक्त मंज़ूर अली आदि के नाम अत्यन्त चर्चित रहे।

दारोग़ा-ए-हरम के पश्चात् *नाज़िर-ए-हरम* नामक अधिकारी भी अति महत्त्वपूर्ण था। इसका कार्य हरम के आय-व्यय, विभिन्न भण्डारों की देखरेख एवं उनका विवरण रखना था।[96] इसके कार्य की तुलना महल के अन्दर के तहवीलदार से की जा सकती है। दौलत ख़ाँन, जवाहर ख़ाँन तथा नदीम ख़ाँन आदि इस पद पर नियुक्ति पाने वाले प्रमुख ख़्वाजासरा थे। इसका कार्यालय *दरबार-ए-ख़ास* में होता था।[97]

सुरक्षा से संबंधित प्रमुख ख़्वाजासरा को *दारोग़ा-ए-ज़िलऊ* के नाम से जाना जाता था।[98] यह मुग़ल महल के सुरक्षा की त्रिस्तरीय ढाँचे की बीच की कड़ी था। महल के अन्दर उर्दूबेगी रहती थीं। जबकि बाहर पुरुष, विशेषतया राजपूत सैनिक रहते थे। इसके बीच में महल के द्वारों एवं भवनों के किनारे तथा दौलत-ख़ाना-ए-खास की सुरक्षा के लिए बड़ी संख्या में ख़्वाज़ा सैनिक नियुक्त होते थे। इन सभी के निरीक्षण एवं परीक्षण का कार्य दारोग़ा-ए-ज़िलऊ ही करता था। सम्राट के सोने के स्थान की सुरक्षा भी इसी अधिकारी पर निर्भर थी। अतः इस पद पर भी अत्यन्त योग्य तथा निष्ठावान व्यक्ति को ही नियुक्त किया जाता था।

इन प्रमुख अधिकारियों के अतिरिक्त भी अनेक छोटे ख़्वाज़ासरा कर्मचारी थे। यहाँ यह स्पष्ट कर देना आवश्यक है कि मुग़लकाल में ख़्वाजासरों को हरम की सुरक्षा के अतिरिक्त प्रशासन के अनेक महत्त्वपूर्ण दायित्व भी दे दिए जाते थे।

मध्यकाल में ख़्वाजासरा, आजकल की भाँति स्त्री-सूचक नाम न रखकर, प्रायः पुरुष सूचक नाम रखते थे; यथा — दौलत खाँन, दिलावर खाँन, जवाहर खाँन, बख्तावर खाँन तथा जावेद खाँन आदि। सम्राट की अत्यधिक निष्ठा वाले ख़्वाज़ासरा अक्सर एतमाद ख़ाँन, मोतमद ख़ाँन एवं ऐतबार ख़ाँन (इन सभी शब्दों का अर्थ विश्वास के योग्य है) आदि उपाधियाँ पाते थे।

समकालीन पेंटिंग्स में इन ख़्वाजासरों को पुरुषों के वस्त्र धारण किए हुए दिखाया गया है। हम जानते हैं कि बादशाह की व्यक्तिगत सुरक्षा के लिए ख़्वाजा नियुक्त होते थे। हमें दरबारों में महिलाओं का वस्त्र धारण किया हुआ कोई भी सुरक्षाकर्मी नहीं दिखता। यदि हरम की पेंटिग्स हैं, तब उसमें नारी सुरक्षाकर्मी दिखाई गई हैं जो कि स्वाभाविक रूप से उर्दूबेगी होती थीं। ऐसा लगता है कि ख़्वाजा, सामान्यतः मूछें नहीं रखते थे। इसी प्रकार जहाँगीर के काल में, जहाँगीर जसचन्द्रिका के रचयिता केशवदास ने अन्य अमीरों की प्रशंसा की श्रृंखला

में ऐतबार ख़ाँन नामक ख़्वाजा सरा की प्रशंसा में एक दोहे में उसे पटका और पगड़ी पहने हुए दिखाया है।[99] वस्त्र ही नहीं, अपितु पुरुषों के समान ही ख़्वाजाओं को मनसब तथा बड़े-बड़े प्रशासनिक पद भी दिए जाते थे। ख़्वाजाओं द्वारा बादशाह की कृपा प्राप्त करने का कारण यह भी था कि वह अपने स्वामी के प्रति प्रायः स्वामिभक्ति होते थे और इनके सेवाकाल में कोई न कोई काल ऐसा अवश्य ही रहता था जबकि वे सम्राट की व्यक्तिगत सुरक्षा अथवा हरम की सेवा में अपनी स्वामिभक्ति सिद्ध कर चुके होते थे। अतः इन्हें शाही अनुकंपा बड़ी आसानी से प्राप्त हो जाती थी।

बाबर का अतिविश्सनीय ख़्वाजासरा ऐतबार खाँन नाज़िर, जिसका वास्तविक नाम ख़्वाजा अंबर था, बाबर तथा हुमायूँ के काल में शाही हरम की सेवा में था। काबुल में बालक अकबर की रक्षा एवं सेवा के बदले में उसे दिल्ली का गवर्नर बनाया गया और इसी पद पर ऐतबार खाँन की मृत्यु हुई।[100]

अकबर के काल में एतमाद खाँन नामक ख़्वाजासरा अत्यधिक उन्नति प्राप्त करने में सफल हुआ। वह प्रारंभ में सलीमशाह सूर की सेवा में था और उसे मुहम्मद ख़ाँन की उपाधि मिली थी। सूर साम्राज्य के विघटन के पश्चात् मुहम्मद ख़ाँन, अकबर की सेवा में आ गया जिसे एतमाद ख़ाँन की उपाधि तथा एक हज़ारी मनसब प्रदान किया गया।[101] राजा टोडरमल के साथ साम्राज्य की वित्त व्यवस्था में सुधार की योजना बनाने के कार्य में उसे भी नियुक्त किया गया था और उसने अपने इस दायित्व का सफलतापूर्वक निर्वाह किया।[102] सन् 1565 ई. में खानदेश के शासक मीरान मुबारकशाह की पुत्री को अकबर के हरम में लाने हेतु ऐतमाद ख़ाँन को ही भेजा गया था।[103] इसके पश्चात् उसने बंगाल अभियान में भी भाग लिया। 1576 ई. में ऐतमाद ख़ाँन को भक्खर का सूबेदार नियुक्त किया गया।[104] सन् 1578 ई. में मक़सूद अली नामक व्यक्ति ने ऐतमाद ख़ाँन की हत्या कर दी। स्वयं ऐतमाद खाँन के द्वारा बसाये गए गाँव, ऐतमादपुर में उसे दफना दिया गया। अपना अष्टभुजाकार मक़बरा स्वयं ऐतमाद ख़ाँन ने ही बनवाया था।[105] गुजरात के सुल्तान महमूद की सेवा में रहा ऐतमाद खाँन, नामक दूसरा ख़्वाजासरा था जो कि अकबर की सेवा में आ गया था। उसे चार हज़ारी मनसब प्रदान किया गया और गुजरात का सूबेदार नियुक्त किया गया।[106] इससे पूर्व वह हज यात्रा के लिए भी गया था जहाँ से पैग़म्बर के पदचिह्नों वाला पत्थर लाया था।[107] अकबर के ही काल

में एक ख़्वाजासरा के काबुल का सूबेदार बनाया जाने का भी उल्लेख मिलता है।[108] इसके अतिरिक्त बैरम ख़ाँन के सहयोगी शाह कुली माह़रम नामक ख़्वाजासरा को क्षमा करके उसे पाँच हज़ारी मनसब दिया गया और उसे पंजाब का सूबेदार नियुक्त किया गया।[109] इसी प्रकार आधम को अकबर के महल में प्रवेश करने से रोकने वाले ख़्वाजासरा नियामत ख़ाँन को भी अत्यधिक सम्मान प्राप्त था।[110]

जहाँगीर के काल में ऐतबार ख़ाँन ख़्वाजासरा उच्च कोटि के मनसबदारों में से एक था। उसे बन्दी शाहज़ादा ख़ुसरो की निगरानी के निहितार्थ नियुक्त किया गया और हवेली, जो कि ग्वालियर के निकट है, में ऐतबार ख़ाँन को जागीर दी गई। सन् 1510 ई. में ऐतबार ख़ाँन को 4000 ज़ात और 1,000 सवार का मनसब दिया गया। सन् 1613 ई. में ऐतबार खाँन को 5000 जात और 2000 सवार तथा 1615 ई. में इसे बढ़ाकर 5000 / 3000 कर दिया गया जबकि 1622 ई. में इसे 5,000 ज़ात और 4,000 सवार कर दिया गया।[111] इसी वर्ष उसे आगरा शहर एवं शाही ख़ज़ाने का रक्षक नियुक्त कर दिया गया। सन् 1623 ई. में शाहजहाँ द्वारा आगरा पर घेरा डालने एवं ख़ज़ाने को हस्तगत करने का प्रयास ऐतबार ख़ाँन ने विफल कर दिया। इससे प्रसन्न होकर जहाँगीर ने उसको मुमताज़ ख़ाँन की उपाधि दी और उसका मनसब 6,000 ज़ात और 5,000 सवार कर दिया गया।[112]

जहाँगीर के काल में जवाहर खाँन, नदीम खाँन, होशियार खाँन और हिलाल खाँन जैसे ख़्वाजासरों का नाम, उनकी स्वामिभक्ति, वीरता एवं सुरुचिपूर्ण कार्यों के लिए जाना जाता है। महावत ख़ाँन के विद्रोह के समय जवाहर ख़ाँन, ह़रम का मुख्य प्रबन्धक था। उसने नूरजहाँ द्वारा जहाँगीर को मुक्त कराने के प्रयास में अत्यन्त वीरता का परिचय दिया था। यह वही था जिसने नूरजहाँ को राजपूत सैनिकों के घेरे से निकालने के लिए जान की बाज़ी लगा दी और वह नूरजहाँ को सकुशल निकालने में सफल रहा।[113] इसी प्रकार नदीम ख़ाँन ने शाही सेना को बिखरते देखकर अमीरों को ललकारा और उन्हें आगे बढ़ने के लिए प्रेरित किया।[114] नूरजहाँ बेगम के नाज़िर होशियार ख़ाँन ने बन्दी सम्राट और सम्राज्ञी को मुक्त कराने हेतु लाहौर में जाकर लगभग 2000 नए सैनिक भर्ती किए जो कि नूरजहाँ की कूटनीति का एक भाग था।[115] इन्हें विशेष रूप से प्रशिक्षित किया गया था जिससे कि शाही सैनिकों एवं राजपूतों के मध्य झड़प हो गई। परिणामस्वरूप सम्राट को सेना के निरीक्षण का अवसर मिल गया और उसे सुरक्षित छुड़ा लिया गया।

यहाँ जहाँगीर के काल के उन ख़्वाजासरों का उल्लेख भी आवश्यक है जिन्होंने विद्रोहियों का सहयोग दिया था। इनमें मोतमद ख़ाँन और मोहतरिम ख़ाँन का नाम लिया जा सकता है। मोतमद ख़ाँन शाही ह़रम का रक्षक था। उसे सम्राट के पास आने-जाने वाली सभी गतिविधियों की जानकारी रहती थी।[116] वह इन सूचनाओं को गुप्त रूप से विद्रोही खुर्रम के पास भेज देता था। मोहतरिम ख़ाँन इन गतिविधियों को कार्यरूप देने में सहायता करता था। मोतमद ख़ाँन यद्यपि बच गया लेकिन मोहतरिम ख़ाँन को उसके अपराध के लिए मृत्युदण्ड दिया गया।[117]

शाहजहाँ का नाज़िर-ए-ह़रम फ़ीरोज़ ख़ाँन भी अत्यन्त प्रभावशाली व्यक्ति था। उसे जहाँगीर ने नियुक्त किया था और 600 ज़ात और 150 सवार का मनसब दिया था। वह जहाँगीर की मृत्यु के समय लाहौर में था। आसफ़ ख़ाँन ने उसे शहरयार को बन्दी बनाने के लिए उसके महल में घुसने का आदेश दिया था। शहरयार को बाहर लाने के उपहारस्वरूप उसे 2,000 ज़ात और 5,00 सवार का मनसब दिया गया और *नाज़िर-ए-महल* के पद पर नियुक्त किया।[118]

औरंगज़ेब के समय में बख़्तावर ख़ाँन तथा एहतिमाम ख़ाँन अत्यन्त प्रभावशाली थे। बख़्तावर खाँन का 1670 ई. में *दरोगा-ए-ख़ास* के रूप में उल्लेख मिलता है।[119] उसे एक हज़ारी मनसब दिया गया था। वह एक ईमानदार एवं विद्वान व्यक्ति था। बख़्तावर ख़ाँन *मीरात-ए-आलम* तथा *मीरात-ए-अहमदी* का लेख कथा। उसने *तारीख़-ए-अल्फ़ी* तथा *अख़बार-उल-अख़ियार* का संक्षेपण भी किया था।[120] उसके महत्त्वपूर्ण स्थान का अनुमान इस तथ्य से लगाया जा सकता है कि औरंगज़ेब उसकी मृत्यु का समाचार पाकर अत्यंत भावुक हुआ और जनाज़े की नमाज़ की इमामत स्वयं की।[121]

एहतिमाम ख़ाँन ने बीजापुर के घेरे के समय शाहज़ादा मु'अज़्ज़म की विद्रोही गतिविधियों की सूचना दी थी। परिणामस्वरूप मु'अज्ज़म को क़ैद कर लिया गया। बाद में एक अन्य ख़्वाजा ख़िदमतगार प्यारा के ही निवेदन पर मुक्त किया गया।[122] औरंगज़ेब, ख़्वाजासरों को बहुत महत्त्व देता था क्योंकि उनकी मदद से राजकुमारों तथा मनसबदारों की गतिविधियों की जानकारी रखना आसान था।

परवर्तीकाल में मुग़ल बादशाहों की शक्ति क्षीण होने के पश्चात् शाही ह़रम में, दरबार की ही भाँति, गुटबंदी एवं षड्यन्त्रों का बाज़ार गर्म था। फलतः अनेक ख़्वाजासरा भी इन

गतिविधियों सम्मिलित हो गए। मुहम्मदशाह के काल में *दारोग़ा-ए-ह़रम*, ख़िदमतगार ख़ाँन ख़्वाजासरा घूसखोरी के लिए प्रसिद्ध था। वह कोकी जीउ के साथ मिलकर सम्राट से बड़ा से बड़ा कार्य करवा लिया करता था।[123] अहमदशाह के शासनकाल में जावेद ख़ाँन ख़्वाजासरा बादशाह की माता के प्रभाव के फलस्वरूप 1748 ई. में *दारोग़ा-ए-ख़ास* बना दिया गया और उसे छह हज़ारी मनसब दिया गया जिसे कालान्तर में सात हज़ार कर दिया गया और नवाब बहादुर ख़ाँन की पदवी एवं *माही-वो-मरातिब* का महत्त्वपूर्ण पद भी दे दिया गया।[124] वह इतना अधिक शक्तिशाली हो गया था कि अहमदशाह अपनी माँ और जावेद ख़ाँन ख़्वाजासरा के हाथ कठपुतली बन गया। जावेद ख़ाँन ह़रम के अन्दर बादशाह की भाँति समय गुज़ारने लगा। इससे उमरा में असन्तोष व्याप्त हुआ और 26 अगस्त 1752 ई. को सफ़दरजंग के नेतृत्व में उसकी हत्या कर दी गयी।[125] ऐसा लगता है कि एक अन्य ख़्वाजासरा रोज़आफज़ू जावेद ख़ॉन का विरोधी था। उसे छह हजारी *मनसब* तथा *नाज़िर-ए-ह़रम* का दायित्व मिला था। जावेद ख़ाँन की हत्या के पश्चात रोज़ आफ़जू को वह सम्मान एवं अधिकार भी मिल गए जो जावेद ख़ाँन ख़्वाजासरा को मिले थे।[126] जिस समय सिकन्दरा के पास शाही क़ाफ़िले पर मराठों ने आक्रमण किया, तब 90 वर्षीय रोजआफ़ज़ू शाही महिलाओं के साथ मराठा प्रतिरोध करते हुए बंदी बना लिया गया। लेकिन अहमदशाह को उसने सूचना दे दी थी जिससे कि शाही महिलाओं को मुक्त कराना संभव हुआ। यह इतना शक्तिशाली हो गया था कि अहमदशाह को गद्दी से हटाने के षड्यन्त्र में शामिल होकर, उसके स्थान पर आलमगीर द्वितीय को गद्दी पर बैठा दिया।[127] इसी प्रकार शाह आलम के काल में मंजूर अली ख़्वाजासरा अनेक षड्यन्त्रों में शामिल रहा और गुलाम क़ादिर को मीरबख़्शी के पद पर नियुक्त करवा दिया जिसके परिणाम बहुत अच्छे नहीं निकले।[128]

इस प्रकार स्पष्ट है कि ह़रम के प्रबन्ध एवं सुरक्षा हेतु नियुक्त अनेक ख़्वाजासरा राजनीति ही नहीं, बल्कि साहित्य एवं कला में भी दख़ल रखते थे। किंतु सामान्य ख़्वाजासरा के जीवन का उद्देश्य अपने स्वामी की सेवा में अपना जीवन समाप्त कर देना ही था। यह प्रश्न उठना स्वाभाविक है कि विभिन्न शासकों के ह़रमों में सेवा हेतु प्राकृतिक ख़्वाजा अथवा किन्नर कैसे पर्याप्त संख्या में प्राप्त होते होंगे। हमें ऐसे साक्ष्य मिलते हैं कि बालकों को नपुंसक बनाकर अन्तर्राष्ट्रीय बाज़ारों में बेच दिया जाता था।[129] अधिक मूल्य मिले, इसलिए उन्हें समुचित शिक्षा

दी जाती थी। भारत में, बंगाल के सिलहट में बालकों को नपुंसक बनाकर बेचने अथवा कर के रूप में देने की प्रथा भी विद्यमान थी, जिसे रोकने के लिए जहाँगीर एवं औरंगज़ेब ने सख़्त आदेश दिए थे।[130] तथ्य है कि स्वयं जहाँगीर एवं औरंगज़ेब के हरम में भी बड़ी संख्या में ख़्वाजासरा नियुक्त थे। यह कह पाना अत्यन्त कठिन है कि कृत्रिम रूप से बनाये गए इन किन्नरों में पुरुषोचित भावनाएँ किस सीमा तक समाप्त होती होंगी और उनकी मानसिक स्थिति पर क्या प्रभाव पड़ता होगा? किंतु यह अनुमान आसानी से लगाया जा सकता है कि महिलाओं एवं पुरुषों के भावनात्मक रिश्तों के प्रति उनकी सहानुभूति अवश्य समाप्त हो जाती होगी। जिसके परिणामस्वरूप वे अपने कर्तव्य का निर्वाह बख़ूबी कर सकते थे। वे भावनाओं में आकर किसी भी पुरुष को महल के अन्दर जाने अथवा किसी स्त्री को बाहर जाने की अनुमति कदापि नहीं देते थे। दूसरे, यह भी कि स्वामिभक्ति ही उनके व्यक्तिगत जीवन की सफलता का मार्ग था। अतः वे अपनी परिस्थिति को स्वीकार कर लेते थे। वे अपने माता-पिता अथवा उन परिस्थितियों को अवश्य कोसते होंगे, जबकि उन्हें नपुंसक बनाया गया था; किंतु वे सामान्यतः दायित्वबोध से पूर्ण, निष्ठा एवं रचनात्मक प्रवृत्ति का परिचय देते थे।[131]

पुरुष अधिकारी एवं कर्मचारी

हरम की सुरक्षा एवं प्रबन्ध के लिए नियुक्त पुरुष अधिकारी एवं कर्मचारी अनिवार्य रूप से महल के बाहर रहते थे और किसी भी स्थिति में अन्दर नहीं आ सकते थे। वे ऐसा तभी कर सकते थे, जबकि वे शाही राजकुमार हों या अत्यधिक अनुकंपा के फलस्वरूप सम्राट उन्हें महल के अन्दर आमन्त्रित करें। पुरुष अधिकारियों एवं कर्मचारियों को हम मुख्यतः दो श्रेणियों में विभाजित कर सकते हैं — प्रथम, वे अधिकारी एवं कर्मचारी जो ख़ान-ए-सामान अथवा मीर-ए-सामान के अन्तर्गत नियमित रूप से कार्य करते थे; दूसरे, वे अधिकारी अथवा मनसबदार और उनके नियुक्त सैनिक जिनका महल की बाह्य सुरक्षा का दायित्व रहता था।

खान-ए-सामान अथवा मीर-ए-सामान केंद्र सरकार का एक महत्त्वपूर्ण अधिकारी था जो कि वज़ीर एवं बख़्शी की ही भाँति सम्राट के प्रति सीधे जवाबदेह था। वह वस्तुतः शाही संपत्ति विभाग का प्रमुख अधिकारी था जिसके अन्तर्गत *दीवान-ए-बयूतात, दारोग़ा-ए-कचेहरी* तथा *मुस्तौफ़ी* सहित *दारोग़ा-ए-हरम* आदि आते थे।[132] इस प्रकार शाही विवाहों, महल के कर्मचारियों के वेतन, भण्डारों एवं अन्य उत्सवों के व्यय एवं व्यवस्था की संस्तुति वही करता

था। अतः शाही महल पर होने वाले व्यय एवं शाही हरम से जुड़े विभिन्न विभागों के सुचारु रूप से संचालन का दायित्व उसी पर था। शाही परिवार की आवश्यकताएँ पूरा करने वाले विभागों में *दीवान-ए-बयूतात* के अतिरिक्त *मतबख़* (रसोई); *आबदारख़ाना* (पेय विभाग), *मेवाख़ाना* तथा *रिकाबख़ाना* (रोटी का विभाग) प्रमुख हैं।

शाही भोजनालय को मतबख़ कहा जाता था जिसका प्रमुख अधिकारी *मीर-बकावल* कहलाता था।[133] *नाज़िम-ए-कुल* इसकी सहायता करता था।[134] इसके अतिरिक्त *बकावल-ए-जुज़, गंजूर, गंजूर-ए-जुज़, बितकची* तथा *मुशरिफ़* आदि प्रमुख अधिकारी थे।[135] भोजन तैयार करने हेतु *बावर्ची,* चखने हेतु *ख़ुरिश-गर* तथा पानी देने हेतु *आब-ख़ासान* आदि कर्मचारी भी नियुक्त किए जाते थे।[136] इस प्रकार तैयार भोजन पूरी तरह से सीलबन्द करके हरम के आन्तरिक अधिकारियों को जब तक सौंप नहीं दिया जाता था, तब तक *मीर बक़ावल* का खाने के संरक्षण का दायित्व था।[137] अन्दर पहुँचने के पश्चात् शाही दस्तरख़ान पर या तो राजमाता बैठती थी या अन्य प्रमुख स्त्री। इसके अलावा अन्य महिलाओं का भोजन उनके कमरों में भेज दिया जाता था। शाही दस्तरख़ान से ही एक हिस्सा उस मनसबदार के लिए भी भेज दिया जाता था जो कि बाह्य सुरक्षा घेरे का निर्देशन कर रहा होता था। इस भोजन को *अलूश-ए-ख़ासाह* कहा जाता था।[138] मनसबदार अथवा *अमीर-ए-महल* की ओर तीन बार *तस्लीम* करके इसे ख़्वाज़ासरा से ग्रहण करता था और उसे बख़्शिश भी देता था।[139]

आबदारख़ाना, रिकाबख़ाना एवं *मेवाख़ाना* आदि *मतबख़* के ही उपविभाग थे। अतः *आबदारख़ाना* एवं *रिकाबख़ाना* में अलग से कर्मचारियों की नियुक्ति की आवश्यकता नहीं थी, सिवा गंगाजल लाने हेतु नियुक्त विशेष कर्मचारियों के।[140] मुग़ल, फलों एवं मेवों के अत्यन्त शौक़ीन थे। अतः इस विभाग में अनेक मनसबदार, अहदी एवं प्यादा नियुक्त किए जाते थे ताकि *मेवाख़ाना* में तरह-तरह के फल हमेशा मौजूद रहें। इन सभी सामग्रियों को भोजन की ही भाँति शाही महिलाओं की आवश्यकतानुसार महल में भेजा जाता था।

ख़ान-ए-सामान के अन्तर्गत कार्य करने वाला *दीवान-ए-बयूतात* शाही कारख़ानों से महिलाओं की रुचि के अनुसार वस्त्र, प्रसाधन तथा आवश्यकता की अन्य वस्तुएँ भी पहुँचाता था। इसके साथ ही फ़र्राशख़ाना, अभियानों के समय तम्बुओं एवं आवास की व्यवस्था करता था, जिसका उल्लेख किया जा चुका है।

शाही महल की बाह्य सुरक्षा हेतु नियुक्त अधिकारी, साम्राज्य का कोई न कोई बड़ा मनसबदार होता। जैसाकि पहले ही उल्लेख कर चुके हैं, शाही महल की त्रिस्तरीय सुरक्षा व्यवस्था के तहत महल के अन्दर नारी सुरक्षाकर्मी *उर्दूबेगी* रहती थीं, जबकि महल के ठीक बाहर, *दौलतख़ाना-ए-ख़ास* एवं द्वारों पर *ख़्वाजासरा* नियुक्त होते थे और उससे बाहर की ओर किले की दीवारों की सुरक्षा का दायित्व पुरुष सैनिकों पर होता था। मुग़ल इस कार्य हेतु प्रायः राजपूत सैनिकों को नियुक्त करते थे जो कि अनेक बार अपनी वफ़ादारी का परिचय दे चुके होते थे।[141] इन सैनिकों की ड्यूटी सायं पाँच बजे प्रारंभ होती थी। चौबीस घण्टे तक इन्हें कार्यरत रहना पड़ता था। चौबीस घण्टे बाद पाली बदल जाती थी।[142] सूरज ढ़लने के पश्चात् फाटक बन्द कर दिए जाते थे और सुरक्षा बढ़ा दी जाती थी। सुरक्षा की पाली के नियम के अनुसार मनसबदारों की ड्यूटी बारी-बारी से लगने के कारण उनके सैनिकों को पर्याप्त अवकाश मिलता था। *आलूश-ए-ख़ासाह* (विशेष भोजन) के अतिरिक्त अन्य सभी व्यवस्थाएँ मनसबदार स्वयं ही करता था।[143]

मीर-ए-सामान के अन्तर्गत कार्यरत विभागों एवं सुरक्षा कार्य में लगे अधिकारियों के अतिरिक्त सम्राट शाही *मक्तबख़ाना* हेतु समय-समय पर वरिष्ठ उस्तादों एवं विद्वानों को भी नियुक्त करता था जो कि राजकुमारों एवं राजकुमारियों को स्तरीय शिक्षा देते थे।

मुग़ल हरम के प्रबन्ध एवं सुरक्षा हेतु नियुक्त इन अधिकारियों एवं कर्मचारियों के अतिरिक्त कुछ अधिकारी महिलाओं की व्यक्तिगत जागीरों एवं संपत्ति की देख-रेख हेतु नियुक्त किए जाते थे। शाही परिवार की महिलाओं के वार्षिक वेतन, उपहारों एवं जागीरों की आय-व्यय का ब्यौरा रखना इनके लिए व्यक्तिगत रूप से संभव नहीं था। अतः विशिष्ट श्रेणी की प्रत्येक महिला के अपने *नाज़िर* अथवा *ख़ान-ए-सामान* होते थे। नूरजहाँ बेगम की जागीरों के देख-रेख हेतु उसका अपना वक़ील नियुक्त किया गया था।[144] इसी प्रकार मुमताजमहल की जागीर की देख-रेख हेतु हकीम हमाम को नियुक्त किया गया था।[145] इसके पश्चात् मुमताज़महल की दीवान के रूप में उसके पुत्र काशी को नियुक्त किया गया।[146] ईशाक बेग मुमताज़महल का *मीर-ए-सामान* था।[147] मुमताज़महल की मृत्यु के पश्चात् ईशाक बेग जहाँआरा बेगम का *ख़ान-ए-सामान* नियुक्त कर दिया गया।[148] कालान्तर में ईशाक बेग याज़दी को हक़ीक़त ख़ाँन की उपाधि के साथ दीवान के पद पर प्रोन्नति दे दी गई।[149] 1681 ई. में सैयद अशरफ़

को जहाँआरा बेगम का *ख़ान-ए-सामान* नियुक्त किया गया।[150] इसी प्रकार औरंगज़ेब की पुत्री ज़ीनतुन्निसा बेगम को पादशाह बेगम की उपाधि दी गई थी। उसका *ख़ान-ए-सामान* सादुल्लह ख़ाँन को नियुक्त किया गया था।[151] इन अधिकारियों की नियुक्ति वस्तुतः बादशाह द्वारा ही की जाती थी। यह अधिकारी भी अन्य अधिकारियों की ही भाँति हरम से थोड़ी दूर पर रहते थे अथवा संपर्क में बने रहते थे ताकि अपनी स्वामिनी द्वारा दिए गए निर्देशों का पालन कर सकें। यहाँ यह स्पष्ट करना आवश्यक है कि पुरुष अथवा ख़्वाजासरा होने के कारण यह अधिकारी, महिलाओं से या तो लिखित निर्देश प्राप्त करते थे अथवा पर्दे के पीछे से इनके निर्देश लेते थे।

आवागमन के साधन

विस्तृत मुग़ल साम्राज्य में शाही महिलाओं का निरन्तर आवागमन होता था। शाही महिलाओं को अभियानों के समय लम्बी यात्राएँ करनी पड़ती थीं। आब-वो-हवा बदलने के लिए भी कश्मीर जैसे सुरम्य स्थानों के भ्रमण हेतु शाही महिलाएँ राजधानी के बाहर जाती थीं। कभी-कभी शिकार हेतु भी बादशाह के साथ शाही महिलाएँ जाती थीं।[152] विशेष अवसरों पर शाही परिवार की महिलाएँ महत्त्वपूर्ण अमीरों एवं मंसबदारों के घर भी जाती थीं जो कि बस्ती के अंदर ही रहते थे। अतः हम यात्रा के साधनों को सुविधा के लिए दो भागों में विभाजित कर सकते हैं—प्रथम, बस्ती के बाहर की यात्रा, तथा द्वितीय, बस्ती के अन्दर अथवा आसपास की यात्रा।

बाबर तथा हुमायूँ के काल में बादशाह को निरन्तर और भयानक युद्ध करने पड़े। इस स्थिति में अधिकांश महिलाएँ पीछे क़िलों गें छोड़ दी जाती थीं और अभियान सफल होने के पश्चात् महिलाओं को बुला लिया जाता था। महिलाओं के कारवाँ के साथ या तो शाही परिवार के किसी सदस्य, अथवा किसी विशिष्ट अमीर को नियुक्त किया जाता था।[153] महिलाएँ सामान्यतः हाथी और कभी-कभी घोड़ों पर यात्रा करती थीं। इनके साथ सुरक्षा हेतु घुड़सवार सैनिक भी रहते थे। युद्ध के समय यदि महिलाएँ बादशाह के साथ रहती थीं तब उन्हें युद्ध प्रारंभ होने से पूर्व ही सवारियों पर सवार रखा जाता था। संकट-काल में अथवा तेज यात्रा की आवश्यकता होने पर घोड़े का प्रयोग अधिक उपयुक्त माना जाता था।[154] इस काल में पर्दे के नियम अधिक कड़े न होने के कारण महिलाओं का घुड़सवारी करना असहज नहीं था।

किंतु अकबर तथा उसके पश्चात् के काल में न तो इतने ख़तरे थे और न ही उन्हें परदे से इतनी अधिक छूट ही थी। अतः यात्रा हेतु नियम निर्धारित से हो गए थे। छोटी दूरी की यात्रा के समय महिलाएँ बादशाह के साथ भी यात्रा करती थी किंतु अधिक दूरी की यात्रा के समय स्त्रियाँ, शाही कारवाँ से लगभग एक किलोमीटर पीछे रहती थीं। इस प्रकार महिलाएँ कम से कम दूरी वाले रास्ते से होकर बादशाह से जा मिलती थीं।[155] प्रायः महिलाएँ हाथियों पर यात्रा करती थीं जिन पर सुन्दर एवं आरामदेह *अमारी* होती थीं जिन्हे पर्दे से ढक दिया जाता था।[156] महिलाओं को सवार करने के लिए हाथी, महल के अन्दर आ सकता था और महावत अपने सिर और चेहरे पर कपड़े का टुकड़ा डाल लेता था ताकि त्रुटिवश परदे का उल्लंघन न हो जाय।[157] महिलाओं को निकट से जाकर देख पाना अत्यंत कठिन कार्य था। वृद्ध पुरुष तथा ख़्वाजासरा उनकी सवारी से आगे चला करते थे ताकि कोई मार्ग में न आ जाय। इसके साथ ही महिलाओं के आगे-पीछे नक़ाबपोश तातार एवं कश्मीरी घुड़सवार लड़कियाँ चला करती थीं ताकि सुरक्षा में कोई कमी न रह जाय।[158] यदि कोई इस सुरक्षा घेरे को कोई तोड़ने का प्रयास करता, तब उसे कड़ी से कड़ी सज़ा मिलती थी। मुग़लकाल में यह कहावत प्रचलित थी कि लोगों को तीन बातों से हमेशा सावधान रहना चाहिए।[159] प्रथम, विशिष्ट घोड़ों पर चढ़कर चलते हुए पकड़े जाने पर; द्वितीय, शाही शिकारगाह में प्रवेश करने से; तथा तृतीय, शाही महिलाओं की सवारी के मार्ग में आने से।

शाही महिलाओं की यात्रा को और अधिक सुविधाजनक बनाने के लिए एक अन्य प्रकार का साधन प्रयोग किया जाता था जिसे *बहल* कहते थे।[160] *बहल* वस्तुतः गाड़ीनुमा होता था जिसमें प्रसाधन आदि की समुचित व्यवस्था रहती थी। इसे एक हाथी ख़ीच सकता था। बहल को खींचने के लिए ऊँट, घोड़ा तथा अन्य पशु भी प्रयोग में लाए जा सकते थे। जहाँगीर के काल में हम *रथ-ए-अंग्रेजी* शब्द का प्रचलन भी पाते हैं।[161] यात्रा का कोई भी साधन क्यों न हो, शाही महिलाओं की सुविधा का पूरा ध्यान रखा जाता था। दूरी वाली यात्राओं के समय हरम की औसत चाल लगभग पाँच कोस अथवा पन्द्रह किलोमीटर प्रतिदिन होती थी। जबकि सामान्य परिस्थितियों में सेना की चाल तीस-पैंतीस किलोमीटर प्रतिदिन होती थी।[162]

शहर के अंदर अथवा आसपास के क्षेत्रों में यात्रा के लिए शहडोल अथवा पालकियों का प्रयोग किया जाता था।[163] जिस मार्ग से शाही महिलाओं को गुज़रना होता था, पानी छिड़क

दिया जाता था ताकि धूल आदि न उड़े। महिलाओं की सवारी के आगे एवं पीछे सुरक्षाकर्मी तथा ख़्वाजासरा नियुक्त रहते थे और यह नियम था कि सामान्यजन सवारी से विशेष दूरी बनाए रखें। इस हेतु एक व्यक्ति 'हटो, रास्ता छोड़ो' चिल्लाता रहता था ताकि लोग मार्ग से हट जाएँ। कुछ ख़्वाजासरा सवारी के बिल्कुल पास रहकर मोरपंखों के मुरछल से मक्खियाँ भगाते रहते थे।[164]

इस प्रकार बादशाह के पश्चात् संभवतः यह शाही महिलाएँ ही थीं जिनकी सवारी न केवल सुविधाजनक रहती थी, अपितु उन्हें राजशाही का सम्मान प्राप्त करने का गौरव भी प्राप्त होता था।

सन्दर्भ तथा टिप्पणी

1. के.एम. अशरफ़, *हिन्दुस्तान के निवासियों का जीवन और उनकी परिस्थितियाँ,* पृ. 176, ह़रम, वस्तुतः काबा स्थित पवित्र घेरे के लिए प्रयोग किया जाता है। सम्भवतः यह शब्द वहीं से लिया गया है।
2. रेखा मिश्रा, *वूमेन इन मुग़ल इण्डिया,* पृ. 76
3. अबुल फ़ज़ल ने *सबिस्तान-ए-इक़बाल* शब्द का प्रयोग किया है। *आइन-ए-अकबरी* (फा.), पृ. 40; एम.ए. अंसारी, *सोशल लाइफ़ ऑफ़ दि मुग़ल इम्परर्स,* पृ. 64-65
4. *आइन-ए-अकबरी* (फा.), I, पृ. 40
5. ऐसा लगता है कि मॉसरेट ने महल में रहने वाली दासियों तथा अन्य महिलाओं को भी पत्नी मान लिया है। हालांकि बेवरिज भी इससे सहमत हैं। राल्फ फ़िच इनके लिए *कनक्यूबाइन* शब्द का प्रयोग करता है और 800 की संख्या बताता है। मॉन्सरेट, *पूर्वोद्धृत,* पृ. 421; *अकबरनामा* (बेव.), II., पृ. फोस्टर, *पूर्वोद्धृत,* पृ. 17
6. निकोलो मनूकी, *पूर्वोद्धृत,* II, पृ. 330
7. यह संख्या शाहज़ादा के रूप में दी गई है। उपरोक्त, II, पृ. 343
8. फ्रेंकोइस बर्नियर, *पूर्वोद्धृत,* पृ. 267-268
9. पर्सी ब्राउन, *इण्डियन आर्कीटेक्चर–इस्लामिक पीरियड,* पृ. 93
10. पेल्सर्ट ने त्रुटिवश जहाँगीर की माँ का नाम मरियम मकानी लिखा है। देखें–एम.ए. अंसारी, *पूर्वोद्धृत,* पृ. 46 एवं पादटिप्पणी, 167
11. एफ. पेल्सर्ट, *जहाँगीर्स इण्डिया,* पृ. 1-5

12. *उपरोक्त,* पृ. 4-5
13. पर्सी ब्राउन, *पूर्वोद्धत,* पृ. 93
14. *उपरोक्त,* पृ. 94-95; एस.ए.ए. रिज़वी, *फ़तेहपुर सीकरी,* पृ. 13-21
15. एस.ए.ए. रिजवी, *उपरोक्त,* पृ. 53
16. *उपरोक्त,* पृ. 39-54
17. फ़तेहपुर सीकरी के उत्खननकर्ता आर.सी. गौड़ का मत है कि वर्तमान परिस्थितियों में अबुल फ़ज़ल द्वारा बताई गई पाँच हज़ार महिलाओं हेतु पर्याप्त स्थान सम्भव नहीं है। सम्भव है, भविष्य में अधिक भवन उत्खनन के पश्चात् प्राप्त हो जायें। देखें–के.एस. लाल, *पूर्वोद्धत,* पृ. 40 एवं पाद टिप्पणी 19; आर. सी. गौड़, एक्सकवेशन्स एट फ़तेहपुर सीकरी, पृ. 25-27
18. पर्सी ब्राउन, *पूर्वोद्धत,* पृ. 93
19. इस कार्य को पूरा करवाने का दायित्व मामूर ख़ाँन को दिया गया था। देखें–एम.ए. अंसारी, *पूर्वोद्धत,* पृ. 49
20. डब्ल्यू. फ़ोस्टर, *पूर्वोद्धत,* पृ. 162-165
21. पर्सी ब्राउन, *पूर्वोद्धत,* पृ. 93
22. *उपरोक्त,* पृ. 103-105; वाई.डी. शर्मा, *देल्ही एण्ड इट्स नेबरहुड,* पृ. 42-46 एवं 148-55 माइकल एडवर्ड्स, *इण्डियन टेम्पुल्स एण्ड पैलेसेस,* पृ. 151
23. आर.पी. त्रिपाठी, 'माहम अनगा एण्ड अकबर', *जे.आई.एच.,* I, भाग-1, पृ. 342-343
24. *मा'सीर-ए-आलमगीरी* (सरकार), पृ. 63
25. *उपरोक्त,* पृ. 131
26. जे.एन. सरकार, *स्टडीज़ इन मुग़ल इण्डिया,* पृ. 140-141, *उपरोक्त,* पृ. 322
27. *उपरोक्त,* पृ. 275
28. फ्रेकोइस बर्नियर, *पूर्वोद्धत,* पृ. 391
29. *मा'सीर-ए-आलमगीरी* (सरकार), पृ. 63-64
30. एम.ए. अंसारी, *पूर्वोद्धत,* पृ. 68
31. आर. नाथ, 'चौबुर्ज : द टॉम्ब ऑफ बाबर एट आगरा', *इनसाइक्लोपीडेइक सर्वे ऑफ इस्लामिक कल्चर,* खण्ड-10, पृ. 306-316 आर.पी. त्रिपाठी, *राइज़ एण्ड फ़ाल ऑफ़ मुग़ल अम्पायर, I,* पृ. 54
32. हाजी बेगम के नाम से हुमायूँ की पहली पत्नी बैगा बेगम को जाना जाता है देखें–वाई.डी. शर्मा, *पूर्वोद्धत,* पृ. 107-108; एस.एस. रहमान, *पूर्वोद्धत,* पृ.178-179
33. डब्ल्यू फोस्टर, *पूर्वोद्धत,* पृ. 186

34. *तुजुक-ए-जहाँगीरी* (रो.एवं बेव), पृ. 76
35. फ्रेंसिस्को पेल्सर्ट, *पूर्वोद्धृत,* पृ. 2-3
36. जहाँगीर ने खुसरों को मुनीम खाँन का महल आवंटित किया था जो कि क़िले के बाहर था। इसी प्रकार परवेज़ को महावत खाँ का मकान दिया गया था। *देखें— तुजुक-ए-जहाँगीरी* (रो. एवं बेव.), I, पृ. 12; बी.पी. सक्सेना, *हिस्ट्री ऑफ शाहजहाँ ऑफ देहली,* पृ. 11
37. आगे जाने वाला सेट *पेशख़ेमाह* कहा जाता था।
38. *आइन-ए-अकबरी* (ब्लॉकमैन), I, पृ. 49
39. *तदैव,* के.एस. लाल, *पूर्वोद्धृत,* पृ. 64
40. एम.ए. अंसारी, *पूर्वोद्धृत,* पृ. 131
41. *गुलालबार* भी लाल कपड़े से ढका रहता था। *आइन-ए-अकबरी,* I, पृ. 57
42. एम.ए. अंसारी, *पूर्वोद्धृत,* पृ. 66
43. एक प्रकार की कपड़े की दीवार या बेड़ा को *सरपरदा* कहते थे।
44. यह वस्तुतः सबसे बड़ा तम्बू होता था जिसमें बादशाह दरबार लगाता था। इसके नीचे सामान्यतः 10,000 व्यक्ति आ सकते थे। *देखें— आइन-ए-अकबरी* (ब्लॉक मैन), I, पृ. 56
45. यह दस खम्भों पर आधारित विशेष तम्बू था जिसकी छत बेड़ों अथवा शहतीरों को लगाकर बनायी जाती थी। इसकी दीवारों एवं छत पर चटाई (बफ़्ताह-ए-नै) का प्रयोग होता था जबकि अन्दर की ओर सुन्दर बेलवेट का कपड़ा लगाया जाता था। *उपरोक्त,* पृ. 56
46. *दो आशियाना मंज़िल* का अर्थ है दुमंज़िला भवन। इसमें छह गज के अठारह खम्भों पर लकड़ी का एक पट (Plateform) लगा दिया जाता था जिसके ऊपर चार-चार हाथ के खम्भों पर आधारित दूसरी मंजिल (Storey) बनायी जाती थी। इनको जोड़ने के लिए नट-बोल्ट्स का प्रयोग होता था। इसकी छत पर चटाई तथा अन्दर की ओर सजाने के लिए मख़मल जैसे सुन्दर कपड़ों का प्रयोग होता था। यात्रा के दौरान इसे बादशाह निवास (सोने हेतु) प्रयोग किया जाता था। यहीं से बादशाह सूर्य पूजा तथा झरोखा दर्शन भी देता था। इसके पश्चात् शाही महिलाओं को आने की अनुमति दी जाती थी। *उपरोक्त,* पृ. 56
47. कपड़े की दीवार अथवा चहारदीवारी।
48. तंबू।
49. ख़रगाह अस्थाई (Floating) तम्बू थे। इनके एक अथवा दो दरवाज़े होते थे। *उपरोक्त,* पृ. 57
50. *सरचाह* एक प्रकार की चहारदीवारी अथवा पर्दे (Screen) का कार्य करती थी। छह गज ऊँचे डंडों, जो कि दो-दो गज की दूरी पर गाड़े जाते थे, की सहायता से लगाया जाता था। एम.ए. अंसारी, *पूर्वोद्धृत,* पृ. 67

51. *उपरोक्त,* पृ. 151-152
52. *उपरोक्त,* पृ. 152
53. *तदैव।*
54. *हुमायूँनामा* (बेव.), पृ. 189-190 एवं पादटिप्पणी।
55. *तारीख़-ए-सलीमशाही* के अनुसार अहमदाबाद में जहाँगीर के साथ चार सौ महिलाएँ थीं। टेरी के अनुसार हज़ारों की संख्या में विभिन्न श्रेणियों की महिलाओं को विविध प्रकार के तम्बू उपलब्ध कराये गये थे। देखें–के.एस. लाल, *पूर्वोद्धृत,* पृ. 44; डब्ल्यू फ़ोस्टर, *पूर्वोद्धृत,* पृ. 329
56. एम.ए. अंसारी, *पूर्वोद्धृत,* पृ. 131 एवं पादटिप्पणी, 10
57. के.एम. अशरफ़, *हिन्दुस्तान के लोगों का जीवन और उनकी परिस्थितियाँ,* पृ. 58-59
58. इब्न हसन, *सेन्ट्रल स्ट्रक्चर ऑफ़ द मुग़ल अम्पायर,* पृ. 211 एवं 233
59. *आइन-ए-अकबरी* (ब्लॉक मैन), I, पृ. 46; एम.ए. अंसारी, *पूर्वोद्धृत,* पृ. 69
60. एम.ए. अंसारी, *उपरोक्त,* पृ. 69
61. *आइन-ए-अकबरी,* (ब्लॉक मैन), I, पृ. 46
62. के.एस. लाल, *पूर्वोद्धृत,* पृ. 52
63. *तदैव;* जे.एन. सरकार, *एनेक्डॉटस ऑफ़ औरंगज़ेब,* पृ. 71-72
64. शाहज़ादा आज़म ने अपनी महलदार नूरुन्निसा बेगम के साथ दुर्व्यवहार किया जिसके कारण औरंगज़ेब अत्यंत क्रुद्ध हुआ। आज़म को अपनी बहन बादशाह बेगम ज़ीनतुन्निसा बेगम से क्षमा करवाने का निवेदन करना पड़ा। फिर भी उसे जुर्माने के रूप में पचास हज़ार रुपए अदा करना पड़ा। जे.एन. सरकार, *उपरोक्त,* पृ. 71-72
65. निकोलो मनूकी, *पूर्वोद्धृत,* II, पृ. 331
66. *उपरोक्त,* पृ. 331-332
67. अब्दुल क़ादिर बदायूँनी, *पूर्वोद्धृत,* II, पृ. 36
68. शाहनवाज़ ख़ाँन, मा *'सीर-उल-उमरा* (बेव.), I, पृ. 741। शाहनवाज़ ख़ाँन ने 'सर आमद' शब्द का प्रयोग किया है।
69. मुहम्मद शरीफ़, *इक़बालनामा-ए-जहाँगीरी,* पृ. 26
70. *उपरोक्त,* पृ. 56
71. अब्दुल हमीद लाहौरी, *पादशाहनामा,* II, पृ. 629; मा *'सीर-उल-उमरा* (बेव.), I, पृ. 261
72. आका अक़यान लगभग 33 वर्ष तक जहाँगीरी की सेवा में रही। वृद्धावस्था में वह दिल्ली में रहने लगी जिससे मिलने के लिए स्वयं जहाँगीर गया था। *तुज़ुक-ए-जहाँगीरी,* II, पृ. 110-111
73. जे. एन. सरकर, *एनेक्डॉट्स ऑफ़ औरंगज़ेब,* पृ. 65-66
74. *तदैव।*

75. *उपरोक्त,* पृ. 65-66 एवं 71-72
76. *आइन-ए-अकबरी* (ब्लॉकमैन), I, पृ. 46-47
77. इनके चयन का एक कारण यह भी था कि ये तीरंदाज़ी, तलवारबाज़ी एवं भाला चलाने में अत्यंत निपुण होती थीं। निकोलो मनूकी, *पूर्वोद्धृत,* II, 42-43
78. *आइन-ए-अकबरी* (ब्लॉकमैन), I, पृ. 46
79. *तदैव।*
80. *तदैव।*
81. मुहम्मदुद्दीन फ़ौक़, *पूर्वोद्धृत,* पृ. 73
82. मनूकी इनके नाम गिनाता है; यथा–गुलाब, चमेली, चम्पा, अनारकली, नरगिस, कोयल, मोती, मेंहदी, केसर, कस्तूरी, गुलबदन, सोसन, पिस्ता तथा हीरा आदि। निकोलो मनूकी, *पूर्वोद्धृत,* II, पृ. 336-338
83. सामान्यतः इनका पर्दा नहीं कराया जाता था। *उपरोक्त,* पृ. 352
84. एम.ए. अंसारी, *पूर्वोद्धृत,* पृ. 71
85. फ्रेक़ोइस बर्नियर, *पूर्वोद्धृत,* पृ. 273; थेवनॉट, *इण्डियन ट्रेवेल्स ऑफ़ थेवनाट एण्ड करेरी* (सेन), पृ. 71; मनूकी इनके पुकारे जाने वाले नामों की सूची भी देता है; यथा — सुन्दरबाई, नयनजोतबाई, चंचलबाई, गुल-रू-बाई, मुरादबाई, अप्सराबाई तथा हीराबाई आदि। देखें, निकोलो मनूकी, *पूर्वोद्धृत,* II, पृ. 335-36
86. इन्हें *रम्माल* कहा जाता था। एक बार ह़रम में लगभग 1,500 रुपये की एक मोती खो गई। इसकी भविष्यवाणी करते हुए एक *रम्माल* ने बताया कि यह मोती दो-तीन दिन के अन्दर मिल जायेगी और इसे गोरे रंग की स्त्री बादशाह को लाकर देगी। उसकी यह भविष्यवाणी सत्य निकली। मुहम्मद शरीफ़, *पूर्वोद्धृत,* पृ. 193
87. एम.ए. अंसारी, *पूर्वोद्धृत,* पृ. 21
88. *आइन-ए-अकबरी* (ब्लॉक मैन), I, पृ. 46
89. *तदैव।*
90. *तदैव।*
91. *तुज़ुक-ए-जहाँगीरी,* I, पृ. 10
92. निकोलो मनूकी, *पूर्वोद्धृत,* II, पृ. 330। मनूकी का विवरण मूल्य में स्फ़ीति दिखाता है। हमें *मा'सीर-ए-आलमगीरी* से पता चलता है कि औरंगज़ेब ने 1670 ई. में ह़रम के ख़र्चों में कटौती किया था। किन्तु ऐसा लगता है कि यह कटौती स्वयं बादशाह, राजकुमारों एवं बेगमों के व्यक्तिगत ख़र्चों में हुई थी। सेवक-सेविकाओं के वेतन अप्रभावित रहे। *मा'सीर-ए-आलमगीरी* (सरकार), पृ. 62

93. *आइन-ए-अकबरी* के अनुसार एक अस्पा घुड़सवार का वेतन 18 रुपये से 30 रुपये के बीच था। जबकि प्रथम श्रेणी का पैदल सैनिक 500 दाम (40 दाम = 1 रुपया), द्वितीय श्रेणी का 400 दाम तृतीय श्रेणी का 300 दाम तथा चतुर्थ श्रेणी का पैदल सैनिक 240 दाम पाता था। *आइन-ए-अकबरी,* (ब्लॉकमैन) II, पृ. 260-261; मनूकी भी लिखता है कि हरम में नियुक्त महिलाओं के वेतन अपेक्षाकृत अधिक थे और नियमित भुगतान होता था, मनूकी, उपरोक्त, पृ. 290
94. *तुज़ुक-ए-जहाँगीरी,* II, पृ. 110-111
95. सतीश चन्द्र, *उत्तर मुग़लकालीन भारत,* प्राक्कथन, IX
96. *तदैव।*
97. इस पद पर कभी-कभी पुरुषों को भी नियुक्त कर दिया जाता था।
98. सतीश चन्द्र, *पूर्वोद्धृत,* पृ. 9; ऐसा लगता है कि इसे *एहतिमान-ए-दरबार-ए-महल* भी कहा जाता था। देखें – *तुज़ुक-ए-जहाँगीरी* (रो.बे.), II, पृ. 249
99. केशवदास, *जहाँगीर जसचंद्रिका,* 90;
    एक दोहा इस प्रकार है–
    पगड़ी पटका जरकसी, बागो शुभ सुकुमार।
    जानत हो एतबार खाँ, साहि करत एतबार।।
100. *आइन-ए-अकबरी,* (ब्लॉकमैन), I, पृ. 442
101. *अकबरनामा* (बेव.), II, पृ. 276-277, इसका प्रारम्भिक नाम फूलमलिक था।
102. *आइन-ए-अकबरी,* (ब्लॉकमैन), I, पृ. 13, पादटिप्पणी–1
103. उपरोक्त, I, पृ. 13 एवं पादटिप्पणी, *अकबरनामा,* (बेव.) II, पृ. 351-352
104. *आइन-ए-अकबरी,* (ब्लॉकमैन), I, पृ. 13 एवं पादटिप्पणी।
105. *उपरोक्त,* I, पृ. 13 एवं पादटिप्पणी तथा भाग-II, पृ. 437 एवं पादटिप्पणी।
106. *उपरोक्त,* I, पृ. 420, III, पृ. 596-599
107. *उपरोक्त,* I, पृ. 207 एवं 570
108. *उपरोक्त,* पृ. 442
109. *उपरोक्त,* पृ. 387
110. *अकबरनामा* (बेव.), पृ. 270
111. आर. नाथ, *प्राइवेट लाइफ़ ऑफ़ द मुग़ल्स ऑफ़ इण्डिया,* पृ. 31-32, पेल्सर्ट लिखता है कि जमुना के किनारे आगरा स्थित महल अत्यन्त भव्य था। देखें — फ्रेंसिस्को पेल्सर्ट, *जहागीर्स इण्डिया,* पृ. 2-3

112. आर. नाथ, *उपरोक्त*, पृ. 32
113. *तुज़क-ए-जहाँगीरी* (रो. एवं बेव.), II, पृ. 257-58
114. नदीम खाँन ने कहा, "बेगम यह जानना चाहती हैं कि क्या यह विलम्ब करने का समय है, सीधे हमला करो ताकि तुम्हें बढ़ते देख दुश्मन पीछे हट जाय और उसे भागना पड़े।" *इकबालनामा-ए-जहाँगीरी* (इलि. एवं डाउ.), IV, पृ. 426
115. *उपरोक्त*, पृ. 430, बेनी प्रसाद, *पूर्वोद्धृत*, पृ. 419
116. *तुजुक-ए-जहाँगीरी*, (रो. एवं बेव.), II, पृ. 246
117. यह वह मोतमद खाँन नहीं था जिसने *इक़बालनामा-ए-जहाँगीरी* की रचना की थी।
118. *तुजुक-ए-जहाँगीरी* (रो.एव बेव.), II, पृ. 83, आर. नाथ, *पूर्वोद्धृत*, पृ. 33
119. *मा'सीर-ए-आलमगीरी* (सरकार), पृ. 59 एवं 61
120. *उपरोक्त*, पृ. 155
121. *तदैव।*
122. *उपरोक्त*, पृ. 179; ख़िदमत खाँन नाज़िर, शाहजहाँ के काल में नायब के पद पद नियुक्त था। *उपरोक्त*, पृ. 206
123. सतीश चन्द्र, *पार्टीज़ एण्ड पालिटिक्स एट द मुग़ल कोर्ट*, 1707-1739, पृ. 213
124. जे.एन. सरकार, *मुग़ल साम्राज्य का पतन*, I, पृ. 183-184
125. *उपरोक्त*, पृ. 184
126. *उपरोक्त*, पृ. 183 एवं 203
127. *उपरोक्त*, पृ. 291-294
128. *उपरोक्त*, पृ. 267-272
129. आटोमन तुर्कों के समय में जर्मनी तथा अर्मेनिया के बाज़ारों से हिजड़ों के ख़रीदे जाने का उल्लेख मिलता है। इन्हें आग़ा कहा जाता था। भारत में भी कभी-कभी आग़ा शब्द का प्रयोग मिल जाता है। देखें — जे.एम. रोजर्स, *द टोपकापी साराय म्यूज़ियम, आर्किटेक्चर : द हरम एण्ड द अदर बिल्डिंग्स*, पृ. 24
130. *तुजुक-ए-जहाँगीरी* (रो. एवं बेव.) I, पृ. 151 एवं 168; *मा'सीर-ए-आलमगीरी* (सरकार), पृ. 48
131. माता-पिता के प्रति कुंठा का अनुमान इस बात से लगाया जा सकता है कि औरंगज़ेब के अन्तर्गत अत्यंत निष्ठवान रहा ऐतबार खाँन आगरा में शाहजहाँ की नज़रबन्दी के दौरान नियुक्त था। उसके माता-पिता बंगाल से मिलने आए। लेकिन उसने मिलने से इन्कार कर दिया, क्योंकि वे उसको नपुंसक बनाने के दोषी थे। निकोलो मनूकी, *स्टोरिया डी मोगोर*, II, पृ. 78-79
132. इब्न हसन, *द सेन्ट्रल स्ट्रक्चर ऑफ द मुग़ल अंपायर*, पृ. 235

133. *आइन-ए-अकबरी* (ब्लॉकमैन), पृ. I, पृ. 59-60
134. एम.ए. अंसारी, *पूर्वोद्धृत,* पृ. 17
135. बकावल-ए-जुज़ — सहायक वकावल।
    गंजूर — खज़ांची
    गंजूर-ए-जुज़ — सहायक ख़ज़ांची
    मुशरिफ — लेखक
136. एम.ए. अंसारी, पूर्वोद्धृत, पृ. 17
137. *उपरोक्त,* पृ. 19-21; *आइन-ए-अकबरी* (ब्लॉकमैन), I, पृ. 60
138. एम.ए. अंसारी, *उपरोक्त,* पृ. 24
139. *उपरोक्त,* पृ. 24
140. अकबर से लेकर औरंगज़ेब के काल तक के सभी बादशाह अपने व्यक्तिगत उपयोग हेतु गंगाजल का प्रयोग करते थे। खाना बनाने हेतु जमुना एवं चिनाब का जल भी उपयोग में लाया जाता था। इस हेतु विशेष विभाग *आबदारख़ाना* था, जहाँ विश्वसनीय कर्मचारी नियुक्त किए जाते थे। *देखें — आइन-ए-अकबरी,* I, पृ. 57-58; एम.ए. अंसारी, *उपरोक्त,* पृ. 27
141. औरंगज़ेब के काल में मराठों ने जहाँबानो बेगम के कैम्प पर हमला कर दिया। इस पर अनरुद्ध सिंह जान पर खेल गया। उसकी बहादुरी के लिए अनेक पुरस्कार तो दिए ही गए, स्वयं बेगम ने अपना मोतियों का हार उतारकर उसके गले में डाल दिया। देखें — जे.एन. सरकार, *स्टडीज़ इन मुग़ल इण्डिया,* पृ. 65
142. एम.ए. अंसारी, *पूर्वोद्धृत,* पृ. 72
143. के.एस. लाल, *पूर्वोद्धृत,* पृ. 60
144. *तुज़ुक-ए-जहाँगीरी,* (रो. एवं बेव.), II, पृ. 192
145. बी.पी. सक्सेना, *पूर्वोद्धृत,* पृ. IV
146. *उपरोक्त,* पृ. VI, रेखा मिश्रा, *पूर्वोद्धृत,* पृ. 64
147. अब्दुल हमीद लाहौरी, *पादशाहनामा,* II, भाग-1, पृ. 104
148. *उपरोक्त,* पृ. 104 एवं 393
149. *उपरोक्त,* पृ. 142
150. *मा'सीर-ए-आलमगीरी* (सरकार), पृ. 127
151. इर्विन, *लेटर मुग़ल्स,* पृ. 227; 1688 ई. में इनायत उल्लाह खाँन को ज़ीनतुन्निसा बेगम का *मीर-ए-सामान* नियुक्त किया गया था। इसके पश्चात् उसका पुत्र हिदायतउल्लाह भी बेगम का *मीर-ए-सामान* नियुक्त किया गया। देखें – *उपरोक्त,* पृ. 190 तथा 234

152. जहाँगीर शिकार हेतु महिलाओं को भी साथ ले जाता था। कई बार तो वह महीनों तक कैंप में रहती थी। *तुजुक-ए-जहाँगीरी* (रो. एवं बेव.), I, पृ. 83, 130, 189 एवं 294

153. *हुमायूँनामा* (बेव.) पृ. 71; *अकबरनामा* (बेव.) III, पृ. 325; मान्सरेट, *पूर्वोद्धृत*, पृ. 79

154. संकट के समय हमीदा बानों बेगम को एक घोड़े पर सवार दिखाया गया है। इसी प्रकार बाबर के साथ भी एक महिला को घुड़सवारी करते हुए दिखाया गया है। देखें–आर. गॉडेन, *गुलबदन*, पृ. 87 एवं 149

155. निकोलो मनूकी, *पूर्वोद्धृत*, II, पृ. 74

156. *उपरोक्त*, पृ. 72-73, फ्रेंकोइस बर्नियर, *पूर्वोद्धृत*, पृ. 374

157. निकोलो मनूकी, *उपरोक्त*, पृ. 334

158. बर्नियर रोशनआरा बेगम की कश्मीर यात्रा का चित्रात्मक विवरण देता हुआ कहता है कि वह हाथी पर एक बंद अमारी में बैठी थीं जो कि स्वर्ण एवं नीलमणि की चमक से चमक रही थी। नक़ाबपोश तातार तथा कश्मीरी घुड़सवार लड़कियाँ साथ-साथ चल रहीं थी। इसके पीछे तीन जोड़ी विशिष्ट हाथी चल रहे थे जिन पर अन्य शाही स्त्रियाँ (Ladies in waiting) चल रही थीं। इसके पीछे पालकियों की क़तार थी जिन पर सोने के काम की बुनावट वाला कपड़ा (ज़रदोज़ी) ढका था। इसके पीछे हाथी, अमारियों सहित थे – इन स्णात हाथियों की चाल देखने योग्य थी... उनके नपे-तुले क़दम ... मैंने तो मात्र भारतीय कवियों की ज़बानी पुराने काल के ऐसे वर्णन सुने थे कि बहुत सारी देवियों को छुपाकर ले जा रहे हो ताकि किसी की कुदृष्टि न पड़े। उसके (रोशनआरा) कारवाँ के पश्चात् औरंगजेब की तीन पत्नियों तथा सोलह अमीरों की पत्नियों के अपने-अपने काफ़िले भी थे। फ्रेंकोइस बर्नियर, *पूर्वोद्धृत*, पृ. 372-374

159. *उपरोक्त*, पृ. 374

160. *आइन-ए-अकबरी* (ब्लॉकमैन), I, पृ. 285

161. *उपरोक्त*, I, पृ. 285, पादटिप्पणी।

162. के.एस. लाल, *पूर्वोद्धृत*, पृ. 62

163. निकोलो मनूकी, पूर्वोद्धृत, II, पृ. 72-73 फ्रेंकोइस बर्नियर, *पूर्वोद्धृत*, पृ. 372-75, ट्रेवेनियर, *ट्रेवल्स इन इण्डिया*, I, पृ. 312-313

164. निकोलो मनूकी, *उपरोक्त*, पृ. 220-221

अध्याय तीन

मुग़ल ह़रम, बादशाह एवं महिलाएँ

शाही महिलाओं का जीवन मुग़ल बादशाह के जीवन के साथ अभिन्न रूप से जुड़ा था। साम्राज्य के महत्त्वपूर्ण कार्यों को संपन्न करने के पश्चात् मुग़ल बादशाह अपना शेष समय शाही ह़रम में व्यतीत करता था। यहाँ न केवल वह आराम एवं मनोरंजन करता था, अपितु महत्त्वपूर्ण महिलाओं के साथ भोजन करता था तथा साम्राज्य की महिलाओं की विशेष अपीलों एवं गुप्तचरों द्वारा प्रेषित समाचारों का अवलोकन भी किया करता था।[1] बाबर तथा हुमायूँ भयानक युद्धों में व्यस्त रहने के बावजूद अपनी माताओं, बहनों, पुत्रियों तथा पत्नियों के साथ पर्याप्त समय व्यतीत करते थे। लेकिन इसके संबंध में किसी समय-सारणी का निर्धारण करना हमारे लिए संभव नहीं है। अकबर यद्यपि तीन घंटे ही सोता था और अधिकांश समय आध्यात्मिक जिज्ञासाओं को शांत करने में लगाता था, किंतु इसका आशय यह नहीं है कि वह महिलाओं के साथ पर्याप्त समय न व्यतीत करता हो।[2] अकबर सोने के पूर्व अपनी पसंद की पुस्तक ह़रम की महिलाओं के माध्यम से सुनता था। वह शुक्रवार को अधिकांश समय ह़रम में ही व्यतीत किया करता था।[3] जहाँगीर अत्यन्त सुबह में नमाज़ एवं प्रार्थना के पश्चात् झरोखा-दर्शन देकर दो घण्टे के लिए पुनः सो जाता था। तत्पश्चात् नाश्ता करके शाही महिलाओं के साथ कुछ समय व्यतीत करता था। वह दोपहर से लगभग तीन बजे तक दरबार के कार्य संपन्न करता था और इसके बाद वह पुनः महल में जाकर भोजन एवं आराम किया करता था। सायं के समय वह महत्त्वपूर्ण अधिकारियों को निर्देश देने एवं विचार-विमर्श के पश्चात् शेष समय शाही महिलाओं के साथ भोजन, मनोरंजन तथा अन्य गतिविधियों में लगाता था और फिर सो जाता

था।[4] शाहजहाँ सूर्योदय से दो घण्टा पूर्व जाग जाता था। वह नमाज़ तथा प्रार्थना के पश्चात् लगभग एक घण्टे के लिए झरोखा दर्शन देता था। इसके बाद लगभग सुबह साढ़े सात बजे से दोपहर बारह बजे तक साम्राज्य के कार्यों में लगा रहता था। इन कार्यों को निपटाकर वह ह़रम में चला जाता था; जहाँ शाही महिलाओं के पास आयी हुई अपीलों का निवारण तथा भोजन आदि करता था। सायं तीन बजे से आठ बजे तक वह पुनः *दीवान-ए-आम-वो-ख़ास* के कार्यों को संपन्न करता था तथा विभिन्न अधिकारियों से विचार-विमर्श करता था। इसके पश्चात् वह महल में आ जाता था जहाँ आराम एवं मनोरंजन आदि में अपना समय व्यतीत करता था।[5] कमोबेश यही दिनचर्या औरंगज़ेब आलमगीर की भी थी, तथापि वह मनोरंजन के स्थान पर अपना समय अध्ययन एवं क़ुरान की प्रतियाँ लिखने में व्यतीत किया करता था।[6] यदि कोई अपरिहार्य स्थिति न हो तब यही दिनचर्या अभियान के दौरान भी रहती थी। परवर्तीकाल में बादशाहों की रुचि अभियानों एवं दरबार के कार्यों में कम हुई तब वे अपना अधिकतम समय ह़रम में व्यतीत करने लगे। अतः स्पष्ट है कि बादशाह, मुग़ल शाही महिलाओं के सामाजिक जीवन को प्रभावित करने वाला, तथा उससे प्रभावित होने वाला, सबसे महत्त्वपूर्ण व्यक्ति था।

मुग़ल बादशाह की जीवनचर्या के साथ अभिन्न रूप से जुड़ा होने के कारण जहाँ मुग़ल शाही महिलाओं को समाज में महत्त्वपूर्ण दर्जा मिलता था वहीं वे बादशाह के सुरक्षा नियमों एवं शाही संस्कारों को मानने के लिए अनिवार्य रूप से बाध्य होती थीं। अतः शाही महिलाओं के परिवेश की तुलना सामान्य महिलाओं के परिवेश से नहीं की जा सकती। इसके साथ ही एक तथ्य यह भी है कि शाही ह़रम में महिलाओं की संख्या हज़ारों में थी जो विभिन्न धार्मिक, राष्ट्रीयता एवं जातीयता; यथा — ईरानी, तूरानी, मंगोल, उज़बेग, राज़पूत, कश्मीरी तथा यूरोपीय आदि, की पृष्ठभूमि से आती थीं। अतः एक सुनियोजित संस्था के अनुशासन में रहते हुए इन महिलाओं के मध्य प्रतिद्वन्दिता एवं अंतर्विरोधों से परिपूर्ण सामाजिक जीवन एवं परिवेश का भी अनुमान लगाया जा सकता है। समकालीन स्रोतों के आधार पर विभिन्न जातीय समूहों से आने वालीं महिलाओं की सही-सही संख्या दे पाना यद्यपि संभव नहीं है, किंतु इनकी उपस्थिति का शाही जीवन पर क्या प्रभाव पड़ा, इसके आकलन का प्रयास किया जा सकता है। बादशाह के साथ, महिलाओं के रक्त संबंध, घनिष्टता एवं वरिष्ठता का भी उनकी सामाजिक स्थिति पर प्रभाव पड़ता था। इस प्रकार मुग़ल अभिजात वर्ग के स्तरीकृत

ढाँचे की ही भाँति मुग़ल शाही महिलाओं की सामाजिक, आर्थिक एवं राजनीतिक स्थिति का आंकलन किया जा सकता है। अतः मुग़ल बादशाह से संबंधित विभिन्न स्त्रियों; यथा — राजमाता एवं वरिष्ठ महिलाओं, पत्नियों तथा उपपत्नियों, शाहज़ादियों एवं विशेष सेविकाओं की सामाजिक स्थिति एवं परिवेश का विवेचन समीचीन लगता है।

राजमाता तथा वरिष्ठ महिलाएँ

परिवार की वरिष्ठ महिलाओं को सम्मान देना मुग़लों के संस्कार का एक अभिन्न आयाम था। वह अपनी माताओं, फूफ़ियों, बहनों तथा परिवार की अन्य वरिष्ठ महिलाओं का अत्यधिक आदर करते थे। बाबर अपने संघर्ष के दिनों में भी अपनी माता कुतलुक़ निगार ख़ानम तथा नानी ईसानदौलत बेगम की किसी भी बात को नज़रंदाज नहीं करता था।[7] कुतलुक़ निगार ख़ानम की मृत्यु के पश्चात् जब सौतेली नानी शाहबेगम, मौसी मिहर निगार ख़ानम तथा अन्य संबंधी जब चालीसवें के अवसर पर आए तब वह माता के विछोह से अत्यंत दुःखी था।[8] हुमायूँ की माता माहम बेगम को पर्याप्त सम्मान प्राप्त था और वह अमीरों को ख़िलअत देने तथा सम्मानित करने के लिए अधिकृत थी।[9] अकबर अपनी माता हमीदा बानो बेगम की किसी बात को नहीं टालता था। वह जब भी बाहर से राजधानी में आती थी, अकबर स्वयं अगवानी के लिए जाता था।[10] यहाँ तक कि सम्मान में वह अपनी माँ की पालकी स्वयं अपने कंधे पर रख लिया करता था।[11] जहाँगीर अपनी आत्मकथा *तुज़ुक-ए-जहाँगीरी* में अपनी माता मरियम-उज़-ज़मानी का भावनापूर्ण शब्दों में उल्लेख करता है। तुलादान, नवरोज़ तथा विवाह आदि के अवसर पर उत्सवों का आयोजन मरियम-उज़-ज़मानी के घर पर ही किया जाता था।[12] इन अवसरों पर बादशाह स्वयं उपस्थित होता था। अमीर अपने पद एवं क्षमता के अनुसार राजमाता को उपहार प्रस्तुत करते थे। शाहजहाँ की माता जगतगोसाई (जोधाबाई) तथा औरंगज़ेब की माँ मुमताज़महल की मृत्यु उनके पुत्रों के बादशाह बनने से पूर्व ही हो गई थी। हमें औरंगज़ेब द्वारा अपनी माता की समाधि, ताजमहल में दर्शन करने और उसकी मरम्मत करवाने का उल्लेख मिलता है।[13] बहादुरशाह प्रथम की माँ कश्मीर स्थित राजौरी के राजा राज की पुत्री थी जिसे नवाबबाई के नाम से जाना जाता है। नवाबबाई की भी मृत्यु अपने पति के काल में (1691 ई.) ही हो गई।[14] इसी प्रकार जहाँदरशाह की माता निज़ामबाई अपने पुत्र के शासनकाल की गतिविधियों को संचालित करने के लिए जीवित न रही।[15] फ़ारुख़सियर

की माँ कश्मीर के इनायतउल्ला की बहन थी। फ़र्रुख़सियर भी अपने पूर्वजों की भाँति अपनी माँ का सम्मान करता था। राजा अजीत सिंह की पुत्री के साथ फ़र्रुख़सियर का विवाह उसकी माँ के निर्देशन में ही संपन्न हुआ था।[16] इस विवाह के बारे में कहा जाता है कि यह मुग़ल परिवार में सबसे अधिक शान-वो-शौकत के साथ होने वाला विवाह था। रफ़ीउद्दौला तथा रफीउद्दरज़ात की माँ नूरुन्निसाबेगम शेख बाक़ी की पुत्री थी।[17] मुहम्मदशाह की माँ फ़ख़रुन्निसा बेगम को हज़रत बेगम के नाम से जाना जाता था जिसका ख़िताब *नवाब कुदसिया* था। *नवाब कुदसिया* का ही प्रभाव था जिसके चलते रहमतुन्निसा अथवा कोकी जीउ को दरबार में अत्यधिक महत्त्व मिला।[18] अहमदशाह की माँ उधमबाई तो इतना अधिक प्रभावशाली हो गई कि वह अमीरों एवं मनसबदारों के बीच ईर्ष्या एवं घृणा का कारण बन गई।[19] इतना सब होने के बावजूद बादशाह की दृष्टि में अपनी माता के प्रति सम्मान का भाव बना रहा। कालान्तर में भी माता के रूप में शाही महिलाओं को अतुलनीय सम्मान मिलता रहा।

यही नहीं, मुग़ल बादशाह अपनी सगी माँ के अतिरिक्त सौतेली एवं अन्गा माँओं के प्रति भी सम्मान का भाव प्रकट करते थे। हुमायूँ, हिन्दाल तथा गुलबदन बेगम की माँ, दिलदार बेगम को स्वयं अपनी माँ के ही समान सम्मान देता था।[20] मिर्ज़ा हकीम के अनेक विद्रोहों एवं भड़काऊ गतिविधियों के बावजूद, अकबर ने मिर्ज़ा हकीम की माँ एवं बहन के प्रति घृणा का भाव प्रकट नहीं किया और बख़्तुन्निसा बेगम को काबुल का सूबेदार नियुक्त किया।[21] वह अपनी सौतेली माँ हाजी बेगम के महल तथा अगवानी में सम्मान प्रकट करने हेतु जाया करता था।[22] जहाँगीर जितने सम्मान-सूचक शब्द अपनी सगी माँ मरियम-उज़-ज़मानी के प्रति नहीं प्रकट करता, उससे कहीं अधिक सम्मान वह अपनी सौतेली माँ सलीमा सुल्तान बेगम के प्रति प्रकट करता दिखता है।[23] अकबर की पहली पत्नी रुकैया सुल्तान बेगम के अत्यधिक सम्मान के कारण अनेक यूरोपीय यात्रियों ने सलीम की (जहाँगीर) सगी माँ का नाम रुकैया सुल्तान बेगम लिख डाला।[24] जहाँगीर के जीवन तथा उसकी मृत्यु के पश्चात् शाहजहाँ एवं नूरजहाँ के मध्य सत्ता को लेकर प्रतिद्विन्द्वता का वातावरण रहा। किंतु बादशाह बनने के पश्चात् शाहजहाँ ने नूरजहाँ को उसकी इच्छानुसार लाहौर में रहने दिया और दो लाख रुपए वार्षिक पेंशन के रूप में दिया जाता रहा।[25] यह परंपरा कालांतर में भी जारी रही, हालाँकि परवर्तीकाल में प्रतिद्विन्द्वता के फलस्वरूप सौतेली माताओं के प्रति दुर्व्यवहार के एकाध उदाहरण अवश्य मिल जाते हैं।[26]

मुग़ल शाहज़ादों तथा शाहज़ादियों के पालन-पोषण के दायित्व हेतु जन्मदात्री माँ के अतिरिक्त अनेक अन्य महिलाएँ भी नियुक्त की जाती थीं। इन महिलाओं का दुग्ध-पान करने के कारण मुग़ल शाहज़ादे एवं शाहज़ादियाँ इनका अत्यधिक सम्मान करते थे। इन्हें *अनगा* कहा जाता था। *अनगा* प्रायः मुग़ल अभिजात वर्ग से ही संबंधित होती थी। मिसाल के लिए अकबर की *अनगा* दयाभावल अथवा भावल, हुमायूँ की *कनीज़ान-ए-ख़ास* में से थी।[27] अकबर की *अनगा* फ़ख़रुन्निसा, नदीम अतगा की पत्नी थी; जीजी अनगा, शम्सुद्दीन खाँन की पत्नी थी; कोकी अनगा, तोग बेगी की पत्नी थीं। अन्य अनगाओं में बीबी रूपा, ख़ेलदार अनगा; सादात यार कोका की माँ पीजाजान अनगा; ज़ैनख़ान क़ोका की माँ; तथा बीबी हाकिमा के नाम प्रमुख हैं।[28] इन सब में माहम अनगा का नाम बहुचर्चित है जिसे वालिदा (माँ) के नाम से जाना जाता था और दरबार में अत्यधिक सम्मान प्राप्त था। जहाँगीर अपनी धाय माँ, जो शेख सलीम चिश्ती की पुत्री तथा क़ुतुबुद्दीन ख़ाँन कोका की माँ थी, का उल्लेख करते हुए लिखता है कि उन्होंने मुझे दूध पिलाया था और मेरी वालिदा की जगह पर थीं, बल्कि माँ से अधिक मेहरबान थीं। मैंने बचपन से पोषण उन्हीं की गोद में पाया। मैं अपने कंधे पर उनका जनाज़ा उठाकर कुछ दूर ले गया और उनकी मृत्यु का ऐसा दुःख हुआ कि न तो खाने और न वस्त्र बदलने की इच्छा हुई।[29]

बादशाहों द्वारा अपनी अनगाओं को इतना अधिक सम्मान देने के कारण उनके पति जिन्हें *अतगा* कहा जाता था; पुत्र जिन्हें *कोका* कहा जाता था; तथा पुत्रियाँ जिन्हें *कोकी* कहा जाता था, का प्रभाव भी बढ़ जाता था जिसका वे अनेक बार अवांछित रूप से दुरुपयोग भी किया करते थे। माहम अनगा के पुत्र अधम ख़ाँन की अनेक धृष्टताओं के बावजूद अकबर उसे क्षमा करता रहा।[30] लेकिन अकबर ने अधम ख़ाँन को उस समय क्षमा नहीं किया जबकि उसकी एक अन्य अनगा, जीजी अनगा के पति तथा उसके अतगा शम्सुद्दीन मुहम्मद की हत्या कर दी।[31] यदि अधम ख़ाँन ने अन्य किसी अमीर की हत्या की होती तब संभवतः अकबर उसके दण्ड में कमी कर देता। इस तथ्य से यह भी अनुमान लगाया जा सकता है कि अनगाओं के मध्य किस प्रकार प्रतिद्विन्दता रहती थी। परवर्तीकाल में, कोकी जीउ के उत्थान की चर्चा अन्य स्थानों पर भी की गई है।

बाबर की आत्मकथा में अनेक ऐसे स्थान हैं जब वह न केवल अपनी नानी एवं माँ के प्रति बल्कि अपनी मौसियों, फूफ़ियों, चाचियों तथा रिश्ते की अन्य वरिष्ठ महिलाओं के प्रति

सम्मान प्रकट करता हुआ दृष्टिगोचर होता है। बाबर हरी नामक स्थान पर गया तब वह अपनी फूफी पायन्दा सुल्तान बेगम, ख़दीजा बेगम, आपाक बेगम तथा अन्य बुआ बेगमों एवं अबू सईद मिर्ज़ा की बेटियों से मिलने हेतु सुल्तान हुसैन के मकबरे में स्थित मदरसे में गया। वह रात भर पायंदा सुल्तान बेगम के पास ही रहा।[32] सौतेली नानी शाहबेगम तथा मौसी मिहर निगार ख़ानम द्वारा बाबर के विरुद्ध विद्रोह भड़काए जाने के बावजूद वह उनके सामने पहुँचकर घोड़े से उतर गया और उसी विनम्रता से प्रस्तुत हुआ जैसाकि वह पूर्व में किया करता था।[33] 1506-07 ई. में बाबर जब काबुल में अपनी मौसी मिहर निगार ख़ानम से मिला तब वह उसके दामन से लिपट गया।[34] हिन्दुस्तान विजय के पश्चात् बाबर ने अपनी फूफ़ियों, फ़ख्रेजहाँ बेगम तथा ख़दीजा सुल्तान बेगम के लिए अपने अभियन्ता (मैमार) ख़्वाजा क़ासिम को निर्देशित किया कि सभी महिलाओं हेतु उनकी पसंद के अनुसार महल बनाए जायं।[35] वह प्रत्येक शुक्रवार को नियमित रूप से इन बेगमों से मिलने के लिए जाया करता था।[36] एक बार भयंकर गर्मी होने के कारण माहम बेगम ने उससे न जाने का निवेदन किया तब वह अत्यन्त कुपित हुआ।[37] हुमायूँ अपनी फूफ़ी ख़ानज़ादा बेगम का इतना अधिक सम्मान करता था कि माहम बेगम की मृत्यु के पश्चात् ख़ानज़ादा बेगम को बादशाह बेगम का सम्मान दिया।[38]

मुग़ल बादशाहों द्वारा अपनी बहनों को प्यार एवं सम्मान दिया जाना, कई बार उनकी पत्नियों के लिए ईर्ष्या का कारण भी बनता था।[39] यहाँ बाबर द्वारा अपनी बड़ी बहन ख़ानज़ादा बेगम के प्रति सम्मान भाव का उल्लेख घटनाओं का पिष्टपेषण मात्र लगता है। हुमायूँ जिस समय गंभीर रूप से बीमार था, वह बार-बार अपनी बहनों को याद करता था।[40] 1530 ई. में बादशाह बनने के पश्चात् अक्सर बहनों के यहाँ जाता था। माहम बेगम की मृत्यु के पश्चात् गुलबदन के यहाँ अक्सर शाम को जाया करता था, जहाँ सभी शाही महिलाएँ उपस्थित होती थीं।[41] अकबर द्वारा अपनी सौतेली बहन बख़्तुन्निसा बेगम को काबुल का गवर्नर बनाए जाने का उल्लेख पहले ही किया जा चुका है। जहाँगीर अपनी बहन शक्रुन्निसा बेगम को अत्यधिक प्रेम करता था।[42] जहाँआरा बेगम को न केवल अपने पिता, शाहजहाँ का अत्यधिक विश्वास प्राप्त था बल्कि उसके सभी भाई, उसे प्यार एवं सम्मान की दृष्टि से देखते थे। जिस समय जहाँआरा बेगम दुर्घटनावश जल गई तब उसके सभी भाई, जो जहाँ था, उसे देखने के लिए आगरा चल पड़े।[43] दाराशिकोह को जहाँआरा से अत्यधिक अनुराग था और उत्तराधिकार

के संदर्भ में जहाँआरा बेगम ने उसका नैतिक समर्थन किया। किंतु अन्य भाइयों के प्रति भी जहाँआरा बेगम का ममतापूर्ण व्यवहार बना रहा। औरंगज़ेब ने बादशाह बनने के बाद न केवल उसे *बादशाह बेगम* के पद पर बना रहने दिया बल्कि शाहजहाँ की मृत्यु के पश्चात् 1666 ई. में उसे अनेक उपहार दिए गए और उसकी पेन्शन 12 लाख से बढ़ाकर 17 लाख रुपए कर दिया।[44] कालान्तर में औरंगज़ेब ने जहाँआरा बेगम को दिल्ली बुला लिया जो अली मर्दान ख़ाँन के महल में रहने लगी।[45] 1669 ई. में औरंगज़ेब ने अपने वज़ीर दानिशमन्द ख़ाँन को निर्देश दिया कि वह जहाँआरा बेगम की सेवा में उपस्थित रहा करे ताकि बेगम को किसी प्रकार की असुविधा न हो।[46] शाहजहाँ की दूसरी पुत्री रौशनआरा बेगम को भी अपने भाई औरंगज़ेब का प्यार एवं सम्मान प्राप्त हुआ। इसी प्रकार ज़ेबुन्निसा बेगम तथा ज़ीनतुन्निसा बेगम को भी अपने भाइयों का अत्यधिक सम्मान प्राप्त हुआ।[47] ज़ीनतुन्निसा बेगम यद्यपि मुअज़्ज़म (बहादुरशाह प्रथम) की सगी बहन नहीं थी लेकिन उसने बादशाह बनने के पश्चात् उसे बादशाह बेगम के पद पर पूर्ववत बना रहने दिया।[48]

स्पष्टतः राजमाता तथा परिवार की अन्य वरिष्ठ महिलाओं को अत्यधिक महत्त्व देने का परिणाम यह हुआ कि बादशाह की पत्नियाँ तथा उपपत्नियाँ प्रायः शाही रक्त से संबंधित महिलाओं से अधिक प्रभावशाली नहीं रहीं। इसका अपवाद नूरजहाँ बेगम हैं। जहाँ तक अकबर की पत्नियों, रुकैया सुल्तान बेगम एवं सलीमा सुल्तान बेगम का प्रश्न है, वे मूलतः शाही परिवार में ही जन्मी थीं। *बादशाह बेगम* का पद शाही रक्त से संबंधित महिलाओं को ही दिए जाने की एक परंपरा सी हो गई।

पत्नियाँ एवं उपपत्नियाँ

आइन-ए-अकबरी में विवाह संबंधी विनियमों के अन्तर्गत सामान्य व्यक्तियों से यह अपेक्षा की गई है कि वे एक से अधिक विवाह न करें, क्योंकि ऐसा करना स्वास्थ्य तथा आर्थिक दृष्टि से उचित नहीं है।[49] किंतु इस विनियम का पालन न तो अकबर ने स्वयं किया और न ही उसके उत्तराधिकारियों एवं अभिजात वर्ग ने।[50] मुग़ल काल में यह तथ्य चर्चा का विषय रहा कि एक व्यक्ति को कितनी पत्नियाँ रखना चाहिए? अकबर के काल में इस विषय पर विशद चर्चाएँ आयोजित की गईं और अकबर ने धर्म-विशेषज्ञों से अपने विचार रखने के लिए कहा। जब धार्मिक मामलों से संबधित विभाग के अध्यक्ष सद्र-उस-सुदूर अब्दुल नबी को सम्राट

ने आमन्त्रित किया तब उसने अधिकतम चार विवाह के मत का अनुमोदन किया। इस पर अकबर अत्यधिक विचलित हुआ और कहा कि अकेले में तो तुमने चार से अधिक विवाहों को उचित ठहराया था। इस पर उसने अपने गिनने का तरीक़ा बदलते हुए विवाहों की अधिकतम संख्या दस तक पहुँचा दिया।[51] इस संदर्भ में ख़ान-ए-आज़म मिर्ज़ा अज़ीज़ कोका द्वारा दिया गया तर्क उल्लेखनीय है। उसके अनुसार 'एक पुरुष को चार विवाह करने चाहिए — बातचीत हेतु ईरानी पत्नी; घर के कार्यों हेतु खुरासान की पत्नी; बच्चों की देखभाल हेतु हिन्दुस्तानी पत्नी; तथा अन्य तीन पर नियन्त्रण एवं निगरानी हेतु माउन्नहर (Trans-Oxiana) से लाई हुई पत्नी रखनी चाहिए।[52]

अंततः इबादतख़ाना में यह सहमति बनी कि एक व्यक्ति मुताह के ज़रिए कितनी भी पत्नियाँ रख सकता है जबकि निकाह के माध्यम से एक समय में चार से अधिक पत्नियाँ रखना जायज़ नहीं है।[53] किंतु ऐसा प्रतीत होता है कि यह नियम मुग़ल बादशाहों के लिए उतना ही असुविधाजनक था, जितना कि मंगोल सूरा के नियम सुविधाजनक थे, जिसके अंतर्गत सम्राट को उस प्रत्येक स्त्री को अपनी पत्नी की भाँति रखने का अधिकार था जो उसे पसंद आ जाए।[54]

तथ्य है कि अधिकांश मुग़ल बादशाहों की एक समय में चार से अधिक पत्नियाँ थीं। इनके महत्त्व, पारिवारिक पृष्ठभूमि तथा मुग़ल हरम में प्रभाव के आधार पर इन्हें तीन श्रेणियों में विभाजित किया जा सकता है — प्रथम श्रेणी में उन महिलाओं को सम्मिलित किया जा सकता है जिनका संबंध उच्च तूरानी अथवा ईरानी अभिजात वर्ग से था और उनके वंशजों को शाही वंश की ही भाँति सम्मान प्राप्त होता था। यह महिलाएँ विधिवत विवाह अर्थात् निकाह के माध्यम से शाही हरम में प्रवेश पाती थीं। ऐसे विवाह या तो दोनों परिवारों की सहमति से होते थे अथवा शाहज़ादे एवं स्त्री द्वारा आसक्त होने की स्थिति में संपन्न होते थे। ऐसी महिलाएँ बादशाह अथवा शाहज़ादों के प्रस्ताव को स्वीकार अथवा अस्वीकार करने के लिए पर्याप्त स्वतंत्र थीं। विवाह प्रस्ताव किसी भी पक्ष से आ सकता था। बाबर स्वयं स्वीकार करता है कि मासूमा सुल्तान बेगम उस पर रीझ गईं थीं और वह स्वयं भी समान रूप से मासूमा सुल्तान बेगम से प्रेम करने लगा था।[55] हुमायूँ तथा हमीदा बानो बेगम का विवाह लगभग चालीस दिन की कशमकश के बाद ही संपन्न हो सका, क्योंकि हमीदा बानो बेगम ने प्रारंभ

में हुमायूँ से विवाह का प्रस्ताव ठुकरा दिया था।[56] यही नहीं, इस श्रेणी की महिलाओं को तालमेल न बैठ पाने की स्थिति में विवाहविच्छेद का लाभ भी मिलता था। इस परिस्थिति में वे अलग कहीं भी विवाह करने के लिए स्वतन्त्र थीं। बाबर की पहली पत्नी आयशा सुल्तान बेगम के साथ संबंधविच्छेद का प्रस्ताव आयशा सुल्तान बेगम की ओर से आया था। इस प्रस्ताव को दोनों पक्षों की स्वीकृति मिल गई।[57] स्वतन्त्र अभिजात वर्ग की पृष्ठभूमि वाली इन महिलाओं के लिए प्रायः बेगम शब्द का प्रयोग मिलता है। ध्यातव्य है कि मुग़ल राजवंश में जन्मी राजकुमारियों के लिए भी बेगम शब्द प्रयोग किया जाता था। इस श्रेणी की महिलाएँ समकालीन राजनीतिक एवं सांस्कृतिक गतिविधियों में अत्यधिक दख़ल रखती थीं। स्वयं बादशाह भी इन्हें अत्यधिक सम्मान एवं प्रेम करता था।

बाबर के संबंध में गुलबदन बेगम ने लिखा है कि उसे माहम बेगम से वही प्रेम था जैसा कि रसूलअल्लाह (मुहम्मद साहब) को आयशा से था।[58] जिस समय माहम बेगम काबुल से आगरा आ रही थी, बाबर ने निरंतर पत्रव्यवहार बनाए रखा। उसने अगवानी के लिए प्रर्याप्त संख्या में घोड़े ही नहीं भेजे बल्कि माहम बेगम के अचानक आगरा आ पहुँचने का संदेश पाकर वह घोड़े की प्रतीक्षा किए बग़ैर पैदल ही चल पड़ा। बाबर को देखकर जब माहम ने सवारी से उतरना चाहा तब उसने ऐसा नहीं करने दिया और पैदल ही वापस आ गया।[59] हुमायूँ तथा हमीदा बानो बेगम के मध्य अनुराग का उल्लेख पहले ही किया जा चुका है। यह तथ्य कम महत्त्वपूर्ण नहीं है कि बेगम होने के नाते बैगा बेगम अपने पति द्वारा उपेक्षा की शिकायत करती हैं।[60] अकबर की बेगमों, रुकैया सुल्तान बेगम तथा सलीमा सुल्तान बेगम को शाही ह़रम में राजमाता, हमीदाबानो बेगम के पश्चात् सर्वाधिक सम्मान प्राप्त था। इसी प्रकार जहाँगीर द्वारा नूरजहाँ; शाहजहाँ द्वारा मुमताज़महल तथा औरंगज़ेब द्वारा राबिया-उद-दौरानी के प्रति अत्यधिक अनुराग का उल्लेख किया जा सकता है।

द्वितीय श्रेणी में वे महिलाएँ हैं जिनका उद्देश्य वैवाहिक जीवन व्यतीत करने से अधिक राजनीतिक होता था।[61] राजनीतिक समझौतों के फलस्वरूप शासक अपनी पुत्रियों का विवाह मुग़ल बादशाह अथवा राजकुमारों से कर दिया करते थे। ऐसे विवाहों के प्रस्ताव यद्यपि कन्यापक्ष की ओर से स्वेच्छा से आते थे, किंतु इनके पीछे निहित राजनीतिक स्वार्थों की कल्पना सुगमता से की जा सकती है। यह कहना कठिन है कि स्वयं इन महिलाओं की क्या इच्छा रहती

थी, तथापि मुग़ल हरम में प्रवेश के पश्चात् यह महिलाएँ बादशाह के प्रति वफ़ादार बनी रहती थीं।[62] इन महिलाओं की वैधानिक स्थिति का निर्णय करना अत्यंत कठिन कार्य है। स्वतन्त्र राजवंशों से आने के बावजूद समकालीन स्रोतों के आधार पर इन महिलाओं के विवाह की विधि का निर्णय करना साधारणतः संभव नहीं है। ऐसे विवहों का उल्लेख 'सेवा में ले ली गई', कनीज़ों में शामिल कर ली गईं, तथा 'मुग़ल हरम में प्रवेश का गौरव प्राप्त किया', आदि वाक्यांशों के माध्यम से किया गया है।[63] इस श्रेणी की महिलाओं में राजपूत राजकुमारियों का उल्लेख विशेष रूप से किया जा सकता है। साक्ष्यों के सूक्ष्म विश्लेषण से ज्ञात होता है कि राजपूत राजकुमारियों के हरम में प्रवेश से पूर्व, इन्हें इस्लाम धर्म की दीक्षा दे दी जाती थी। अकबर के काल में संपन्न शाहज़ादा सलीम एवं आमेर के राजा भगवानदास की पुत्री मानबाई के विवाह का उल्लेख, तीनों प्रमुख इतिहासकारों (अबुल फ़ज़ल, निज़ामुद्दीन अहमद तथा बदायूँनी) ने किया है। यहाँ निज़ामुद्दीन अहमद तथा बदायूँनी द्वारा दो करोड़ टंका मेहर निर्धारित करने तथा हिन्दू रीति-रिवाजों के अनुसरण का विवरण यह स्पष्ट करता है कि यद्यपि हिंदू रीति-रिवाजों का पालन हुआ, किंतु यह विवाह मूलतः निकाह विधि से संपन्न हुआ था।[64] शाहजहाँ के काल में अमर सिंह की पुत्री अनूप कुँअर को शाहजहाँ ने स्वयं कलमा पढ़ाया था।[65]

किंतु मुग़लों द्वारा राजपूत राजकुमारियों को हिंदू रीति-रिवाजों के परित्याग के लिए बाध्य नहीं किया जाता था। आगरा तथा फ़तेहपुर सीकरी में अकबर द्वारा निर्मित भवनों के स्थापत्य अवशेषों तथा अबुल फ़ज़ल एवं बदायूँनी के कथनों से भी इस तथ्य की पुष्टि होती है कि इन महिलाओं को हिन्दू पूजा-पद्धति अपनाने की अनुमति थी।[66] राजपूत राजकुमारियाँ विवाह के पश्चात् अकेले ही नहीं आती थीं बल्कि सैकड़ों की संख्या में सेविकाएँ लेकर आती थीं। अतः उनकी एक विशेष समष्टि का निर्माण हो जाता था। सिर्फ अकबर के काल में 38 राजपूत राजकुमारियों का विवाह शाही परिवार में संपन्न हुआ जिनमें बारह का अकबर के साथ, सत्रह का शाहज़ादा सलीम के साथ, छह का शाहज़ादा दानियाल के साथ, दो का मुराद के साथ, तथा एक विवाह घुसरों के साथ संपन्न हुआ।[67] स्पष्ट है कि यह राजकुमारियाँ अपने तीज-त्यौहार, रीति-रिवाज एवं संस्कार भी लेकर आती थीं। यह राजपूत महिलाओं का ही प्रभाव था कि होली, दीपावली, दशहरा तथा रक्षा-बंधन के त्यौहार हरम में भी मनाये जाने लगे।

मुग़लों से पूर्व सुल्तानों के यहाँ विवाह के पश्चात् राजपूत अपनी पुत्रियों को भूल जाते थे और किसी भी प्रकार का संबंध रखना असम्मान की दृष्टि से देखते थे। किंतु अकबर ने इस स्थिति में परिवर्तन लाने का प्रयास किया। उसने वैवाहिक संबंधों द्वारा जुड़े हुए राजाओं को उमरा वर्ग में सम्मानित स्थान दिया ताकि शाही परिवार के साथ पुत्री के विवाह को अपमान का विषय न मानकर, सौहार्द का प्रतीक माना जाय। अकबर ने अपनी पत्नी तथा जहाँगीर की माता मरियम-उज़-ज़मानीं को उसके भाई भूपत की मृत्यु के अवसर पर आमेर भेजा ताकि वह अपने माता-पिता को दिलासा दे सके।[68] इसी प्रकार सितम्बर 1572 ई. में शाहज़ादा दानियाल का जन्म अजमेर में हुआ जबकि अकबर गुजरात अभियान में व्यस्त था। अतः उसने शिशु शाहज़ादे को आमेर भेज दिया ताकि भारमल तथा उसकी पत्नी की देखरेख में पोषण पा सके।[69] इससे स्पष्ट है कि राजपूत राजकुमारियों की भावनाओं का पूरा सम्मान किया जाता था। यह कम महत्त्वपूर्ण बात नहीं है कि जहाँगीर, शाहजहाँ तथा बहादुरशाह प्रथम की माताएँ राजपूत राजकुमारियाँ थीं।

इन सब तथ्यों के बावजूद यह स्वीकार करना चाहिए कि मुग़ल ह़रम में राजपूत महिलाओं का कभी भी वैसा प्रभाव नहीं रहा जैसाकि तूरानी एवं ईरानी महिलाओं का। अकबर के काल में प्रभाव सलीमा सुल्तान बेगम, रुकैया सुल्तान बेगम तथा गुलबदन बेगम आदि के कारण तूरानी महिलाओं के पक्ष में था, जबकि जहाँगीर एवं शाहजहाँ के काल में नूरजहाँ एवं मुमताज़महल के कारण ईरानी प्रभाव का वर्चस्व दिखता है। जहाँ अकबर के काल में राजपूत महिलाओं के ह़रम में प्रवेश करने की संख्या 38 थी, वहीं जहाँगीर, शाहजहाँ एवं औरंगज़ेब के काल में यह संख्या घटकर क्रमशः 7, 5, एवं 9 रह गई।[70] इन आंकड़ों से दो महत्त्वपूर्ण निष्कर्ष निकाले जा सकते हैं — प्रथम, यह कि अकबर ने राजपूतों के साथ राजनीतिक संबंध स्थापित करने के लिए उनके साथ वैवाहिक संबंध को सर्वाधिक उपयोगी अस्त्र और रणनीति के रूप में प्रयोग किया। राजपूत भारत में शासक वर्ग के प्रतीक थे जबकि मुग़लों को शासक वर्ग के रूप मान्यता का संकट था। इस स्थिति में राजपूतों की पुत्रियों के साथ विवाह, मुग़लों को जनता के बीच मान्यता दिलाने में सहायक रहा। वैसे भी, भारत में यह मान्यता है कि पुत्री देने वाला, प्राप्त करने वाले की अपेक्षा नीचा ही रहता है।

दूसरा तथ्य यह है कि अकबर के काल में राजपूताने के अधिकांश वंशों के साथ या तो

समझौतों के माध्यम से या फिर युद्ध के माध्यम से अधिकांश मामले सुलझा लिए गए थे। अतः अकबर के बाद राजनीतिक अनिवार्यता से अभिप्रेत वैवाहिक संबंधों की आवश्यकता भी उतनी अधिक न रही। अतः बाद के काल में राजपूत राजकुमारियों का मुग़ल हरम में आना अपेक्षाकृत कम हो गया।

वस्तुतः मुग़ल हरम में रहने वाली किसी भी स्त्री को मुग़ल राजशाही के संस्कारों के अनुसार रहना अनिवार्य था। अतः राजशाही के विनियमों के अंतर्गत ही यह महिलाएँ अपना जीवन व्यतीत करती थीं। यही कारण है कि मुग़ल हरम में प्रवेश के पश्चात् इन्हें मुग़ल राजशाही के संस्कारों की शिक्षा दी जाती थी। यहाँ तक कि इनके नाम भी गुप्त रखे जाते थे। समकालीन इतिहासकार इनके वास्तविक नामों के स्थान पर, उनके महल में आने के बाद दी गई उपाधियों से संबोधित करते हैं। इनके वास्तविक नाम कदाचित् ही सार्वजनिक होते थे। मिसाल के लिए मरियम-उज़-ज़मानी का वास्तवकि नाम न तो अबुल फ़ज़ल देता है; न बदायूँनी; और न ही निज़ामुद्दीन अहमद।[71] उसका पुत्र जहाँगीर भी अपनी माँ के प्रारम्भिक जीवन की चर्चा करना आवश्यक नहीं समझता। स्वयं मरियम-उज़-ज़मानी के *हुक़्म* में उसका लक़ब, *'वली नामत बेगम'* मिलता है। इससे भी उसकी वास्तविक पहचान नहीं होती।[72] इसी प्रकार अकबर से लेकर परवर्तीकाल तक अनेक कश्मीरी तथा मुस्लिम राज्यों की महिलाओं का भी मुग़ल हरम में प्रवेश हुआ। इन सबकी भी यही स्थिति दिखती है। उनकी पृष्ठभूमि के संबंध में अधूरी जानकारी ही मिलती है। इससे इन महिलाओं की कम महत्त्वपूर्ण स्थिति का आभास मिलता है।

राजनीतिक उद्देश्यों के अभिप्रेत हरम में प्रवेश करने वाली यह महिलाएँ मुग़ल राजशाही की नाना सुख-सुविधाओं का आनन्द प्राप्त करती थीं किंतु पति-प्रेम का प्राप्त होना उनकी साधन संपन्नता पर निर्भर था। कुछ महिलाएँ अपनी योग्यता तथा उपयुक्तता के आधार पर राजनीतिक-सांस्कृतिक गतिविधियों में महत्त्वपूर्ण भूमिका भी निभाती थीं और कुछ को *बेगम* के स्तर तक प्रोन्नति भी मिल जाया करती थी। बड़ी संख्या में द्वितीय श्रेणी की महिलाओं की उपस्थिति के चलते, पति के प्रेम तथा अनुकंपा की आकांक्षा अनेक बार इनके मध्य ईर्ष्या एवं चिंता का कारण भी बनती थी। जहाँगीर की पत्नी मानबाई को खुसरों के जन्म के पश्चात् *शाहबेगम* की उपाधि दी गई और जहाँगीर के साथ उसका अत्यंत अनुरागपूर्ण संबंध रहा।[73]

वह हरम की अन्य महिलाओं पर प्रभुत्वपूर्ण स्थिति बनाए रखने के लिए इतना अधिक आतुर रहती थी कि किंचित् भी प्रतिरोध की स्थिति में अत्यंत उग्र हो जाती थी।[74] उसकी मृत्यु पर जहाँगीर इतना दुखी हुआ कि चार दिन तक खाने-पीने को मुँह तक नहीं लगाया। जहाँगीर मानबाई की अनेक विशेषताओं का उल्लेख करता है और लिखता है कि वह मेरे एक भी बाल बाँका होने के बदले अपने हज़ारों लड़कों एवं भाइयों को कुर्बान कर सकती थी।[75]

तृतीय श्रेणी, में वे महिलाएँ थीं जिन्हें युद्ध-उपहार (War booty), क्रय अथवा उपहार आदि के माध्यम से प्राप्त किया जाता था। ऐसी महिलाएँ मूलतः दासियाँ होती थी, जिनका यौन-सुख के लिए भी उपयोग हो सकता था। इनके लिए *अग़ाचा, गुनचाची* तथा *सरारी* आदि शब्दों का प्रयोग किया जाता था।[76] *आइन-ए-अकबरी* एवं *मा'सीर-ए-आलमगीरी* में ऐसी उपपत्नियों हेतु *परिस्तारान* शब्द का प्रयोग किया गया है।[77] जहाँगीर इन महिलाओं को *ख़वास-ए-ख़िदमदगारान* कहकर संबोधित करता है।[78] मुग़लकालीन समाज में ऐसी उपपत्नियों अथवा रखैलों के विषय में बात करना सामान्य बात थी। बाबर की उपपत्नियों, गुलनार अग़ाचा तथा नारगुल अग़ाचा को विशेष महत्त्व प्राप्त था। इन्हें ईरान के शाह ने बाबर को उपहार में दिया था।[79] वे हुमायूँ के काल में राजकीय उत्सव एवं आयोजनों में बेगमों के पश्चात् सबसे महत्त्वपूर्ण स्थान ग्रहण करते हुए दिखाई गई हैं। इससे अनुमान लगाया जा सकता है कि अग़ाचा का स्थान सामान्य कनीज़, सरर अथवा परिस्तार से कुछ ऊपर था।[80] गुलनार अग़चा, गुलबदन बेगम तथा अन्य शाही महिलाओं के साथ हज करने हेतु भी गई थी।[81] बाबर की एक अन्य उपपत्नी सर्वक़ाद भी थी। हुमायूँ की एक उपपत्नी भावल को शाहज़ादा अकबर की अनगा होने का श्रेय प्राप्त है। अकबर की अनेक उपपत्नियों का उल्लेख मिलता है। बीबी सलीमा, अकबर की पुत्री शाहज़ादा ख़ानम की माँ थी।[82] शाहज़ादा मुराद तथा दानियाल की माँ भी अकबर की कनीज़ान में से थी।[83] शक्रुन्निसा बेगम की माँ बीबी दौलतशाद भी एक क़नीज़ थी।[84] अपनी इस बहन को जहाँगीर अत्यधिक प्यार एवं सम्मान देता था। शैशवावस्था में मृत्यु को प्राप्त होने वाली आराम बानू की माँ भी एक कनीज़ थी।[85] इसी प्रकार जहाँगीर के पुत्र, जहाँदर तथा शहरयार दासी पुत्र थे।[86] यूरोपीय यात्री विलियम फिंच तथा एडवर्ड टेरी ने अकबर की एक सामान्य दासी को जहाँगीर की प्रेयसी के रूप में प्रस्तुत किया है। इन्होंने उसका नाम अनारकली दिया है। परवर्तीकाल में ज़हाँगीर एवं अनारकली के मध्य

प्रेमकथा ने किंवदंती का रूप धारण कर लिया।[87] किंतु दासियों से उत्पन्न भाइयों-बहनों का उल्लेख करने में किंचित् भी संकोच न करने वाला जहाँगीर इसका कहीं भी उल्लेख नहीं करता, और न ही! समकालीन फ़ारसी इतिहासकार इसका वर्णन करते हैं।

शाहजहाँ की उपपत्नियों, अकबराबादी महल तथा फ़तेहपुरी महल को अत्यधिक सम्मान प्राप्त था। दिल्ली की फ़तेहपुरी मस्जिद, फ़तेहपुरी महल की इच्छानुसार बनाई गई थी।[88] औरंगजेब की उपपत्नियों, औरंगाबादी महल तथा उदयपुरी महल को बेगमों के समान महत्त्व प्राप्त था। उदयपुरी महल शाहज़ादा मुराद की माता थी और उसका औरंगज़ेब पर अत्यधिक प्रभाव था।[89] ज़ैनाबादी महल को भी औरंगज़ेब अत्यधिक प्यार करता था। जब वह शाहज़ादा था, तब उस पर इतना आसक्त हो गया था कि उसे प्राप्त करने हेतु खाना-पीना भी छोड़ दिया।[90] परवर्तीकाल में जहाँदरशाह की प्रेयसी लालकुँअर का नाम बहुचर्चित रहा।[91]

प्रायः महल में प्रवेश के पश्चात् इन कनीज़ों के वास्तविक नामों को बदल दिया जाता था। हीराबाई नामक कनीज़ जब औरंगज़ेब के ह़रम में प्रविष्ठ हुई तब उसे नया नाम ज़ैनाबादी महल दिया गया।[92] ज़ैनाबाद वस्तुतः औरंगाबाद से कुछ दूरी पर स्थित है जहाँ से ज़ैनाबादी का संबंध था। इन नामों के साथ महल शब्द जोड़ दिया जाता था। ऐसे ही अन्य नामों में अकबराबादी, उदयपुरी तथा औरंगाबादी महल के नामों का भी उल्लेख किया जा सकता है।

उपपत्नियों तथा पत्नियों, चाहे वह बेगमें हों या फिर द्वितीय श्रेणी की पत्नी, में कुछ मूलभूत अंतर थे। पत्नियों से अपने पति के प्रति हमेशा वफ़ादार बने रहने की अपेक्षा की जाती थी जबकि उपपत्नियों के संबंध में ऐसा नहीं था। वे अनेक बार अपने स्वामी का साथ छोड़ देती थीं। दाराशिकोह की मृत्यु के पश्चात् उदयपुरी महल, औरंगज़ेब के ह़रम में स्वेच्छा से चली गई थी। जबकि दारा की एक अन्य कनीज़, राना-ए-दिल ने ऐसा करने से इंकार कर दिया।[93] इसी प्रकार शाहज़ादा मुराद को क़ैद कराने में उसकी एक कनीज़ का हाथ था।[94]

वस्तुतः कनीज़ों अथवा उपपत्नियों का महत्त्व वहीं तक था जब तक कि उन्हें अपने स्वामी की अनुकंपा प्राप्त हो, अन्यथा तो उनके नामों तक की भी चर्चा नहीं होती थी। अनेक बार तो इन्हें वस्तु की भाँति उपहारस्वरूप दे दिया जाता था बशर्ते वह अपने स्वामी के संतान की जन्मदात्री न हों।[95] जो कनीज़ें अथवा परिस्तार बादशाह की संतान को जन्म देती थीं,

उनका महत्त्व बढ़ जाता था। अतः इनके मध्य हमेशा स्पर्धा रहती थी कि वे किसी प्रकार बादशाह की संतान को जन्म देने का गौरव प्राप्त कर लें। अनेक बार अपने व्यक्तिगत गुणों के आधार पर यह महिलाएँ पत्नियों से भी अधिक महत्त्वपूर्ण स्थान प्राप्त करने में सफल रहती थीं। इनमें अकबराबादी महल, फ़तेहपुरी महल, ज़ैनाबादी महल तथा उदयपुरी महल का नाम प्रमुख रूप से लिया जा सकता है।

मुग़ल शाहज़ादियाँ

मुग़ल शाही परिवार में पुत्र द्वारा राजगद्दी प्राप्त करने की परंपरा के कारण शाही महिलाओं में पुत्र-प्राप्ति की स्वाभाविक मनोकामना होती थी।[96] किंतु प्राक्-मध्यकालीन भारत की भाँति पुत्री का जन्म अभिशाप नहीं माना जाता था। मुग़ल बादशाह शाहज़ादियों को न केवल समुचित शिक्षा-दीक्षा देते थे, अपितु उनका रागकालीन राजनीतिक एवं सामाजिक जीवन में महत्त्वपूर्ण स्थान भी था। शाहज़ादियाँ बादशाह के राजनीतिक एवं प्रशासिनक कार्यों में सहायता भी करती थीं। कुछ शाहज़ादियाँ अपने भाइयों से भी अधिक विश्वास एवं गरिमापूर्ण स्थिति का उपभोग करती थीं। इनमें जहाँआरा बेगम तथा ज़ीनतुन्निसा बेगम का नाम विशेष रूप से लिया जा सकता है जिन्होंने कुल मिलाकर लगभग 90 वर्ष तक *बादशाह बेगम* का सम्मान ग्रहण किया।[97] महल के अन्दर शाहज़ादियाँ, राजमाता एवं प्रमुख वरिष्ठ महिलाओं के पश्चात् सर्वाधिक सम्मान एवं विशेषाधिकार प्राप्त करती थीं।

शाहज़ादियाँ पन्द्रह-सोलह वर्ष की आयु तक महल में अपनी माताओं के साथ रहती थीं। जहाँ उन्हें शाही संस्कारों के अतिरिक्त धार्मिक एवं लौकिक विषयों की शिक्षा दी जाती थी। शाहज़ादियों को प्रारम्भिक शिक्षा देने के लिए सुशिक्षित महिलाएँ नियुक्त की जाती थीं। जिन्हें *अतुनमामा* कहा जाता था।[98] अतुनमामा का यह दायित्व था कि वह शाहज़ादियों को उठने-बैठने तथा बोलने आदि, शाही संस्कारों के साथ ही पढ़ना-लिखना भी सिखाएँ।[99] इसके अतिरिक्त महल के अन्दर ही मक्तबख़ाना की व्यवस्था होती थी जहाँ महल की सभी लड़कियाँ शिक्षा ग्रहण करने के लिए एकत्र हो जाया करती थीं।[100] मक्तबख़ाना में शिक्षा देने के लिए साम्राज्य के योग्यतम व्यक्तियों को नियुक्त किया जाता था। पर्दा के विनियमों के अनुरूप शिक्षक के रूप में अपेक्षाकृत अधिक आयु के व्यक्तियों को नियुक्त किया जाता था। इसकी पुष्टि एक पेंटिंग से भी होती है जिसमें अपेक्षाकृत अधिक आयु के एक उस्ताद को, एक राजकुमारी

तथा अन्य तीन लड़कियों को शिक्षा देते हुए दिखाया गया है। अब्दुल क़ादिर बदायूँनी तथा मॉन्सरेट ने भी अकबर द्वारा शाहज़ादियों के लिए विशेष प्रबन्ध किए जाने का उल्लेख किया है।[101]

शाहजहाँ ने अपनी पुत्रियों को शिक्षा देने के लिए सती-उन-निसा ख़ानम को नियुक्त किया था जो एक सुसंस्कृत महिला होने के साथ ही चिकित्साशास्त्र का भी ज्ञान रखती थी।[102] औरंगज़ेब आलमगीर की पुत्री ज़ैबुन्निसा की कविता में रुचि को दृष्टिगत रखते हुए फ़ारसी के प्रसिद्ध कवि सैयद अशरफ माज़िन्दरानी को नियुक्त किया गया था।[104] विज्ञान, साहित्य तथा अन्य विधाओं में शिक्षित करने हेतु शाह रुस्तम ग़ाज़ी को भी नियुक्त किया गया था।[105] इसी प्रकार अन्य मुग़ल राजकुमारियों की शिक्षा की व्यवस्था उनकी रुचि के अनुसार की जाती थी जिसका अनुमान उनके द्वारा साहित्य, कलाओं एवं विभिन्न क्षेत्रों में किए गए योगदानों के आधार पर लगाया जा सकता है।

मुग़ल शाहज़ादियों को प्रारंभ में अरबी, तुर्की और फ़ारसी भाषाओं की विधिवत शिक्षा दी जाती थी। पवित्र क़ुरान के अध्ययन हेतु अरबी भाषा का ज्ञान आवश्यक था, अतः मक़तब में इसके अध्ययन पर विशेष ध्यान दिया जाता था। लड़कियों द्वारा क़ुरान का अध्ययन पूर्ण करने के अवसर पर भव्य आयोजन किए जाने के उदाहरण भी मिलते हैं। औरंगज़ेब आलमगीर की पुत्री ज़ैबुन्निसा बेगम ने मात्र सात वर्ष की आयु में ही क़ुरान कंठस्थ कर लिया था। इस अवसर पर औरंगज़ेब ने एक विशाल उत्सव का आयोजन किया और राजकुमारी को तीस हज़ार सोने की मुहर उपहारस्वरूप प्राप्त हुईं।[106] बद्ररुन्निसा बेगम तथा ज़ुबदत-उल-निसा बेगम भी हाफ़िज़ा थीं।[107] शाहज़ादियों को फ़िक़ह (धर्मशास्त्र) तथा अध्यात्म की शिक्षा भी दी जाती थी जैसाकि जहाँआरा बेगम तथा ज़ीनत-उल-निसा बेगम की उपलब्धियों से स्पष्ट है। ख़ुशनवीसी की विभिन्न शैलियों, ज्योतिष एवं खगोलविद्या तथा इतिहास के अतिरिक्त प्रशासनिक और सैन्य शिक्षा का ज्ञान भी शाहज़ादियों को कराया जाता था।[108] सैन्य संचालन, घुड़सवारी तथा तलवारबाज़ी आदि में यद्यपि शाहज़ादियों से निपुणता की अपेक्षा नहीं की जाती थीं, किंतु उन्हें आकस्मिक परिस्थितियों से निपटने हेतु इनका प्रारंभिक ज्ञान अवश्य करा दिया जाता था। इसका सबसे अच्छा उदाहरण दाराशिकोह की पुत्री जहाँज़ेब बेगम का है जिसने आवश्यकता पड़ने पर स्वयं सैन्य संचालन भी किया था।

शाहज़ादियों की वैवाहिक स्थिति

मनूकी ने लिखा है कि अकबर ने शाहज़ादियों के विवाह न करने संबंधी एक नियम बना दिया था।[109] इसके बाद अनेक लेखक-लेखिकाओं ने इस भ्रान्ति को बढ़ा-चढ़ाकर लिखा है। लेकिन यह अवधारणा तथ्यों के विपरीत है। वस्तुतः पन्द्रह-सोलह वर्ष की आयु तक मुग़ल शाहज़ादियों को अलग महल तथा अन्य सुविधाएँ मिल जाती थीं। इस आयु के पश्चात् योग्य वर मिलने पर शाहज़ादियों का विवाह कर दिया जाता था।

यह सर्वविदित है कि बाबर तथा हुमायूँ के काल में शाहज़ादियाँ विवाह एवं तलाक के विषयों में पर्याप्त स्वतंत्रता का उपभोग करती थीं। बाबर की बहन ख़ानज़ादा बेगम का विवाह कम से कम तीन बार हुआ।[110] सन् 1501 ई. में उसका विवाह शैबानी ख़ाँन के साथ हुआ। शैबानी ख़ाँन से तलाक के पश्चात् सैयद हादा के साथ उसका विवाह हुआ। सन् 1511 ई. में सैयद हादा की मृत्यु के बाद ख़ानज़ादा बेगम बाबर से आ मिली और उसका विवाह मेहदी ख़्वाजा के साथ हुआ। बाबर की पहली पुत्री फ़खरुन्निसा बेगम की मृत्यु मात्र एक महीने की आयु में हो गई थी।[111] दूसरी पुत्री गुलबदन बेगम का विवाह ख़िज्र ख़्वाजा चग़ताई के साथ हुआ।[112] तीसरी लड़की गुलचेहरा बेगम का विवाह चौदह वर्ष की आयु में तूख़्ता बूगा ख़ाँन के साथ हुआ।[113] तूख़्ता बूगा खाँन बाबर का सम्बन्धी था। तूख़्ता बूगा की शादी के तीन वर्ष बाद ही उसकी मृत्यु हो गई। इसके बाद गुलचेहरा का दूसरा विवाह अब्बास सुल्तान उज़बेग के साथ हुआ।[114] एक अन्य पुत्री गुलरंग बेगम का विवाह ईसान तैमूर के साथ हुआ।[115] बाबर तथा गुलरुख़ बेगम की पुत्री गुलज़ार बेगम का विवाह यादगार नासिर के साथ हुआ।[116]

हुमायूँ तथा बैगा बेगम की पहली पुत्री अक़ीक़ा बेगम मात्र नौ वर्ष की आयु में चौसा की लड़ाई में खो गई। हुमायूँ तथा माहचुचक बेगम से चार पुत्रियाँ थीं। इनमें बख़्तुन्निसा बेगम का विवाह हुआ था, क्योंकि अकबर के काल में हम उसके पुत्र दिवाली का नाम सुनते हैं।[117] फ़खरुन्निसा बेगम का विवाह पहले ख़्वाजा अबुलमाली के साथ हुआ। ख़्वाज़ा अबुल माली की मुत्यु के बाद हसन नक्शबंदी के साथ उसका विवाह संपन्न हुआ।[118] सकीना बानो बेगम का विवाह स्वयं अकबर ने नक़ीब ख़ाँन के साथ किया।[119] अमीना बानू बेगम संभवतः अल्पव्यस्कता के काल में ही मृत्यु को प्राप्त हो गई। हुमायूँ की एक अन्य पत्नी गुलनूर बेगम से उत्पन्न बख़्शी बानू बेगम की मंगनी हुमायूँ ने सन् 1550 ई. में बदख़्शाँ के मिर्ज़ा सुलेमान

और आराम बेगम के पुत्र इब्राहीम मिर्ज़ा के साथ किया था, जिसके साथ कालान्तर में यह विवाह संपन्न हुआ।[120] सुलेमान मिर्ज़ा 1550 ई. में एक युद्ध में मारा गया, तब अकबर ने उसका विवाह मिर्ज़ा शर्फ़ुद्दीन के साथ किया।[121] यहाँ सलीमा सुल्तान बेगम का उल्लेख भी आवश्यक है। वह हुमायूँ की भाँजी थी जिसका तात्पर्य हुआ कि वह अकबर की बुआ की लड़की थी। हुमायूँ ने इसकी मंगनी बैरम ख़ाँन के साथ किया था और यह विवाह अकबर के काल में संपन्न हुआ।[122] बैरम ख़ाँन की हत्या के पश्चात् इसका विवाह स्वयं अकबर के साथ हुआ जिसकी आयु अकबर से अधिकतम चार वर्ष अधिक थी।[123]

स्वयं अकबर ने अपनी पुत्रियों के विवाह, योग्य व्यक्तियों से किए — बड़ी पुत्री सुल्तान ख़ानम का विवाह मिर्ज़ा मुज़फ़्फ़र हुसैन के साथ संपन्न हुआ जो कि मिर्जा कामरान की पुत्री गुलरुख़ बेगम का पुत्र था।[124] मुज़फ़्फ़र हुसैन का मक़बरा दिल्ली में आज भी मौजूद है जिसके प्रवेश द्वार पर एक अभिलेख अंकित है।[125] बीबी दौलतशाद से उत्पन्न आराम बानू बेगम का विवाह मिर्ज़ा अब्दुर्ररहीम के साथ हुआ जो आगे चलकर ख़ान-ए-ख़ाना बना।[126] दौलतशाद से ही उत्पन्न दूसरी पुत्री शक्रुन्निसाबेगम का विवाह 1692 ई. में मिर्ज़ा शाहरुख के साथ संपन्न हुआ जिसे सात हज़ारी मनसब दिया गया।[127] इसी प्रकार जहाँगीर की पत्नी करमसी से उत्पन्न शाहज़ादी बहार बानो बेगम का विवाह शाहज़ादा दानियाल के बेटे तहमूरस के साथ बड़ी धूमधाम से संपन्न हुआ।[128] अकबर के चौथे पुत्र सुल्तान मुराद की पुत्री जहाँबानू बेगम का विवाह जहाँगीर ने अपने पुत्र शाहज़ादा परवेज़ के साथ किया जिसकी पुत्री का ही नाम नादिरा बानू बेगम था जो कि शाहज़ादा दाराशिकोह की पत्नी थी।[129]

शाहजहाँ की पुत्रियों, जहाँआरा बेगम, रोशनआरा बेगम, गौहरआरा बेगम तथा हूरुन्निसा बेगम आजीवन अविवाहित रहीं। इसी प्रकार औरंगज़ेब की पुत्रियों, ज़ैबुन्निसा तथा ज़ीनतुन्निसा का भी विवाह नहीं हुआ, इस स्थिति को देखकर बर्नियर ने लिखा है कि हिन्दुस्तान में राजकुमारियों का विवाह शायद ही कभी होता है। वह इसके कारण गिनाते हुए लिखता है कि कोई भी व्यक्ति इतना संपन्न नहीं है कि राजकुमारियों के साथ विवाह कर सके; और एक मान्यता यह भी है कि पति (राजकुमारियों का) इतना शक्तिशाली हो सकता है कि वह राजगद्दी का दावा करने लगे।[130] बर्नियर जहाँआरा बेगम के विवाह-प्रस्ताव की चर्चा करते हुए लिखता है कि शाइस्ता ख़ाँन ने नज़र ख़ाँन का नाम सुझाया। इसके साथ जहाँआरा

बेगम भी विवाह की इच्छा रखती थी। लेकिन बादशाह ने पान में ज़हर दे दिया, क्योंकि वह नहीं चाहता था कि जहाँआरा बेगम का विवाह हो।[131] बर्नियर जहाँआरा बेगम के संबंध में एक प्रेम कहानी भी लिखता है जिसे मनूकी बाज़ारू गप्प कहते हुए ख़ारिज करता है।[132] मनूकी जहाँआरा बेगम के एक अन्य विवाह प्रस्ताव का उल्लेख करता है। उसके अनुसार दाराशिकोह ने यह प्रस्ताव किया कि जहाँआरा बेगम का विवाह नजाबत ख़ाँन के साथ कर दिया जाय। नजाबत ख़ाँन बल्ख के शाही परिवार से संबंधित था। वह अत्यंत सुंदर नौजवान था। लेकिन शाहस्ता ख़ाँन, जो शाहजहाँ का साला और जहाँआरा बेगम का मामा भी था, ने बादशाह से प्रस्ताव स्वीकार न करने का निवेदन किया, क्योंकि यह अमीर, राजकुमारों की श्रेणी में आ सकता था। उसका एक तर्क यह भी था कि चूँकि नजाबत ख़ाँन का संबंध बल्ख से है अतः कभी न कभी उसके साथ युद्ध भी करना पड़ सकता है। मनूकी यह भी कहता है कि शाइस्ता ख़ाँन ने अकबर द्वारा बनाए गए उस नियम को भी याद दिलाया जिसके अनुसार शाहज़ादियों का विवाह निषिद्ध था। इसीलिए शाहजहाँ ने अपनी पुत्रियों का विवाह नहीं किया तथापि वह अपनी प्रिय पुत्री के विवाह के लिए इच्छुक था।[133]

किंतु जैसाकि हम पहले लिख आए हैं अकबर और जहाँगीर ने न केवल अपनी पुत्रियों के विवाह किए थे, बल्कि उन्होंने शाही परिवार की अन्य राजकुमारियों के विवाह भी संपन्न कराए अतः मनूकी का कथन सही नहीं है। शाहज़ादा परवेज़ की पुत्री नादिराबेगम का विवाह शाहजहाँ ने दाराशिकोह के साथ कराया। किंतु दुर्भाग्यवश बर्नियर तथा मनूकी के कथनों के आधार पर कालान्तर में अंग्रेजी तथा उर्दू के अनेक लेखक-लेखिकाओं ने कपोल-कल्पित एवं हास्यास्पद कहानियाँ गढ़ी हैं जिनका तथ्यों से कोई सामंजस्य नहीं हैं, हालांकि प्रायः सभी ने अपनी कृतियों की ऐतिहासिकता का दावा किया है।[134]

विभिन्न लेखकों ने ज़ैबुन्निसा बेगम के अनेक विवाह प्रस्तावों का भी उल्लेख किया है। एक विवरण के अनुसार ज़ैबुन्निसा बेगम का विवाह दाराशिकोह के बेटे सुलेमान शिकोह के साथ प्रस्तावित था, लेकिन साम्राज्य के दावे को लेकर हुए युद्ध के दौरान सुलेमान शिकोह की हत्या के कारण यह विवाह संभव न हो सका।[135] एक अन्य प्रस्ताव की भी चर्चा की गई है जिसके अनुसार ईरान के शाह अब्बास द्वितीय का पुत्र शाहज़ादा शाहरुख ज़ैबुन्निसा बेगम के साथ विवाह के संदर्भ में भारत आया। किंतु ज़ैबुन्निसा बेगम के साथ वार्तालाप के दौरान

वह द्विअर्थी संवाद बोला जिससे कि ज़ैबुन्निसा बेगम अत्यंत रुष्ट हुई और उसके साथ विवाह का प्रस्ताव ठुकरा दिया।[136] उन्नीसवीं तथा बीसवीं शताब्दी के उर्दू तथा अंग्रेजी के कुछ लेखकों के अनुसार ज़ैबुन्निसा बेगम, अकील ख़ाँन नामक व्यक्ति से विवाह की इच्छुक थी।[137] किंतु तथ्य है कि इन चर्चाओं का न तो कोई समकालीन साक्ष्य उपलबध है और न ही यह घटनाएँ अकील ख़ाँन के जीवन से मेल ही खाती हैं।[138]

अतः उपरोक्त चर्चा के आधार पर स्पष्ट हो जाता है कि मुग़ल शाहज़ादियों के विवाह न किए जाने के नियम की अवधारणा मिथ्या है। दूसरे, यह कि मुग़ल अपनी शाहज़ादियों का विवाह ऐसे ही व्यक्ति से करते थे जो राजशाही की प्रतिष्ठा के अनुरूप तो हो, लेकिन वह इतना भी शक्तिशाली न हो कि साम्राज्य में हिस्सेदारी का दावा करने लगे। यही कारण है कि मुग़ल बादशाह बाबर तथा हुमायूँ बहुत अधिक शक्तिशाली न होने के कारण राजकुमारियों का विवाह परिवार से बाहर भी कर देते थे। अक्सर ऐसे वर अभियानों के समय उनकी सहायता करते थे। अनेक बार यह विवाह राजनीतिक अनिवार्यताओं के फलस्वरूप करने पड़े — जैसाकि ख़ानज़ादा बेगम का शैबानी ख़ाँन के साथ विवाह। किंतु तथ्य है कि हुमायूँ के राज्यारोहण के समय ऐसे ही एक संबंधी के कारण कठिनाई का सामना करना पड़ा।[139] हुमायूँ के काल में ही यह भी तय हो गया था कि भाइयों के मध्य साम्राज्य के विभाजन की परंपरा असफल साबित हुई है। इसने बादशाह को अनेक कष्ट दिए थे। अतः योग्यतम के अस्तित्व का नियम चल पड़ा। फलस्वरूप मुग़ल राजशाही में *सलातीन* अथवा *ख़ानज़ाद* बादशाह के लिए समस्या थे। *सलातीन* वस्तुतः शाही परिवार के वे सदस्य थे जो कि सत्ता में भागेदारी में सफल न होने के पश्चात् पेंशनधारी के रूप में जीवन बिताते थे।[140] शाही रक्त से संबंधित होने के कारण यह विद्रोहियों के हाथ कभी भी कठपुतली के रूप में काम कर सकते थे। अतः इन पर कड़ी नज़र रखी जाती थी। स्वाभाविक है कि हुमायूँ को हुई समस्या के पश्चात् मुग़ल बादशाह यह नहीं चाहते थे कि पुत्री की ओर से भी सलातीन की बड़ी संख्या का उदय हो। परिणामस्वरूप अकबर से औरंगज़ेब के काल तक मुग़ल शाहज़ादियों के अधिकांश विवाह शाही परिवार अथवा सलातीन के साथ ही संपन्न हुए मुग़लों में चचेरे तथा मामा-फूफी के पुत्र-पुत्रियों के मध्य विवाह सामान्य हो गया।

हमें यह ध्यान रखना चाहिए कि जिस समय शाहजहाँ गद्दी पर बैठा, उससे पहले उसने

अपने पुत्रों को छोड़कर, राजपरिवार के अन्य सभी सदस्यों की हत्या के आदेश जारी कर दिये थे, ताकि वे भविष्य में राजगद्दी के लिए संकट का कारण न बनें। फलतः राजपरिवार में ऐसा कोई भी राजकुमार न था जिसके साथ शाहजहाँ अपनी पुत्रियों का विवाह कर सकता। शाहजहाँ के काल में मुग़ल सम्राट से शक्तिशाली अथवा उसके बराबर कोई भी मुस्लिम शासक नहीं था। और, ईरान के शासक शिया मतानुयायी थे जिनके साथ शाहजहाँ के संबंध प्रायः तनावपूर्ण रहे। अतः पुत्रियों के विवाह की बात निरर्थक लगती है। जहाँआरा बेगम के संबंध में एक बात यह भी महत्त्वपूर्ण है कि वह मात्र पन्द्रह वर्ष की आयु में *बादशाह बेगम* बन गई थी। शाहजहाँ ने गद्दी पर बैठने के पश्चात् अपनी प्रिय पत्नी मुमताज़महल को बादशाह बेगम का पद न देकर यह पद, पुत्री जहाँआरा बेगम को दिया था।[141] अतः साम्राज्य की बादशाह बेगम का विवाह परिवार से बाहर हो, इसकी भी आशा नहीं की जा सकती जबकि गद्दी की दावेदारी का मामला अत्यंत संवेदनशील हो।

इसी प्रकार औरंगज़ेब की दो पुत्रियों, ज़ैबुन्निसा बेगम तथा ज़ीनतुन्निसा बेगम का विवाह न होने का कारण भी उचित वर की कमी और उनकी व्यक्तिगत रुचि तथा राजनीतिक महत्त्वाकांक्षा है न कि किसी नियम या परंपरा का परिणाम। हमें ज्ञात है कि औरंगज़ेब की तीसरी पुत्री बद्रुन्निसा बेगम की मृत्यु युवावस्था में ही हो गई थी।[142] उसने अपनी चौथी बेटी ज़ेबदतुन्निसा बेगम का विवाह 1773 ई. में दाराशिकोह के बेटे सिपिहर शिकोह के साथ किया।[143] औरंगज़ेब की एक अन्य पुत्री मेहरुन्निसा बेगम का विवाह शाहज़ादा मुराद बख़्श के पुत्र इज़ीद बख़्श के साथ संपन्न हुआ।[144]

औरंगज़ेब ने अपनी पुत्रियों के अतिरिक्त शाही परिवार की अन्य राजकुमारियों के भी विवाह किए। दाराशिकोह तथा नादिरा बानू बेगम की पुत्री जहाँज़ेब बेगम का विवाह 1668 ई. में शाहज़ादा मुहम्मद आज़म के साथ संपन्न कराया।[145] सुलेमान शिकोह की पुत्री सलीमा बानो बेगम का विवाह शाहज़ादा मुहम्मद अकबर के साथ हुआ।[146] शाहज़ादा मुराद बख़्श की तीन पुत्रियों के विवाहों का उल्लेख भी मिलता है। इनमें से दोस्तार बेगम का विवाह औरंगज़ेब के विद्रोही पुत्र शाहज़ादा मुहम्मद के साथ हुआ था।[147] असाइश बेगम का विवाह मुहम्मद सालेह के साथ हुआ जो कि ख़्वाजा ज़हीर नक्शबंदी का पुत्र था।[148] मुराद बख़्श की तीसरी पुत्री का विवाह ख़्वाजा याकूब के साथ हुआ जो कि ख़्वाजा सालेह नक्शबंदी का भतीजा

था।[149] सुलेमान शिकोह की पुत्री का विवाह ख़्वाजा बहाउद्दीन के साथ किया गया जो कि ख़्वाजा पारसा का पुत्र था।[150] इन विवाहों से स्पष्ट है कि औरंगज़ेब ने शाही परिवार की लड़कियों का विवाह परिवार के बाहर भी किया। किंतु ऐसा लगता है कि विवाहों के संबध में उसने अहले सैफ पर अहले क़लम को तरजीह दिया।[151] किंतु शाही परिवार के अंतर्गत ही विवाह का विकल्प सर्वोत्तम माना जाता था। औरंगज़ेब ने शाहज़ादा मुहम्मद अकबर की पुत्रियों के विवाह शाही परिवार में ही किए। सन् 1695 ई. में ज़कीयतुन्निसा तथा सफ़ीयतुन्निसा के विवाह क्रमशः रफ़ी-उल-क़दर तथा खुज़िस्ता अख़्तर के साथ किए गए।[152]

परवर्तीकाल में फ़र्रुख़सियर की लड़की का विवाह 1820 ई. में मुहम्मद शाह के साथ हुआ।[153] यह वह काल था जबकि मुग़ल शासकों की शक्ति क्षीण हो गई थी तथा नादिरशाह अत्यंत शक्तिशाली हो गया। इस प्रकार स्थिति बदल गई और मुग़ल शाहज़ादों एवं शाहज़ादियों के विवाह नादिरशाह एवं उसके उत्तराधिकारियों के परिवार में होने लगे। शाहज़ादा दावरबख़्श की लड़की इ़फ़तुन्निसा बेगम का विवाह सन् 1839 ई. में नादिरशाह के लड़के नसरुल्लाह के साथ संपन्न हुआ।[154] इसी प्रकार आलमगीर द्वितीय की पुत्री ज़ुहरा बेगम, जिसे गौहर अफ़रोज और मुहम्मदी बेगम के नाम से भी जाना जाता है, का विवाह अहमदशाह अब्दाली के बेटे तैमूरशाह के साथ हुआ।[155] स्वयं अहमदशाह अब्दाली ने अपना विवाह मुहम्मदशाह की लड़की हज़रत बेगम के साथ किया।[156] कालान्तर में अमदशाह अब्दाली के परिवार की एक लड़की का विवाह बहादुरशाह 'जफ़र' के साथ हुआ जिसे ज़ीनतमहल के नाम से जाना जाता है।[157]

शाही महिलाएँ एवं शाहज़ादों का पालन-पोषण

मुग़ल शाहज़ादों का पालन-पोषण शाही हरम में होता था। राजकुमारों के जन्म के पश्चात् उनकी *अनगा* तथा *अतुनमामाएँ* नियुक्त कर दी जाती थीं। अनेक बार यदि राजकुमार की माँ कनीज़ अथवा कम प्रभावशाली महिला होती थी, तब अन्य बेगमें राजकुमार को गोद भी ले लिया करती थीं।[158] इसी समय राजकुमारों का वेतन भी निर्धारित कर दिया जाता था। इन्हें पाँच वर्ष की आयु तक पढ़ना-लिखना सिखाया जाता था। ऐसा प्रतीत होता है कि प्रारंभ में राजकुमारों एवं राजकुमारियों को एक साथ शिक्षा दी जाती थी।[159] लेकिन *अतुनमामा* राजकुमारों को दिए जाने वाले संस्कारों के प्रति हमेशा सचेत रहती थीं। उन्हें इस बात की शिक्षा दी जाती थी कि तैमूरी राजकुमार कठोरता एवं दया के मिश्रण वाले गुणों से परिपूर्ण

होते हैं। महिला शिक्षिकाएँ यह भी शिक्षा देती थीं कि कठिन से कठिन परिस्थिति में राजकुमार का रोना संसार का सबसे बड़ा अनर्थ होता है।[160] संस्कार एवं प्रारंभिक शिक्षा के अतिरिक्त सैन्य शिक्षा एवं अन्य विषयों के अध्ययन हेतु अलग-अलग क्षेत्रों के विषय-विशेषज्ञ विद्वान नियुक्त किए जाते थे।[161]

राजकुमारों के शिक्षक की नियुक्ति में शाही महिलाओं का पर्याप्त योगदान होता था। बादशाह उनके परामर्श को सामान्यतः नज़रन्दाज़ नहीं करता था। ऐसे अनेक उदाहरण मिलते हैं, जबकि महिलाओं के विरोध के चलते शिक्षकों को हटा दिया गया। अकबर ने शाहज़ादा मुराद को शिक्षा देने हेतु पहले फॉदर मॉन्सरेट और तत्पश्चात अक़ावीवा को नियुक्त किया, ताकि शाहज़ादा यूरोपीय भाषाओं तथा ईसाई धर्म का ज्ञान प्राप्त कर सके। किंतु हज से वापस आने के पश्चात् हमीदा बानो बेगम तथा अन्य महिलाओं को इसकी जानकारी प्राप्त हुई। इन महिलाओं ने इसका कड़ा विरोध किया और अकबर ईसाई पादरियों को हटाने के लिए बाध्य हुआ।[162] इसी प्रकार पंडित शिवदत्त ब्राह्मण, जो भट्टाचारजी के नाम से जाना जाता था, को शाहज़ादा खुसरों को, भारतीय दर्शन की शिक्षा देने हेतु नियुक्त किया गया था।[163] इस क़दम का यद्यपि महिलाओं ने विरोध तो नहीं किया किंतु शाहज़ादों को अरबी तथा फ़ारसी की शिक्षा देने पर ज़ोर देती रहीं।

शाहज़ादों को सैन्य शिक्षा का प्रारंभिक ज्ञान, विशेष रूप से नियुक्त ख़्वाजाओं अथवा हिजड़ों से मिलता था। शाहज़ादे सामान्यतः चौदह पन्द्रह वर्ष की आयु तक शाही हरम में ही रहा करते थे जब तक कि उनका विवाह न हो जाये। विवाह अक्सर इस आयु से पहले भी हो जाता था। विवाह के पश्चात् उन्हें अलग महल एवं कर्मचारीगण दे दिए जाते थे। अनेक मुग़ल शाहज़ादियों के, तीरंदाज़ी तथा घुड़सवारी आदि में निपुण होने के उदाहरण से ऐसा लगता है कि मुग़ल शाहज़ादियाँ कम आयु में हरम में अपने भाइयों के साथ विभिन्न कलाओं को सीखती थीं। विवाह के पश्चात् यद्यपि मुग़ल शाहज़ादों को अलग महल मिल जाता था किंतु महलदार, जो एक महिला अधिकारी होती थी, शाहज़ादों की गतिविधियों पर पूरी नज़र रखती थी और संपूर्ण गतिविधियों से बादशाह को अवगत कराती रहती थी।

बर्नियर तथा मनूकी दोनों ही, इस बात पर सहमत दिखते हैं कि शाहज़ादों को शिक्षा हरम की महिलाएँ तथा हिजड़े देते थे, अतः उनकी शिक्षा में अनेक कमियाँ रह जाती थीं।[164]

किंतु इस तथ्य को नज़रंदाज नहीं करना चाहिए कि बाह्य जगत के संस्कारों की शिक्षा के लिए बादशाह स्वयं भी रुचि लेता था और दरबार के उमरा में उन्हें अगली पंक्ति में खड़ा होना पड़ता था। नमाज़ आदि के समय बादशाह शाहज़ादों को अपने साथ ले जाता था। बाबर, अकबर तथा औरंगज़ेब अपने पुत्रों को समय-समय पर सफल होने के गुर दिया करते थे।[165] उन्हें अल्पायु में ही सेना तथा मुग़ल अभियानों के नेतृत्व की व्यवहारिक शिक्षा, योग्य मंत्रियों एवं ख़्वाजाओं की देखरेख में दी जाती थी। ग्यारह-बारह वर्ष की आयु में सेनाओं का नेतृत्व करना शाहज़ादों के लिए असमान्य बात न थी।[166] यहाँ तक कि जिस समय शाही महिलाएँ हज के लिए जा रही थीं तब चार वर्षीय शाहज़ादा मुराद उन्हें बन्दरगाह तक भेजने के लिए गया जिसकी अल्पायु के मद्देनज़र महिलाओं ने उसे वापस भेज दिया।[167] अतः स्पष्ट है कि मुग़ल शाहज़ादों की शिक्षा-दीक्षा में शाही महिलाओं का महत्त्वपूर्ण योगदान रहता था।

आगन्तुक तथा बाह्य जगत से संपर्क

शाही महिलाओं से मिलने हेतु अनेक महिलाएँ मेहमान के रूप में आती थीं। इनमें वे महिलाएँ सम्मिलित थीं जो मुग़लों से वंशानुगत रूप से संबंधित थीं अथवा उन मनसबदारों के परिवार से होती थीं जिनके मुग़लों के साथ वैवाहिक संबंध थे। कुछ महिलाएँ तो एक-एक महीने मुग़ल हरम में निवास किया करती थीं।[168] मुग़ल महल के अन्दर निवास करने की अनुमति बड़े सम्मान की बात समझी जाती थी। मेहमान महिलाओं के आवास हेतु महल के अन्दर मेहमानख़ाना की व्यवस्था थी। मेहमानख़ाने में अन्य विभागों की भाँति महिला अधिकारी एवं कर्मचारी नियुक्त थे।[169] मेहमान महिलाओं का पर्याप्त आदर-सत्कार किया जाता था।

शाही महिलाओं का संपर्क उन महिलाओं से भी होता था जो युद्ध आदि के दौरान बंदी बना ली जाती थीं अथवा किसी अमीर की मृत्यु के बाद आने वाली उसकी स्त्रियाँ, जिन्हें स्थायी व्यवस्था होने तक मुग़ल हरम में रखा जाता था। इस संदर्भ में मेहरुन्निसा का उदाहरण लिया जा सकता है, जिसे शेरअफ़गन की हत्या के पश्चात् शाही हरम में रखा गया था। शाहजहाँ के काल में नज़र मुहम्मद ख़ाँन के परिवार की महिलाएँ शाही हरम में रहीं जहाँ हम जहाँआरा बेगम द्वारा उन्हें सान्त्वना देते हुए पाते हैं।[170] इसी प्रकार औरंगज़ेब के काल में मराठा सरदार संभाजी की पत्नी यसूबाई और उसके पुत्र साहू को ज़ीनतुन्निसा बेगम के संरक्षण में रखा गया। ज़ीनतुन्निसा बेगम का इनके प्रति सौहार्दपूर्ण बर्ताव रहा।[171]

लम्बे समय तक निवास करने वाली मेहमान अथवा बंदी के रूप में आयी महिलाओं के अतिरिक्त कुछ ऐसी महिलाएँ भी थीं जो कि शाही महिलाओं से मिलने के लिए, या फिर कोई फ़रयाद लेकर आती थीं। यह यहाँ कुछ घण्टों के लिए आती थीं। आगन्तुक महिलाओं से अपेक्षा की जाती थी कि महत्त्वपूर्ण शाही महिलाओं के समक्ष सम्मानपूर्ण मुद्रा में प्रस्तुत हों। आगन्तुक महिलाएँ प्रायः कुछ न कुछ नज़राना भी पेश करती थीं जिसके बदले में आगन्तुक महिलाओं को भी उपहार दिया जाता था।[172] जो महिलाएँ बादशाह के समक्ष अपनी फ़रयाद अथवा शिकायत प्रस्तुत करना चाहती थीं, वे बादशाह बेगम के माध्यम से अपना आवेदन प्रस्तुत करती थीं। समस्या के अत्यन्त जटिल होने की स्थिति में महिला को महल के अन्दर प्रवेश की अनुमति दे दी जाती थी। सामान्यतः बादशाह बेगम अपने विशेषाधिकार का प्रयोग करके समस्या का समाधान कर दिया करती थीं किंतु आवश्यक होने पर पीड़ित महिला को बादशाह से अपनी बात कहने की अनुमति दी जाती थी। इस हेतु महल के अन्दर आने के पश्चात् बादशाह अपना कुछ समय अवश्य देता था।[173]

मुग़ल हरम में आने वाली विभिन्न श्रेणी की महिलाओं के अतिरिक्त, मुग़ल शाही महिलाओं का विभिन्न देशों के शाही परिवार की महिलाओं से पत्र-व्यवहार तथा उपहारों के आदान-प्रदान के माध्यम से भी संपर्क रहता था। हुमायूँ के निर्वासन के समय हमीदा बानो बेगम के ईरान के शाह तहमास्प की बहन शाहज़ादा सुल्तानम के साथ अत्यंत घनिष्ट संबंध थे। इस काल में एक-दूसरे के पास आना-जाना भी होता था।[174] यह संबंध हुमायूँ के भारत वापस आने तथा अकबर के काल में भी बना रहा। अकबर के काल में मीर मासूम बुख़ारी को शाह अब्बास के दरबार में भेजा गया था। जब वह वापस आया तब अपने साथ में शाहज़ादा सुल्तानम का एक पत्र भी लाया था जो कि हमीदा बानो बेगम के नाम लिखा गया था।[175] जहाँगीर के काल में तूरान के शासक इमाम कुली ख़ाँन की माँ ने नूरजहाँ बेगम के नाम पत्र लिखकर अपने प्रेम एवं सौहार्द का प्रदर्शन किया था। इस पत्र के साथ उस देश की कुछ महत्त्वपूर्ण वस्तुएँ उपहार के रूप में भी भेजी गईं थी। इमाम कुली की माँ के पत्र के जवाब में नूरजहाँ बेगम ने ख़्वाजा नासिर को समरकन्द भेजा जो तूरानी शासक की माँ के लिए अनेक उपहार भी ले गया था।[176]

इस प्रकार मुग़ल शाही महिलाओं का संपर्क न केवल साम्राज्य के अंदर रहने वाली महिलाओं से रहता था अपितु वे अन्य देश की महिलाओं से भी संपर्क रखती थीं। किंतु यह स्पष्टीकरण

आवश्यक है कि यह संपर्क एक वर्ग विशेष तक सीमित था और शाही महिलाओं से मिलने की प्रक्रिया अनेक प्रतिबंधों एवं निषेधों से पूर्ण थी। अतः स्पष्ट है कि शाही महिलाओं का बाह्य जगत से संपर्क निर्बाध नहीं था।

सन्दर्भ तथा टिप्पणी

1. निकालो मनूकी, *स्टोरिया डी मोगोर* (अनु. इर्विन), II, पृ. 331
2. *आइन-ए-अकबरी* (ब्लॉकमैन), I, पृ. 164
3. *उपरोक्त*, पृ. 226
4. डब्ल्यू. फ़ोस्टर; *अर्ली ट्रेवेल्स इन इण्डिया* (हॉकिंस), पृ. 114-15
5. बी.पी. सक्सेना; *हिस्ट्री ऑफ शाहजहाँ ऑफ डेहली*, पृ. 238-43
6. साक़ी मुस्तइद खाँन, *मा'सीर-ए-आलमगीरी* (अनु. सरकार), पृ. 312-18
7. बाबर की माँ के प्रति सम्मान का अनुमान इस तथ्य से लगाया जा सकता है कि एक बार वह समरक़न्द में बुरी तरह बीमार था और चार दिन तक बोली तक नहीं फूटी; रुई के फाहों से मुँह में पानी टपकाया जाता था। इस दौरान उसकी माँ और नानी के बुलावे के पत्र आए। वह थोड़ी-सी तबियत सुधरते ही अपनी माँ और नानी से मिलने के लिए चल पड़ा। वह स्वयं लिखता है– 'जबकि मेरी माँ और नानी ईसानदौलत बेगम और मेरे पीर, मौलाना क़ाजी ने ऐसे अंदेशों, ऐसी उतावली और चिरौरी की चिट्ठियाँ लिखी हों, तो किसका हृदय होगा कि उस पर कान न दे और रुका रहे।'' *बाबरनामा* (युगजीत नवलपुरी), पृ. 160
8. *उपरोक्त*, पृ. 179; एस.एस. अब्दुर्रहमान, *हिंदुस्तान के मुसलमान हुक्मरानों के अहद के तमद्दुनी जलवे*, पृ. 160
9. *हुमायूँनामा* (बेव.), पृ. 113-14
10. *अकबरनामा* (बेव.), III, पृ. 348; के.एस. लाल, *दि मुग़ल हरम*, पृ. 24
11. कोरियट लिखता है कि जिस समय अकबर की माँ लाहौर से आगरा की ओर जा रही थी अकबर ने पालकी को अपने कंधे पर रख लिया। ऐसा ही करने के लिए बड़े अमीरों से भी कहा और इसी स्थिति में नदी पार कराया। डब्ल्यू. फ़ोस्टर, *पूर्वोद्धृत*, पृ. 278
12. *तुज़ुक-ए-जहाँगीरी*, (रो. एवं बेव) I, पृ. 81 एवं 145; डब्ल्यू. फ़ोस्टर, *पूर्वोद्धृत*, पृ. 118
13. जेड.ए.. देसाई एवं बेगले, *द इलुमाइन्ड टॉम्ब-ताजमहल*, पृ. 175-177
14. इसकी मृत्यु के समय औरंगज़ेब बीजापुर में था। *मासीर-ए-आलमगीरी* (सरकार), पृ. 207

15. एस.एस. अब्दुर्रहमान, *पूर्वोद्धृत,* पृ. 171
16. उपरोक्त, पृ. 172; *सियारुल मुतख़ेरीन,* III, पृ. 399; रेखा मिश्रा, *वूमेन इन मुग़ल इण्डिया,* पृ. 55
17. एस.एस. अब्दुर्रहमान, *उपरोक्त,* पृ. 172
18. ख़ाफी ख़ाँन, *मुन्तख़-उल-लुबाब,* I, पृ. 936; *उपरोक्त,* पृ. 172; रेखा मिश्रा, *पूर्वोद्धृत,* पृ. 56
19. *तारीख़-ए-आहमदशाही,* (संपा. इलि. एवं डाउ. VIII) पृ. 113-114
20. जब 1545 ई. में हुमायूँ काबुल में दिलदार बेगम तथा गुलबदन से मिला, तब वह अत्यन्त प्रसन्न हुआ, क्योंकि यह मुलाक़ात पाँच वर्ष बाद हुई थी। *हुमायूँनामा* (बेव.), पृ. 178
21. मान्सरेट, *कमेन्ट्री ऑफ़ फ़ॉदर मॉन्सरेट ऑन हिज़ जर्नी टू द कोर्ट ऑफ़ अकबर* (हालैण्ड एवं बनर्जी), पृ 153; आर.पी. त्रिपाठी, *राइज़ एण्ड फ़ाल ऑफ दी मुग़ल अम्पायर,* I, पृ. 171
22. *अकबरनामा* (बेव.), III, पृ. 107-08; शीरीन मूसवी, *एपीसोड़्स इन द लाइफ़ ऑफ़ अकबर,* पृ. 12-13
23. एच. बेवरिज, 'सलीमा सुल्तान बेगम', *जे.ए.एस.बी.,* खण्ड II, नं. 10, दिसम्बर, 1906, पृ. 510; मिर्जा अज़ीज कोका को जहाँगीर, ख़ुसरों को भड़काने के कारण सज़ा देने वाला था, किंतु वह सलीमा सुल्तान बेगम थीं जिनके कहने पर वह ह़रम में चला गया था और अपना फैसला बदल दिया। *मा'सीर-उल-उमरा* (बेव.), I, पृ. 328
24. एच. बेवरिज, 'नेम एण्ड फ़ैमिली ऑफ़ जहाँगीर्स मदर', *जे.ए.एस.बी.,* अंक 3, 1887, पृ. 164; एम. के. श्यामलदास, 'द मदर ऑफ़ जहाँगीर' *जे.ए.एस.बी.,* अंक-2, 1888, पृ. 71-77; एवं एस.ए.आई. तिरमिज़ी, *इडिक्ट्स फ्राम दि मुग़ल ह़रम,* पृ. 13-14, पाद टिप्पणी 4-5
25. आर.पी. त्रिपाठी, *पूर्वोद्धृत,* पृ. 420; *बादशाहनामा* (इलियट एण्ड डाउसन, VIII) पृ. 70
26. अहमदशाह की सौतेली माँ मलिका-ए-ज़मानी की गतिविधियों हेतु देखें, जदुनाथ सरकार, *मुग़ल साम्राज्य का पत्तन* (हिन्दी अनु. मथुरा लाल शर्मा) भाग-I, पृ. 256-57
27. के.एस. लाल; *पूर्वोद्धृत,* पृ. 24
28. *उपरोक्त,* पृ. 24
29. *तुज़ुक-ए-जहाँगीरी* (रोजर एव बेव.), I, पृ. 84-85
30. आर.पी. त्रिपाठी, 'माहम अनगा एण्ड अकबर', *जे.आई.एच.,* खण्ड-1, भाग-1, पृ. 339-44
31. *उपरोक्त,* पृ. 340-41; शीरीन मूसवी, *पूर्वोद्धृत,* पृ. 32-34
32. *बाबरनामा* (नवलपुरी), पृ. 223
33. *उपरोक्त,* पृ. 235
34. *उपरोक्त,* पृ. 235; *हुमायूँनामा* (बेव.), पृ. 265

35. *उपरोक्त,* पृ. 438
36. *हुमायूँनामा* (बेव.), पृ. 97
37. गुलबदन बेगम नाटकीय अंदाज़ में लिखती हैं कि बादशाह ने माहम बेगम के निवेदन के उत्तर में कहा — "माहम! आश्चर्य होता है कि तुम ऐसी बात कह सकती हो! अबू सईद सुल्तान मिर्जा की बेटियाँ, जो अपने पिता एवं भाइयों से अलग हो गयी हैं। यदि मैं उन्हें सान्त्वना न दूँगा, तो कौन करेगा ऐसा!" *उपरोक्त,* पृ. 97
38. एस.के. बनर्जी, *हुमायूँ बादशाह,* खण्ड-II, पृ. 314-15; एस.के. बनर्जी, 'सम ऑफ द वूमेन रिलेशन्स ऑफ बाबर', *इण्डियन कल्चर,* खण्ड VI, 1937-38, पृ. 58
39. इसका सबसे अच्छा उदाहरण हुमायूँ की पहली पत्नी बैगा बेगम (इसे हाजी बेगम भी कहते हैं) की शिकायत से दिया जा सकता है। सन् 1533-34 ई. की घटना है जब हुमायूँ कई बार अपनी माताओं एवं बहनों के डेरों में गया लेकिन उसके यहाँ नहीं गया। तब मौक़ा पाकर बैगा ने शिकायत किया– "इस बाग़ में आप कई दिन आए हैं लेकिन एक दिन भी हमारे यहाँ नहीं आए हैं। हमारे घर के मार्ग में काँटे तो बिछे नहीं हैं। हमें भी आशा है कि हमारे यहाँ भी आएँगे और सभा एवं मेल-मुलाक़ात करेंगे। आखिर हम बेसहारों पर कब तक यह बेरहमी जारी रहेगी। आख़िर हमारे भी दिल हैं। औरों के यहाँ तो आप तीन-तीन बार आए– – – – – –।", *हुमायूँनामा* (बेव), पृ. 130
40. *उपरोक्त,* पृ. 104
41. *उपरोक्त,* पृ. 111
42. *तुज़ुक-ए-जहाँगीरी* (रोजर एवं बेव.), I, पृ. 36
43. औरंगज़ेब को इस दुर्घटना की ख़बर बुरहानपुर में मिली और वह बड़ी तेज़ी से आगरा पहुँचा। मुराद उस समय मुल्तान में था, वह भी आगरा आ गया। गुलाम यज़दानी, 'जहाँआरा', *सेलेक्शन्स फ्रॉम जनरल ऑफ पंजाब हिस्टोरिकल सोसाइटी,* III., पृ. 31-32
44. गुलाम यज़दानी ने *मुन्तखब-उल-लुबाब* का उद्धरण देते हुए लिखा है कि जहाँआरा बेगम का वार्षिक वेतन 12 लाख से 15 लाख किया गया था। लेकिन *मा'सीर-ए-आलमगीरी* के लेखक साक़ी मुस्तईद खाँ, 12 लाख में पाँच लाख वृद्धि करने की बात करता है। *उपरोक्त,* पृ. 39; *मा'सीरे-ए-आलमगीरी* (सरकार), पृ. 36
45 रेखा मिश्रा, *पूर्वोद्धृत,* पृ. 75
46. जे.एन. सरकार, *हिस्ट्री ऑफ औरंगज़ेब,* III, पृ. 56
47. रेणुका नाथ, *नोटेबुल मुग़ल एण्ड हिंदू वूमेन,* पृ. 153 एवं 166-67
48. आर.पी. त्रिपाठी ने यह नाम ज़ैबुन्निसा दिया है जो कि *मुन्तखब-उल-लुबाब* पर आधारित है। किंतु यह तथ्य त्रुटिपूर्ण है। ज़ैबुन्निसा की मृत्यु औरंगज़ेब के काल में (1702) में ही हो गई

थी। देखें — आर.पी. त्रिपाठी, *राइज़ एण्ड फाल ऑफ़ दी मुग़ल अम्पायर,* II, पृ. 209; *मा'सीरे-ए-आलमगीरी* (सरकार) पृ. 275 एवं 323

49. *आइन-ए-अकबरी* (बेव.), I, पृ. 287-88
50. मुग़ल अमीर इस्माइल कुली खाँन की 1200 एवं राजामान सिंह की 1500 पत्नियाँ थीं। देखें *आइन-ए-अकबरी,* (बेव.), I, पृ. 353 एवं 389
51. अब्दुल क़ादिर बदायूँनी, *मुन्तख़ब-उत्त-तवारीख,* II, पृ. 346
52. *आइन-ए-अकबरी* (बेव.), I, पृ. 346
53. *उपरोक्त,* पृ. 182-83; अब्दुल क़ादिर बदायूँनी, *पूर्वोद्धृत,* II, पृ. 207-10
54. मंगोलों का यह वही नियम था जिसके तहत अकबर, दिल्ली के अब्दुलवासी की सुन्दर पत्नी को देखकर रीझ गया और अंततः अब्दुलवासी को अपनी पत्नी को तलाक देना पड़ा ताकि वह बादशाह के हरम में भेजी जा सके। अब्दुल क़ादिर बदायूँनी का कहना है कि अकबर की इस गतिविधि के कारण दिल्ली के शेख़ों में नाराज़गी थी। और, इसी घटना के बदले में 1564 ई. में अकबर पर जानलेवा हमला भी हुआ था। देखें– अब्दुल क़ादिर बदायूँनी, उपरोक्त, II, पृ. 60-62; *अकबरनामा* (बेव.), II, पृ. 203; शीरीन मूसवी, *पूर्वोद्धृत,* पृ. 36-38; शादाब बानो, मैरेज एण्ड कनक्यूबाइनेज इन द मुग़ल इम्पीरियल फ़ैमिली', *पी.आइ.एच.सी.,* 60 वाँ सेशन, 1999, पृ. 357
55. *बाबरनामा* (नवलपुरी), पृ. 225
56. जब हमीदा बानों बेगम को दिलदार बेगम ने नसीहत दिया कि आख़िर तुम्हें किसी न किसी से शादी करनी ही है, तब बादशाह क्यों नहीं? तब हमीदा बानू बेगम ने उत्तर दिया, ''हाँ, मैं किसी से शादी ज़रूर करूँगी। लेकिन मैं ऐसे व्यक्ति से शादी करूगीं जिसका गिरेबान मेरे हाथ पकड़ सके न कि ऐसा व्यक्ति जिसका दामन भी न छू सकूँ।" *हुमायूँनामा* (बेव.), पृ. 148-151
57. *बाबरनामा* (नवलपुरी), पृ. 87; के.एस. लाल, *पूर्वोद्धृत,* पृ. 23
58. *हुमायूँनामा* (बेव.), पृ. 256
59. आगवानी के लिए एक हज़ार सैनिक भेजे थे। *उपरोक्त,* पृ. 100-01
60. *उपरोक्त,* पृ. 130
61. ऐसी महिलाओं के लिए ए.एस. बेवरिज ने इनफ़ीरियर वाइव्ज़ (Inferior Wives) तथा जदुनाथ सरकार ने सेकेण्डरी वाइव्ज़ (Secondary Wives) शब्द का प्रयोग किया है। लेकिन ए.एस. बेवरिज ने यह शब्द वस्तुतः मेवाजान के संबंध में प्रयोग किया है जो कि पूर्व में गुलबदन बदन बेगम की सेवा में थी। देखें — *हुमायूँनामा* (बेव.), पृ. 263; जे.एन. सरकार, *फ़ाल ऑफ दी मुग़ल अंपायर,* I, पृ. 334; के.एस. लाल ने एक अन्य शब्द 'डोला' का प्रयोग किया है। के.एस. लाल, *पूर्वोद्धृत,* पादटिप्पणी, 84, पृ. 35

62. *वाक़िया-ए-असदबेग* में वर्णित एक घटना से प्रतीत होता है कि अनेक बार यह विवाह इन राजकुमारियों की इच्छा के विपरीत भी होते थे। एक घटना के अनुसार बीजापुर की राजकुमारी शाहज़ादा दानियाल के साथ विवाह हेतु पूर्णतः राज़ी नहीं थी। जब उसे विवाह संपन्न कराने हेतु बीजापुर से अहमदनगर ले जाया जा रहा था, वह तूफ़ान का लाभ उठाकर अपनी कुछ सहेलियों के साथ भाग निकली। लेकिन बाद में वह पकड़ ली गई। देखें, असद बेग, *वाकियात-ए-असदबेग* (इलि. एवं डाउ., VI) पृ. 153
63. इस प्रकार का पहला महत्त्वपूर्ण विवाह आमेर के राजा भारमल की पुत्री तथा अकबर के साथ हुआ। अबुल फज़ल नाम लिए बग़ैर लिखता है कि राजा भारमल शाही स्थान पर अपनी पुत्री को लेकर आया और उसकी पुत्री को हरम में स्थान मिल गया (*अकबरनामा* (बेव.), II, पृ. 242-43) निज़ामुद्दीन अहमद ने 'अपनी लड़की को अकबर के अक़्द (विवाह) में दिया' शब्द का प्रयाग किया है (*तबक़ात-ए-अकबरी,* II, पृ. 155)। इनसे विवाह की विधि का पता नहीं चलता। लेकिन सुजान राय भंडारी 'निकाह' शब्द का प्रयोग करता है – *राजाभारमल कछवाहा – – – सरफ़राज़ी वेश दरीं दनिस्ताए साबियाए ख़ुदरा दर अक़्द निकाह हज़रत ख़ाक़ान-ए-ज़मान दर आवर्द*। यद्यपि *ख़ुलास-उत्त-तवारीख़* बाद की रचना है तथापि इस पर विश्वास किया जाय, तब स्पष्ट हो जाता है कि यह विवाह निकाह विधि से हुआ। जिसका अर्थ यह हुआ कि पहले राजकुमारी को इस्लाम धर्म की दीक्षा दी गई। देखें – सुजानराय भण्डारी, *ख़ुलास-उत्त-तवारीख़* (*उद्धृत,* एस.एस. अब्दुर्रहमान; *पूर्वोद्धृत,* पृ. 184)। बीकानेर के राजा कल्याणमल की भतीजी और काहण की लड़की के लिए 'हरम में सम्मिलित कर लिया गया' शब्द का प्रयोग हुआ है। ऐसे ही शब्दों का प्रयोग जैसलमेर के रावल हरराय तथा ख़ानदेश के शासक मीरान मुबारक शाह की पुत्री के लिए भी किए गए हैं। देखें — *अकबरनामा* (बेव.), II, पृ. 351-52, 518-19
64. विस्तृत चर्चा हेतु देखें–आर. नाथ, *प्राइवेट लाइफ़ ऑफ़ दि मुग़ल्स ऑफ इण्डिया,* पृ. 25-28; निज़ामुद्दीन अहमद, *तबक़ात-ए-अकबरी,* II, पृ. 393, बेनी प्रसाद, *हिस्ट्री ऑफ़ जहाँगीर,* पृ. 24
65. बी.पी. सक्सेना, *पूर्वोद्धृत,* पृ. 319; *मा'सीर-ए-आलमगीरी* में अमरचन्द की पुत्री तथा जगतसिंह की बहन कल्याण कुमारी का बदला हुआ नाम जमीयतुन्निसा दिया गया है और क़ाज़ी द्वारा विवाह मेहर सहित संपन्न कराने का उल्लेख मिलता है। *मा'सीर-ए-आलमगीरी* (सरकार) पृ. 129-30
66. *आइन-ए-अकबरी* (ब्लाकमैन) I, पृ. 47; अब्दुल क़ादिर बदायूँनी, *पूर्वोद्धृत,* पृ. 63
67. कुँवर रफ़ाक़त अली ख़ान, कछवाहाज़ अण्डर अकबर एण्ड जहाँगीर, पृ. 211
68. *अकबरनामा* (बेव.), III, 49
69. *उपरोक्त,* पृ. 49 एवं 543

70. के.एस. लाल, *पूर्वोद्धृत,* पृ. 142
71. पादशाहनामा एवं शाहजहाँनामा में उल्लेख मिलता है कि हरम में प्रवेश करने वाली महिलाओं का नाम सामान्य व्यक्तियों की जानकारी से परे रखा जाय। देखें — *उपरोक्त,* पृ. 30; वारिस, *पादशाहनामा* (फ़ारसी), फ़ो 456; जदुनाथ सरकार, *एनेक्डॉटस ऑफ औरंगज़ेब,* पृ 46
72. एस.ए.आई. तिरमिज़ी, *इडिक्स फ्रॉम दि मुग़ल हरम,* पृ. 111-116
73. *तुज़ुक-ए-जहाँगीरी* (रोजर एण्ड बेव.), I, पृ. 55-56
74. इनायतउल्लाह, *तकमील-ए-अकबरनामा* (इलि. एवं डाउ.), IV, पृ. 112
75. *तुज़ुक-ए-जहाँगीरी* (रोजर एण्ड बेव.), I, पृ. 56
76. के.एस. लाल, *पूर्वोद्धृत,* पृ. 29, शादाब बानो, *पूर्वोद्धृत,* पृ. 356
77. *आइन-ए-अकबरी* (फ़ा), I, पृ. 40; *मा'सीर-ए-आलमगीरी* (सरकार), पृ. 145, 150 एवं 276
78. *तुज़ुक-ए-जहाँगीरी* (रोजर एण्ड बेव.), I, पृ. 14-16
79. एस.एस. अब्दुर्रहमान, *पूर्वोद्धृत,* पृ. 178
80. *हुमायूँनामा* (बेव.), पृ. 118-126 एवं 232
81. *उपरोक्त,* पृ. 232
82. बीबी सलीमा एवं सलीमा सुल्तान बेगम अलग-अलग महिलाएँ हैं। अतः इनके मध्य दिग्भ्रमित होने के आवश्यकता नहीं है। के.एस.लाल, *पूर्वोद्धृत,* पृ. 30
83. *तुज़ुक-ए-जहाँगीरी* (रोजर एण्ड बेव.), I, पृ. 34-36
84. *उपरोक्त,* I, पृ. 34-36
85. *उपरोक्त,* I, पृ. 34
86. *उपरोक्त,* I, पृ. 20
87. सलीम तथा अनारकली के मध्य प्रेमकथा का सर्वप्रथम उल्लेख विलियम फिंच ने किया जिसका अनुसरण बाद में एडवर्ड टेरी ने किया। इनके अनुसार अकबर तथा सलीम के मध्य अनबन का कारण अनारकली ही थी। किंतु इसका अन्य प्रमाण नहीं है। दुर्भाग्यवश बाद के लेखकों ने इसमें और भी हास्यास्पद तथ्य जोड़ दिये। इनमें सैयद मुहम्मद लतीफ़ जैसे लेखकों नाम लिया जा सकता है जिनकी कृति 'लाहौरः आर्कीटेक्चरल रिमेन' अनेक अनैतिहासिक घटनाओं एवं त्रुटियों से पूर्ण है। इसका नाम नादिराबेगम अथवा सर्फुनिसा नाम देते हुए स्वीकार कर लिया गया कि वृद्ध अकबर ने अनारकली को सीसे में देखा कि वह सलीम के पास से मुस्कारती हुई आ रही है। इससे अकबर ने अनारकली को दीवार में चुनवा दिया। जहाँकि बाद में जहाँगीर ने मज़ार बनवा कर उस पर निम्न शे'र अंकित कराया–

ताक़यामत शुक्रगोयम किरदिगार ख़्वाहिश रा।
आह गर मन बाज़ बीनम रूए यार ख़्वाहिश रा।

मंजनून सलीम अकबर

किंतु ऐसा प्रतीत होता है कि यह दो घटनाओं का मिश्रण है दरअसल 1598 ई. सलीम की शादी अकबर की इच्छा के विरुद्ध में ख़ासमहल से हुई। ख़ासमहल ज़ैनख़ॉन कोका की पुत्री थी। इसकी मृत्यु 1615 ई. में हुई। इसी की मज़ार पर उपरोक्त शे'र अंकित हुआ हो सकता है। अकबर द्वारा क्रुद्ध होने की घटना से लगता है कि मनूकी से ली गई है। इसे मनूकी ने शाहजहाँ के सम्बन्ध में लिखा था। इस कथा को के.एस. लाल तथा आर. नाथ जैसे इतिहासकारों ने लतीफ़ से ग्रहण कर ऐतिहासिकता का रंग देने का प्रयास किया है। विस्तृत चर्चा हेतु देखें — *डब्ल्यू.* फ़ोस्टर, *पूर्वोद्धृत,* पृ. 166 एवं 303; के.एस. लाल, *पूर्वोद्धृत,* पृ. 143-44; सैयद अब्दुल लतीफ़, लाहौर : आर्कीटेक्चरल रिमेन; पृ 186-88; आर. नाथ, *प्राइवेट लाइफ़ ऑफ दि मुग़ल्स आफ इण्डिया,* पृ. 19-20; एस.एस. रहमान, *पूर्वोद्धृत,* पृ. 191-92; निकोलो मनूकी, *स्टोरिवा डो मोगोर,* II, पृ. 117; ज़ेड.ए. देसाई, *'ख़ास महलःए बिल्डिंग ऑर बिल्डर'* फेसेट्स ऑफ इण्डियन *सिविलाइज़ेशन,* पृ. 545-49

88. सैयद अहमद ख़ाँ, *आसार-उस-सनादीद,* II, पृ. 19-27
89. जे.एन. सरकार, *एनेक्डॉट्स ऑफ़ औरंगज़ेब,* पृ. 26
90. ज़ैनाबादी का वास्तविक नाम हीराबाई था। वह सैफ़ ख़ॉन, जो कि सालिहा बानो का पति अर्थात् औरंगज़ेब का मौसा था, की परिस्तार थी। औरंगज़ेब दकन का गवर्नर था। वह एक बार अपनी मौसी से मिलने गया तब उसकी नज़र हीराबाई पर पड़ी। जो पेड़ की एक डाल पकड़े हुए एक सुरीला गीत गा रही थी। औरंगज़ेब उसे देखकर इतना आसक्त हुआ कि वह बेहोश हो गया। तीन-चार घड़ी के पश्चात् जब उसकी चेतना वापस आई तब उसने सालीहा बानो से उसे प्राप्त करने की इच्छा ज़ाहिर किया। अंततः छतरबाई के बदले औरंगज़ेब को हीराबाई मिल गई जिसका नाम कालान्तर में ज़ैनाबादी रखा गया। विस्तृत चर्चा हेतु देखें — *उपरोक्त,* पृ. 41-46
91. सतीशचन्द्र, *उत्तर मुग़लकालीन भारत,* पृ. 59-60
92. जे.एन. सरकार, *एनेक्डॉटस ऑफ़ औरंगज़ेब,* पृ. 41-46
93. एक अन्य विवरण के अनुसार वह एक कश्मीरी स्त्री थी। कुछ इतिहासकार *मा'सीर-ए-आलमगीरी* में 'बाई' शब्द के प्रयोग के आधार मेवाण के राजपरिवार से जोड़ते हैं। किन्तु जदुनाथ सरकार इस मत को स्वीकार नहीं करते हालांकि उसके कश्मीरी होने के मत से वह सहमत दिखते हैं; *उपरोक्त,* पृ. 26; के.एस. लाल, *पूर्वोद्धृत,* पृ. 30
94. *तदैव।*
95. *उपरोक्त,* पृ. 29

96. बेटा होगा या बेटी, इस हेतु एक भविष्यवाणी की विधि का उल्लेख गुलबदन बेगम ने किया है। दिलदार बेगम को सन्तान होने वाली थी। तब (1519 ई.) माहम के कहने पर बाबर ने इस अनुष्ठान का पालन किया था। दो पर्चों में से एक पर लड़की और एक पर लड़के का नाम लिखा और उन पर मिट्टी पोतकर पानी में डाल दिया। इसमें सबसे पहले जो खुल गया वही भावी संतान के लिंग का परिचायक था। इसमें लड़का निकला जिससे बाबर अति प्रसन्न हुआ। *हुमायूँनामा* (बेव.), पृ. 9; पी.एन. चोपड़ा, *लाइफ़ एण्ड लेटर्स अण्डर मुग़ल्स,* पृ. 172
97. जहाँआरा बेगम 1628 ई. से 1681 ई. तक मृत्युपर्यन्त इस पद पर बनी रहीं। इसके पश्चात् ज़ीनतुन्निसा बेगम बादशाह बेगम बनी और 1721 ई. तक इस पद पर बनी रहीं। देखें — यजदानी, *पूर्वोद्धृत,* पृ. 29-45 तथा रेणुकानाथ, *पूर्वोद्धृत,* पृ. 165
98. यह तुर्की भाषा का शब्द है। अतुन (اتون) का अर्थ शिक्षिका तथा मामा (ماما) का अर्थ, देख-रेख करने वाला होता है। देखें — एस.के. बनर्जी, *'सम ऑफ दि वूमेन रिलेशन्स ऑफ बाबर';* इण्डियन कल्चर, IV, 1937-38, पृ. 53
99. अतुन मामाओ के कर्तव्यों का अनुमान गुलबदन बेगम के इस विवरण से लगता है कि उसकी मामा ने उसे बाबर तथा खलीफ़ा के आने पर उठकर खड़े होने का निर्देश दिया था। गुलबदन लिखती हैं–"उन्होंने मुझसे कहा कि जब ख़लीफ़ा (वज़ीर) आए तब गले मिलने के लिए खड़े हो जाना।" गुलबदन ने वैसा ही किया। किंतु 7-8 वर्ष आयु की गुलबदन ने ख़लीफ़ा की पत्नी का भी वैसे ही अभिवादन करना चाहा तब ख़लीफ़ा ने ऐसा करने से मना किया और कहा कि "ये तुम्हारी पुरानी सेविका है। इसके लिए खड़े होने की आवश्यकता नहीं।" *हुमायूँनामा* (बेव), पृ. 101-102
100. एस.एम. जाफ़र, *एजूकेशन इन मुस्लिम इण्डिया,* पृ. 190-191
101. अब्दुल क़ादिर बदायूँनी, *मुन्तखब-उत्त-तवारीख,* II, पृ. 306-07; मॉन्सरेट, *फादर मान्सरेट आन हिज़ जर्नी टू द कोर्ट ऑफ़ अकबर,* पृ. 203; एन.एन. लॉ, *प्रमोशन ऑफ़ लर्निंग इन इण्डिया अण्डर मुस्लिम रूल,* पृ. 203
102. *मा'सीर-उल-उमरा* (बेव.), I, पृ. 260-261, जे.एन. सरकार, *स्टडीज़ इन मुग़ल इण्डिया,* पृ. 22
103. एच.एस अहमद, 'ज़ैबुन्निसा बेगम एण्ड दीवान-ए-मख़फी', *जे.बी.ओ.आर.एस.,* पृ. 42
104. *उपरोक्त,* पृ. 104, अशरफ़ माज़िंदारानी के विषय में अधिक जानकारी के लिए देखें – शिब्ली नोमानी, 'जैबुन्निसा', *मक़ालात-ए-शिब्ली,* V, पृ. 101-102
105. मगनलाल (संपा.), *दि दीवान ऑफ ज़ैबुन्निसा,* पृ. 9
106. *मा'सीर-ए-आलमगीरी* (सरकार), पृ. 322; कहा जाता है कि यह स्थान इस उत्सव के पश्चात् तीस हज़ारी कहा जाने लगा जो कि दिल्ली में आज अपने बदले हुए स्वरूप में मौजूद है। देखें –

मिर्जा हैरत देहलवी, *सवानह उमरी ज़ैबुन्निसा बेगम,* पृ. 4-5

107. *मासीर-ए-आलमगीरी* (सरकार) पृ. 323
108. एस.एम. जाफर, *पूर्वोद्धृत,* पृ. 187-198; पी.एन. चोपड़ा, *पूर्वोद्धृत,* पृ. 149; के.एस. लाल, *पूर्वोद्धृत,* पृ. 109-111
109. निकोलो मनूकी, *स्टोरिया डी मोगोर* (इर्विन), II, पृ. 58
110. *हुमायूँनामा* (बेव.) पृ. 250-251 एवं 298-301
111. *बाबरनामा* (नवलपुरी), पृ. 95
112. *हुमायूँनामा* (बेव.), पृ. 31
113. *उपरोक्त,* पृ. 231
114. *तदैव।*
115. *उपरोक्त,* पृ. 232
116. *तदैव।*
117. *उपरोक्त,* पृ. 214
118. *उपरोक्त,* पृ. 227; *अकबरनामा* (बेव.), II, पृ. 364-365
119. *अकबरनामा* (बेव.), II, पृ. 364, पादटिप्पणी।
120. *उपरोक्त,* पृ. 197, पाद टिप्पणी; *हुमायूँनामा* (बेव.) पृ. 214
121. *उपरोक्त,* पृ. 214
122. *उपरोक्त,* पृ. 276-279
123. *तदैव;* एच. बेवरिज, 'सलीमा सुल्तान बेगम, *जे.ए.एस.बी.,* खण्ड II, अंक 10 (न्यू सीरीज़), पृ. 509-510
124. इसके पिता का नाम इब्राहीम हुसैन बैकरा था। गुलरुख़ बेगम एवं इब्राहीम हुसैन की एक पुत्री नूरुन्निसा बेगम थी जिसका विवाह शाहज़ादा सलीम के साथ हुआ था। *हुमायूँनामा* (बेव), पृ. 234; के.एस. लाल ने मुज़फ़्फ़र हुसैन का सामंजस्य खाँनदेश के राजकुमार से किया है जो कि त्रुटिपूर्ण है। सुल्तान ख़ानम का ही एक नाम शाहज़ादा ख़ानम भी था जिसका विवाह भ्रमवश गुजरात के सुल्तान मुज़फ़्फ़र हुसैन के साथ बताया गया है जो, पूर्णतः ग़लत है। देखें — एस. एस. अब्दुलरहमान, *पूर्वोद्धृत,* पृ. 185 एवं 207; के. एस.लाल, *पूर्वोद्धृत,* पृ. 116; फ्रेंकोइस पेल्सर्ट, *जहाँगीर्स इण्डिया,* पृ. 2
125. वाई.डी शर्मा, *दिल्ली एण्ड इट्स नेबरहुड,* पृ. 112-113
126. *अकबरनामा* (बेव.), II, पृ. 128-129 एवं 131
127. एस.एस. अब्दुर्रहमान, *पूर्वोद्धृत,* पृ. 207

128. *उपरोक्त,* पृ. 208
129. *मा'सीर-ए-आलमगीरी* (सरकार), पृ. 47
130. फ्रेंकोइस बर्नियर, *ट्रेवेल्स इन दि मुग़ल अम्पायर* (1656-1658 ई.), पृ. 12
131. *उपरोक्त,* पृ. 12-14
132. डी. लायट ने शाहजहाँ पर व्याभिचार का आरोप लगाया है। जिसका अनुसरण पीटर मुण्डी (1628-1634 ई.), बर्नियर (1658-1666 ई.) तथा ट्रेवेनियर ने किया। डीलायट ने अपना विवरण 1631 ई. में लिखा। हमें ज्ञात है कि डी. लायट का विवरण सुनी-सुनाई बातों पर आधारित है। यहाँ ध्यातव्य है कि पीटर मुण्डी इस लड़की का नाम चमनीबेगम देता है, किन्तु तथ्य है कि चमनीबेगम की मृत्यु 1616 ई. में अल्पायु ही हो गई थी। अधिक चर्चा हेतु देखें — के.एस. लाल, *पूर्वोद्धृत,* पृ. 92-93 तथा निकोलो मनूकी, *पूर्वोद्धृत,* I, पृ. 216-219
133. *उपरोक्त,* पृ. 218
134. इसी प्रकार की एक पुरतक का उल्लेख यहाँ रागीचीन है जिरो एण्ड्रा बूटेशन (Endra Butechan) ने *दि लाइफ़ ऑफ़ ए मुग़ल प्रिंसेस — जहाँआरा* के शीर्षक से 1931 ई. में लंदन से प्रकाशित कराया था। यह उपन्यास शैली में लिखित जहाँआरा बेगम की कथित आत्मकथा है। इसके सम्बन्ध में लेखिका का दावा है कि यह पुस्तक मूलतः फ़ारसी में लिखी गई थी जिसे स्वयं जहाँआरा बेगम ने लिखा था और एक पत्थर के नीचे छुपा दिया था ताकि क़िले के वीरान होने पर राजकुमारी के युग के बाद के लोग उसकी वास्तविक जीवनी से वाक़िफ हो सकें। लेखिका का यह भी दावा है कि जब वह आगरा घूमने आयी थी तभी सौभाग्य से यह कृति उसे मिल गई जिसका अनुवाद है दी हुई पुस्तक। किन्तु आन्तरिक साक्ष्यों के आधार पर यह स्पष्ट हो जाता है कि यह पुस्तक यूरोपीय यात्रियों के विवरणों तथा लेखिका की कल्पना का भ्रष्ट मिश्रण है। मिसाल के लिए इसमें इस बात का उल्लेख है कि अकबर ने राजकुमारियों के विवाह पर प्रतिबंध लगा दिया था। तथ्य है कि यदि यह पुस्तक स्वयं जहाँआरा द्वारा लिखी गई होती तब वह ऐसी बात न लिखती जो कि उसके परिवार से मेल न खाती हो। वस्तुतः बुटेन्शन महोदया ने इस कथन को मनूकी से लिया है। अनेक तथ्य तो इतने हास्यास्पद हैं जिनका उल्लेख किया जाना अनुचित लगता है।
135. मगन लाल, *पूर्वोद्धृत,* पृ. 10; ऐसा लगता है कि 'इंट्रोडक्शन' की लेखिका वेस्टब्रुक ने अपने तथ्यों को उर्दू में, दिल्ली से प्रकाशित *सवानह उमरी ज़ैबुन्निसा* से लिया है। इसके लेखक मिर्जा हैरत देहलवी हैं। इस पुस्तक के तथ्यों को असंदिग्ध नहीं कहा जा सकता।
136. हैरत देहलवी ने इस संवाद को इस प्रकर लिखा है—"सेह बोसा सेह मीख़्वाहम" इसके जवाब में ज़ैबुन्निसा बेगम ने कहा—"अज़ मतबख-ए-मादर तलब" यहाँ सेह बोसा सेह मीख़्वाहम के

दो अर्थ निकलते हैं–मुझे तीन समोसे चाहिए; द्वितीय, तीन चुम्बन चाहिए। ज़ैबुन्निसा के जवाब का मतलब है–अपनी माँ की रसोई में जाकर माँगों। देखें — हैरत देहलवी, *सवानह उमरी ज़ैबुन्निसा* बेगम, पृ. 20-21

137. *उपरोक्त,* पृ. 31-32, वेस्टब्रुक ने तो कमाल ही कर दिया। उसने बर्नियर द्वारा जहाँआरा बेगम के संबन्ध में कथित रूप से देग में उबालने की घटना को *ज़ैबुन्निसा* बेगम के साथ जोड़ दिया है। इससे उसकी अनैतिहासिक एवं मनगढ़न्त कहानी की पोल खुल जाती है। देखें– मगन लाल, *दि दीवान ऑफ ज़ैबुन्निसा,* इंट्रोडक्शन पृ. 14-17

138. अकील खाँ के साथ कथित प्रेम-कथा का विस्तारपूर्वक खण्डन जदुनाथ सरकार ने किया है। इस हेतु देखें– जदुनाथ सरकार, *स्टडीज इन मुग़ल इण्डिया,* पृ. 131-141

139. ख़ानज़ादा बेगम के पति मेंहदी ख़्वाजा द्वारा समस्या खड़ी किए जाने के सम्बन्ध में देखें — *हुमायूँनामा* (बेव.), एपेंडिक्स, पृ. 298-301

140. के.एस. लाल, *पूर्वोद्धृत,* पृ. 199-200

141. गुलाम यज़दानी, *पूर्वोद्धृत,* पृ. 29

142. मृत्यु के समय बदरुन्निसा बेगम की आयु 23 वर्ष थी। *म'सीर-ए-आलमगीरी* (सरकार), पृ. 323

143. *उपरोक्त,* पृ. 77 एवं 323

144. *उपरोक्त,* पृ. 74 एवं 323

145. *उपरोक्त,* पृ. 47

146. *उपरोक्त,* पृ. 73

147. *उपरोक्त,* पृ. 77

148. *तदैव।*

149. *उपरोक्त,* पृ. 103

150. *तदैव।*

151. अहले सैफ़-योद्धा वर्ग; अहले क़लम-विद्वान एवं सैयद।

152. *मासीर-ए-आलमगीरी* (सरकार), पृ. 226

153. एस.एस. अब्दुर्रहमान, *हिन्दुस्तान के मुसलमान हुक्मरानों के अहद के तमद्दुनी जलवे,* पृ. 219

154. *तदैव।*

155. *तदैव।*

156. *सियारुल मुताख़ेरीन* के अनुसार मुहम्मद शाह की पत्नी मलिका-ए-ज़मानी ने मराठों के उपद्रवों तथा इमाद-उल-मुल्क की कृतघ्नता से परेशान होकर अहमदशाह अब्दाली के पास अपनी पुत्री हज़रत बेगम के विवाह का पैग़ाम (प्रस्ताव) भेजा। इसे सुअवसर समझकर अहमदशाह अब्दाली

ने स्वीकार कर लिया। इसके साथ ही सौहार्दवश अहमदशाह अब्दाली, हज़रत महल की माता मलिका-ए-जमानी तथा सौतेली माँ साहब महल को भी अपने साथ लेता गया। देखें — मुंशी गुलाम हुसैन तबातबाई, *सियारुल मुताख़ेरीन,* पृ. 899-900

157. एस.एस. अब्दुर्रहमान, *पूर्वोद्धृत,* पृ. 219

158. गुलबदन का भाई हिन्दाल माहम बेगम द्वारा गोद ले लिया गया। उसकी सगी माँ दिलदार बेगम (अगाचा?) को न चाहते हुए भी देना पड़ा। *हुमायूँनामा* (बेव.), पृ. 1-10; अकबर की पहली पत्नी रुकैया सुल्तान बे़गम की कोई सन्तान न थी *(ज़न-ए-कलाँ)*। अतः उसने जहाँगीर के बेटे खुर्रम का पालन-पोषण किया। *तुज़ुक-ए-जहाँगीरी,* I, पृ. 48

159. एस.एम. जाफर, *पूर्वोद्धृत,* पृ. 191, पादटिप्पणी, 7

160. हॉकिंस लिखता है कि जहाँगीर ने अपने पुत्र शहरयार को मारा। लेकिन वह रोया नहीं। इस पर क्रुद्ध बादशाह ने उसे इतना मारा कि उसके गालों से रक्त निकलने लगा। बालक इस पर भी अविचलित रहा और उसके चेहरे पर दर्द का किंचित् भी एहसास न था। आश्चर्यचकित हॉकिंस ने जब इसका कारण पूछा, तब बादशाह ने बताया कि उसकी शिक्षिकाएँ यही शिक्षा देती हैं कि 'शहज़ादे का मारे जाने पर रोना संसार में सबसे बड़ा लज्जा का विषय है।' उसने आगे बताया कि 'मुझे भी यही शिक्षा दी गई है .... और मुझे मेरे मर जाने तक कोई कष्ट रुला नहीं सकता। डब्ल्यू. फ़ोस्टर, (संपा.), *अर्ली ट्रेवेल्स इन इण्डिया,* पृ. 117

161. के.एस. लाल, *पूर्वोद्धृत,* पृ. 111-116, एस.एम. जाफर, *पूर्वोद्धृत,* पृ. 163-180

162. *हुमायूँनामा* (बेव.), पृ. 175

163. *अकबरनामा* (बेव.), III, पृ. 922

164. फ्रेंकोइस बर्नियर, *पूर्वोद्धृत,* पृ. 144-145 एवं 156-160, निकोलो मनूकी, *पूर्वोद्धृत,* II, पृ. 347

165. के.एस. लाल, *पूर्वोद्धृत,* पृ. 112-113

166. जिस समय बाबर बादशाह बना, वह 12 वर्ष से कम आयु का था। हुमायूँ की मृत्यु के समय अकबर अभियान पर गया था। उसका *अतालिक* (संरक्षक) बैरम ख़ाँन था। उस समय अकबर की आयु तेरह वर्ष थी। मनूकी लिखता है कि छद्म अदालतों एवं युद्धों के माध्यम से भी राजकुमारों को प्रशासन एवं युद्ध की शिक्षा दी जाती थी। निकोलो मनूकी, *पूर्वोद्धृत,* II, 346-347

167. मार्ग में सलीम भी मिल गया। ध्यातव्य है कि इस समय यह दोनों शाहज़ादे क्रमशः छः एवं साढ़े चार वर्ष आयु के थे। यह सोचकर कोई भी मुस्करा सकता है कि इतनी कम आयु के बालकों को फ़तेहपुर सीकरी से सूरत तक कारवाँ के नेतृत्व का भार दिया जाता था। किंतु हमें ध्यान रखना चाहिए कि बाक़ी ख़ाँन कूका एवं रूमी ख़ाँन को उनकी सहायता के लिए नियुक्त किया गया था। *हुमायूँनामा* (बेव.), पृ. 71

168. *आइन-ए-अकबरी* (ब्लॉकमैन), I, पृ. 47; मुहम्मद अज़हर अंसारी का मत है कि एक महीना आगन्तुक महिलाओं के निवास के लिए प्रयोग न करके *ख़ासान* (स्वतंत्र सेविकाएं) के लिए अनुमोदित समय के लिए किया गया हैं; देखें — एम.ए. अंसारी, *पूर्वोद्धृत*, पृ. 71, पादटिप्पणी, 58
169. एस.ए.ए. रिज़वी, *फ़तेहपुर सीकरी*, पृ. 47
170. गुलाम यज़दानी, *पूर्वोद्धृत*, पृ. 46
171. जी.एस. सरदेसाई, *न्यू हिस्ट्री ऑफ दी मराठाज़*, I, पृ. 360
172. एन.एल. माथुर, *रेड फ़ोर्ट एण्ड मुग़ल लाइफ़*, पृ. 6-7
173. एम.ए. अंसारी, *सोशल लाइफ ऑफ़ दि मुग़ल इम्परर्स*, पृ. 72; के.एस. लाल, *पूर्वोद्धृत*, पृ. 30-31
174. *हुमायूँनामा* (बेव.), पृ. 169-171
175. *अकबरनामा* (बेव.) III, पृ. 1251
176. *तुज़ुक-ए-जहाँगीरी* (रोजर एवं बेव.), II, पृ. 205

अध्याय चार

समकालीन राजनीति एवं ह़रमः तुर्क-मंगोल परंपराओं का युग

तुर्क-मंगोल परंपरा में महिलाओं द्वारा राजनीति में भाग लेना एक सामान्य बात थी। यदि किसी व्यक्ति की मृत्यु संतान के व्यस्क होने से पूर्व ही हो जाय, तब संतान की संरक्षिका के रूप में माता को असीमित अधिकार प्राप्त हो जाते थे। इस स्थिति में संरक्षिका के रूप में महिला, अपने दिवंगत पति के उन सभी अधिकारों का उपयोग करती थी, जिनका कि उसका पति अपने जीवन में किया करता था।[1] यहाँ तक कि ऐसी महिलाओं को अपने क़बीले का नेतृत्व करने का अधिकार भी प्राप्त हो जाया करता था। यह समस्त अधिकार पुत्र के व्यस्क होने तक यथावत बने रहते थे। अमीर तैमूर तथा चंगे़ज़ ख़ाँन के वंशजों में महिलाएँ, पुरुषों के साथ युद्ध में भाग लेती थी। अमीर तैमूर की सेना में अनेक महिलाएँ ऐसी थीं जो उच्चकोटि की तीरंदाज़, तलवारबाज़ तथा भाला फेंकने में निपुण थीं।[2] भारत में मुग़ल साम्राज्य के संस्थापक ज़हीरुद्दीन मुहम्मद बाबर को यह समस्त परंपराएँ विरासत में प्राप्त हुई और उसके वंशजों के काल में भी महिलाओं ने राजनीतिक गतिविधियों में बढ़-चढ़ कर भाग लिया।

यह संयोग ही है कि जिस समय 1494 ई. में बाबर के पिता की एक दुर्घटना के कारण मृत्यु हुई, उसकी आयु मात्र ग्यारह वर्ष थी। इस समय दो शक्तिशाली सेनाएँ, उसके राज्य फ़रग़ाना पर चढ़ी चली आ रही थीं। उत्तर में मंगोल राजकुमार सुल्तान महमूद की सेनाएँ थीं तो पूर्व में समरकंद की ओर से सुल्तान अहमद की सेनाएँ थीं। इन विषम परिस्थितियों

में भाग्य ने बाबर का साथ दिया। सुल्तान अहमद की सेना में घोड़ों की महामारी फैलने तथा कुभा नदी का पुल टूट जाने के कारण सुल्तान अहमद समरक़न्द वापस जाने के लिए विवश हो गया और लौटते समय मार्ग में उसकी मृत्यु हो गई। समरकन्द की गद्दी खाली हो गई। मध्य एशिया में कुछ गड़बड़ी के चलते सुल्तान महमूद भी आगे नहीं बढ़ सका। इस प्रकार तात्कालिक संकट तो टल गया, किंतु न तो मध्य एशिया की परिस्थितियाँ बदलीं थीं और न ही बाबर के पिता उमर शेख़ मिर्ज़ा द्वारा बनाए गए दुश्मन। इस स्थिति में इस महत्त्वाकांक्षी बालक को समुचित मार्गदर्शन की आवश्यकता थी। इस कार्य का बखूबी संपादन, उसकी नानी ईसान दौलत बेगम ने किया।

ईसान दौलत बेगम मुग़लिस्तान के ख़ाक़ान युनुस ख़ाँन की पत्नी थी। ईसान दौलत बेगम का पिता अलीशेर बेग एक मुग़ल सरदार था। इस प्रकार ईसान दौलत का युनुस ख़ाँन के साथ विवाह, युनुस ख़ाँन को मुग़ल सरदार (ख़ाक़ान) बनवाने में सहायक रहा। युनुस ख़ाँन मुग़लिस्तान का शासक बना तब वहाँ के लोगों ने युनुस खाँन के साथ ईसान दौलत को भी सिंहासन पर बैठाया। ईसान दौलत बेगम की बुद्धिमत्ता एवं बहादुरी से संबंधित अनेक कथाएँ प्रचलित हैं और कहा जाता है कि वह बिना बुर्का डाले घुड़सवारी करती थी।[3] सन् 1487 ई. में यूनुस ख़ाँन की मृत्यु के बाद ईसान दौलत बेगम ने राज्य के कार्यों में बढ़-चढ़ कर भाग लिया।[4]

ईसान दौलत बेगम की दूसरी पुत्री कुतलुक़ निगार ख़ानम, उमरशेख़ मिर्ज़ा की पत्नी थी। अतः दामाद उमरशेख मिर्ज़ा की मृत्यु के पश्चात् ईसान दौलत बेगम अपने दौहित्र, बाबर के मार्गदर्शन हेतु फ़रग़ाना आ गई। बाबर के राजनीतिक जीवन के प्रारम्भिक काल में ईसान दौलत बेगम, वास्तविक शासिका की भाँति कार्य करती थी। उसने अनेक बार प्रशासनिक एवं राजनीतिक समस्याओं का समाधान किया।[5] बाबर के फ़रग़ाना की गद्दी पर बैठने के छः महीने के अंदर ही, 1494 ई. में एक शक्तिशाली अमीर, हुसैन याकूब ने बाबर को गद्दी से हटाने का षड्यन्त्र रचा। षड्यन्त्र की जानकारी ईसान दौलत बेगम को मिल गई और उसने ख़्वाजा क़ाजी, सैयद क़ासिम, कोचीन अली दोस्त तग़ाई तथा औज़ून हसन आदि के सहयोग से षड्यन्त्र को विफल कर दिया और हुसैन याकूब को मार दिया गया।[6]

बाबर के जीवन का सबसे बड़ा संकट 1501 ई. में उज़बेग शैबानी ख़ाँन के रूप में आया। शैबानी ख़ाँन ने बाबर से समरक़न्द छीन लिया और बाबर को अपनी बड़ी बहन ख़ानज़ादा बेगम का विवाह उसके साथ करना पड़ा। इस विवाह को संपन्न कराने में ईसान दौलत बेगम की भूमिका अत्यन्त महत्त्वपूर्ण रही। इस विवाह के बदले में बाबर तथा उसकी माँ कुतलुक़ निगार ख़ानम को घेरे से बाहर निकलने की अनुमति मिली।[7] ईसान दौलत बेगम समरकन्द से बाद में आयी तथा खुजिंद के निकट औराती दर्रे के पास बाबर से आकर मिली। वह अपने साथ पीछे छूट गए संबंधियों को लेकर आई और साथ में काफ़ी मात्रा में साज-समान भी था। इसके चलते बाबर की स्थिति में थोड़ा-बहुत सुधार हुआ।[8] ईसान दौलत बेगम के प्रभाव के कारण ही, बाबर को इस विषम परिस्थिति में अपने दोनों मामाओं, सुल्तान अहमद तथा महमूद का सहयोग प्राप्त हो गया तथापि इसका कोई दूरगामी लाभ न हुआ।

इस प्रकार ईसान दौलत बेगम ने न केवल बाबर के विरुद्ध रचे जाने वाले षड्यन्त्रों को विफल किया बल्कि वह बाबर के जीवन की सर्वप्रथम राजनीतिक शिक्षिका थी। बाबर उसकी मृत्यु से अत्यंत दुखी हुआ और अपनी नानी की निर्णय शक्ति और मार्गदर्शन की क्षमता को श्रद्धांजलि अर्पित करते हुए स्वयं अपनी आत्मकथा में लिखता है - "सूझबूझ तथा निर्णय शक्ति के संदर्भ में, शायद ही कोई स्त्री मेरी नानी ईसान दौलत बेगम की बराबरी कर सके। वे अत्यंत विवेकशील तथा दूरदर्शी थीं। महत्त्वपूर्ण कार्य प्रायः उनके परामर्श से ही होते थे।"[9]

बाबर के नाना यूनुस ख़ाँन की दूसरी पत्नी शाहबेगम ने भी राजनीतिक गतिविधियों में बढ़-चढ़कर भाग लिया। शाहबेगम मुहम्मद शाह बदख़्शीं की पुत्री थी जो स्पयं को मेसीडोनिया के सिकंदर महान का वंशज कहलाता था। शाह बेगम के दो पुत्र थे — सुल्तान महमूद ख़ाँन तथा सुल्तान अहमद ख़ाँन अल्लाची।[10] बाबर इन दोनों को ख़ाक़ान एवं ख़ाँन बाबा कहकर संबोधित करता है। शाह बेगम की पुत्री मिहरनिगार ख़ानम का विवाह बाबर के चाचा सुल्तान अहमद मिर्ज़ा के साथ हुआ था। इस प्रकार शाहबेगम बाबर से दो प्रकार से संबंधित थी — सौतेली नानी तथा चाचा की सास अर्थात् बाबर के चचेरे भाई वैस मिर्ज़ा की सगी नानी के रूप में।

शाह बेगम ने बाबर के समरक़न्द से भागते समय, उसे सैनिक एवं साज़-वो-सामान उपलब्ध कराया। उसने अपने पुत्रों, सुल्तान अहमद ख़ाँन तथा महमूद ख़ाँन को बाबर के साथ मिलने के लिए प्रेरित भी किया। किन्तु शाहबेगम ने अपने सगे नाती वैस मिर्ज़ा को लाभ पहुँचाने

के लिए बाबर के विरुद्ध षड्यन्त्र में भाग लिया। इस षड्यन्त्र में कई अन्य बेगमें भी शामिल थीं। इनमें मिहरनिगार ख़ानम के अतिरिक्त बाबर की एक अन्य मौसी खूबनिगार ख़ानम के पति मुहम्मद हुसैन मिर्ज़ा दोग़लत के नाम भी शामिल हैं। यह षड्यन्त्र विफल कर दिया गया, किन्तु बाबर का इन बेगमों के प्रति व्यवहार यथावत आदरसूचक रहा।[11] स्वयं शाह बेगम वैस मिर्ज़ा के साथ बदख़्शाँ चली गई और उसने वैस मिर्ज़ा के लिए उसी भूमिका का निर्वाह किया जैसाकि बाबर की नानी ईसान दौलत बेगम ने बाबर के लिए किया। शाह बेगम बदख़्शाँ की संप्रभु भले न थी पर शासन-प्रशासन पर उसकी पूरी पकड़ थी और वह वास्तविक शासिका की भाँति कार्य करती थी।[12]

बाबर की माँ कुतलुक़ निगार ख़ानम मुग़ल सरदार युनुस ख़ाँन एवं ईसान दौलत बेगम की पुत्री थी। कुतलुक़ निगार ख़ानम को साहस एवं सूझबूझ विरासत में प्राप्त हुए थे। अधिकांश सैनिक अभियानों में कुतलुक़ निगार ख़ानम, बाबर के साथ रही और उचित मार्गदर्शन किया।[13] सन् 1497-98 ई. में जब बाबर समरक़न्द अभियान पर गया, उस समय अंदिजान का शासन-प्रबन्ध संयुक्त रूप से ईसान दौलत बेगम तथा कुतलुक़ निगार ख़ानम के हाथ में था। इस बीच बाबर की अनुपस्थिति के मद्देनज़र शत्रुओं ने अंदिजान पर घेरा डालने की योजना बनाई जिसकी सूचना कुतलुक़ निगार ख़ानम ने बाबर को शीघ्रतातिशीघ्र दिया।[14] किंतु बाबर को अपनी माता के मार्गदर्शन का लाभ बहुत दिनों तक नहीं प्राप्त हो सका और जून, 1505 ई. (मोह. 911 हि.) में कुतलुक़ निगार ख़ानम की मृत्यु हो गई।

बाबर की बड़ी बहन ख़ानज़ादा बेगम, बाबर तथा हुमायूँ, दोनों के काल में राजनीतिक गतिविधियों से जुड़ी रही। जिस समय शाहज़ादा बेगम तेईस वर्ष की थी, शैबानी ख़ाँन ने समरक़न्द घेर लिया और घेरेबंदी से बाबर का बाहर निकलना संभव नहीं था। अंततः ख़ानज़ादा बेगम का विवाह शैबानी ख़ाँन के साथ करना पड़ा।[15] शैबानी ख़ाँन तथा ख़ानज़ादा बेगम का एक पुत्र, शैबानी खुर्रमशाह हुआ जो युवावस्था प्राप्त करते-करते मर गया। ख़ानज़ादा बेगम ने शैबानी ख़ाँन के हरम में रहते हुए भी, शैबानी की बाबर-विरोधी गतिविधियों का विरोध किया। ख़ानज़ादा बेगम के इस रवैये के कारण शैबानी को स्वयं अपने जीवन का ख़तरा महसूस होने लगा। परिणामस्वरूप शैबानी ख़ाँन ने ख़ानज़ादा को अपने हरम में रखना उचित नहीं समझा और उसका विवाह अपने अमीर सैयद हादा के साथ कर दिया।[16] सन् 1510 ई. में

मर्व के युद्ध में शैबानी ख़ाँन के साथ सैयद हादा भी मारा गया और 1511 ई. में शाह इस्माइल ने ख़ानज़ादा बेगम को बाबर के पास वापस भेज दिया। इसके पश्चात् ख़ानज़ादा बेगम का विवाह मेंहदी मुहम्मद ख़्वाजा के साथ हुआ।[17] मेंहदी ख़्वाजा बाबर के अंतिम दिनों तक उसका निकट सहयोगी रहा। जिस समय मेंहदी ख़्वाजा ने सत्ता प्राप्त करने हेतु हुमायूँ के विरुद्ध षड्यन्त्र किया तब ख़ानज़ादा बेगम तटस्थ बनी रही। संभवतः इसीलिए हुमायूँ का विश्वास अपनी फूफ़ी पर बना रहा और माहम बेगम की मृत्यु के बाद ख़ानज़ादा बेगम को साम्राज्य की प्रथम महिला बादशाह बेगम का पद दिया और वह अपनी मृत्यु तक (सितम्बर, 1545) इस पद पर बनी रही।[18]

ख़ानज़ादा बेगम ने हुमायूँ के भाइयों के बीच आपसी संघर्षों को रोकने का प्रयास किया। चौसा तथा कन्नौज की पराजय के पश्चात् 1541 ई. में हुमायूँ जब थट्टा पहुँचा तो ज्ञात हुआ कि कन्दहार के गवर्नर कराचा ख़ाँन की मदद से हिन्दाल ने कन्दहार के क़िले पर अधिकार कर लिया है। दूसरी ओर कामरान, हिन्दाल से कन्दहार का क़िला छीनने के लिए तत्पर था। इस स्थिति में हुमायूँ ने ख़ानज़ादा बेगम को इस आशय का संदेश लेकर भेजा कि ऐसे समय में जबकि उजबेग़ों तथा अफ़ग़ानों का संकट सिर पर है, आपस में युद्ध न करें। ख़ानज़ादा बेगम ने इनके बीच समझौता कराने का प्रयास किया, किन्तु उसका यह प्रयास कामरान की हठधर्मिता के कारण सफल नहीं हो सका।[19] इसी प्रकार 1545 ई. में हुमायूँ ने ईरान से वापस होने के पश्चात् कन्दहार पर घेरा डाल दिया। इस समय काबुल पर कामरान का अधिकार था तथा अस्करी कन्दहार में उसका प्रतिनिधि था। हुमायूँ की शक्तिशाली सेना के मद्देनज़र कामरान को पराजय का आभास हो गया। अतः उसने ख़ानज़ादा बेगम को शान्ति-दूत बनाकर हुमायूँ के पास भेजा। इस बीच हुमायूँ ने सितम्बर 1545 ई. में कन्दहार पर अधिकार कर लिया और अस्करी को बंदी बना लिया गया। किंतु ख़ानज़ादा बेगम के प्रभाव के चलते अस्करी को क्षति नहीं पहुँचाई गई।[20] हुमायूँ के साथ जिस समय ख़ानज़ादा बेगम काबुल की ओर बढ़ रही थी, 67 वर्ष की आयु में उसकी मृत्यु हो गई।[21] इस प्रकार ख़ानज़ादा बेगम ने अपनी अंतिम सांस तब लिया, जब वह अपने भतीज़ों के मध्य शान्ति का प्रयास कर रही थी।

बाबर की शिया पत्नी और हुमायूँ की माँ, माहम बेगम एक बुद्धिमान और राजनीतिक सूझबूझ वाली महिला थी। माहम बेगम का बाबर के साथ विवाह हेरात में 1506 ई. में हुआ

था।[22] उसका संबंध खुरासान के हुसैन बैकरा से था। माहम बेगम बाबर के संघर्ष के दिनों में बदख़्शाँ से माउन्नहर (ट्राँसआक्सियाना) तक बाबर के सुख-दुःख की संगी रही तथा अनेक अवसरों पर उसको सहयोग दिया।[23] माहम बेगम, बाबर की एकमात्र ऐसी बेगम थी जिसे बादशाह के बराबर सिंहासन पर बैठने का गौरव प्राप्त हुआ।[24] माहम बेगम के प्रभाव के कारण बाबर ने हुमायूँ की ग़लतियों को क्षमा करते हुए अपना उत्तराधिकारी नियुक्त किया।[25] माहम बेगम ने निज़ामुद्दीन ख़लीफ़ा के उस षड्यन्त्र को विफल कर दिया जिसके अन्तर्गत ख़ानज़ादा बेगम के पति मुहम्मद मेहदी ख़्वाजा को बाबर का उत्तराधिकारी बनाया जाना था।[26] संभवतः वह माहम बेगम का ही प्रभाव था जिसके चलते बदख़्शाँ से शाही आज्ञा के बग़ैर आने के बावजूद भी हुमायूँ को आगरा के आसपास रहने दिया गया और संभल की जागीर प्रदान की गई।[27] ऐसा करना, भविष्य में उत्तराधिकार के किसी प्रकार के संकट से बचने का सर्वोत्तम उपाय था।

माहमबेगम, हुमायूँ के राज्यारोहण के पश्चात् राजमाता तथा बादशाह बेगम के रूप में साम्राज्य की सर्वाधिक शक्तिशाली महिला बनी रही। हुमायूँ के राज्यारोहण के तुरन्त बाद माहम बेगम ने एक विशाल भोज का आयोजन किया। इसमें लगभग सात हज़ार अमीरों को आमन्त्रित किया गया और ख़िलअतें प्रदान की गईं।[28] इस प्रकार हुमायूँ के प्रति इन अमीरों की स्वामिभक्ति पक्की हो गई। सन् 1533 ई. में माहम बेगम की मृत्यु के कारण हुमायूँ को अपनी माता की सूझबूझ का लाभ अधिक दिनों तक नहीं प्राप्त हो सका।

बाबर की एक अन्य पत्नी गुलरुख़ बेगम थी। वह कामरान और अस्करी की माँ थी। अतः स्वाभाविक है कि वह भी अपने पुत्रों को समुचित स्थान दिलवाने का प्रयास करती। किंतु बाबर तथा गुलबदन, दोनों माहम का जितना उल्लेख करते हैं उतना गुलरुख़ बेगम का उल्लेख नहीं करते। अतः स्पष्ट है कि बाबर को, माहम ने जितना प्रभावित किया, उतना गुलरुख़ बेगम ने नहीं। लेकिन कामरान द्वारा हुमायूँ से काबुल पर इस आधार पर दावा करना कि फ़िरदौस मकानी ने काबुल उसकी माँ को दिया था, प्रमाणित करता है कि गुलरुख़ बेगम ने तत्कालीन राजनीति को प्रभावित किया था।[29]

बाबर की पत्नी दिलदार बेगम भी थी जो कि मिर्ज़ा हिन्दाल, गुलबदन, गुलरंग तथा गुलचेहरा की माँ थी।[30] दिलदार बेगम ने अपने पुत्र हिन्दाल को हुमायूँ का सहयोग करने के लिए प्रेरित

किया। हिन्दाल ने हुमायूँ के विरुद्ध ठीक उस समय विद्रोह करके स्वयं को बादशाह घोषित कर दिया जबकि हुमायूँ, शेरशाह सूरी से संघर्षरत था और चौसा के स्थान पर उसे जीवन की सबसे बड़ी पराजय का सामना करना पड़ा। इस नाजुक स्थिति में हुमायूँ के आगरा आने की ख़बर पाकर हिन्दाल अपनी जागीर अलवर की ओर चला गया। हुमायूँ ने उसका विद्रोह समाप्त करने हेतु मनाने के लिए दिलदार बेगम को भेजा।[31] दिलदार बेगम का ही प्रभाव था कि कालान्तर में हिन्दाल हमेशा के लिए हुमायूँ का व़फादार बन गया और हुमायूँ की ओर से लड़ते हुए काम आ गया।[32]

बाबर की अफ़गान पत्नी बीबी मुबारिका ने अफ़गानों तथा बाबर के संबंधों को सुधारने में मदद किया। वह अफ़गान सरदार शाह मंसूर ख़ाँन युसुफ़जई की पुत्री थी। वस्तुतः यह विवाह ही, एक राजनीतिक विवाह था। सन् 1519 ई. में बाबर ने बाजौर पर आक्रमण कर दिया। इस विपदा से बचने के लिए शाह मंसूर ने संधि का निश्चय किया और अपनी पुत्री मुबारिका बीवी का विवाह बाबर के साथ कर दिया।[33] शाह मंसूर को खिल'अत देकर सम्मानित किया गया। बीबी मुबारिका के प्रभाव के चलते बाबर ने युसुफ़जई क़बीले के लोगों को अपनी सेना में शामिल करना प्रारंभ कर दिया, जिसके दूरगामी परिणाम निकले। स्वयं बीबी मुबारिका का भाई मीर जमाल 1525 ई. में बाबर के साथ हिन्दुस्तान अभियान पर आया।[34] मीर जमाल ने हुमायूँ तथा अकबर के काल में प्रमुख अमीरों में स्थान प्राप्त किया।

आयशा सुल्तान बेगम से शीघ्र विच्छेद हो गया तथा ज़ैनब सुल्तान बेगम एवं मासूमा सुल्तान बेगम की कम समय में ही मृत्यु हो गई। अतः उनका राजनीति में बहुत अधिक योगदान नहीं रहा। लेकिन मासूमा सुल्तान बेगम से जन्मी पुत्री, जिसका नाम मासूमा की याद में मासूमा सुल्तान बेगम ही रखा गया, और वह बाबर की पहलौंठी की संतान थी, का राजनीति में प्रभाव रहा। मासूमा का विवाह ज़मानशाह मिर्ज़ा बैकरा के साथ हुआ था।[35] बाबर ने अपनी आत्मकथा में ज़मानमिर्ज़ा का बार-बार उल्लेख किया है। बाबर ने अप्रैल 1529 ई. में मुहम्मद ज़मान मिर्ज़ा को शाही सरापा, पेटी-तलवार, तपचाक तथा राजछत्र देकर सम्मानित किया था और उसे बिहार का दायित्व सौंपा था।[36] बाबर द्वारा किसी अमीर अथवा संबंधी को राजछत्र द्वारा सम्मानित किए जाने का यह अनुपम उदाहरण है। बाबर की इस अनुकम्पा में मासूमा सुल्तान बेगम का कितना योगदान था, यह स्पष्ट नहीं है लेकिन बादशाह हुमायूँ के काल में मासूमा

सुल्तान बेगम के प्रभाव का स्पष्ट ज्ञान होता है। ऐसा प्रतीत होता है कि मासूमा का पति होने कारण मुहम्मद ज़मान मिर्ज़ा भी स्वयं को सिंहासन का दावेदार मानता था। उसने हुमायूँ के विरुद्ध कई बार विद्रोह किए। सन् 1530 से 34 ई. के मध्य वह हुमायूँ की चिन्ता का कारण बना रहा। लेकिन मासूमा के कारण हुमायूँ ने गिरफ़्तार करने के बावजूद मुहम्मद ज़मान मिर्ज़ा को मृत्युदण्ड नहीं दिया और जेल में डाल दिया जहाँ से वह भागकर हुमायूँ के शत्रु बहादुरशाह से जा मिला। बहादुरशाह को हुमायूँ के हाथों पराजय का मुँह देखना पड़ा। मिर्ज़ाओं का विद्रोह एक बार फिर दबा दिया गया। इस समय मासूमा हुमायूँ के साथ थी। जैसाकि गुलबदन के इस उल्लेख से ज्ञात होता है कि गुजरात रवाना होने से पहले हुमायूँ आगरा के बाहर *'बाग़-ए-ज़रफ़्शाँ'* में सेना के एकत्रित होने तक रुका रहा। इस बाग़ में ख़ेमों की क़तार में, मासूमा सुल्तान बेगम का ख़ेमा सबसे पहले था।[37] गुजरात की पराजय के बाद मुहम्मद ज़मान मिर्ज़ा की स्थिति बहुत ख़राब हो गई। एक बार फिर मासूमा सुल्तान बेगम ने हुमायूँ से चुनार अभियान के समय मिर्ज़ा को क्षमा करने की प्रार्थना की और उसे तीसरी बार क्षमा कर दिया गया। उसे ख़िल'अत और घोड़ा प्रदान किया गया। इस प्रकार मासूमा सुल्तान के द्वारा हुमायूँ तथा मुहम्मद ज़मान मिर्ज़ा के बीच दूरियाँ कम करने का परिणाम यह हुआ कि विद्रोही प्रवृत्ति वाला मिर्ज़ा, अन्ततः हुमायूँ का वफ़ादार बन गया और चौसा के युद्ध में शेरशाह के विरुद्ध लड़ते हुए मारा गया।[38]

हुमायूँनामा की लेखिका गुलबदन बेगम, बाबर तथा दिलदार बेगम की पुत्री थी। इस प्रकार वह हुमायूँ की सौतेली बहन थी। किंतु गुलबदन के भाई हिन्दाल की ही भाँति गुलबदन को भी हुमायूँ की माँ माहम बेगम ने, जब वह दो वर्ष की थी, तभी गोद ले लिया था।[39] गुलबदन बेगम से हुमायूँ और कामरान, दोनों प्यार करते थे। लेकिन गुलबदन ने हमेशा हुमायूँ का पक्ष लिया। गुलबदन बेगम ने अपने पति ख़िज़्र ख़्वाजा को हुमायूँ के साथ रहने के लिए प्रेरित किया जबकि ख़िज़्र ख़्वाजा का भाई आक़ सुल्तान, मिर्ज़ा कामरान का दामाद था।[40] जिस समय काबुल पर कामरान का क़ब्ज़ा था, गुलबदन कामरान के पास ही थी। कामरान चाहता था कि गुलबदन बेगम अपने पति ख़िज़्र ख़्वाजा को इस आशय का पत्र लिखे कि वह हुमायूँ का साथ छोड़कर कामरान का साथ दे। गुलबदन बेगम ने यह कहते हुए कि उसका पति पत्र को पहचान नहीं पाएगा, पत्र लिखने से इन्कार कर दिया।[41] वह नहीं चाहती थी कि ख़िज़्र ख़्वाजा कामरान का साथ दे। गुलबदन बेगम ने स्वयं लिखा है, "मैंने प्रारंभ से ही ख़ाँन

को कह रखा था कि तुम्हारे भाई भले ही मिर्ज़ा कामरान के साथ रहें, अल्लाह न करे कि तुम उनका साथ देने की सोचो।''[42] गुलबदन, आगे अल्लाह का इस बात के लिए धन्यवाद ज्ञापित करती है कि उसके पति ने वही किया जो उसने कहा था; और हुमायूँ बादशाह का साथ दिया।[43] कालान्तर में ख़िज्र ख़्वाजा ख़ाँन को 1556 ई. में लाहौर तथा बाद में बिहार का सूबेदार नियुक्त किया गया।[44]

ख़िज्र ख़्वाज़ा ख़ाँन को 'अमीरुल उमरा' की उच्च श्रेणी प्रदान की गई। *तबकात-ए-अकबरी* में ख़िज्र ख़्वाजा ख़ाँन को पाँच हज़ारी मनसबदारों में बारहवें स्थान पर रखा गया है।[45] 1594 ई. में, जब गुलबदन बेगम के दौहित्र मुहम्मद यार ने विद्रोह किया और गिरफ़्तार कर लिया गया तब गुलबदन बेगम ने उसकी सज़ा को कम करवाने में भूमिका निभाई।[46] उस समय गुलबदन बेगम की आयु सत्तर वर्ष थी। हमीदा बानो बेगम के साथ मिलकर विद्रोही शाहज़ादा सलीम को विद्रोह समाप्त करने के लिए राज़ी करने तथा उसे अकबर से क्षमादान दिलवाने में भी गुलबदन की भूमिका रही।[47]

मुग़ल शाही परिवार से संबंधित एक अन्य महिला ह़रम बेगम का हुमायूँ तथा अकबर के प्रारम्भिक जीवन में काफ़ी महत्त्व है। ह़रम बेगम बाबर के चचेरे भाई वैस मिर्ज़ा की पुत्रवधू तथा सुलेमान मिर्ज़ा की पत्नी थी। उसने अपने पति सुलेमान मिर्ज़ा तथा पुत्र इब्राहीम मिर्ज़ा पर अत्यधिक प्रभाव डाला। उसने वास्तविक शासिका की भाँति बदख़्शाँ तथा कोलाब का शासन संचालित किया।[48] ह़रम बेगम को 'वली नामत बेगम' की उपाधि प्राप्त थी। सन् 1549 ई. में बल्ख अभियान के समय हुमायूँ ने ह़रम बेगम से सहयोग का निवेदन किया। ह़रम बेगम ने अत्यल्प समय में विशाल सेना एकत्रित कर लिया और उसका नेतृत्व करते हुए हुमायूँ की सहायता की।[4] सन् 1551 ई. में जब हुमायूँ हिन्दुस्तान अभियान की योजना बना रहा था, ह़रम बेगम काबुल आयी और मिर्ज़ा हिन्दाल की मृत्यु पर शोक व्यक्त किया।[50] इस बीच ह़रम बेगम ने काबुल की परिस्थितियों का सावधानीपूर्वक अध्ययन किया। हुमायूँ की अनुपस्थिति में काबुल पर अधिकार करने की योजना भी बनाई। उसने अपने पति तथा पुत्र को काबुल पर अधिकार करने के लिए प्रेरित किया। ह़रम बेगम ने 1551 से 1566 ई. के मध्य काबुल पर अधिकार रखने के कम से कम चार प्रयास किए किंतु वह अपने इस प्रयास में सफल न हो सकी। ह़रम बेगम का बदख़्शाँ की सेना तथा प्रशासन पर पूर्ण नियन्त्रण था। उसका

सम्मान न केवल उमरा करते थे बल्कि शाही परिवार के शाहजादे एवं शाहज़ादियाँ भी उसे सम्मान की दृष्टि से देखते थे।[51]

हुमायूँ बादशाह की पहली पत्नी बैगा बेगम ने राजनीतिक गतिविधियों को किस सीमा तक प्रभावित किया, हमारे पास उसके बहुत अधिक प्रमाण नहीं हैं, सिवा इसके कि बैगा बेगम बंगाल अभियान के समय हुमायूँ के साथ थीं। उसने अपने विद्रोही बहनोई ज़ाहिद बेग को क्षमा करवाने का असफल प्रयास किया।[52] बैगा बेगम 1539 ई. में चौसा के युद्ध में शेरशाह की सेना द्वारा क़ैद की गई महिलाओं में से एक थी।[53] शेरशाह ने अपने योग्य अधिकारी ख़वास ख़ाँन की देखरेख में बैगा बेगम को हुमायूँ के पास भेज दिया।[54] इस युद्ध में खो जाने वाली शाहज़ादी अक़ीक़ा इसी की पुत्री थी। हमें यह ज्ञात नहीं है कि सिंध में बैगा बेगम हुमायूँ से मिल सकी या नहीं। इस दुर्भाग्यपूर्ण घटना के पश्चात् बैगा बेगम का पुनः उल्लेख 1545 ई. में शाही परिवार के साथ मिलता है।[55]

हुमायूँ की पत्नी तथा अकबर की माँ हमीदा बानो बेगम ने अपने पति तथा पुत्र, दोनों के कार्यकाल में राजनीतिक गतिविधियों को प्रभावित किया। वह हुमायूँ के भारत से पलायन के समय उससे मिली थी और निरंतर सुख-दुःख में उसके साथ रही। वह जाम के प्रसिद्ध सन्त अहमदजामी 'ज़िन्दाफ़ील' के वंश से संबंधित थी और फ़ारस में हुमायूँ के साथ रही।[56] हमीदा बानो बेगम की इस पृष्ठभूमि का हुमायूँ को लाभ मिला। उसकी व्यवहार कुशलता के फलस्वरूप ईरान के शाह तहमास्प की बहन सुल्तानम के काफ़ी निकट आ गई। सुल्तानम का समकालीन ईरानी राजनीति में अत्यधिक प्रभाव था। वह हुमायूँ के परिवार पर कृपालु हो गई और ईरान के शाह से सहायता दिलवाने में सहयोग किया।[57] ईरान का शाह तहमास्प उत्साही शिया था। वह सुन्नियों के प्रति घृणा की भावना रखता था जबकि स्वयं हुमायूँ सुन्नी मत का अनुयायी था। कहा जाता है कि हमीदा बानो बेगम तथा शाहज़ादा सुल्तानम की सलाह पर शिया मत स्वीकार कर लिया जिससे शाह तहमास्प का सहयोग मिलना संभव हो सका। शाह ने हुमायूँ की सहायता के लिए लगभग बारह हज़ार घुड़सवारों सहित एक बड़ी सेना भेजी। उसमें शाह तहमास्प के एक पुत्र सहित उच्च अधिकारी सम्मिलित थे।[58] वस्तुतः हमीदा बानो बेगम का हुमायूँ के जीवन में वही स्थान है जो बाबर के जीवन में माहम बेगम का।

हुमायूँ ने भारत का साम्राज्य पुनः प्राप्त किया (1555-56 ई.) तब हमीदा बानो बेगम काबुल में थी। सन् 1557 ई. में, अन्य बेगमों के साथ वह भी दिल्ली आयी।[59] इस समय उसका पुत्र जलालुद्दीन मुहम्मद अकबर हिन्दुस्तान का बादशाह था और वह आगरा में था। बादशाह के अतालिक बैरम ख़ाँन का शासन-प्रशासन पर अत्यधिक प्रभाव स्थापित हो गया था। इस स्थिति में अकबर अपनी माँ के पास दिल्ली गया और वहाँ माहम अनगा, जीजी अनगा तथा अन्य अमीरों के सहयोग से बैरम ख़ाँन को पदच्युत कर दिया। बैरम ख़ाँन को अपदस्थ करवाने में हमीदा बानो बेगम की भूमिका से इन्कार नहीं किया जा सकता।[60]

अकबर के काल में हमीदा बानों बेगम को *मरियम मकानी* की उपाधि प्राप्त हुई। वह बादशाह अकबर तथा *वली अहद* शाहजादा सलीम के मध्य उत्पन्न अविश्वास तथा तनावों को कम करने का जीवनपर्यन्त प्रयास करती रही। सन् 1601-2 ई. में सलीम ने अपने पिता के विरुद्ध विद्रोहात्मक गतिविधियाँ प्रारंभ कर दिया। उसकी इन गतितिधियों के चलते अकबर ने उसे दरबार में आने की अनुमति से ख़ारिज कर दिया। हमीदा बानो बेगम के हस्तक्षेप के पश्चात् अकबर ने शाहज़ादे को क्षमा कर दिया और उसे इलाहाबाद का सूबेदार नियुक्त कर दिया गया।[61] वहाँ जाकर सलीम पुनः विद्रोही गतिविधियों में संलग्न हो गया। वह स्वतन्त्र शासक की भाँति व्यवहार करने लगा।[62] अकबर अत्यधिक क्रोधित हुआ और विद्रोह के दमन के लिए स्वयं निकल पड़ा। इस प्रकार मुग़ल साम्राज्य संभावित गृह-युद्ध की ओर बढ़ रहा था कि हमीदा बानो बेगम की बीमारी का समाचार प्राप्त हुआ। अकबर को वापस आगरा आना पड़ा। 29 अगस्त 1604 ई. को मुग़ल साम्राज्य की सर्वाधिक शक्तिशाली महिला मरियम मकानी हमीदा बानो बेगम ने अपने प्राण त्याग दिए इराका भी निहितार्थ निकला। सलीम को, सलीमा सुल्तान बेगम की मध्यस्थता के चलते दादी की मृत्यु पर शोक व्यक्त करने के लिए आगरा आने की अनुमति मिल गई और उसे एक बार फिर क्षमा कर दिया गया।[63] इस प्रकार भारत के महानतम सम्राट की जन्मदात्री की मृत्यु भी, उसके महानतम सम्राज्य को संभावित विनाश को बचाने में सहायक रही।

हुमायूँ की पत्नी तथा मिर्ज़ा मुहम्मद हकीम की माँ, माहचुचक बेगम अत्यन्त महत्त्वाकांक्षी महिला थी। वह अकबर के शासन के प्रारम्भिक वर्षों में काबुल की राजनीति पर लगभग आठ वर्ष तक हावी रही। हुमायूँ ने उसके पुत्र मिर्ज़ा मुहम्मद हकीम को सन् 1554 ई. में काबुल

का सूबेदार नियुक्त किया था। सन् 1556 ई. में बादशाह बनने के पश्चात् अकबर ने भी इस नियुक्ति की पुष्टि कर दी।[64] मिर्ज़ा मुहम्मद हकीम की अव्यस्कता की दृष्टि से प्रशासन में उसकी सहायता के लिए मुनीम ख़ाँन को नियुक्त किया गया। सन् 1561 ई. में बैरम ख़ाँन के पतन के बाद मुनीम ख़ाँन को अकबर ने वापस बुला लिया और काबुल का दायित्व मुनीम ख़ाँन के पुत्र ग़नी ख़ाँन को सौंपा गया। किंतु ग़नी ख़ाँन, न तो इतना अनुभवी था और न ही इतना योग्य था कि माहचुचक बेगम पर अपना प्रभुत्व क़ायम रख सकता। माहचुचक बेगम ने ग़नी ख़ाँन की कमज़ोरी का लाभ उठाया और प्रशासन की सारी शक्तियाँ अपने हाथ में ले लिया। ग़नी ख़ाँन को काबुल छोड़कर हिन्दुस्तान आना पड़ा। काबुल की बागडोर सीधे माहचुचक बेगम के हाथ आ गई और वह मिर्ज़ा हकीम की संरक्षिका के रूप में प्रशासन चलाने लगी।[65] प्रशासनिक कार्यों में सहायता हेतु फ़ाज़िल बेग को नियुक्त किया गया। एक षड्यन्त्र के तहत फ़ाज़िल बेग की हत्या हो गई और वली अतका को कार्यकारी नियुक्त किया गया। माहचुचक बेगम ने जब देखा कि वली अतका अधिक शक्तिशाली हो रहा है तब उसने वली अतका की हत्या करवा दी।[66]

उधर अकबर ने ग़नी ख़ाँन की वापसी तथा काबुल में अशान्ति के मद्देनज़र ने मुनीम ख़ाँन को शान्ति स्थापित करने हेतु भेजा। किन्तु मुनीम ख़ाँन को जलालाबाद में माहचुचक बेगम के हाथों पराजय का मुँह देखना पड़ा।[67] इसी बीच बेगम ने हैदर क़ासिम कोहबर नामक व्यक्ति को अपने साथ मिला लिया।[68] इसी के पश्चात् विद्रोह तथा हत्याओं का दोषी अबुलमाली लाहौर जेल से भागकर काबुल पहुँच गया। उसने माहचुचक बेगम से हुमायूँ के प्रति अपनी सेवाओं का उल्लेख किया और उसे अपने विश्वास में ले लिया। बेगम ने अपनी स्थिति मज़बूत करने के लिए अपनी पुत्री फ़ख़रुन्निसा बेगम का विवाह अबुल माली के साथ कर दिया।[69] अबुलमाली को माहचुचक बेगम का मातहत बना रहना स्वीकार्य नहीं था। वह अपनी शक्ति का विस्तार करने लगी। अबुल माली ने थोड़े ही दिनों में काबुल की राजनीति पर अपना प्रभाव जमा लिया और 1564 ई. में उसने माहचुचक बेगम तथा हैदर क़ासिम कोहबर की हत्या कर दी।[70]

काबुल की इस अशान्ति का समाचार बदख़्शाँ में मिर्ज़ा सुलेमान तथा हरम बेगम को मिला। वह काबुल की ओर बढ़े और गोरबन्द की घाटी में अबुलमाली को पराजित कर दिया गया जिसकी बाद में हत्या कर दी गई। इस प्रकार मिर्ज़ा हकीम को पुनः काबुल का सूबेदार बना

रहने दिया गया। इसके साथ ही, माहचुचक बेगम के द्वारा मिर्ज़ा हकीम की संरक्षिका के रूप में काबुल की राजनीति में मचाया गया उहापोह, उसकी हत्या के साथ समाप्त हो गया।

अकबर की सगी या सौतेली माताओं, या उससे भी बढ़कर, अकबर की धाय माताओं– माहम अनगा एवं जीजी अनगा ने समकालीन राजनीति की दिशा को बदल कर रख दिया। माहम अनगा अकबर की मुख्य धाय माँ तथा नदीम कूका की पत्नी थी। माहम अनगा के सगे बेटे बाक़ी एवं अधम ख़ाँन कूका थे। अकबर की शैशवावस्था में माहम अनगा काबुल में अकबर की सेवा में संलग्न थी जबकि उसका पति नदीम कूका ईरान में शरणार्थी सम्राट की सेवा में था।[71] सन् 1547 ई. जब कामरान मिर्ज़ा ने अकबर को तोप के सामने करने की धमकी दी तब माहम ने बालक अकबर की रक्षा के लिए स्वयं को तोप के सामने कर दिया।[72] यही कारण था कि अकबर, माहम अनगा को अत्यधिक प्यार और सम्मान ही नहीं करता था बल्कि उस पर विश्वास भी कर सकता था।

माहम अनगा ने अकबर के शासन के प्रारम्भिक वर्षों में राजनीति पर अमिट छाप छोड़ा।[73] सन् 1556 ई. में हुमायूँ की मृत्यु के पश्चात् अकबर बादशाह बना। बैरम ख़ाँन को *ख़ान-ए-ख़ाना* की उपाधि के साथ वकील नियुक्त किया गया। सम्राट की अव्यस्कता के मद्देनज़र बैरम ख़ाँन अकबर का संरक्षक (*अतालिक*) भी बना। बैरम ख़ाँन का बढ़ता हुआ प्रभाव धीरे-धीरे युवा सम्राट को असहनीय प्रतीत होने लगा।[74] बढ़ती हुई आयु के साथ अकबर को दायित्वबोध भी होने लगा। अब वह मात्र शिकार खेलने और मनोरंजन के विभिन्न साधनों से संतुष्ट रहने वाला नहीं था। उसे सम्राट के रूप में अपने स्वतन्त्र व्यक्तित्व स्थापना की चिन्ता होने लगी। किन्तु बैरम ख़ाँन जैसे शक्तिशाली व्यक्ति को, जिसकी शासन-प्रशासन पर मज़बूत पकड़ हो, को हटा पाना इतना सहज कार्य न था; और वह भी आगरा में रहते हुए। इस परिस्थिति में अकबर को अपनी धाय माँ, माहम अनगा तथा उसके सहयोगियों से सकारात्मक संकेत मिले। तत्कालीन परिस्थिति में, वस्तुतः बैरम ख़ाँन के पश्चात् माहम अनगा का व्यक्तित्व सर्वाधिक शक्तिशाली था। माहम अनगा के संबंधी शहाबुद्दीन तथा बाक़ी ख़ाँन क्रमशः दिल्ली तथा सिकंदराराव (अलीगढ़) के गवर्नर थे। माहम अनगा का पुत्र अधम ख़ाँन भी एक शक्तिशाली अमीर था। संयोग ही है कि जिस समय अधम ख़ाँन अकबर के साथ आगरा में था, माहम अनगा तथा सम्राट की माँ हमीदा बानों बेगम दिल्ली में थीं। साम्राज्य

की प्रशासनिक राजधानी के रूप में दिल्ली अब भी महत्त्वपूर्ण थी।[75] अतः अकबर ने बैरम ख़ाँन की आज्ञा के बग़ैर ही दिल्ली जाना श्रेयस्कर समझा। उसने 19 मार्च, 1560 ई. को शिकार के बहाने आगरा छोड़ दिया।

इस बीच अकबर जब सिकन्दराराव पहुँचा तब उसे माहम अनगा का यह संदेश मिला कि उसकी माँ बीमार हैं और दिल्ली में उसे याद कर रही हैं। यह संदेश पाते ही अकबर अपनी माँ को देखने के लिए बढ़ा। उसने अपने चचेरे भाई अबुल क़ासिम को अपने साथ ले लिया।[76] दिल्ली के गवर्नर शिहाबुद्दीन अहमद ने खुर्जा के पास अकबर का भव्य स्वागत किया।[77] इस अवसर पर माहम अनगा तथा शिहाबुद्दीन अहमद ने अकबर को बैरम ख़ाँन से आगाह किया। उन्होंने चेतावनी दी कि बैरम ख़ाँन से मुक्ति के बग़ैर वह सम्राट की स्वतन्त्र शक्तियों का उपयोग कभी नहीं कर सकता। अपनी बातों को बल देने के लिए माहम अनगा तथा शिहाबुद्दीन अहमद ने यह कहते हुए कि यदि *ख़ान-ए-ख़ाना* को ज्ञात होगा कि शाही कारवाँ हमारे आमन्त्रण पर दिल्ली आया, तब वह हमसे अवश्य बदला लेगा जिसका प्रतिरोध करने की शक्ति हममें नहीं है, अतः हमें पवित्र यात्रा (मक्का जाने) की अनुमति दे दी जाय।[78] जैसाकि अपेक्षित था, अकबर ने माहम अनगा से अलग होना स्वीकार नहीं किया। उसे यह भी भली-भाँति ज्ञात था कि बैरम ख़ाँन से मुक्ति के लिए माहम अनगा का सहयोग अत्यन्त अपेक्षित है।

इस बीच अकबर ने दिल्ली से एक फ़रमान जारी कर दिया और सभी अमीरों को दरबार में हाज़िरी देने की आज्ञा दी। अधिकांश अमीरों ने सम्राट के प्रति स्वामिभक्ति का प्रदर्शन किया। उनमें बयाना के गवर्नर क्यिहन गंग तथा पंजाब के गवर्नर तथा जीजी अनगा के पति शम्सुद्दीन मुहम्मद अतक़ा का नाम प्रमुख है।[79]

अधिकाँश अमीरों को अपने साथ देखकर अकबर ने बैरम ख़ाँन को एक अत्यन्त कूटनीतिक पत्र लिखा। इसमें बैरम ख़ाँन के प्रति सम्मान तो प्रकट किया गया था, किन्तु साथ ही सम्राट के अविश्वास तथा बैरम ख़ाँन को पदमुक्त किए जाने का दृढ़ आदेश भी निहित था।[80] बैरम ख़ाँन को 20 मार्च 1560 को ही अकबर के शिकार अभियान (अविश्वास) का पता चल गया। बैरम ख़ाँन ने ख़्वाजा अमीनुद्दीन, हाजी मुहम्मद सीस्तानी तथा तार्सुन बेग को भेजकर अपनी स्वामिभक्ति से सम्राट को आश्वस्त करना चाहा था लेकिन इन दूतों को बंदी बना लिया गया।

इस पत्र में यह भी स्पष्ट किया गया था कि सम्राट बैरम ख़ाँन से मिलना नहीं चाहता। बैरम ख़ाँन को आज्ञा दी गई कि वह ग्वालियर चला जाये और जब भी आवश्यकता होगी, उसे बुला लिया जाएगा। आशय यह हुआ कि बैरम ख़ाँन की आगरा में उपस्थिति को भी नकार दिया गया। पत्र की अंतिम पंक्तियों में बैरम ख़ाँन को पवित्र यात्रा पर जाने का सुझाव भी दिया गया। स्पष्टतः बैरम ख़ाँन को यह राजनीति से संन्यास लेने का संदेश था।

इस प्रकार माहम अनगा पहली ही चाल में बैरम खाँन पर भारी पड़ गई। माहम अनगा के सुझाव पर बहादुर ख़ाँन को बैरम ख़ाँन के स्थान पर वकील नियुक्त किया गया।[81] दूसरी ओर बैरम ख़ाँन बीकानेर के रास्ते पंजाब की ओर बढ़ने लगा। उसका उद्देश्य झण्डा तथा तोमान-तोक़ वापस करना रहा हो या तीर्थ यात्रा पर जाना अथवा शाही अमीरों के मज़ा चख़ाना, बैरम ख़ाँन के आगे बढ़ने का यह क़दम उक्त शाही आदेश का सरासर उल्लंघन था। अतः पंजाब के गवर्नर शम्सुद्दीन मुहम्मद अतक़ा को बैरम ख़ाँन से निपटने के लिए भेजा गया। इस कार्य को शम्सुद्दीन मुहम्मद अतक़ा तथा उसके पुत्र अज़ीज़ क़ोका ने चुनौती की तरह लिया। वह बैरम ख़ाँन से युद्ध के लिए तैयार हो गया।[82] भाग्य ने शम्सुद्दीन मुहम्मद अतक़ा का साथ दिया और बैरम को पराजय का मुँह देखना पड़ा।[83] स्वयं अकबर ने दिल्ली से पंजाब की ओर प्रस्थान किया और मुनीम ख़ाँन को काबुल से बुलाया गया।

अब मुनीम ख़ाँन को वकील नियुक्त किया गया जबकि शम्सुद्दीन मुहम्मद अतक़ा को बैरम ख़ाँन का तोमान-तोक़ तथा झण्डा देकर सम्मानित किया गया।[84] मुनीम का संबंध माहम अनगा के समूह से था जबकि शम्सुद्दीन मुहम्मद अतक़ा, जीजी अनगा का पति तथा शक्तिशाली अतक़ा जनजाति का होने के नाते माहम अनगा का प्रमुख प्रतिद्वन्द्वी था। मुनीम ख़ाँन के वकील बनने के पश्चात् बैरम ख़ाँन ने तिलवाड़ा के क़िले में शरण लिया। उसने सम्राट के समक्ष उपस्थित होने की आज्ञा माँगी जिसे स्वीकार कर लिया गया और उसे मक्का जाने की अनुमति दे दी गई। 31 जनवरी, 1561 ई. को मक्का जाते समय गुजरात में बैरम ख़ाँन के एक पुराने दुश्मन मुबा़रक ख़ाँन लोहानी ने हत्या कर दी।[85] इस प्रकार सम्राट अकबर के 'खान बाबा' और मुग़ल साम्राज्य के एक अत्यन्त शक्तिशाली व्यक्ति का अन्त हुआ।

बैरम ख़ाँन के पतन के पश्चात् अकबर का ध्यान मालवा की ओर गया जहाँ का शासक बाजबहादुर था। माहम अनगा के पुत्र अधम ख़ाँन को मालवा अभियान का दायित्व सौंपा गया।

अधम ख़ाँन का अभियान सफल रहा और 1561 ई. में उसने बाज बहादुर को बुरी तरह पराजित कर दिया। उसने बाजबहादुर की धन-संपत्ति तथा हरम पर अधिकार कर लिया जिसमें अनेक सुंदरियाँ तथा नर्तकी भी सम्मिलित थीं। परंपरानुसार लूट का सामान तथा महिलाएँ सम्राट के समक्ष भेजी जानी चाहिए थी, किंतु अधम ख़ाँन ने ऐसा नहीं किया। उसने बादशाह के पास कुछ हाथी तथा थोड़ा-बहुत सामान भेजा जबकि अधिकांश संपत्ति तथा महिलाएँ अपने पास रख लिया।[86] अधम ख़ाँन के इस धृष्टतापूर्ण कार्य के लिए अकबर का क्रोधित होना स्वाभाविक था। अकबर ने अधम ख़ाँन की ख़बर लेने के लिए 27 अप्रैल, 1561 ई. को मालवा के लिए प्रस्थान कर दिया। माहम अनगा, जो उस समय राजधानी में थी, ने सम्राट के आगमन की सूचना अधम ख़ाँन के पास अतिद्रुत दूतों के माध्यम से भेजा। लेकिन अकबर का यह अभियान इतना द्रुत था कि माहम अनगा द्वारा भेजे गए दूत अकबर से पहले मालवा नहीं पहुँच पाए सम्राट के इस अप्रत्याशित आगमन से अधम ख़ाँन चकित रह गया। उसने सम्राट के समक्ष अपना सम्मान प्रकट किया और अपना पक्ष रखने का प्रयास भी किया लेकिन वह अकबर को संतुष्ट नहीं कर सका। अब तक स्वयं माहम अनगा मालवा पहुँच चुकी थी। उसने अधम ख़ाँन को संपूर्ण वस्तुएँ तथा महिलाओं को सम्राट के समक्ष प्रस्तुत करने के लिए प्रेरित किया।[87] किंतु अधम ख़ाँन अपनी धृष्टता से बाज नहीं आया और बाज बहादुर की दो सुंदरियों को चुरा लिया। जब उसके इस कृत्य की सूचना अकबर को मिली तब उसके क्रोध की सीमा न रही। उसने इन महिलाओं को खोजने का आदेश दे दिया। माहम अनगा को इस बात का भय था कि यदि वह दो महिलाएँ खोज निकाली गईं तब अधम ख़ाँन की धृष्टता प्रकट हो जाएगी और उसे सम्राट के प्रकोप का सामना करना पड़ेगा। माहम अनगा ने यह कहते हुए कि 'कटे हुए सिर बोलते नहीं हैं', उन दोनों निर्दोष महिलाओं को मरवा दिया। अकबर को इस संपूर्ण घटनाक्रम का सुराग लग गया लेकिन वह अपनी धाय माता के सम्मान के कारण कुछ नहीं बोला। वह 4 जून, 1561 ई. को आगरा वापस आ गया।[88]

किंतु अकबर मालवा की घटना से भली-भाँति सचेत हो गया। वह माहम अनगा के संबंधियों के बड़ी संख्या में उच्च पदों पर आसीन होने की स्थिति में निष्कंटक नहीं महसूस कर सकता था। इसी बीच अकबर की एक अन्य धाय माँ, जीजी अनगा के पति और बैरम ख़ाँन को पराजित करने वाले शम्सुद्दीन मुहम्मद अतक़ा ने सम्राट के समक्ष एक ज्ञापन प्रस्तुत किया। उसने सम्राट

से निवेदन किया कि यद्यपि उसने माहम अनगा और उसके संबंधियों से कम महत्त्वपूर्ण सेवाएँ नहीं कीं, लेकिन उसे इसके बदले में सम्राट की वह कृपादृष्टि प्राप्त नहीं हुई जैसी कि माहम अनगा और उसके संबंधियों को।[89] अकबर को स्वयं इसी अवसर की प्रतीक्षा थी। उसने मुनीम ख़ाँन के स्थान पर नवम्बर, 1561 ई. में शम्सुद्दीन मुहम्मद अतक़ा को पंजाब से बुलाकर वकील नियुक्त कर दिया। सम्राट महत्त्वपूर्ण राजनीतिक, सैन्य एवं आर्थिक मुद्दों पर शम्सुद्दीन मुहम्मद अतक़ा से परामर्श लेने लगा।[90] शम्सुद्दीन मुहम्मद अतक़ा की वकील के रूप में नियुक्ति, माहम अनगा की राजनीतिक शक्ति के लिए चुनौती थी।

इस बीच अकबर ने एक और कठोर क़दम उठाया और अधम ख़ाँन को मालवा से वापस बुला लिया। उसके स्थान पर पीर मुहम्मद को नियुक्त कर दिया गया। अधम ख़ाँन तथा उसके सहयोगी अपने पराभव के लिए शम्सुद्दीन मुहम्मद अतक़ा को उत्तरदायी मानते थे। उन्होंने अतक़ा ख़ाँन की हत्या का निश्चय कर लिया। 16 मई, 1562 ई. को आगरा के राजमहल में जिस समय शम्सुद्दीन मुहम्मद अतक़ा ख़ाँन, मुनीम ख़ाँन तथा अन्य दरबारी अपने कार्यों में व्यस्त थे, अधम ख़ाँन ने अपने कुछ साथियों के साथ महल में प्रवेश किया। शम्सुद्दीन मुहम्मद अतक़ा ख़ाँन को छोड़कर समस्त दरबारी खड़े हो गए। इस बीच अधम ख़ाँन तथा उसके साथियों ने मिलकर शम्सुद्दीन मुहम्मद अतक़ा को मार डाला।[91] इसके पश्चात् अधम ख़ाँन हाथ में तलवार लेकर अकबर के व्यक्तिगत निवास की ओर बढ़ा जहाँ वह सो रहा था। अधम ख़ाँन ने अकबर के कमरे में घुसने का प्रयास किया, किंतु एक वफ़ादार पहरेदार नियामत ख़ाँन ने उसे अन्दर जाने से रोक दिया और दरवाज़ा बन्द कर लिया। इस बीच शोर-वो-गुल सुनकर अकबर जाग गया। यह जानकर कि अधम ने शम्सुद्दीन मुहम्मद अतक़ा की हत्या कर दी है, अकबर आपे से बाहर होकर चिल्लाने लगा।[92] उसने अधम की एक न सुनी और उसके बाल पकड़कर एक ही झटके में सीढ़ियों से नीचे फेंक दिया। जब अधम ख़ाँन पहली बार में नहीं मरा तब उसे पुनः क़िले की फ़सील से फेंकने का आदेश दिया।

इस घटना के समय माहम अनगा दिल्ली में थी और जब वह आगरा पहुँची तब अकबर ने उसे देखकर कहा, ''अधम ख़ाँन ने मेरे अतक़ा (पालक पिता) को मार डाला जिसके बदले में मैंने उसे मार दिया।'' माहम ने सिर्फ इतना कहा, ''अच्छा किया सम्राट।'' और, ठीक चालीस दिन बाद, 24 जून, 1562 को माहम अनगा की मृत्यु हो गई।[93]

इस प्रकार बैरम ख़ाँन के पतन से लेकर अंतिम सांस लेने तक, माहम अनगा का समकालीन राजनीति पर प्रभाव रहा, किंतु इस प्रभाव का स्वरूप ऐसा नहीं था जिसे 'पेटीकोट गवर्नमेंट' अथवा 'पर्दा शासन' की संज्ञा दी जा सके।[94] माहम अनगा द्वारा बैरम ख़ाँन के पतन में अकबर को सहयोग देना, स्वयं युवा सम्राट की इच्छा के अनुरूप था जो कि बैरम ख़ाँन की बढ़ती हुई शक्ति से स्वयं को मुक्त कराना चाहता था। अकबर द्वारा शिकार के बहाने आगरा छोड़ना स्वप्रेरित था न कि माहम अनगा अथवा अन्य किसी महिला के प्रभाव के चलते। हमीदा बानो बेगम की बीमारी वाला पत्र तो अकबर को मार्ग में प्राप्त हुआ था। बैरम ख़ाँन, अकबर की अनुपस्थिति में आगरा में कोई संकट न खड़ा कर दे, उसके लिए भी अकबर ने माहम अनगा से संपर्क से पूर्व ही क़दम उठा लिया था। उसने अपने चचेरे भाई अबुल क़ासिम मिर्जा (कामरान का पुत्र) को अपने साथ ले लिया था ताकि बैरम ख़ाँन उसे गद्दी पर बैठाकर किसी प्रकार का संकट न खड़ा कर सके। अकबर के इन क़दमों से स्पष्ट है कि वह प्रत्येक उस किसी भी व्यक्ति से सहयोग ले सकता था जो उसे बैरम ख़ाँन के प्रभाव से मुक्त कराने में सक्षम हो। यह संयोग ही था कि माहम अनगा के अनेक संबंधी उच्च पदों पर आसीन थे। अतः अकबर ने सर्वप्रथम माहम अनगा का सहयोग प्राप्त करना उचित समझा। वह माहम अनगा की अतीत की सेवाओं तथा धाय माँ होने के नाते उस पर विश्वास भी कर सकता था। जहाँ तक माहम अनगा के पुत्र अधम ख़ाँन की धृष्टताओं को क्षमा करने का प्रश्न है, मुग़ल शाही परिवार से संबंध रखने वाली महिलाओं द्वारा अपने संबंधियों को क्षमा करवाने के उदाहरण इसके पहले तथा बाद में भी मिलते हैं।[95] यदि अकबर पर माहम अनगा का वास्तविक शासिका की भाँति प्रभाव होता तब अकबर न तो मुनीम ख़ाँन उसके पद से हटाता और न ही अधम ख़ाँन को मालवा से वापस बुलाता। इन तथ्यों से स्पष्ट है कि माहम अनगा ने अपनी महत्त्वाकांक्षा की पूर्ति के लिए अकबर का प्रयोग नहीं किया, अपितु उमरा वर्ग के अन्य सदस्यों की ही भाँति अकबर ने अपनी शक्ति को सुदृढ़ करने के लिए माहम अनगा का सहयोग लिया।

इस संदर्भ में अकबर की दूसरी धाय माँ, जीजी अनगा का उल्लेख करना भी समीचीन है। वह शम्सुद्दीन मुहम्मद अतक़ा की पत्नी थी जिसे हुमायूँ ने अकबर के पालक पिता (*अतक़ा*) की उपाधि दी थी। शम्सुद्दीन मुहम्मद अतक़ा पंजाब का गवर्नर था और बैरम ख़ाँन के विद्रोह के समय उसे बैरम ख़ाँन को रोकने का दायित्व दिया गया था।[96] अकबर शम्सुद्दीन *अतक़ा* पर इसलिए भी विश्वास कर सकता था, क्योंकि हुमायूँ की अनुपस्थिति में काबुल में पिता

की भूमिका का निर्वाह उसी ने किया था। शम्सुद्दीन मुहम्मद *अतक़ा* द्वारा बैरम ख़ाँन के विरुद्ध अभियान के लिए तैयार होना दो बातों से प्रेरित था — प्रथम, बैरम ख़ाँन से मुक्ति के लिए अन्य अमीरों की भाँति सम्राट को सहयोग देने का कर्तव्य; तथा द्वितीय, जीजी अनगा तथा माहम अनगा के समक्ष वफ़ादारी साबित करने की होड़। शम्सुद्दीन अतक़ा को वकील नियुक्त किये जाने में जीजी अनगा की कितनी भूमिका थी, इसका स्पष्ट प्रमाण तो नहीं है लेकिन उसकी भूमिका से इन्कार भी नहीं किया जा सकता। दूसरे, यह भी कि शम्सुद्दीन मुहम्मद अतक़ा की वकील के रूप में नियुक्ति माहम अनगा की शक्ति को संतुलित रखने का एक क़दम था।

शम्सुद्दीन मुहम्मद अतक़ा की मृत्यु के बाद सन् 1600 ई. तक जीजी अनगा जीवित रही और राजनीतिक गतिविधियों को प्रभावित करती रही। उसके प्रभाव के कारण ही शम्सुद्दीन मुहम्मद अत़का के बड़े भाई कुतुबुद्दीन ख़ाँन को भड़ौच का गवर्नर नियुक्त किया गया।[97] स्वयं जीजी अनगा के पुत्र अज़ीज़ कोका को अकबर तथा जहाँगीर के काल में काफ़ी उन्नति मिली। अकबर ने उसे *ख़ान-ए-आज़म* का सम्मान प्रदान किया तथा वह गुजरात और दक़न में गवर्नर भी रहा। अज़ीज कोका की संदिग्ध गतिविधियों के बावजूद अकबर ने उसे क्षमा कर दिया और 1596 ई. में वह साम्राज्य का वकील भी नियुक्त किया गया।[98]

अकबर की सौतेली बहन बख़्तुन्निसा बेगम ने अपनी माँ माहचुचक बेगम की ही भाँति राजनीति को प्रभावित किया। बख़्तुन्निसा बेगम मिर्जा मुहम्मद हकीम की सगी बहन तथा बदख़्शाँ के ख़्वाजा हसन की पत्नी थी।[99] मिर्ज़ा हकीम काबुल का सूबेदार था। उसने 1581 ई. में शाह मंसूर के बहकावे में आकर अकबर के विरुद्ध विद्रोह कर दिया। वह पंजाब की ओर बढ़ने लगा और लाहौर तक आ गया। पंजाब के गवर्नर मानसिंह ने मिर्ज़ा हकीम के विरुद्ध युद्ध घोषित कर दिया और वह स्वयं काबुल की ओर बढ़ने लगा। काबुल पहुँचकर यद्यपि अकबर ने मिर्ज़ा हकीम को क्षमा कर दिया, लेकिन काबुल की सूबेदारी का दायित्व मिर्ज़ा हकीम के स्थान पर, बहन बख़्तुन्निसा बेगम को सौंपा गया।[100] अकबर के काबुल से वापस लौटने के पश्चात् मिर्ज़ा हकीम गवर्नर के दायित्वों का निर्वाह करने लगा किंतु सभी शाही आदेश बख़्तुन्निसा बेगम के नाम से ही जारी होते थे।[101]

बख़्तुन्निसा बेगम को काबुल का गवर्नर नियुक्त किया जाना दो अर्थों में महत्त्वपूर्ण है — प्रथम, किसी महिला को राज्य का औपचारिक गवर्नर नियुक्त किया जाना यह संकेत करता

है कि मुग़ल महिलाओं को राजकीय पदाधिकारी नियुक्त करने को वैधानिक रूप से अनुचित नहीं मानते थे। द्वितीय, काबुल की तत्कालीन परिस्थितियों में बख़्तुन्निसा बेगम की नियुक्ति एक सोची-समझी रणनीति का हिस्सा थी। बख़्तुन्निसा, मिर्ज़ा हकीम की सगी बहन थी, अतः मिर्ज़ा हकीम द्वारा उसका सहयोग करना अपेक्षित था और हुआ भी यही। बख़्तुन्निसा का संबंध बदख़्शाँ से था इसलिए उसका काबुल का गवर्नर होना अब्दुला ख़ाँन उज़बेग की गतिविधियों से निपटने में सहायक हो सकता था।

मिर्ज़ा मुहम्मद हकीम की मृत्यु के पश्चात् 1584-85 ई. में बख़्तुन्निसा बेगम अपने पुत्र दिवाली के साथ अकबर के पास भारत आ गई।[102] जहाँगीर का विद्रोह समाप्त करवाने के लिए सलीमा-सुल्तान बेगम के साथ बख़्तुन्निसा बेगम भी गई थी।[103]

अकबर तथा जहाँगीर के शासनकाल में अकबर की पत्नी सलीमा सुल्तान बेगम ने समकालीन राजनीति में अपना महत्त्वपूर्ण योगदान किया। सलीमा सुल्तान बेगम हुमायूँ की सौतेली बहन गुलरुख़ बेगम तथा नुरुद्दीन मुहम्मद की पुत्री थी। सलीमा सुल्तान का पहला विवाह दिसम्बर 1557 ई. में बैरम ख़ाँन के साथ हुआ था। सन् 1561 ई. में बैरम ख़ाँन की हत्या के पश्चात् अकबर ने सलीमा सुल्तान बेगम से विवाह कर लिया।[104] वस्तुतः अकबर की पत्नियों में सलीमा सुल्तान बेगम को सर्वाधिक सम्मान प्राप्त हुआ।[105] सन् 1599 ई. में पिता-पुत्र के मध्य वैमनस्य समाप्त होने के पश्चात् 1501 ई. में सलीम ने पुनः विद्रोह कर दिया। उसने बादशाह की उपाधि धारण करके सिक्का तथा फ़रमान जारी करना प्रारम्भ कर दिया।[106] सलीम ने अकबर के प्रिय दरबारी अबुल फ़ज़ल की हत्या करवा दी जो कि अकबर के लिए अपूर्णीय क्षति थी।[107] लेकिन हमीदा बानो बेगम तथा गुलबदन बेगम के कहने पर अकबर उसे क्षमा करने के लिए राज़ी हो गया। क्षमा संबंधी संदेश देने के लिए सलीमा सुल्तान बेगम के नेतृत्व में बेगमों को इलाहाबाद भेजा गया।[108] 'फ़ात लस्कर' नाम का हाथी तथा सम्मान संबंधी अन्य चिन्ह बेगमों के साथ भेजे गए।[109] सलीम, सलीमा सुल्तान बेगम को अत्यधिक सम्मान देता था। सलीमा सुल्तान बेगम का अभियान सफल रहा। वह शाहज़ादा सलीम को लेकर आयी जिसे क्षमा प्रदान कर दी गई।[110]

जहाँगीर के शासन के प्रारम्भिक वर्ष में सलीमा सुल्तान बेगम ने एक बहुत ही दुर्भाग्यपूर्ण घटना, घटने से रोक दिया। सन् 1606 ई. में *ख़ान-ए-आज़म* मिर्जा अज़ीज़ कोका के बहकावे

में आकर शाहज़ादा खुसरो ने अपने पिता के विरुद्ध विद्रोह कर दिया। इससे बादशाह का क्रुद्ध होना स्वाभाविक था। स्वयं मिर्ज़ा अज़ीज़ कोका के संबंध में कहा जाता है कि वह दरबार में क़फ़न धारण करके उपस्थित होता था। उसे इस बात की आशंका थी कि उसकी हत्या या मृत्युदण्ड किसी भी समय हो सकता है।[111] एक रात *अमीर-उल-उमरा* शरीफ़ ख़ाँन से उसकी बहस हो गई। बादशाह ने इस संबंध में महत्त्वपूर्ण अमीरों के साथ विचार-विमर्श किया। *अमीर-उल-उमरा* तथा महाबत ख़ाँन ने अज़ीज़ कोका को शीघ्रतातिशीघ्र मृत्युदण्ड देने का परामर्श दिया जबकि ख़ान-ए-जहाँ लोदी ने इस विचार पर अपनी असहमति दी। इस निर्णायक क्षण पर सलीमा-सुल्तान बेगम ने हस्तक्षेप किया और बादशाह को ह़रम के अंदर आने के लिए कहा गया जहाँ बेगमें उपस्थित थीं।[112] उनके दबाव में मिर्ज़ा अज़ीज़ कोका को क्षमा कर दिया गया।[113]

सलीमा सुल्तान बेगम के अतिरिक्त रुकैया सुल्तान बेगम तथा मरियम-उज़-ज़मानी अकबर तथा जहाँगीर के काल में सम्मानित महिलाएँ थीं। जहाँगीर की राजपूत पत्नियों, विशेष रूप से खुसरो की माँ मानबाई (शाह बेगम) तथा खुर्रम की माँ जगतगोसाईं ने यद्यपि प्रत्यक्ष रूप से राजनीतिक गतिविधियों में भाग नहीं लिया किंतु राजपूतों की पंरपरा के अनुसार अपने पुत्रों तथा संबंधियों को जहाँगीर के विरुद्ध विद्रोह न करने तथा अपने पिता के प्रति वफ़ादार बने रहने की प्रेरणा देती रहीं।[114]

सन्दर्भ तथा टिप्पणी

1. ऐसा प्रतीत होता है कि बाबर के समय तक महिलाएँ प्रभुसत्ता नहीं प्राप्त करती थीं। स्वयं बाबर अपनी सौतेली नानी शाह बेगम को उद्धृत करते हुए लिखता है – ''यद्यपि यह हमारा तीन हज़ार साल पुराना वंशानुगत राज्य है तथापि मैं स्त्री होने के कारण प्रभुसत्ता का दावा नहीं कर सकती। फिर भी मेरा नाती मिर्ज़ा ख़ाँन (वैस मिर्ज़ा) इस योग्य है।'' एस.के. बनर्जी, ''सम ऑफ़ दि वूमेन रिलेशन्स ऑफ़ बाबर'', *इण्डियन कल्चर,* II, 1937-38, पृ. 55-56; रेखा मिश्रा, *वूमेन इन मुग़ल इण्डिया,* पृ. 17, पाद टिप्पणी-1
2. तैमूर की पत्नी हमीदा बानो बेगम के बारे में हैरत देहलवी का उल्लेख है कि उसने हमीदा बानो बेगम की वीरता से प्रभावित होकर विवाह किया था। वह मर्दों की भाँति युद्ध क्षेत्र में जाती थी

और अस्त्र-शस्त्र चलाने में निपुण थी। मिर्ज़ा हैरत देहलवी, *सवानेह उमरी अमीर तैमूर व हमीदा बानो बेगम*, पृ. 10-11, जे.एच. सैण्डर्स (अनु.), *टेमरलेन*, पृ. 324

3. ईसान दौलत बेगम की सक्रियता का अनुमान इस तथ्य से लगाया जा सकता है कि वह कम से कम चार बार शत्रु के हाथ पड़ी। लेकिन अपनी वीरता तथा सूझबूझ के चलते शत्रु के कोप से बच निकली। 877 हि. (1472-73 ई.) में घटी एक घटना तो बिल्कुल परीकथा लगती है। उसका पति युनुस ख़ाँन किसी काम से बाहर गया था। इसका लाभ उठाकर सुल्तान जमाल ख़ाँन ने ताशक़न्द पर क़ब्जा कर लिया और ईसान दौलत बेगम को बंदी बना कर अपने एक अमीर को दे दिया। जब वह ईसान दौलत बेगम के पास गया तब ईसान दौलत बेगम ने उस पर हमला कर दिया और अपने सेवकों की मदद से उसे मार डाला। हत्या के आरोप में ईसान दौलत बेगम को सुल्तान जमाल के समक्ष प्रस्तुत किया गया, उसकी निर्भीकता और जवाब से सुल्तान जमाल को यह ज्ञात हो गया कि यह स्त्री यूनुस ख़ाँन की पत्नी ईसान दौलत बेगम है। इससे जमाल ख़ाँन घबरा गया और ईसान दौलत बेगम को उसके पति के पास वापस भेज दिया गया। *हुमायूँनामा* (बेव.), पृ. 67-8 एवं पृ. 244-45
4. एस.के. बनर्जी, *पूर्वोद्धृत*, पृ. 55
5. रसब्रुक विलियम्स, *एन अम्पायर बिल्डर ऑफ दि सिक्सटींथ सेंचुरी*, पृ. 34
6. *बाबरनामा* (नवलपुरी), पृ. 34; एस.के. बनर्जी, *पूर्वोद्धृत*, पृ. 55
7. बाबर लिखता है कि भगदड़ में खा़नज़ादा बेगम शाहीबेग (शैबानी ख़ाँन) के हाथ पड़ गई। वह सुलह की बात चलने का उल्लेख भी करता है। गुलबदन बेगम का कहना है कि शैबानी ख़ाँन ने सुलह के लिए ख़ानज़ादा ख़ानम के साथ विवाह की शर्त रखी। इसके फलस्वरूप ही बाबर घेरेबंदी से बाहर आ पाया। हैदर दोग़लात ने बाबर के जीवन के बदले में ख़ानज़ादा बेगम को दिए जाने का उल्लेख किया है। ख़ाफ़ी ख़ाँन *तरीक़ा-ए-फ़ायदा* शब्द का उल्लेख करता है। बनर्जी का मत है कि यह विवाह ईसान दौलत बेगम तथा कुतलुक़ निगार ख़ानम की सहमति से हुआ, क्योंकि यह दोनों इस अवसर पर उपस्थित थीं। *बाबरनामा* (नवलपुरी), पृ. 106; हुमायूँनामा (बेव.), पृ. 250-251, *हुमायूँनामा* (उस्मान), पृ. 16, एस.के. बनर्जी, *उपरोक्त*, पृ. 57
8. *बाबरनामा* (नवलपुरी), पृ. 108; एस.के. बनर्जी, *उपरोक्त*, पृ. 55
9. *बाबरनामा* (नवलपुरी), पृ. 34
10. यहाँ शाहबेगम के पुत्रों सुल्तान महमूद ख़ाँन तथा अहमद ख़ाँन और बाबर के चाचा अहमद मिर्ज़ा एवं महमूद मिर्ज़ा के साथ दिग्भ्रमित होने की आवश्यकता नहीं है। वस्तुतः बाबर के दादा अबूसईद मिर्ज़ा के चार बेटे थे — अहमद मिर्ज़ा, महमूद मिर्ज़ा, उलुगबेग, उमरशेख मिर्ज़ा। इनमें से तीन का विवाह युनूस ख़ाँन की तीन बेटियों से हुआ था। बाबर के पिता उमर शेख मिर्ज़ा का विवाह

कुतलुक़ निगार ख़ानम; महमूद मिर्ज़ा का विवाह सुल्तान निगार ख़ानम तथा अहमद मिर्जा का विवाह मिहिरनिगार ख़ानम के साथ हुआ था। मिहिरनिगार ख़ानम की कोई संतान नहीं थी और सुल्तान निगार ख़ानम का पुत्र वैस मिर्जा (ख़ान मिर्ज़ा) था। विस्तृत जानकारी के लिए देखे़— एस.के. बनर्जी, *पूर्वोद्धृत,* पृ. 55-56; आर.पी. त्रिपाठी, *राइज़ एण्ड फ़ाल ऑफ़ दि मुग़ल अम्पायर,* I, पृ. 3-6

11. ख़ूबनिगार तथा मिहिरनिगार ख़ानम, बाबर की सगी मौसियाँ थीं। वैस मिर्ज़ा की माँ, सुल्तान निगार ख़ानम, शाह बेगम की पुत्री थी अर्थात् वह बाबर की सौतेली मौसी थी। गुलबदन बेगम ने इस षड्यन्त्र का उल्लेख करते हुए लिखा है कि मिर्ज़ा ख़ान तथा मुहम्मद हुसैन गोदगान बाग़ी हो गए और क़ाबुल घेर लिया। बाबर ने लड़ाई करके क़िले को जीत लिया। मिर्ज़ा ख़ाँन अपनी माँ के घर में छुप गया जो बादशाह की मौसी थी। मुहम्मद हुसैन ने अपनी बीवी के घर में शरण लिया जो बाबर की सबसे छोटी मौसी (ख़ूबनिगार ख़ानम) थी। मिर्ज़ा मुहम्मद हुसैन की अपनी मौत का भय था। वह एक क़ालीन में लिपट गया और अपने नौकर से कहा कि क़ालीन लपेटकर बाँध दे। लेकिन बाबर के आदमियों को इसकी ख़बर लग गई। उन्होंने मिर्ज़ा मुहम्मद हुसैन को क़ालीन से निकाल लिया और बादशाह (बाबर) के समक्ष प्रस्तुत किया। हज़रत बादशाह ने मौसियों की ख़ातिर उनके दोषों को क्षमा कर दिया। स्वयं बादशाह (बाबर) पूर्ववत अपनी मौसियों के यहाँ आता-जाता रहा। विद्रोह की इस घटना का उल्लेख स्वयं बाबर ने भी किया है। देखें, एस.के. बनर्जी, *उपरोक्त,* पृ. 55-56; बाबरनामा (नवलपुरी), पृ. 235-36; *हुमायूँनामा* (बेव.) पृ. 88-89
12. पादटिप्पणी संख्या 1 देखें।
13. *बाबरनामा* (बेव.), I, पृ. 21
14. *बाबरनामा* (नवलपुरी), पृ. 66
15. श्रीमती बेवरिज का मत है कि ख़ाँनज़ादा बेगम का शैबानी ख़ाँन के साथ यह पहला विवाह नहीं था। सन् 1501 ई. में ख़ानज़ादा के विवाहित होने का अंतःसाक्ष्य *बाबरनामा* में मिलता है, जब बाबर शैबानी ख़ाँन की (चौथी) बेहूदा हरकत का उल्लेख करते हुए लिखता है कि ख़ानज़ादा की इद्दत पूरी न हुई थी कि उसे हरी लेते ही विवाह कर लिया। इससे पहले शैबानी ख़ाँन का विवाह उसकी मौसी मिहिरनिगार ख़ानम के साथ हुआ था। ख़ानज़ादा बेगम से विवाह करने के लिए उसे मिहिरनिगार ख़ानम को तलाक़ देना पड़ा। *हुमायूँनामा* (बेव.), पृ. 37-38 एवं पृ. 250-51; *बाबरनामा* (नवलपुरी), पृ. 248; एस.के. बनर्जी, *पूर्वोद्धृत,* पृ. 57
16. *हुमायूँनामा* (बेव.), पृ. 251
17. *उपरोक्त,* पृ. 251 एवं 298-303

18. *उपरोक्त,* पृ. 251; एस.के. बनर्जी, *पूर्वोद्धृत,* पृ. 51; रेखा मिश्रा, *पूर्वोद्धृत,* पृ. 19-20
19. गुलबदन बेगम, *हुमायूँनामा* (बेव.), पृ. 160-61; ईश्वरी प्रसाद, *लाइफ़ एण्ड टाइम्स ऑफ़ हुमायूँ,* पृ. 222; रेखा मिश्रा, *पूर्वोद्धृत,* पृ. 19
20. रेखा मिश्रा, *उपरोक्त,* पृ. 19-20; *हुमायूँनामा* (बेव.), पृ. 38-39
21. *हुमायूँनामा* (बेव.), *उपरोक्त,* पृ. 251, एस.के. बनर्जी, पूर्वोद्धृत, पृ. 58
22. *बाबरनामा* (बेव.), भाग-1, पृ. 344; *हुमायूँनामा* (बेव.), पृ. 258; ईश्वरी प्रसाद, *पूर्वोद्धृत,* पृ. 1 एवं पादटिप्पणी 1
23. *बाबरनामा* (बेव.), I, पृ 358; *हुमायूँनामा* (बेव.), पृ. 91; रेखा मिश्रा, *पूर्वोद्धृत,* पृ. 18
24. एस.के. बनर्जी, *हुमायूँ बादशाह,* खण्ड I, पृ. 60
25. माहम बेगम तथा बाबर के मध्य भावुकतापूर्ण संवादों हेतु, देखें – *हुमायूँनामा* (बेव.), पृ.104-05; ईश्वरी प्रसाद, *पूर्वोद्धृत,* पृ. 27
26. लीडेन एवं एर्स्काइन का मत है कि हिन्दुस्तान का साम्राज्य बाबर, मेंहदी ख़्वाजा नहीं बल्कि मासूमा (बाबर की सबसे बड़ी पुत्री) के पति मुहम्मद ज़मान मिर्जा को देना चाहता था। तर्क स्वरूप मुहम्मद ज़मान मिर्ज़ा को राजछत्र प्रदान करने की चर्चा है। लेकिन *बाबरनामा* से यह स्पष्ट है कि बाबर ने ज़मान मिर्ज़ा को राजछत्र इसलिये नहीं दिया था कि वह उसे हिन्दुस्तान का बादशाह बनाना चाहता था, बल्कि ज़मान मिर्ज़ा को यह सम्मान बिहार का सूबेदार बनाए जाने के संदर्भ में दिया था। *बाबरनामा* (नवलपुरी), पृ. 471-72 तथा पृ. 514-15, मेंहदी ख़्वाजा की विस्तृत चर्चा हेतु देखें – *हुमायूँनामा* (बेव.), परिशिष्ट बी, पृ. 298-301
27. रसब्रुक विलियम्स का मानना है कि हुमायूँ, माहम बेगम की सूचना के आधार पर बदख़्शाँ से हिन्दुस्तान आया था। किंतु ईश्वरी प्रसाद इसका खण्डन करते हैं। विस्तृत चर्चा हेतु देखें एस.के. बनर्जी, *हुमायूँ बादशाह,* II, पृ. 314, रसब्रुक विलियम्स, *पूर्वोद्धृत,* पृ. 171-72, ईश्वरी प्रसाद, *पूर्वोद्धृत,* पृ. 33-34, *हुमायूँनामा* (बेव.), पृ. 24-27
28. *हुमायूँनामा* (बेव.), पृ. 113-14 एवं पादटिप्पणी-1
29. *उपरोक्त,* पृ. 147
30. *उपरोक्त,* पृ. 90
31. *उपरोक्त,* पृ. 138-40
32. *उपरोक्त,* पृ. 57 एवं पृ. 198-99
33. *उपरोक्त,* पृ. 266; *बाबरनामा* (बेव.), I, पृ. 375; एस.के. बनर्जी, *हुमायूँ बादशाह,* II, पृ. 322
34. *हुमायूँनामा* (बेव.), *उपरोक्त,* पृ. 266-67
35. *उपरोक्त,* पृ. 262; *बाबरनामा* (नवलपुरी), पृ. 471-72

36, *बाबरनामा* (नवलपुरी), पृ. 671-72
37. *हुमायूँनामा* (बेव.), पृ. 129, *हुमायूँनामा* (उस्मान), पृ. 39
38. *हुमायूँनामा* (बेव.), पृ. 114, पादटिप्पणी, 2
39. रुमर गॉडेन, *गुलबदन,* पृ. 30
40. *हुमायूँनामा* (बेव.), पृ. 142
41. *उपरोक्त,* पृ. 182
42. *तदैव।*
43. *तदैव।*
44. *उपरोक्त,* पृ. 58, रेणुका नाथ, *नोटेबुल मुग़ल एण्ड हिंदू वूमेन,* पृ. 28
45. अबुल फ़ज़ल ने मनसबदारों की सूची में ख़िज्र ख़्वाजा का उल्लेख नहीं किया। देखें, *हुमायूँनामा,* (बेव.), इंट्रोटक्शन, पृ. 58
46. *उपरोक्त,* पृ. 46
47. *अकबरनामा* (बेव.), III, पृ. 222-23; रेणुकानाथ, *पूर्वोद्धृत,* पृ. 33
48. *अकबरनामा* (बेव.), II, पृ. 212-15
49. *हुमायूँनामा* (बेव.), पृ. 195, रेखा मिश्रा, *पूर्वोद्धृत,* पृ. 20
50. रेखा मिश्रा, *उपरोक्त,* पृ. 20; *अकबरनामा* (बेव.), II, पृ. 40-41
51. *हुमायूँनामा* (बेव.), पृ. 193; ईश्वरी प्रसाद, *पूर्वोद्धृत,* पृ. 289 एवं 308
52. *हुमायूँनामा* (बेव.), *उपरोक्त,* पृ. 219
53. अधिकांश स्रोतों में इसका नाम हाजी बेगम दिया गया है जबकि गुलबदन बेगम ने इसे बैगा बेगम नाम से संबोधित किया है। *उपरोक्त,* पृ. 220; *अकबरनामा* (बेव.), I, पृ. 343; अहमद ख़ाँन सरवानी, *तवारीख़-ए-शेरशाही* (अनु. राजाराम अग्रवाल), पृ. 119-20
54. *हुमायूँनामा* (बेव.), *उपरोक्त,* पृ. 219
55. *तदैव।*
56. *उपरोक्त,* पृ. 169, पाद टिप्पणी-2, एवं पृ. 238
57. *उपरोक्त,* पृ. 170-74
58. *उपरोक्त,* पृ. 174
59. *उपरोक्त,* पृ. 241
60. माहम अनगा ने अकबर को दिल्ली बुलाए जाने का कारण हमीदा बानो बेगम की बीमारी को बताया था। देखें – आर.पी. त्रिपाठी, 'माहम अनगा एण्ड अकबर', *जे.आई.एच.,* पृ. 241-42; *अकबरनामा* (बेव.) II, पृ. 142; *तबक़ात-ए-अकबरी* (इलि. एवं डाउ.), पृ. 262

61. *अकबरनामा* (बेव.), III, पृ. 1140
62. *उपरोक्त,* पृ. 1222-23
63. *उपरोक्त,* पृ. 1223; रेखा मिश्रा, *पूर्वोद्धृत,* पृ. 32
64. *हुमायूँनामा* (बेव.), पृ. 62
65. *उपरोक्त* पृ. 63; *अकबरनामा* (बेव.), II, पृ. 288-89; अब्दुल क़ादिर बदायूँनी, *मुनतख़ब-उत-तवारीख़* (लूव), II, पृ. 54
66. *अकबरनामा* (बेव.) II, पृ. 288-89; *हुमायूँनामा* (बेव.), पृ. 63
67. *अकबरनामा* (बेव.), II, पृ. 289-83; गुलबदन बेगम, *उपरोक्त,* पृ. 63
68. *हुमायूँनामा* (बेव.), पृ. 63
69. *उपरोक्त,* पृ. 64
70. *उपरोक्त,* पृ. 64; *अकबरनामा* (बेव.) II, पृ. 317-19, ख़्वाजा निज़ामुद्दीन अहमद, *तबक़ात-ए-अकबरी* (डे), II, पृ. 277
71. इस समय नदीम कूका की पत्नी माहम अनगा अपने पति से अलग काबुल में थी। देखें – *हुमायूँनामा* (बेव.), पृ. 166
72. ख़्वाजा निज़ामुद्दीन अहमद, *पूर्वोद्धृत,* II, पृ. 112
73. माहम अनगा के प्रभाव वाले काल को कुछ इतिहासकारों ने *पेटीकोट गवर्नमेंट* (पर्दा शासन) का नाम दिया है। इनमें वान निओर तथा वी.ए. स्मिथ का नाम प्रमुख है। वान निओर ने पेटीकोट गवर्नमेंट का काल 1560-62 तक माना है जबकि वी.ए. स्मिथ इसे 1560-64 तक ख़ींचते हैं। आर.पी. त्रिपाठी ने इन दोनों मतों का खण्डन करते हुए पेटीकोट गवर्नमेंट की अवधारणा को निराधार एवं भ्रामक तथ्यों पर आधारित सिद्ध किया है। विस्तृत चर्चा हेतु देखें, वॉन निओर, *द इम्परर अकबर* (अनु. – ए.एस. बेवरिज), I, पृ. 94-95; बी.ए. स्मिथ, *अकबरः दि ग्रेट मुग़ल,* पृ. 36-43; आर.पी. त्रिपाठी, 'माहम अनगा एण्ड अकबर', *जे.आई.एच.,* I, पृ. 327-44
74. वी.ए. स्मिथ जैसे इतिहासकार का यह कहना हास्यास्पद लगता है कि अकबर आयु बढ़ने के साथ मनोरंजन तथा शिकार आदि से संतुष्ट रहने लगा। शिकार खेलना, वस्तुतः मध्यकालीन सैन्य अभ्यास का तरीक़ा था। वैसे भी अकबर कभी भी असीमित ऐश्वर्य प्रेम में लिप्त नहीं हुआ। देखें – वी.ए. स्मिथ, *उपरोक्त,* पृ. 32; आर.पी. त्रिपाठी, *उपरोक्त,* पृ. 332
75. अकबर का बैरम ख़ाँन से मुक्ति का प्रयास आगरा में रहकर सफल नहीं हो सकता था। वह मालवा अथवा ग्वालियर भी नहीं जा सकता था, क्योंकि वहाँ बैरम ख़ाँन के समर्थक अधिक थे। दिल्ली इस दृष्टि से सर्वाधिक सुरक्षित स्थान था। आर.पी. त्रिपाठी, *उपरोक्त,* पृ. 329-31

76. अबुल क़ासिम मिर्ज़ा, कामरान का पुत्र था। यदि वह आगरा में रहता तब शाही परिवार का होने के कारण बैरम ख़ाँन अकबर के विरुद्ध उपयोग कर सकता था और उसे बादशाह भी घोषित कर सकता था। आर.पी. त्रिपाठी, *उपरोक्त*, पृ. 329; रेणुकानाथ, *पूर्वोद्धृत*, पृ. 42
77. ख़्वाजा निज़ामुद्दीन अहमद, *पूर्वोद्धृत*, II, पृ. 237; रेणुकानाथ, *पूर्वोद्धृत*, पृ. 42
78. अब्दुल क़ादिर बदायूँनी, *पूर्वोद्धृत*, II, पृ. 30; रेखा मिश्रा, पृ. 26
79. आर.पी. त्रिपाठी, *जे.आई.एच.*, I, पृ. 333-34
80. अकबर यह पत्र 'ख़ानबाबाय सलाम' से प्रारंभ करता है और बैरम ख़ाँन से अपने ऊपर की गई ज़्यादतियों का उल्लेख भी करता हैं अंतिम पंक्ति में कूटनीतिक ढंग से लिखता है, *'इल्तमाश रुख़्सत-ए-तव्वाफ़ ह़रमैन अल शरीफ़ैन नमूद: – –'* यह पंक्तियाँ वस्तुतः बैरम को संन्यास लेने के निमित्त उपयोग की गई हैं। *उपरोक्त*, पृ. 335
81. *उपरोक्त*, पृ. 334
82. आर.पी. त्रिपाठी का मत है कि शम्सुद्दीन मुहम्मद अतक़ा की नियुक्ति माहम अनगा की इच्छा के विरुद्ध हुई थी। अतः उसके सहयोगी आपूर्ति में विलम्ब कर रहे थे ताकि अतक़ा को पराजित होना पड़े और माहम अनगा का संभावित प्रतिद्वन्द्वी अपनी प्रतिष्ठा खो दे। उसके मारे जाने पर तो अन्त था ही। दूसरी ओर शम्सुद्दीन मुहम्मद अतक़ा ने भी इस चुनौती को प्रतिष्ठा का प्रश्न बना लिया था। इस तथ्य की पुष्टि इस बात से होती है कि शम्सुद्दीन मुहम्मद अतक़ा और जीजी अनगा के पुत्र अज़ीज़ कोका ने अपने पिता से यह शब्द कहे– "पिता जी, लोगों के शब्द हमें मारे डाल रहे हैं। आपकी कोई भी नियति क्यों न हो, अपनी संपूर्ण शक्ति के साथ शीघ्रता कीजिए और बैरम ख़ाँन के मामले को निपटाइए।" *उपरोक्त*, पृ. 337
83. *उपरोक्त*, पृ. 337
84. शम्सुद्दीन मुहम्मद अतक़ा को आज़म ख़ाँन की उपधि दी गई। *उपरोक्त*, पृ. 337
85. *उपरोक्त*, पृ. 339; ख़्वाजा निज़ामुद्दीन अहमद, *पूर्वोद्धृत*, II, पृ. 249-50; रेणुकानाथ, *पूर्वोद्धृत*, पृ. 45
86. *अकबरनामा* (बेव.), II, पृ. 213
87. *उपरोक्त*, पृ. 221
88. *उपरोक्त*, पृ. 223
89. *उपरोक्त*, पृ. 229-30; आर. पी. त्रिपाठी, *जे.आई.एच.*, I, पृ. 340
90. *अकबरनामा*, (बेव.), II, पृ. 230
91. *उपरोक्त*, पृ. 269-70

92. अकबर के शब्द इस प्रकार थे, ''कुतिया की औलाद ! तूने मेरे अतक़ा (पालक पिता) को क्यों मार डाला।'' *उपरोक्त,* पृ. 271; रेणुकानाथ, *पूर्वोद्धृत,* पृ. 50; बायजीद बताता है अकबर ने हिन्दुस्तानी ज़बान में अधम ख़ाँन को गाली दिया। देखें – शीरीन मूसवी, *एपीसोड्स इन द लाइफ़ ऑफ़ अकबर,* पृ. 32-33
93. *अकबरनामा* (बेव़.) पृ. 274-275; *आइन-ए-अकबरी* (ब्लॉकमैन), I, पृ. 342
94. आर.पी. त्रिपाठी, *जे.आई.एच.,* I, भाग-I, पृ. 327-44; रेखा मिश्रा, *वूमेन इन मुग़ल इण्डिया,* पृ. 29
95. हुमायूँ के फ़ारस में निर्वासन के समय रोशनकूका ने हुमायूँ के रत्नों की चोरी कर ली, लेकिन हमीदा बानो बेगम के कारण उसे क्षमा कर दिया गया। जहाँगीर ने हरम की महिलाओं के प्रभाव के कारण अज़ीज़ कोका को क्षमा किया था। इसी प्रकार मुमताज़महल के बहनोई सैफ़ ख़ाँन को, उसकी शाहजहाँ–विरोधी गतिविधियों के बावजूद क्षमा कर दिया गया था। ज़ैबुन्निसा के दबाव के कारण औरंगज़ेब ने उसके नाना शाहनवाज़ ख़ाँन को क्षमा किया था। ऐसे ही अन्य उदाहरण भी हैं। देखें – गुलबदन बेगम, *हुमायूँनामा* (बेव.) पृ. 171-74; रेखा मिश्रा, *पूर्वोद्धृत,* पृ. 33; काज़वीनी, *पादशाहनामा,* II, पृ. 227; *अहकाम-ए-आलमगीरी* (अनु. सरकार), पृ. 49
96. आर.पी. त्रिपाठी, *जे.आई.एच.,* I, भाग-1, पृ. 333-34
97. आर.पी. त्रिपाठी, *राइज़ एण्ड फ़ाल ऑफ़ दि मुग़ल अम्पायर,* I, पृ. 275 एवं 292
98. शाहनवाज़ ख़ाँन, *मा'सीर-उल-उमरा* (बेव.), I, पृ. 328; इब्न हसन, *सेन्ट्रल स्ट्रक्चर ऑफ़ द मुग़ल अंपायर,* पृ. 103
99. *हुमायूँनामा* (बेव.), पृ. 214-15; रेखा मिश्रा, *पूर्वोद्धृत,* पृ. 31
100. *अकबरनामा,* (बेव.), III, पृ. 536-37
101. वी.ए. स्मिथ, *पूर्वोद्धृत,* पृ. 143; रेखा मिश्रा, *पूर्वोद्धृत,* पृ. 31
102. *हुमायूँनामा* (बेव.), पृ. 214
103. *तदैव।*
104. अकबर के विवाह के समय सलीमा सुल्तान बेगम की आयु अकबर से तीन वर्ष सात महीने अधिक थी। एच़. बेवरिज, 'सलीमा सुल्तान बेगम', *जे.ए.एस.बी.,* II, नं. 10, दिसम्बर 1906 (न्यू सीरीज़) पृ. 509-10
105. मरियम मकानी (हमीदा बानो बेगम) की मृत्यु के पश्चात् सलीमा सुल्तान बेगम को 'बादशाह बेगम' की उपाधि दी गई। वह इस पद पर जीवनपर्यन्त (1613 ई.) बनी रही।
106. सन् 1602 ई. का सुल्तान सलीम का एक 'हुक्म' राज्य अभिलेखागार उत्तर प्रदेश, लखनऊ में मौजूद है। इसमें सलीम ने स्वयं की 'कुनिया' 'अबुल मुज़फ़्फ़र' प्रयोग किया है जबकि 'लक़ब'

में 'ग़ाज़ी' शब्द का प्रयोग किया है जो कि स्वतन्त्र राजा या सुल्तान प्रयोग करते हैं। एक अन्य महत्त्वपूर्ण तथ्य यह है कि इसमें अकबर की 'तुग़रा' का प्रयोग नहीं किया गया। देखें – के.पी. श्रीवास्तव, *मुग़ल फ़रमान्स,* I, पृ.13-15

107. *अकबरनामा* (बेव.) III, पृ. 1218-1219
108. *उपरोक्त,* पृ. 1222-23
109. *उपरोक्त,* पृ. 1223
110. *उपरोक्त,* पृ. 1228
111. रेखा मिश्रा, *पूर्वोद्धृत,* पृ. 32-33; रेणुकानाथ, *पूर्वोद्धृत,* पृ. 62
112. शाहनवाज़ ख़ाँन, *मा'सिर-उल-उमरा* (बेवरिज एवं बेनीप्रसाद), I, पृ. 328
113. मिर्ज़ा अज़ीज़ कोका की पुत्री का विवाह शाहज़ादा ख़ुसरो के साथ हुआ था। *उपरोक्त,* पृ. 328; रेखा मिश्रा, *पूर्वोद्धृत,* पृ. 33
114. कहा जाता है कि जहाँगीर की पत्नी शाहबेगम (मानबाई) ने अपने पुत्र खुसरो को, पिता के विरुद्ध विद्रोह न करने के लिए कहा। लेकिन खुसरो ने विद्रोही गतिविधियाँ जारी रखीं। अपने पुत्र की इन अमर्यादित गतिविधियों से कुपित होकर मानबाई ने अफ़ीम खाकर अपना अंत कर लिया। जहाँगीर मानबाई के निधन पर अत्यन्त दुखी हुआ। *तुज़ुक-ए-जहाँगीरी* (बेव.), I, पृ. 56

अध्याय पाँच

समकालीन राजनीति एवं ह़रमः एक स्वर्णिम अध्याय

मुग़लकाल की सर्वाधिक चर्चित महिलाओं में नूरजहाँ बेगम का नाम सर्वोपरि है। नूरजहाँ बेगम का वास्तविक नाम मेहरुन्निसा बेगम था और वह अकबर के एक मनसबदार मिर्ज़ा ग़यास बेग की पुत्री थी। मेहरुन्निसा का पहला विवाह अली क़ुली ख़ाँन इस्तालजू 'शेर अफ़गन' से हुआ था।[1] सन् 1607 ई. मे अली कुली की हत्या के पश्चात् मेहरुन्निसा बेगम आगरा लायी गयी और उसे रुकैया सुल्तान बेगम की सेवा में रखा गया।[2] सन् 1611 ई. में बादशाह जहाँगीर ने मेहरुन्निसा बेगम के साथ विवाह कर लिया और उसे नूरमहल की उपाधि दी गई।[3]

मेहरुन्निसा बेगम के बादशाह के साथ विवाह के पश्चात् उसके पिता ग़यासबेग को *दीवान-ए-कुल* नियुक्त किया गया तथा अन्य संबंधियों को भी उच्च पदों पर नियुक्त किया गया।[4] स्वयं नूरजहाँ बेगम ने अपनी योग्यता तथा सूझबूझ से जहाँगीर को अत्यधिक प्रभावित किया। सन् 1613 ई. में सलीमा सुल्तान बेगम की मृत्यु के पश्चात् नूरमहल को बादशाह बेगम की उपाधि दी गयी। इस प्रकार वह साम्राज्य की सर्वाधिक शक्तिशाली महिला बन गई।[5] उसे नूरजहाँ की उपाधि से भी विभूषित किया गया। सिक्कों की एक विशेष श्रृंखला प्रारंभ की गई जिस पर बादशाह के साथ नूरजहाँ बादशाह बेगम का नाम भी अंकित किया गया।[6] किसी भी मुग़ल शासिका के लिए यह अनुपम सम्मान था। नूरजहाँ, बादशाह जहाँगीर के

साथ स्वयं झरोखा दर्शन भी देती थी और राजाज्ञाएँ भी जारी करती थी।[7] बादशाह सभी महत्त्वपूर्ण राजनीतिक मुद्दों पर नूरजहाँ बेगम से परामर्श लेकर निर्णय लेता था।

नूरजहाँ बेगम की शक्तिशाली स्थिति के मद्देनज़र अनेक समकालीन यात्रियों; यथा — टामस रो (1615), डी. लायेट, पेलसर्ट (1620-27), टेरी (1622), पेट्रा डेला वेला (1623-24) तथा पीटर मुण्डी (1628-34), नूरजहाँ बेगम द्वारा एक समूह या *जुण्टा* बनाए जाने का उल्लेख करते हैं जिसके समक्ष सम्राट स्वयं को अक्षम महसूस करता था। साम्राज्य के सारे कार्य नूरजहाँ बेगम की इच्छानुसार हुआ करते थे। मोतमिद ख़ाँन, शाहनवाज़ खाँन, कामगार ख़ाँन तथा ख़ाफी ख़ाँन भी *नूरजहाँ जुण्टा* की कहानी का समर्थन करते प्रतीत होते हैं। इन सभी फ़ारसी इतिहासकारों ने अपनी रचनाएँ या तो शाहजहाँ के काल में लिखी हैं या इसके बाद। तथ्य है कि जहाँगीर के काल में लिखी जाने वाली सरहिंदी, कामी शीराज़ी अथवा स्वयं जहाँगीर की *तुजुक* में ऐसे किसी भी जुण्टा का उल्लेख नहीं किया गया।

नूरजहाँ जुण्टा के सिद्धान्त का समर्थन करने वालों का मत है कि इसमें नूरजहाँ के पिता एतमादुद्दौला, उसकी माँ अस्मत बेगम तथा उसका भाई आसफ़ ख़ाँन शामिल था।[8] इस समूह को मज़बूत करने के लिए 1612 ई. में आसफ़ ख़ाँन की पुत्री अर्जुमन्द बानो बेगम (बाद में मुमताज़महल) का विवाह जहाँगीर के दूसरे पुत्र खुर्रम के साथ कर दिया ताकि इस शाहज़ादे को भी इस समूह में सम्मिलित किया जा सके। इस प्रकार 1620 ई. तक यह समूह उत्थानरत रहा जब तक कि शाहज़ादा खुर्रम इस समूह से अलग न हो गया।

यहाँ तथ्यों का परीक्षण समीचीन प्रतीत होता है। अर्जुमन्द बानो बेगम तथा ख़ुर्रम के मध्य विवाह को जुण्टा सुदृढ़ करने के निहितार्थ संपन्न कराने का तर्क तथ्यों के विपरीत है। इसमें नूरजहाँ की भूमिका की संभावना तो बिल्कुल ही निराधार है। मेहरुन्निसा का जहाँगीर के साथ विवाह मई, 1611 ई. में हुआ था जबकि अर्जुमन्द बानो बेगम की खुर्रम के साथ मंगनी इससे चार वर्ष पहले, 5 अप्रैल, 1607 ई. को हो गई थी।[9] नूरजहाँ के पहले पति शेरअफ़ग़न की हत्या 30 मार्च, 1607 ई. को हुई थी। उस समय जहाँगीर काबुल और लाहौर के मार्ग पर था। फलतः मेहरुन्निसा के बर्दवान से आगरा लाए जाने संबंधी फ़रमान शेरअफ़गन की हत्या के 40 दिन बाद ही प्राप्त हो सका। इस बीच वह हैदर मलिक नामक अमीर के घर पर रही।[10] अतः खुर्रम के साथ अर्जुमन्द बानों बेगम की मँगनी में मेहरुन्निसा के किसी प्रकार

के हाथ होने की संभावना नहीं है। जहाँ तक नूरजहाँ के संबंधियों के उच्च पदों पर नियुक्त किए जाने का प्रश्न है, वह साम्राज्य की सामान्य नीति का एक अंग था।[11] नूरजहाँ के पिता मिर्ज़ा ग़यासबेग की वरिष्ठता और उसके रिश्तेदारों की योग्यता भी, उनकी उन्नति में सहायक रही।

नूरजहाँ जुण्टा के सिद्धान्त को सिरे से ख़ारिज कर देने के बावजूद यह तथ्य शेष है कि नूरजहाँ का बादशाह पर अत्यधिक प्रभाव न केवल साम्राज्य के वरिष्ठ अमीरों बल्कि स्वयं शाहज़ादा खुर्रम, जिसे मेवाड़ तथा दकन के सफल अभियानों के पुरस्कार-स्वरूप, शाहजहाँ की उपाधि दी गई थी, के लिए असुविधाजनक प्रतीत होना स्वाभाविक था। शाहजहाँ के लिए स्थिति और भी जटिल हो गई, क्योंकि नूरजहाँ बेगम ने अपनी और शेर अफ़गन की पुत्री का विवाह दिसम्बर 1620 ई. में जहाँगीर के एक दासी-पुत्र शहरयार के साथ कर दिया।[12] यद्यपि शहरयार स्वयं अधिक योग्य न था, किन्तु शाहजहाँ, नूरजहाँ की योग्यता तथा महत्त्वाकांक्षाओं से अनभिज्ञ नहीं रह सकता था।

जनवरी, 1621 ई. में नूरजहाँ के पिता एतमादुद्दौला की मृत्यु के पश्चात् एतमादुद्दौला के अमीरात तथा उसके प्रशासन का सम्मान एवं दायित्व नूरजहाँ बेगम को दे दिया गया।[13] व्यवहार में *दीवान-ए-कुल* का दायित्व ख़्वाजा अबुल हसन को दिया गया। लेकिन वज़ीर का सम्मान नूरजहाँ को दिया जाना कम महत्त्वपूर्ण नहीं था। यह आदेश दिया गया कि बादशाह के पश्चात्, नूरजहाँ बादशाह बेगम के सम्मान में नौबत (Drums and Orchestra) बजाया जाए।[14] एक स्त्री को यह सम्मान दिया जाना, महाबत़ ख़ाँन जैसे वरिष्ठ अमीरों को भी अच्छा नहीं लगा।[15] स्वयं जहाँगीर का स्वास्थ्य ठीक नहीं था। इस परिस्थिति में शाहजहाँ, नूरजहाँ को किसी प्रकार का मौक़ा नहीं देना चाहता था।

इससे पूर्व नूरजहाँ द्वारा अपनी पुत्री का शाहज़ादा खुसरो के साथ विवाह करने का प्रयास फलीभूत नहीं हुआ था।[16] शाहजहाँ पहले से ही सचेत था। वह दक़न जाने के लिए इस शर्त पर तैयार हुआ था कि खुसरों को उसके साथ दक़न भेजा जाय। वहाँ खुसरों को शाहजहाँ ने 22 फ़रवरी, 1621 ई. को गला घोंट कर मरवा दिया और यह प्रचारित किया कि खुसरों की मृत्यु अधिक शराब पीने के कारण हुई।[17] इससे शहजहाँ के मार्ग का संभावित रोड़ा हट गया, क्योंकि खुसरों जहाँगीर का सबसे बड़ा पुत्र था। उसके पश्चात् वरिष्ठता में शाहजहाँ

की बारी थी। हिसार फ़िरोज़ा की जागीर तथा सर्वोच्च *मनसब* (30,000 / 20,000) प्राप्त होने के कारण वह *वली अहद* (उत्तराधिकारी, युवराज) था। ऐसा प्रतीत होता है कि शाहजहाँ ने सम्राट से सौदेबाज़ी और विद्रोह का मन पहले ही बना लिया था, और यह भी कि इसका दोष नूरजहाँ पर मढ़ा जाय।[18]

इस बीच फ़ारस के शाह ने कन्दहार पर आक्रमण कर दिया। शाह का मुक़ाबला करने के लिए दक़न से शाहजहाँ को बुलाया गया। शाहजहाँ ने सौदेबाज़ी करने के लिए उचित अवसर पाया। संभवतः शाहजहाँ की यह इच्छा पूर्व से ही थी कि शाह का आक्रमण हो ताकि नूरजहाँ बेगम को नीचा दिखाया जा सके। उसने ज़ाहिद बेग को शाह के पास उपहार लेकर भेजा और कन्दहार अभियान सफल होने की शुभकामना दी।[19] इधर उसने कन्दहार अभियान पर जाने के लिए यह शर्त रखी कि उसके नियन्त्रण में शाही सेना दी जाय। रणथम्भौर का क़िला उसके परिवार की सुरक्षा के लिए दिया जाय।[20] इसका आशय यह था कि पंजाब, राजपूताने के अधिकांश भाग, मालवा, दक़न तथा गुजरात शाहजहाँ के नियन्त्रण में आ जाते। दोआब में उसकी जागीरें थीं। इस प्रकार दिल्ली, आगरा, इलाहाबाद, बिहार तथा बंगाल ही उसके नियन्त्रण से बाहर रहने थे। शाही सेना पर पूर्ण नियन्त्रण स्वयं में ही एक महत्त्वपूर्ण बात थी। शाहजहाँ ऐसा इसलिए भी करना चाहता था, क्योंकि उसे अस्वस्थ सम्राट को छोड़कर, देश से बाहर अपेक्षाकृत लंबे अभियान के ख़तरे का पूरा आभास था। इसके अतिरिक्त शाहजहाँ ने आगरा से थोड़ी ही दूर स्थित धौलपुर की जागीरदारी के लिए निवेदन किया था और दरिया ख़ाँन को जागीर का कार्यभार लेने के लिए धौलपुर भेजा। लेकिन नूरजहाँ की सिफ़ारिश पर यह जागीर शहरयार को पहले ही दे दी गई थी जहाँ शरीफ़-उल-मुल्क, शहरयार का नायब था। दरिया ख़ाँन ने न केवल धौलपुर बल्कि स्वयं नूरजहाँ की कुछ जागीरों को, एक ख़ूनी संघर्ष के बाद शरीफ़-उल-मुल्क से छीन लिया।[21] सम्राट ने शीघ्रता से कार्रवाई करते हुए कन्दहार अभियान का दायित्व शहरयार को सौंप दिया। उसका मनसब बढ़ाकर 12,000 ज़ात तथा 6,000 सवार कर दिया गया। हिसार फ़ीरोज़ा तथा दोआब की जागीरें शाहजहाँ से लेकर शहरयार को दे दी गयीं। शाहजहाँ से कहा गया कि वह इसके बदले में दक़न में जागीरें ले।[22]

यह शाहजहाँ के लिए सीधी चुनौती थी। अब उसके पास खुले विद्रोह के अतिरिक्त अन्य कोई विकल्प नहीं था। नूरजहाँ अत्यन्त चतुर महिला थी। उसने स्वयं स्थिति का परीक्षण किया और शाहजहाँ का मुक़ाबला करने के लिए उसके ससुर आसफ़ ख़ाँन को भेजना उचित

नहीं समझा। अतः नूरजहाँ ने ख़ान-ए-आज़म महाबत ख़ाँन को शाहजहाँ के विरुद्ध अभियान के लिए राज़ी कर लिया और उसका मनसब बढ़ाकर 7,000 ज़ात और 5,000 सवार कर दिया गया। शाहज़ादा परवेज़ को इस अभियान का नेतृत्व सौंपा गया।[23] इस प्रकार शहरयार से कहीं अधिक योग्य तथा वैधानिक रूप से, उससे कहीं अधिक सत्ता के दावेदार, जहाँगीर के दो पुत्र आमने-सामने थे। नूरजहाँ का विरोध करने वाले मनसबदार, महाबत खाँन की प्रतिष्ठा भी दाँव पर थी। इस संघर्ष में किसी भी पक्ष की पराजय अथवा प्रतिष्ठा की हानि शहरयार और नूरजहाँ के पक्ष में था।

तीन वर्ष की भीषण उथल-पुथल तथा युद्धों के बाद शाहजहाँ का विद्रोह, शाहज़ादा परवेज़ तथा महाबत खाँन द्वारा दबा दिया गया।[24] दक़न का नियन्त्रण भी उसके हाथ से जाता रहा। उसका वफ़ादार सरदार, भीम सिंह मारा जा चुका था। अनेक अमीर उसका साथ छोड़ चुके थे। स्वयं शाहजहाँ बुरी तरह से बीमार हो गया। उसे अपना भयंकर विनाश साक्षात दिख रहा था। अतः उसने आत्मसमर्पण करने का निर्णय लिया। सम्राट ने रोहतास (बिहार) तथा असीरगढ़ के क़िलों के समर्पण तथा शाहजहाँ के दो पुत्रों दाराशिकोह तथा औरंगज़ेब को, बंधक के रूप में दरबार भेजने की शर्त पर, क्षमा प्रदान कर दिया।[25] शाहजहाँ ने सभी शर्तों को स्वीकार कर लिया और उसे दक़न जाने की अनुमति दे दी गई।

शाहजहाँ के विद्रोह के दमन का श्रेय स्वाभाविक रूप से शाहज़ादा परवेज़ तथा महाबत ख़ाँन को मिला और दोनों की प्रतिष्ठा तथा सम्मान में वृद्धि हुई। इन दोनों के मध्य घनिष्टता भी बढ़ गई। एक योग्य तथा शक्तिशाली सेनानायक एवं विजयी शाहज़ादे का एक साथ रहना न तो शहरयार की सास, नूरजहाँ बेगम के लिए स्वीकार्य था और न ही शाहजहाँ के ससुर आसफ़ ख़ाँन के लिए। सितम्बर, 1625 ई. में नूरजहाँ बेगम तथा आसफ़ ख़ाँन के प्रयासों के फलस्वरूप, महाबत ख़ाँन के स्थान पर ख़ान-ए-जहाँ लोदी को परवेज़ का वकील नियुक्त किया गया।[26] महाबत ख़ाँन को बंगाल जाकर वहाँ के सूबेदार का कार्यभार संभालने के लिए कहा गया। प्रारंभ में शाहज़ादा परवेज़ ने महाबत ख़ाँन को कार्यमुक्त करने से इन्कार कर दिया। लेकिन एक कड़ा पत्र आने पर उसने शाही आदेश का पालन किया, क्योंकि वे दोनों ही नहीं चाहते थे कि वे सम्राट की दृष्टि में गिर जाए अथवा विद्रोही होने का तमग़ा उनके माथे पर मढ़ दिया जाए।

महाबत ख़ाँन द्वारा बंगाल जाने का आदेश स्वीकार कर लेने के पश्चात् आसफ़ ख़ाँन ने अपनी अगली चाल चली। साम्राज्य का दीवान होने के नाते महाबत ख़ाँन से विद्रोह के दमन के दौरान प्राप्त लूट के सामान का हिसाब माँगा तथा हाथियों को दरबार भेजने का आदेश दिया।[27] अब्दुल रहीम ख़ान-ए-ख़ाना ने महाबत ख़ाँन पर अपने पुत्र तथा संबंधियों की हत्या तथा उनकी संपत्ति की लूट का आरोप भी लगाया।[28] महाबत ख़ाँन बुरहानपुर से रणथम्भौर होते हुए सम्राट से मिलने के लिए चला। उसकी अगवानी के लिए मात्र एक हज़ार *अहदी* भेजे गए। उससे यह भी कहा गया कि जब तक वह दीवान द्वारा माँगे गए ब्यौरे न दे दे, उसे सम्राट से मिलने की आज्ञा नहीं मिलेगी।[29] यह महाबत ख़ाँन जैसे बड़े मनसबदार का घोर अपमान था। सहनशीलता का प्याला तब और भी भर गया जब उसके दामाद बरख़ुरदार ख़ाँन को इस आरोप में बंदी बना लिया गया कि महाबत ख़ाँन ने अपनी पुत्री का विवाह उसके साथ सम्राट की अनुमति के बग़ैर किया था।[30]

नूरजहाँ बेगम तथा आसफ़ ख़ाँन की चालों से मजबूर होकर महाबत ख़ाँन ने खुला विद्रोह करने का मन बना लिया। वह जिस समय अपने लगभग पाँच हज़ार राजपूत तथा दो हज़ार मुग़ल तथा अफ़ग़ान समर्थकों के साथ मार्च, 1626 ई. में शाही क़ाफ़िले के पास पहुँचा, क़ाफ़िला कश्मीर से काबुल के मार्ग पर था।[31] एक दिन जब अधिकांश सेना के साथ आसफ़ ख़ाँन झेलम नदी के पार निकल गया, महाबत ख़ाँन ने मौक़ा पाकर बीमार बादशाह को अपने नियन्त्रण में ले लिया। वह जल्दबाज़ी में नूरजहाँ को क़ैद करना भूल गया।

नूरजहाँ एक बहादुर तथा बुद्धिमान महिला थी। उसे यह बर्दाश्त नहीं था कि उसका पति और हिन्दुस्तान का सम्राट एक मनसबदार के नियन्त्रण में रहे। नूरजहाँ ने आसफ़ ख़ाँन सहित सभी अधिकारियों को लापरवाही के लिए धिक्कारा और सम्राट को छुड़ाने के लिए शक्ति प्रयोग का निश्चय किया।[32] जहाँगीर को जब नूरजहाँ के इस मंतव्य का ज्ञान हुआ तब उसने दो बार यह संदेश भेजा कि वह ऐसा न करे, क्योंकि इससे उसके प्राण संकट में पड़ सकते हैं। नूरजहाँ को यह लगता था कि सम्राट ने यह संदेश महाबत ख़ाँन के दबाव में दिया है। इस प्रकार सेना पर नियन्त्रण रखने के लिए अपनी पौत्री के साथ नूरजहाँ स्वयं हाथी पर सवार हुई और 18 मार्च, 1626 ई. को नदी पार करके शाही सेनाओं ने अपने सम्राट को मुक्त कराने का प्रयास किया।[33] लेकिन महाबत ख़ाँन के समर्थकों ने पूर्व निर्धारित कार्यक्रम

के अनुसार पुल जला दिया था। सेनाओं को, नदी तैरकर पार करना था। *मीर-ए-बहर* ग़ाज़ी ख़ाँन ने नदी पार करने के लिए ग़लत स्थान का चयन कर लिया जहाँ अनेक कन्दराएँ थीं। इससे बड़ी संख्या में सैनिक डूब गए और शाही सेना अस्त-व्यस्त होने लगी। नूरजहाँ ने यह स्थिति देखकर आसफ़ ख़ाँन तथा ख़्वाजा अबुल हसन को सेना में धैर्य-संचार तथा अनुशासन बनाए रखने का आदेश दिया। किसी प्रकार से शाही सेना नदी पार कर पायी और युद्ध हुआ। इस बीच एक तीर नूरजहाँ की पौत्री को आ लगा और वह स्वयं भी घायल हो गई। उसका हाथी तीरों की बौछार के चलते नदी में कूदकर पार आ गया।[34] आसफ़ ख़ाँन अपनी जागीर अटक की ओर भाग गया। नूरजहाँ का शक्ति के प्रयोग द्वारा बादशाह को मुक्त कराने का प्रयास विफल हो गया। अब उसने कूटनीति का सहारा लेने का निश्चय किया। उसने महाबत ख़ाँन के समक्ष समर्पण कर दिया और उसे सम्राट के साथ रहने की अनुमति मिल गई। उधर आसफ़ ख़ाँन को महाबत ख़ाँन के पुत्र विहरोज़ के समक्ष झुकना पड़ा। उसे बंदी बना लिया गया।

स्वयं जहाँगीर ने महाबत ख़ाँन के सामने ऐसा उपक्रम किया कि उसे यह लगने लगा कि सम्राट उसके नियन्त्रण में ख़ुश है। किंतु वास्तव में सम्राट तथा साम्राज्ञी मौक़े की प्रतीक्षा कर रहे थे। नूरजहाँ ने धीरे-धीरे अनेक अमीरों को प्रलोभन देकर अपनी ओर मिला लिया और साम्राज्ञी के नाम पर लाहौर में होशियार ख़ाँन ने लगभग दो हज़ार नए सैनिक भर्ती किए।[35] इसी बीच घास चराने के मुद्दे को लेकर अहदियों तथा महाबत ख़ाँन के समर्थक राजपूत सैनिकों के बीच झड़प हो गई। इस संघर्ष में बड़ी संख्या में राजपूत सैनिक मारे गए। अनेक अमीरों की नाराज़गी के चलते महाबत ख़ाँन की स्थिति और भी ख़राब हो गई।

एक अन्य घटनाक्रम के तहत शाहजहाँ द्वारा दक़न से राजधानी की ओर प्रस्थान का समाचार मिला। शाही क़ाफ़िला विद्रोही राजकुमार को रोकने के लिए काबुल से हिन्दुस्तान की ओर बढ़ा। यद्यपि स्वयं शाहजहाँ दक़न से यह कहते हुए निकला था कि वह सम्राट को मुक्त कराने के लिए जा रहा है।[36] यह नूरजहाँ की योजना को कार्यान्वित करने का अच्छा अवसर था। सम्राट ने आगे बढ़ने से पहले सेना के निरीक्षण की इच्छा व्यक्त की और यह भी कहा कि राजपूतों तथा शाही सेना का निरीक्षण अलग-अलग किया जायेगा ताकि सेना में आपसी संघर्ष से बचा जा सके।[37]

महाबत ख़ाँन एक अच्छा सैनिक था लेकिन एक अच्छा कूटनीतिज्ञ न था। उसने सम्राट के प्रस्ताव को प्रसन्नतापूर्वक स्वीकार कर लिया। सम्राट ने पहले नूरजहाँ बेगम द्वारा एकत्र सेना एवं शाही सेना का निरीक्षण किया। इस प्रकार सम्राट को देखकर सेना स्वतः ही उसके नियन्त्रण में आ गई। जब तक महाबत ख़ाँन स्थिति को समझ पाता, पर्याप्त विलम्ब हो चुका था। महाबत ख़ाँन को भागना पड़ा। वह बन्धक के रूप में दानियाल के एक पुत्र, आसफ़ ख़ाँन तथा आसफ़ ख़ाँन के एक पुत्र को लेकर थट्टा की ओर भागा। जिन्हें बाद में मुक्त कर दिया। इस प्रकार पूरे सौ दिन बाद बंदी मुग़ल साम्राज्य मुक्त हुआ।

शाहजहाँ गुजरात से आगे बढ़ चुका था। वहाँ उसे अपने भाई शाहज़ादा परवेज़ की मृत्यु का समाचार भी प्राप्त हुआ। अब शाहजहाँ का एकमात्र प्रतिद्वन्द्वी शहरयार शेष था। महाबत ख़ाँन, शाहजहाँ से जा मिला।[38] महाबत ख़ाँन का शाहजहाँ से मिलने का परिणाम यह हुआ कि शाहजहाँ से युद्ध करने के स्थान पर, यह शाहजहाँ की गद्दी की दावेदारी का समर्थक बन गया। जहाँगीर का स्वास्थ्य और भी ख़राब हो गया और 28 अक्टूबर, 1627 ई. को राजौरी के पास उसकी मृत्यु हो गई।[39]

जहाँगीर की मृत्यु के पश्चात् नूरजहाँ तथा आसफ़ ख़ाँन, दोनों ने अपने-अपने दामादों को सम्राट बनवाने का प्रयास प्रारम्भ कर दिया। नूरजहाँ ने शीघ्रतातिशीघ्र मनसबदारों तथा अधिकारियों की एक सभा बुलाई। कई बार बुलाए जाने के बावजूद, आसफ़ ख़ाँन नूरजहाँ बेगम की सभा में सम्मिलित नहीं हुआ। उसने नूरजहाँ बेगम को बिल्कुल अलग-थलग कर दिया और नूरजहाँ बेगम की स्थिति एक नज़रबन्द व्यक्ति जैसी हो गई। इस बीच बनारसी प्रसाद को शाहजहाँ के पास दकन भेजा गया ताकि वह शाहजहाँ को जहाँगीर की मृत्यु का समाचार दे दे।[40] विकल्प के तौर पर आसफ़ ख़ाँन ने दावर बख़्श सम्राट घोषित कर दिया। दावर बख़्श के नाम पर खुतबा पढ़ा गया तथा सिक्के जारी किए गए।[41] दारा शिकोह तथा औरंगज़ेब को ख़्वाजा अबुल हसन की मदद से नूरजहाँ के नियन्त्रण से पहले ही मुक्त करा लिया गया था। आसफ़ ख़ाँन ने बड़ी संख्या में अमीरों को अपनी ओर मिला लिया।

नूरजहाँ ने किसी प्रकार शहरयार के पास यह संदेश भेजा कि जितने भी व्यक्ति संभव हो सके, एकत्रित करके उसकी मदद के लिए पहुँचे। संदेश पाते ही शहरयार ने लाहौर में स्वयं को सम्राट घोषित कर दिया। उसने लाहौर स्थित समस्त शाही संपत्तियों पर अधिकार

कर लिया।[42] लगभग सत्तर लाख रुपए अमीरों को अपनी ओर मिलाने के लिए बाँटे।[43] दानियाल का पुत्र बायसुंगर मिर्ज़ा भी शहरयार की ओर हो गया। लेकिन आस़फ ख़ाँन के अनुभव एवं शक्ति के समक्ष यह दोनों बहुत ही कमज़ोर थे। आसफ़ ख़ाँन ने इन्हें हरा दिया और शहरयार को बंदी बना लिया गया। बाद में शहरयार सहित अधिकांश शाही शाहज़ादों को शाहजहाँ के आदेश पर मार दिया गया। शाहजहाँ गुजरात तथा राजपूताने में अपनी स्थिति मज़बूत करते हुए आगरा पहुँचा और 14 फरवरी, 1628 ई. को हिन्दुस्तान का बादशाह बन गया।[44] इस प्रकार हिन्दुस्तान की सबसे शक्तिशाली साम्राज्ञी अपने भाई की कूटनीति के समक्ष इतना लाचार हो गई कि बिना 'शै' के ही मात खा गई।

नूरजहाँ, जहाँगीर की मृत्यु के पश्चात् लगभग अठारह वर्ष तक जीवित रही लेकिन कभी भी राजनीतिक गतिविधियों में भाग नहीं लिया। नूरजहाँ के अनेक संबंधी उमरा वर्ग में सम्मिलित थे और वह चाहती तो राजनीति में रुचि ले सकती थी। किंतु वह ऐसा करती तो किसके लिए? वस्तुतः नूरजहाँ की राजनीतिक गतिविधियाँ उसके अपने पति तथा परिवार के अन्य सदस्यों के हित से प्रेरित थीं। यही उसकी कमज़ोरी थी। वह अपने भाई आसफ़ ख़ाँन पर अत्यधिक विश्वास करती थी। नूरजहाँ का ही प्रभाव था कि उसकी बहन मुनीज़ा बेगम तथा खदीजा बेगम को दरबार में प्रभावशाली महिलाओं के रूप में देखा जाता था। नूरजहाँ ने अपनी शक्ति, बुद्धिमत्ता तथा साधन संपन्नता का षड्यन्त्रों को संचालित करने के लिए दुरुपयोग नहीं किया बल्कि उसने रणनीतियों का संचालन अपने पति तथा कालान्तर में अपने दामाद के पक्ष में किया। लेकिन अब इसकी आवश्यकता नहीं थी। बदली हुई परिस्थितियों में वह दो लाख रुपए की शाही पेंशन से संतुष्ट थी। वह अपने पति के ग़म में जीवन पर्यन्त श्वेत वस्त्र धारण करती रही। अब उसके स्थान पर स्वयं उसी की भतीजी अर्जुमन्द बानो बेगम साम्राज्ञी थी।

शाहजहाँ के शासनकाल के प्रारम्भिक वर्षों में उसकी प्रिय पत्नी मुमताज़महल ने समकालीन राजनीतिक गतिविधियों में भाग लिया। वह आसफ़ ख़ाँन की पुत्री और एतमादुद्दौला मिर्ज़ा ग़यास बेग की पौत्री तथा नूरजहाँ बानो बेगम की भतीजी थी। मुमताज़महल का शाहजहाँ के जीवन में वही स्थान है जो स्थान बाबर के जीवन में माहम बेगम, तथा हुमायूँ के जीवन में हमीदा बानो बेगम का। शाहज़ादे के रूप में शाहजहाँ के विभिन्न अभियानों में वह साथ-

साथ रही। जब शाहजहाँ ने विद्रोह किया, वह राजपूताना के मरुस्थल से लेकर तेलंगाना के जंगलों और बंगाल के मैदानों से लेकर दकन तक अपने पति के साथ छाया की भाँति मौजूद रही।[45] शहजहाँ के बादशाह बनने के पश्चात् मुमताज़महल को *मलिका-ए-जहाँ* का महत्त्वपूर्ण सम्मान प्राप्त हुआ।[46] शाहजहाँ राजनीतिक एवं प्रशासनिक मुद्दों पर मुमताज़महल से परामर्श लेता था। शाही मुहर मुमताज़महल के पास ही रहती थी और कोई भी महत्त्वपूर्ण फ़रमान उसकी नज़र से गुज़रे बग़ैर नहीं जारी होता था।[47]

मुमताज़महल के बारे में कहा जाता है कि अनेक अमीर बादशाह से क्षमादान के लिए, उसके माध्यम से अपनी अर्ज़ी प्रस्तुत करते थे जिन्हें बादशाह प्रायः स्वीकार कर लेता था।[48] सन् 1627-28 ई. में जब शाहजहाँ गद्दी की दावेदारी के लिए आ रहा था, गुजरात के गवर्नर सैफ़ ख़ाँन का व्यवहार संदिग्ध था। शाहजहाँ इस तथ्य को नहीं भूल सकता था कि यह वही सैफ़ ख़ाँन है जिसने कि जहाँगीर के विरुद्ध शाहजहाँ के विद्रोह के समय भी शाहजहाँ को पर्याप्त क्षति पहुँचायी थी। शाहजहाँ ने उसके स्थान पर गुजरात में शेर ख़ाँन को नियुक्त किया और निर्देश दिया कि सैफ़ ख़ाँन को बंदी बना ले। सैफ़ ख़ाँन मुमताज़महल की बड़ी बहन, मलिका बानो बेगम का पति था। अतः मुमताज़महल की सिफ़ारिश पर शाहजहाँ ने शेर ख़ाँन को इस बात की चेतावनी भी दी कि वह सैफ़ ख़ाँन को किसी प्रकार की शारीरिक या मानसिक क्षति न पहुँचाए।[49] बाद में मुमताज़महल के प्रभाव और मलिका बानो बेगम के निवेदन पर सैफ़ ख़ाँन को क्षमा कर दिया गया। उसे बिहार का सूबेदार नियुक्त किया गया और 4,000 ज़ात तथा 4,000 सवार का *मनसब* प्रदान किया गया।[50]

शाहजहाँ द्वारा पुर्तगालियों को सज़ा दिलवाने में भी मुमताज़महल का हाथ था। मैनुअल ट्रेवर्स नाम के हुगली के एक पुर्तगाली ने शाहजहाँ के विद्रोह के समय, उसका काफ़ी सामान तथा मुमताज़महल की दो कनीज़ों को ले लिया था। विषम परिस्थिति में पुर्तगालियों के इस दुर्व्यवहार ने शाहजहाँ तथा मुमताज़महल को उनका दुश्मन बना दिया। बादशाह बनने के बाद शाहजहाँ ने बदला लेने का निश्चय किया। मनूकी मुमताज़महल पर आरोप लगाता है कि उसी ने बादशाह को पुर्तगालियों पर हमला के लिए भड़काया था।[51] पुर्तगालियों के विरुद्ध कार्रवाई मुमताज़महल के जीवन में ही प्रारंभ की गयी थी लेकिन वह अंतिम परिणाम देखने के लिए जीवित नहीं रही। अपने पति के सिंहासनारोहण के तीन वर्ष बाद ही, 17 जून, 1631 ई. को

मुमताज़महल का देहावसान हो गया।[52] मृत्यु से पूर्व बेगम ने अपनी सबसे बड़ी जीवित संतान जहाँआरा बेगम का हाथ पकड़कर बादशाह को अपने बच्चों तथा संबंधियों के सम्मान एवं पोषण का दायित्व सौंप दिया। जहाँआरा बेगम को बादशाह बेगम का सम्मान प्राप्त था।[53]

बादशाह बेगम के रूप में जहाँआरा बेगम समकालीन राजनीति में सक्रिय रही। जहाँआरा बेगम को अपने बादशाह पिता का पूर्ण विश्वास प्राप्त था। औरंगज़ेब के काल में भी जहाँआरा बेगम का राजनीति तथा प्रशासन पर हस्तक्षेप बरक़रार रहा। जहाँआरा बेगम ने शाही परिवार के आपसी मतभेदों अथवा अन्य संकटों के निवारण का पूरा प्रयास किया। सन् 1643-44 ई. में औरंगज़ेब, कुछ लोगों के प्रभाव में आकर शाहजहाँ की नीतियों का विरोध करने लगा। फलतः उसकी जागीर तथा मनसब (15,000 / 10,000) छीन लिया गया। इस स्थिति में जहाँआरा बेगम ने हस्तक्षेप करते हुए बादशाह से औरंगज़ेब के पक्ष में सिफ़ारिश किया।[54] बादशाह ने औरंगज़ेब की यथास्थिति को बहाल कर दिया और औरंगज़ेब तथा बादशाह के मतभेद भी दूर हो गए।

इस घटना के दो वर्ष पश्चात् जहाँआरा बेगम ने 1646-47 ई. में बल्ख के नज़र मुहम्मद ख़ाँन की, राजनीतिक बंदी के रूप में लाई गई महिलाओं के साथ अत्यंत शिष्टतापूर्ण व्यवहार किया।[55] उसने उन्हें सांत्वना दिया। जहाँआरा बेगम को ज्ञात था कि सुदूर बल्ख में शक्ति के माध्यम से शान्ति स्थापना इतना सुगम नहीं है जितना कि कूटनीतिक प्रयासों से। उसने मुग़ल साम्राज्य तथा नज़र मुहम्मद के मध्य संबंध सुधारने का प्रयास किया। नज़र मुहम्मद की पुत्रियों के विवाह मन्त्रियों के साथ करवाये गए।[56]

इसी प्रकार 1654 ई. में शाहजहाँ ने श्रीनगर के राजा पृथ्वीचन्द पर आक्रमण कर दिया। शाही सेनाओं के सहयोग के लिए सिरमौर के राजा सौभाग्य प्रकाश की सेनाएँ भी उपस्थिति थीं। दो वर्ष के प्रतिरोध के पश्चात् राजा पृथ्वीचन्द को आभास हो गया कि शाही सेनाओं का प्रतिरोध अब उसके लिए संभव नहीं होगा। अतः 1656 ई. में पृथ्वीचन्द ने जहाँआरा बेगम के साथ पत्रव्यवहार प्रारंभ किया। उसने स्वयं को निर्दोष बताते हुए समर्पण-प्रस्ताव रखा। जहाँआरा बेगम ने उसके प्रस्ताव पर सहानुभूतिपूर्वक विचार किया। पृथ्वीचन्द के पुत्र मेदिनीसिंह को दाराशिकोह के माध्यम से दरबार में प्रस्तुत किया गया। राजा पृथ्वीचन्द का समर्पण स्वीकार कर लिया गया और उसे क्षमा प्रदान कर दी गई।[57]

जहाँआरा द्वारा प्रान्तीय राजनीति में हस्तक्षेप का एक अन्य उदाहरण गोलकुण्डा का है। गोलकुण्डा के शासक अब्दुल्ला क़ुतुबशाह द्वारा नज़राना अदा न किए जाने तथा वज़ीर मीर जुमला को बंदी बना लिए जाने के कारण औरंगज़ेब अत्यन्त क्रुद्ध हो गया। उस समय वह दक़न का सूबेदार था। सन् 1656 ई. में औरंगज़ेब ने गोलकुण्डा पर घेरा डाल दिया। उसने बादशाह से गोलकुण्डा के विलय की अनुमति माँगी। अब्दुला क़ुतुबशाह, औरंगज़ेब की दृढ़ इच्छा शक्ति और उसके संकल्प से भली-भाँति परिचित था। अब उसके पास जहाँआरा बेगम तथा दाराशिकोह को पत्र लिखने के अतिरिक्त कोई विकल्प शेष न रहा। अंततः जहाँआरा तथा दाराशिकोह के हस्तक्षेप के फलस्वरूप शाहजहाँ ने औरंगज़ेब को युद्ध रोकने का आदेश दे दिया।[58] अब्दुला क़ुतुबशाह नज़राना प्रस्तुत करने के लिए राज़ी हो गया। इस प्रकार कुछ वर्षों के लिए ही सही, औरंगज़ेब की गोलकुण्डा विलय की इच्छा पूरी नहीं हुई।

सन् 1657 ई. में शाहजहाँ की बीमारी के कारण फैली आशंकाओं के फलस्वरूप, जहाँआरा बेगम के भाइयों के मध्य साम्राज्य पर दावेदारी को लेकर युद्ध प्रारंभ हो गया। शाहजहाँ ने गंभीर रूप से बीमार होने के कारण दरबार में आना बंद कर दिया। दाराशिकोह, जिसे *शाह बुलन्द इक़बाल* की उपाधि और पंजाब की सूबेदारी प्राप्त थी, को दरबार के महत्त्वपूर्ण कार्यों का दायित्व दिया गया। अधिकारियों को दारा के प्रति वफ़ादार बने रहने के लिए कहा गया।[59] उस समय शाहजहाँ का दूसरा पुत्र शुजा बंगाल, तीसरा पुत्र औरंगज़ेब दक़न, तथा सबसे छोटा पुत्र मुराद, गुजरात का सूबेदार था। उहापोह की स्थिति का अनुमान इस तथ्य से लगाया जा सकता है कि किसी भी शाहज़ादे को शाहजहाँ के जीवित रहने का विश्वास नहीं रहा, यहाँ तक कि स्वयं अपने प्रतिनिधियों पर भी।[60] सबसे पहले शाहज़ादा शुजा ने नासिरुद्दीन तैमूर तृतीय के नाम से स्वयं को बादशाह घोषित कर दिया और दिल्ली की ओर बढ़ने लगा।[61] मुराद ने भी यही किया।[62] यद्यपि औरंगज़ेब ने स्वयं को बादशाह घोषित नहीं किया, किन्तु दिल्ली पर अधिकार करने की पक्की तैयारी के साथ दिल्ली की ओर बढ़ने लगा।[63] उसने कुछ आश्वासनों के साथ मुराद को अपनी ओर मिला लिया।

साम्राज्य की चार बड़ी सेनाओं का राजधानी में एकत्र होना न तो राजनीतिक दृष्टि से और न ही सैन्य और आर्थिक दृष्टिकोण से उचित था। सम्राट ने स्वयं अपने हस्ताक्षर सहित पत्र शाहज़ादों के पास भेजे ताकि उन्हें विश्वास हो जाय कि सम्राट जीवित है और वह वापस

अपनी-अपनी सूबेदारियों में चले जाएँ। किंतु इसका कोई प्रभाव नहीं पड़ा। अंततः शाही आदेश से तीन अलग-अलग सेनाएँ शाहज़ादों को रोकने के लिए भेजी गईं।[64] इस प्रकार अपने पिता के साम्राज्य को प्राप्त करने के लिए चार सगे भाइयों के मध्य अपने प्रकार का सबसे बड़ा और अनूठा युद्ध प्रारंभ हुआ।[65] जसवंत सिंह तथा क़ासिम ख़ाँन के नेतृत्व वाली शाही सेनाओं को उज्जैन से लगभग बीस मील दूरी पर धरमत के स्थान पर औरंगज़ेब और मुराद की संयुक्त सेनाओं ने पराजित कर दिया।[66] शुजा को बनारस के पास बहादुरगढ़ नामक स्थान पर सुलेमान शिकोह की सेनाओं के हाथों मुँह की खानी पड़ी।[67] औरंगज़ेब तथा मुराद की सेनाएँ शाही आदेश की अवहेलना करके चंबल नदी पार कर गईं और सामूगढ़ नामक स्थान पर आ पहुँची। उन्हें रोकने के लिए सम्राट स्वयं शाही सेनाओं का नेतृत्व करने के लिए तैयार था, किंतु दारा अपनी श्रेष्ठता साबित करने के लिए आतुर था।[68] शाही सेना की बागडोर उसने ले ली। जहाँआरा बेगम ने अंतिम क्षणों में युद्ध टालने का प्रयास किया और औरंगज़ेब को इस आशय का पत्र लिखा कि वह अपने बड़े भाई, जो 'वली अहद' भी है, से युद्ध न करे और शाही आदेश का पालन करे।[69] जहाँआरा ने यह भी लिखा कि औरंगज़ेब द्वारा दाराशिकोह से युद्ध करना न तो धार्मिक दृष्टि से और न ही लौकिक दृष्टि से उचित माना जा सकता है।

किंतु औरंगज़ेब उस मोड़ पर पहुँच चुका था जहाँ वह स्वयं को दाराशिकोह से शक्तिशाली ही नहीं महसूस कर रहा था बल्कि अब उसका पीछे लौटना राजनीतिक दृष्टि से भी संभव नहीं था। उसने जहाँआरा के पत्र का जवाब सीधे बादशाह को संबोधित करते हुए लिखा और अतीत में दाराशिकोह द्वारा रचे गए षड्यन्त्रों तथा उसके धर्मविरोधी कार्यों का उल्लेख किया।[70] युद्ध टालने का जहाँआरा का प्रयास विफल हो गया। 21 मई, 1658 ई. को भारतीय इतिहास के निर्णायक युद्धों में से एक, सामूगढ़ का युद्ध लड़ा गया। इसमें दारा को क़रारी पराजय का सामना करना पड़ा।[71] वह आगरा होते हुए दिल्ली की ओर कूच कर गया।

औरंगज़ेब, आगरा की ओर बढ़ा और 2 जून, 1658 ई. को उसकी सेनाएँ आगरा पहुँच गईं। औरंगज़ेब ने आगरा के क़िले पर घेरा डाल दिया और क़िले की आपूर्ति काट दी गई। 8 जून, 1658 ई. को शाहजहाँ ने क़िले के दरवाज़े खुलवा दिए। अब मुग़ल बादशाह औरंगज़ेब का क़ैदी था। जहाँआरा बेगम ने शांति का अंतिम प्रयास 10 जून, 1658 ई. को किया।[72] वह

स्वयं नूरमंज़िल बाग़ गई जहाँ औरंगज़ेब रुका हुआ था। उसने बदली हुई परिस्थिति के अनुरूप औरंगज़ेब के समक्ष शांति का प्रस्ताव रखा। इसके अनुसार वली अहद की *शाह बुलन्द इक़बाल* की उपाधि दारा शिकोह से वापस लेकर औरंगजेब को दी जानी थी। साम्राज्य का चारों भाइयों के मध्य विभाजन किया जाना था। जहाँआरा बेगम ने पंजाब तथा आसपास का क्षेत्र दाराशिकोह को, बंगाल, शुजा; तथा गुजरात, मुराद को देने का प्रस्ताव रखा। दक़न औरंगज़ेब के पुत्र सुल्तान मुहम्मद को मिलना था। शेष साम्राज्य पर औरंगज़ेब का अधिकार रहना था।[73] लेकिन औरंगज़ेब बाबर तथा हुमायूँ जैसा तैमूरी नहीं था जो साम्राज्य को भाइयों के मध्य बाँटने में विश्वास रखते थे बल्कि वह तो उस शिहाबुद्दीन मुहम्मद शाहजहाँ बादशाह ग़ाज़ी का पुत्र था जिसकी धमनियों में उन राजपूतों का रक्त मिश्रित था जो एक-एक इंच भूमि के लिए अपने सम्बन्धियों से भी लड़ना अपना धर्म समझते थे और जो स्वयं भी अपने भाइयों, भतीजों तथा संबंधियों के खून से रंगे हुए तख़्त पर बैठकर प्रसन्न हुआ था।[74] जहाँआरा बेगम को निराशा हाथ लगी। भाइयों के मध्य अनेक युद्ध हुए और अंततः मैदान औरंगज़ेब के हाथ रहा। उसने स्वयं को मुग़ल बादशाह घोषित कर दिया। यह बात और है कि उसका सम्राट पिता जीवित था। जहाँआरा बेगम अपनी इच्छानुसार अपने पिता की सेवा के लिए आगरा के क़िले में नज़रबन्द हो गई और शाहजहाँ की मृत्युपर्यन्त (1 फ़रवरी, 1666 ई./26 रजब 1076 हि.) सेवा करती रही।[75]

शाहजहाँ की मृत्यु के पश्चात् जहाँआरा ने एक बार फिर सक्रिय राजनीति में भाग लेना प्रारंभ किया। 12 मई, 1666 ई. को मराठा सरदार शिवाजी द्वारा दरबार में अशिष्ट व्यवहार किये जाने पर जहाँआरा बेगम ने तीक्ष्ण प्रतिक्रिया व्यक्त किया। उसने औरंगज़ेब को इस बात के लिए प्रेरित किया कि शिवाजी को कठोर से कठोर दण्ड दिया जाय।[76] यहाँ ध्यान देने योग्य तथ्य यह है कि शिवाजी ने 1664 ई. में सूरत को लूटा था जोकि बेगम साहब (जहाँआरा) की जागीर में था।

औरंगज़ेब ने ग़ैरमुसलमानों पर जज़िया लगाने का प्रस्ताव किया तब जहाँआरा बेगम ने औरंगज़ेब के इस प्रस्ताव का खुलकर विरोध किया।[77] किंतु यह एक ऐसा मुद्दा था जिस पर औरंगज़ेब की भावी राजनीति की आधारशिला रखी जानी थी। अतः स्वाभाविक है औरंगज़ेब ने जहाँआरा बेगम के हस्तक्षेप को स्वीकार नहीं किया।

जहाँआरा बेगम के प्रयासों के फलस्वरूप ही औरंगज़ेब ने दाराशिकोह के पुत्र सिपिहर शिकोह तथा मुराद के पुत्र ईज़ीद बख़्श को क़ैद से आज़ाद कर दिया।[78] उनको न केवल सम्मान दिए गए बल्कि औरंगज़ेब ने अपनी पुत्री ज़ुबदतुन्निसा बेगम का विवाह सिपिहर शिकोह तथा मेहरुन्निसा बेगम का विवाह इज़ीद बख़्श से किया। इसी प्रकार दाराशिकोह की पुत्री, जहाँज़ेब बानो बेगम, जिसे जहाँआरा बेगम ने अपनी पुत्री का भाँति पाला था, का विवाह औरंगज़ेब के तीसरे पुत्र मुहम्मद आज़म के साथ किया।[79] जहाँआरा बेगम द्वारा यह शाही परिवार की बिखरी हुई रक़्त की बूदों को एक करने का प्रयास था। स्वयं औरंगज़ेब यद्यपि मुग़ल बादशाह बन गया था, किंतु उसे यह भली-भाँति ज्ञात था कि जब तक शाहजहाँ, उसे अपने पिता और राजमुकुट के अनैतिक अपहरण के दोष से क्षमा नहीं कर देता, उसकी वैधानिकता पर उँगली उठती रहेगी। औरंगज़ेब ने शाहजहाँ से दो बार निवेदन किया, किंतु शाहजहाँ ने माफ़ नहीं किया। अंततः तीसरी बार जहाँआरा बेगम की सिफ़ारिश पर शाहजहाँ ने 1666 ई. में औरंगज़ेब को क्षमादान संबंधी पत्र दे दिया।[80]

शाहजहाँ की दूसरी पुत्री रोशनआरा बेगम ने भी प्रारंभ से ही अपनी बड़ी बहन जहाँआरा बेगम की भाँति राजनीतिक गतिविधियों में भाग लेने का प्रयास किया।[81] लेकिन उसे शाहजहाँ के काल में वह विश्वास और सम्मान प्राप्त नहीं हुआ जैसाकि जहाँआरा बेगम को प्राप्त था। साम्राज्य के लिए संघर्ष के दौरान रोशनआरा बेगम ने औरंगज़ेब की भरपूर सहायता की। वह राजदरबार में घटने वाली समस्त घटनाओं की जानकारी गुप्त रूप से औरंगज़ेब के पास भेजती रही।[82] वह रोशनआरा ही थी जिसने शाहजहाँ द्वारा वार्ता के लिए बुलाए जाने पर औरंगज़ेब को आने से रोक दिया। उसने औरंगज़ेब को इस बात से अवगत कराया कि यदि वह महल में आएगा तब उसकी हत्या की जा सकती है, क्योंकि तातारी महिला सुरक्षाकर्मी पहले से ही इस कार्य के लिए तैयार कर दी गई हैं।[83]

औरंगज़ेब के सत्तारूढ़ होने के पश्चात् रौशनआरा बेगम ने राजनीति को अत्यधिक प्रभावित किया। जिस समय मई, 1662 ई. में औरंगज़ेब गंभीर रूप से बीमार हो गया और उसकी बचने की आशा नहीं थी, रोशनआरा बेगम ने जल्दबाज़ी में शाही मुहर का दुरुपयोग किया। उसने नौ वर्षीय बालक शाहज़ादा आज़म के नाम पर देशी राजाओं तथा मनसबदारों एवं अमीरों को पत्र लिखना प्रारम्भ कर दिया। रोशनआरा बेगम ने आज़म की दावेदारी का समर्थन करने

के लिए अधिकारियों को निर्देश दिया।[84] उसने शाहज़ादा मुअज़्ज़म तथा उसकी माँ द्वारा प्रतिरोध किए जाने पर, उन्हें बलपूर्वक बादशाह के कमरे से निकाल दिया। इन पत्रों तथा भ्रामक सूचनाओं के चलते अमीरों में उहापोह की स्थिति उत्पन्न हो गई। लेकिन औरंगज़ेब शीघ्र ही स्वस्थ हो गया और स्थिति नियन्त्रण से बाहर नहीं गई। जब औरंगज़ेब को रोशनआरा की गतिविधयों का पता चला तब वह काफ़ी असन्तुष्ट हुआ और उसे रोशनआरा पर पहले की भाँति विश्वास न रहा। किंतु इसका आशय यह कदापि नहीं है कि उसका बादशाह पर प्रभाव पूरी तरह समाप्त हो गया। इस घटना के कुछ वर्ष बाद 1669 ई. में औरंगज़ेब ने रोशनआरा बेगम को 'शाहबेगम' की उपाधि से सम्मानित किया और पाँच लाख रूप नक़द दिए गए।[85] 11 सितम्बर, 1671 ई. को रोशनआरा बेगम की मृत्यु हो गई।

शाहजहाँ की तीसरी पुत्री गौहरआरा बेगम ने साम्राज्य की दावेदारी को लेकर हुए संघर्ष के दौरान मुराद के पक्ष में वैसी ही भूमिका का निर्वाह किया जैसा कि रौशनआरा बेगम ने औरंगज़ेब के पक्ष में। वह दरबार की गतिविधियों की जानकारी मुराद के पास भेजती रहती थी।[86]

शाहजहाँ की पुत्रियों के अतिरिक्त, उसके भाई परवेज़ की पुत्री तथा दाराशिकोह की पत्नी, नादिरा बानो बेगम भी तत्कालीन राजनीति में पूरी तरह सक्रिय रही।[87] वह वली अहद की पत्नी की हैसियत से साम्राज्य के उच्चाधिकारियों को *निशान* जारी करके, उनको दायित्वों के निर्वाह का आदेश देती थी और उनकी प्रोन्नति आदि की सिफ़ारिश करती थी।[88] उसने साम्राज्य के लिए होने वाले संघर्ष के समय भी राजनीतिक गतिविधियों में बढ़-चढ़कर भाग लिया। उसने विभिन्न अधिकारियों को युद्ध में किसी प्रकार की ढील न दिए जाने संबंधी निर्देश भी दिए। नादिरा बेगम ने राजा जयसिंह को एक *निशान* जारी करके कहा कि वह राजसिंहासन को प्राप्त करने की महत्त्वाकांक्षा रखने वाले शत्रुओं को कुचलने के लिए जिस सेना का नेतृत्व कर रहा है उसको अधिक सुसज्जित करने के लिए पचास हज़ार रुपए शाही कोश से ले ले।[89] उसने राजा जयसिंह को दाराशिकोह का समर्थन करने के लिए प्रेरित किया। इसके बदले में उसकी पदोन्नति का आश्वासन भी दिया गया।

किंतु नादिरा बानो बेगम के प्रयास उसके दुर्भाग्य और औरंगज़ेब के रणकौशल से कहीं कम थे। उसकी प्रेरणा तथा सैन्य तैयारियों के फलस्वरूप उसके पुत्र सुलेमान शिकोह ने यद्यपि शुजा की सेनाओं को हरा दिया किंतु औरंगज़ेब की प्रगति और दाराशिकोह का पतन

रोक पाना उसकी शक्ति से परे था। अंततः दाराशिकोह को प्राणरक्षा के लिए दर-दर भटकना पड़ा और नादिरा बानों बेगम निरंतर उसके साथ रही। 6 जून, 1659 ई. को दारा ने अपनी इस सर्वाधिक विश्वसनीय सलाहकार, सहभागिनी और अनुयायी को खो दिया।[90]

औरंगजेब की कार्य करने की अथक क्षमता, अविश्वासी प्रकृति तथा निर्णयों की दृढ़ता के कारण उसकी पत्नियाँ नूरजहाँ बेगम अथवा मुमताज़महल की भाँति राजनीतिक पटल पर अपनी सशक्त उपस्थिति नहीं दर्ज कर सकीं। इसका एक कारण यह भी था कि औरंगज़ेब की पहली पत्नी दिलरस बानो बेगम की मृत्यु 1656-57 ई. में ही हो गई जबकि वह दक़न का सूबेदार था।[91] औरंगज़ेब की एक अन्य पत्नी उदयपुरी महल थी जिसे वह अत्यधिक प्यार करता था। कामबख़्श उदयपुरी महल का ही पुत्र था। कामबख़्श ने अपने पिता के विरुद्ध कई बार विद्रोह किए किन्तु उदयपुरी महल के हस्तक्षेप के फलस्वरूप उसे क्षमा कर दिया जाता था।[92]

औरंगज़ेब की सभी पुत्रियों को उच्चकोटि की शिक्षा प्राप्त हुई थी। वे राजनीतिक तथा प्रशासनिक कार्यों में दक्ष भी थीं। इनमें ज़ैबुन्निसा बेगम का नाम सर्वोपरि है। ज़ैबुन्निसा बेगम औरंगजेब आलमगीर की सबसे बड़ी संतान थी।[93] उसकी माँ दिलरस बानो बेगम थी। औरंगज़ेब अपनी इस पुत्री को अत्यधिक प्रेम करता था। ज़ैबुन्निसा बेगम अनेक महत्त्वपूर्ण फ़ैसलों में अपने बादशाह पिता की सहायता करती थी।[94] सन् 1658 ई. में साम्राज्य के लिए हुए संघर्ष के दौरान ज़ैबुन्निसा बेगम के नाना, शाहनवाज़ ख़ाँन ने औरंगज़ेब का सहयोग नहीं दिया और दाराशिकोह का साथ दिया। इसके बदले में औरंगज़ेब ने दाराशिकोह की पराजय के पश्चात् शाहनवाज़ ख़ाँन को बंदी बनाकर बुरहानपुर भेजवा दिया। ज़ैबुन्निसा बेगम को जब इसकी सूचना मिली तब बादशाह पर अपने नाना को रिहा करने के लिए दबाव डाला और वह अपनी माँग पर तब तक डटी रही जब तक कि शाहनवाज़ ख़ाँन को रिहा न कर दिया गया।[95] बाद में शाहनवाज़ ख़ाँन को गुजरात का सूबेदार नियुक्त किया गया और वह जीवन भर निष्ठापूर्वक साम्राज्य की सेवा करता रहा।[96] विद्रोही राजकुमार मुहम्मद अकबर ज़ैबुन्निसा बेगम का सगा भाई था। वह 1679 ई. में राजपूतों के विरुद्ध अभियान के दौरान वह अपने बादशाह पिता के साथ रहा। उसकी योग्यता से प्रभावित होकर औरंगज़ेब ने उसे राजपूत अभियान के लिए स्वतंत्र रूप से सेना के नेतृत्व का भार दे दिया। किंतु कुछ अमीरों के बहकावे

में आकर शाहज़ादे ने अपने पिता के विरुद्ध विद्रोह करके स्वयं को बादशाह घोषित कर दिया।[97] इस विद्रोह के दौरान ज़ैबुन्निसा का शाहज़ादे के साथ संपर्क बना रहा। अकबर के विद्रोह का दमन शाही सेनाओं द्वारा कर दिया गया। इस दौरान ज़ैबुन्निसा बेगम द्वारा शाहज़ादा अकबर को लिखे गए पत्र भी बरामद किए गए।[98] ज़ैबुन्निसा बेगम की इस गतिविधि से औरंगज़ेब अत्यधिक असन्तुष्ट हुआ। उसको मिलने वाली चार लाख रुपए की पेंशन में कटौती कर दी गई और दिल्ली स्थित सलीमगढ़ के क़िले में नज़रबंद कर दिया गया जहाँ रहते हुए उसने अपना संपूर्ण जीवन पठन-पाठन में व्यतीत किया।[99] इसी क़िले में 26 फ़रवरी, 1702 ई. को ज़ैबुन्निसा बेगम का स्वर्गवास हो गया।[100]

औरंगज़ेब की दूसरी पुत्री ज़ीनतुन्निसा बेगम, ज़ैबुन्निसा बेगम की सगी बहन थी। बेगम साहब (जहाँआरा बेगम) की मृत्यु के पश्चात् ज़ीनतुन्निसा बेगम को बादशाह बेगम का सम्मान प्राप्त हुआ।[101] ज़ीनतुन्निसा बेगम मुग़ल शाहज़ादों तथा बादशाह के मध्य उत्पन्न होने वाले मतभेदों को दूर करने का प्रयत्न करती रही। सगा भाई होने कारण ज़ीनतुन्निसा बेगम की सहानुभूति अकबर के साथ थी। वह चाहती थी कि किसी प्रकार बादशाह तथा शाहज़ादे के बीच सौहार्दपूर्ण संबंध पुनः स्थापित हो जाय। अपनी इस इच्छा की पूर्ति के लिए ज़ीनतुन्निसा बेगम ने प्रयास भी किए। सन् 1681 ई. में विद्रोह विफल होने के पश्चात् जब शाहजादा अकबर मराठा सरदार सम्भाजी की शरण में चला गया तब ज़ीनतुन्निसा बेगम की चिंता और भी बढ़ गयी। उसने अपने भाई अकबर को एक पत्र लिखा जिसमें उसे परामर्श दिया गया था कि वापस आ जाए और क्षमादान प्राप्त कर ले।[102] शाहज़ादा अकबर ने इस पत्र के जवाब में दो पत्र लिखे। इसमें एक पत्र ज़ीनतुन्निसा बेगम के लिए था तथा दूसरा बादशाह औरंगज़ेब के लिए। इन पत्रों में क्षमादान देने के आश्वासन की स्थिति में अकबर ने अपनी स्वामिभक्ति का निवेदन किया था जिसे बादशाह ने स्वीकार कर लिया।[103] लेकिन अंतिम क्षणों में अकबर ने अपना इरादा बदल दिया और उसने सम्भाजी के पास रहना ही उचित समझा।

संभाजी द्वारा विद्रोही शाहज़ादे को शरण देने तथा साम्राज्य विरोधी गतिविधियों में लिप्त होने के कारण उसे गिरफ़्तार करके निर्ममतापूर्वक मृत्युदण्ड दिया गया।[104] उसकी पत्नी येशुबाई तथा पुत्र साहू को बंदी बनाकर मुग़ल हरम में रखा गया। यहाँ इन दोनों की देख-रेख का भार ज़ीनतुन्निसा बेगम को दिया गया। इनके प्रति ज़ीनतुन्निसा बेगम का व्यवहार सहानुभूतिपूर्ण

रहा।[105] कहा जाता है कि उसने साहू का पालन-पोषण अपने बच्चे की भाँति किया। सन् 1707 ई. में साहू के दक़न जाने के समय ज़ीनतुन्निसा बेगम ने ममतापूर्वक विदाई दी और मार्ग की कठिनाइयों से बचने के लिए समुचित व्यवस्था की।[106] सन् 1718 ई. में येशुबाई की रिहाई में भी ज़ीनतुन्निसा बेगम का हाथ था।[107] ज़ीनतुन्निसा बेगम की ममता के कारण साहू जीवन भर उसको आदर की दृष्टि से देखता था।[108] साहू की रिहाई से एक राजनीतिक परिणाम यह भी निकला कि मराठा शक्ति दो टुकड़ों में विभाजित हो गई।

ज़ीनतुन्निसा बेगम ने कामबख़्श को क्षमा करवाने में भी मदद किया। सन् 1691 ई. में जिंजी में मराठा सरदार राजाराम के विरुद्ध घेरा डाला गया था। इस अभियान का संचालन औरंगज़ेब के योग्यतम अधिकारियों में से एक, असद ख़ाँन तथा उसका पुत्र ज़ुल्फिक़ार ख़ाँन कर रहा था। इस अभियान में शाहज़ादा कामबख़्श न सिर्फ इन अधिकारियों के कार्य में अड़चन डाल रहा था बल्कि उसने शाही अभियान को विफल करने का षड्यन्त्र भी रचा।[109] कामबख़्श के इस व्यवहार के लिए 1693 ई. में उसे बंदी बना लिया गया लेकिन ज़ीनतुन्निसा बेगम की मध्यस्थता तथा उदयपुरी महल के प्रभाव के चलते उसे क्षमा कर दिया गया।[110] इसी प्रकार ज़ीनतुन्निसा बेगम ने शाहज़ादा आज़म तथा कामबख़्श के मध्य आपसी वैमनस्य दूर करने का प्रयत्न भी किया।[111]

बहादुर शाह 'प्रथम' के काल में राजनीति पर महिलाओं के प्रभाव के बहुत अधिक उदाहरण नहीं हैं। उसकी सुयोग्य पत्नी नूरुन्निसा बेगम, जब वह शाहज़ादा (मु'अज्ज़म) था, उसे राजनीतिक मामलों में परामर्श देती थी, लेकिन उसकी मृत्यु बहादुरशाह के बादशाह बनने के पूर्व ही हो गयी (1701-02 ई.)।[112] बहादुरशाह की एक और पत्नी उम्मत-उल-हबीब, जिसे अज़ीज़ुन्निसा बेगम के नाम से भी जाना जाता है, एक बहादुर स्त्री थी। उसने जाजू के युद्ध में महत्त्वपूर्ण भूमिका का निर्वाह किया था।[113] बादशाह बनने के बाद भी बहादुरशाह पर उसका अत्यधिक प्रभाव था। फ़रमानों पर उसके द्वारा हस्ताक्षर का उल्लेख भी प्राप्त होता है।[114]

सन्दर्भ तथा टिप्पणी

1. शेर मार देने के कारण अली कुली इस्तालजू को शेर अफ़ग़न की उपाधि जहाँगीर ने दिया था।

तुज़ुक-ए-जहाँगीरी, I, पृ. 113-14

2. मोतमिद ख़ाँन तथा शाहनवाज़ ख़ाँन ने लिखा है कि जहाँगीर ने मेहरुन्निसा को रुकैया सुल्तान बेगम के पास इसलिए भेजा, क्योंकि उसके पति शेर अफ़गन ने उसके कोका (दूध भाई) की हत्या का जघन्य अपराध किया था। ख़ाफ़ी ख़ाँन का कहना है कि मेहरुन्निसा को सलीमा सुल्तान बेगम के पास भेजा गया, और वह भी कनीज़ (सेविका) के रूप में। किंतु खाफ़ी ख़ाँन के मत की पुष्टि अन्य स्रोतों से नहीं होती। विस्तृत चर्चा हेतु देखें, चन्द्र पन्त, *नूरजहाँ एण्ड हर फ़ैमिली,* पृ. 45 एवं पाद टिप्पणी-2; आर.पी. त्रिपाठी, *राइज एण्ड फाल ऑफ दि मुग़ल अम्पायर,* I, पृ. 369
3. मोतमिद ख़ाँन, *इक़बाल नामा-ए-जहाँगीरी* (इलि. एवं डाउसन, VI), पृ. 56; बेनी प्रसाद, *हिस्ट्री ऑफ़ जहाँगीर,* पृ. 117
4. *तुज़ुक-ए-जहाँगीरी,* I, पृ. 200; चन्द्र पन्त, *पूर्वोद्धृत,* पृ. 48
5. *मा'सीर-ए-जहाँगीरी* को उद्धृत करते हुए चन्द्र पन्त ने नूरजहाँ को पादशाह बेगम नियुक्त किए जाने का वर्ष 1622 ई. दिया है। बेनी प्रसाद ने इसकी तिथि 1613 ई. लिखी है जबकि सलीमा सुल्तान बेगम की मृत्यु के पश्चात् मेहरुन्निसा बेगम को पादशाह बेगम नियुक्त किया गया था। हमारे पास नूरजहाँ बेगम का एक हुक्म मौजूद है जिसके ऊपर बायीं ओर *'हुक्म उलैया आलिया महद आलिया नूरजहाँ पादशाह बेगम'* अंकित है। इस हुक्म के नीचे 'तहरीर अ. *तारीख 19 अमरदाद माह-इलाही 15 सन्ह'*, अर्थात् 31 जुलाई, 1620 ई. अंकित है। इसका आशय यह हुआ कि नूरजहाँ बेगम को पादशाह बेगम की उपाधि 1620 से पहले ही मिल गई थी। इस प्रकार चंद्र पंत का मत त्रुटिपूर्ण है। अतः बेनी प्रसाद का मत अधिक तर्कसंगत लगता है। देखें, चन्द्र पंत, *पूर्वोद्धृत,* पृ. 46; बेनी प्रसाद, *पूर्वोद्धृत,* पृ 169; ई.बी. फिण्डली, *नूरजहाँ – इंप्रेस ऑफ मुग़ल इण्डिया,* पृ. 47; एस.ए.आई. तिरमिज़ी, *इडिक्स फ्रॉम द मुग़ल हरम,* अभि. सं. 3; पृ. 18-27
6. जहाँगीर के शासन के 19वें वर्ष (1625 ई.) से 1627 ई. तक यह सिक्के प्रचलन में रहे लेकिन शाहजहाँ ने बादशाह बनने के पश्चात् इन्हें गलाए जाने का निर्देश दिया। यह कहा गया कि जिन लोगों के पास यह सिक्का मिलेगा उन्हें मृत्युदण्ड दिया जाएगा। इसी कारण यह सिक्के बहुत कम मिलते हैं। इन सिक्कों पर फ़ारसी भाषा में निम्न शे'र अंकित है :–

   ज़ी हुक्म शाह जहाँगीर याफ़्त सद ज़ेवर
   ब नामे नूरजहाँ बादशाह बेगम ज़र

   (जहाँगीर शाह के आदेश से नूरजहाँ बादशाह बेगम का नाम अंकित करने से स्वर्ण का सौन्दर्य सौ गुना हो गया है; देखें, पी.एल. गुप्त, *क्वायन्स,* पृ. 154; एस.एच. होडीवाला, 'दि क्वायन्स बियरिंग द नेम ऑफ़ नूरजहाँ', *जे.ए.एस.बी.* (न्यूमिस्मैटिम्स सप्लीमेण्ट) X, II, 1929, पृ. 59-68; सी.आर. सिंघल, 'आन दि क्वायन्स ऑफ़ इम्प्रेस नूरजहाँ, *जे.एन.एस.आई,* XX, 1953; पृ. 42-45

7. ई.बी. फिण्डली, *पूर्वोद्धृत,* पृ. 47; चन्द्र पन्त, *पूर्वोद्धृत,* पृ 46 एवं पाद टिप्पणी-5, एस.ए.आई. तिरमिज़ी, *पूर्वोद्धृत,* पृ. 18-53; अभिलेख सं. 3-10; नूरजहाँ की मुहर सहित बादशाह जहाँगीर के साथ हस्ताक्षर वाले फ़रमानों के संदर्भ में देखें– के.पी. श्रीवास्तव, *मुग़ल फ़रमान्स,* पृ. 24-31
8. बेनी प्रसाद, *पूर्वोद्धृत,* पृ. 160; ई.बी. फिण्डली, *उपरोक्त,* पृ. 47-48
9. क़ाज़वीनी, *पूर्वोद्धृत,* पृ. 43-44; जे.एन. चौधरी, 'मुमताज महल', *आई.सी.,* जुलाई 1937, पृ. 374
10. यह मुग़लों की व्यवस्था थी कि जब भी किसी अधिकारी की मृत्यु हो जाती थी, उसकी संपत्ति एवं उसके परिवार (पत्नी एवं बच्चे) की व्यवस्था बादशाह के आदेशानुसार ही की जाती थी। इस आदेश (*फ़रमान*) के अभाव में उत्तरदायी अधिकारी प्रतीक्षा करते थे। गुलचेहरा बेगम (बाबर की पुत्री) के पति तूख़्ता बूग़ा सुल्तान की अवध में मृत्यु के बाद संबंधित कर्मचारी, गुलचेहरा को कहाँ भेजा जाय, इस हेतु फ़रमान की प्रतीक्षा करते रहे। इसी प्रकार सलीमा सुल्तान तथा अब्दुल रहीम को अकबर की आज्ञा से दरबार में प्रस्तुत किया गया। चंद्र पंत, *पूर्वोद्धृत,* पृ. 45, पादटिप्पणी, 1
11. राजा भारमल की पुत्री के साथ विवाह के बाद उसके परिवारजनों को उच्च पद प्रदान किए गए। राजा मानसिंह तथा संबंधियों को कुल मिलाकर 29,000 ज़ात तथा 5,000 सवार का मनसब प्राप्त था। इसी प्रकार अज़ीज़ कोका के परिवार को भी 29,500 के मनसब प्राप्त थे। जहाँगीर के काल में अब्दुल रहीम ख़ान-ए-ख़ाना को 7,000 ज़ात तथा 7,000 सवार का मनसब उसकी पौत्री तथा शाहनवाज़ ख़ाँन की पुत्री के साथ खुर्रम के विवाह के शीघ्र बाद दिया गया। चन्द्र पन्त, *उपरोक्त,* पृ. 50-51; नूरुल हसन, 'द थियोरी ऑफ़ दि नूरजहाँ जुण्टा,' *प्रोसीडिंग्स ऑफ़ इण्डियन हिस्ट्री कांग्रेस (पी.आई.एच.सी.),* 1958, पृ. 324-35
12. नूरजहाँ बेगम की इस पुत्री का नाम बहू बेगम था। कुछ इतिहासकारों ने इसका नाम लाडली बेगम लिखा है। लेकिन लाडली बेगम नूरजहाँ की पुत्री न होकर दौहित्री थी। देखें – चन्द्र पन्त, *उपरोक्त,* पृ. 56 एवं पाद टिप्पणी 9; *तुज़ुक-ए-जहाँगीरी,* II, पृ. 187-88
13. आर.पी. त्रिपाठी, *राइज़ एण्ड फ़ाल ऑफ़ द मुग़ल अम्पायर,* पृ. 393
14. *उपरोक्त,* पृ. 393; *तुज़ुक्-ए-जहाँगीरी,* II, पृ 228
15. आर.पी. त्रिपाठी, *उपरोक्त,* पृ. 393-94
16. पित्रा डेला वेला कहता है कि नूरजहाँ ने खुसरो के साथ अपनी पुत्री के विवाह का प्रस्ताव रखा और बदले में उसे क्षमा करवाने का प्रस्ताव रखा। लेकिन खुसरो ने इसे अस्वीकार कर दिया। वस्तुतः डेला वेला का मत अफ़वाहों पर आधारित है जैसाकि बेनी प्रसाद का मत है कि नूरजहाँ ने उक्त विचार तो बनाया, किंतु उक्त सीमा तक नहीं पहुँची। देखें – पित्रा डेला वेला, *दि ट्रेवेल्स*

ऑफ पित्रा डेला वेला इन इण्डिया (1623-24 ई.), I, पृ. 56-57; बेनी प्रसाद, *हिस्ट्री ऑफ जहाँगीर*, पृ. 323

17. आर.पी. त्रिपाठी, *राइज़ एण्ड फ़ाल ऑफ़ दि मुग़ल अम्पायर*, पृ. 393
18. *उपरोक्त*, पृ. 393-94
19. *उपरोक्त*, पृ. 394
20. *उपरोक्त*, पृ. 393; *तुजुक-ए-जहाँगीरी*, II, पृ. 234; चन्द्र पन्त, *पूर्वोद्धृत*, पृ. 61 एवं पादटिप्पणी-7
21. *तुजुक-ए-जहाँगीरी*, II, पृ. 235-36; बी.पी. सक्सेना, *हिस्ट्री ऑफ़ शाहजहाँ ऑफ डेहली*, पृ. 38-39
22. एस.एन. भट्टाचार्य, 'रिबेलियन ऑफ शाहजहाँ एण्ड हिज़ कैरियर इन बंगाल', *आई.एच.क्यू.*, X, 4, दिसम्बर 1934, पृ. 675; बेनी प्रसाद, *पूर्वोद्धृत*, पृ. 375
23. बेनी प्रसाद, *उपरोक्त*, पृ. 358; आर.पी. त्रिपाठी, *राइज़ एण्ड फ़ाल ऑफ़ दि मुग़ल अम्पायर*, I, पृ. 395
24. आर.पी. त्रिपाठी, *उपरोक्त;* पृ. 393-404 भट्टाचार्य, *पूर्वोद्धृत*, पृ. 675-722
25. रेणुकानाथ, *पूर्वोद्धृत*, पृ. 79
26. बेनीप्रसाद, *पूर्वोद्धृत*, पृ. 400; आर.पी. त्रिपाठी, *राइज़ एण्ड फ़ाल ऑफ़ दि मुग़ल अम्पायर*, I, पृ. 405
27. *उपरोक्त*, पृ. 405
28. *उपरोक्त*, पृ. 405-06
29. *उपरोक्त*, पृ. 406;
30. *उपरोक्त*, 406; बेनी प्रसाद, *पूर्वोद्धृत*, पृ. 402
31. बेनी प्रसाद, *उपरोक्त*, पृ. 402; आर.पी. त्रिपाठी, *उपरोक्त*, पृ. 406-07
32. मोतमिद ख़ाँन, *पूर्वोद्धृत*, पृ. 421-23; आर.पी. त्रिपाठी, *उपरोक्त*, पृ. 407
33. मोतमिद ख़ाँन, *उपरोक्त*, पृ. 421-23; रेणुकानाथ, *पूर्वोद्धृत*, पृ. 82-84
34. मोतमिद ख़ाँन, *उपरोक्त*, पृ. 427; ख़ाफ़ी ख़ाँन, *मुन्तख़ब-उल-लुबाब*, I, पृ. 369
35. मोतमिद ख़ाँन, *उपरोक्त*, पृ. 430, बेनी प्रसाद, *पूर्वोद्धृत*, पृ. 356
36. वास्तविकता यह थी कि उसने फ़ारस के शाह से सहायता का निवेदन किया था, किंतु शाह ने उसे अपने पिता के प्रति आज्ञाकारी बने रहने के लिए कहा। शाहजहाँ ने ख़ान-ए-जहाँ लोदी, जो उस समय दक़न में था, से साथ देने के लिए कहा ताकि बादशाह को मुक्त कराया जा सके। किंतु ख़ाँन-ए-जहाँ लोदी को शाहजहाँ की विद्रोहात्मक गतिविधि का संदेह था, अतः उसने

शाहजहाँ का साथ नहीं दिया। देखें – आर.पी. त्रिपाठी, *राइज़ एण्ड फ़ाल ऑफ़ दि मुग़ल अम्पायर,* I, पृ. 410-11

37. मोतमिद ख़ाँन, *पूर्वोद्धृत,* पृ. 430; बेनी प्रसाद, *पूर्वोद्धृत,* पृ. 356
38. आर.पी. त्रिपाठी, *राइज़ एण्ड फ़ाल ऑफ़ दि मुग़ल अम्पायर,* पृ. 411
39. *उपरोक्त,* पृ. 412; मोतमिद ख़ाँन, *पूर्वोद्धृत,* पृ. 292-93
40. बेनी प्रसाद, *पूर्वोद्धृत,* पृ. 435-36; रेणुकानाथ, *पूर्वोद्धृत,* पृ. 88
41. मोतमिद ख़ाँन, *पूर्वोद्धृत,* पृ. 435-36; बेनी प्रसाद, *पूर्वोद्धृत,* पृ. 370
42. मोतमिद ख़ाँन, *पूर्वोद्धृत,* पृ. 436; बी.पी. सक्सेना, *पूर्वोद्धृत,* पृ. 58
43. रेणुकानाथ, *पूर्वोद्धृत,* पृ. 89
44. बेनी प्रसाद, *पूर्वोद्धृत,* पृ. 373; जे.एन. चौधरी, 'मुमताज़ महल', *आई.सी.,* जुलाई 1937, पृ. 377, गुलाम यज़दानी, 'जहाँआरा', *एस.जे.पी.एच.एस.,* III, पृ. 29
45. जे.एन. चौधरी, *उपरोक्त,* पृ. 377; रेखा मिश्रा, *पूर्वोद्धृत,* पृ. 41
46. जे.एन., चौधरी, *उपरोक्त,* पृ. 377
47. गुलाम यज़दानी, *पूर्वोद्धृत,* पृ. 28, जदुनाथ सरकार, *स्टडीज़ इन मुग़ल इण्डिया,* पृ. 9
48. जे.एन. चौधरी, *पूर्वोद्धृत,* पृ. 377
49. बी.पी. सक्सेना, *पूर्वोद्धृत,* पृ. 61; आर.पी. त्रिपाठी, *राइज़ एण्ड फ़ाल ऑफ़ दि मुग़ल अम्पयर,* पृ. 461
50. चन्द्र पंत, *नूरजहाँ एण्ड हर फ़ैमिली,* पृ. 81
51. मनूकी, *स्टोरिया डि मोगोर* (अनु. इरविन), I, पृ. 182; जे.एन. चौधरी; *पूर्वोद्धृत,* पृ. 378
52. मुमताज़महल की मृत्यु से संबंधित अनेक किंवदंतियाँ प्रचलित हैं। इनमें एक किंवदन्ती यह भी है कि मुमताज़महल की चौदहवीं संतान (दहरआरा या गौहरआरा) का जन्म, जब क़रीब था, गर्भ से बच्चे के रोने की आवाज़ आयी। इस अपशकुन के पश्चात् मुमताज़महल ने अपने पति शाहजहाँ को पास बुलाया और कहा कि जब गर्भ में बच्चा रोए, तब माँ की मृत्यु निश्चित होती है। उसने अपने पति से क्षमा आदि माँगने के पश्चात् दो वचन भी माँगे, जिन्हें शाहजहाँ ने पूरा करने का वचन दिया। इनमें पहला वचन यह था कि शाहजहाँ भविष्य में अन्य विवाह नहीं करेगा। दूसरा वचन था कि ऐसा तोहफ़ा दे, जैसाकि संसार में अन्य कोई न हो अर्थात् उसकी कब्र पर भव्य स्मारक बनवाने का था। .... यह किंवदंती आगे भी विस्तृत कहानी है जिसमें ताजमहल के बनने संबंधी अन्य बातें हैं। किंतु ऐसा प्रतीत होता है कि इन किंवदंतियों का कोई आधार नहीं है। इन्हें 19वीं शताब्दी के उर्दू एवं फ़ारसी इतिहासकारों ने गढ़ा है। समकालीन लेखक; यथा– काज़वीनी या लाहौरी, ऐसी किसी भी घटना का उल्लेख नहीं करते। तुलना करें–सैयद हुसैन

अली, *तारीख़-ए-ताज़महल* (1318 हि.) एवं अब्दुल हमीद लाहौरी, *पादशाहनामा* (कबीरुद्दीन अहमद एवं अब्दुल रहीम), I, I, पृ. 385; काज़वीनी, *पादशाहनामा,* फो. 310 बी; बी.पी सक्सेना, *पूर्वोद्धृत,* पृ. 309; जदुनाथ सरकार, *स्टडीज़ इन मुग़ल इण्डिया,* पृ. 28-29; जे.एन. चौधरी, *पूर्वोद्धृत,* पृ. 379

53. गुलाम यज़दानी, *पूर्वोद्धृत,* पृ. 29
54. *उपरोक्त,* पृ. 30; अब्दुल हमीद लाहौरी, *पूर्वोद्धृत,* पृ. 376
55. अब्दुल हमीद लाहौरी, *उपरोक्त,* पृ. 580; गुलाम यज़दानी, *पूर्वोद्धृत,* 36
56. अब्दुल हमीद लाहौरी, *उपरोक्त,* पृ. 580-81
57. के.आर. क़ानूनगो, *दाराशिकोह,* I, पृ. 136-37
58. *उपरोक्त,* पृ. 137-38
59. गुलाम यज़दानी, *पूर्वोद्धृत,* पृ. 36-37; आर.पी. त्रिपाठी, *राइज़ एण्ड फ़ाल ऑफ़ द मुग़ल अम्पायर,* पृ. 478-79
60. आर.पी. त्रिपाठी, *उपरोक्त,* पृ. 482
61. *उपरोक्त,* पृ. 485
62. मुराद ने अपने नाम के सिक्के जारी किए तथा अपने *अहद* (काल) के अनुसार संवत् की गणना भी करवाई। *उपरोक्त,* पृ. 483
63. *उपरोक्त,* पृ. 483
64. ऐसा प्रतीत होता है कि दाराशिकोह ने शाहजहाँ पर अपने प्रभाव का लाभ उठाकर आर-पार की लड़ाई का मन बना लिया था। इस बात की पुष्टि नादिरा बानो बेगम द्वारा जारी उस 'निशान' से होती है जिसमें वह राजा जयसिंह को विरोधियों के विरुद्ध अपने बेटे सुलेमान शिकोह के सहयोग का निर्देश देती है, बदले में उसकी प्रोन्नति का आश्वासन भी देती है। दूसरी ओर स्वयं शाहजहाँ नहीं चाहता था कि उसके पुत्रों में से किसी को भी कोई क्षति पहुँचे। इसीलिए सेनाओं को भेजते समय कहा गया था कि पहले समझाने-बुझाने का प्रयास किया जाय। अति आवश्यक होने पर ही युद्ध की अनुमति थी। *उपरोक्त,* पृ. 484-85; एस.ए.आई. तिरमिज़ी, *पूर्वोद्धृत,* पृ. 72-77
65. चूँकि सत्ता संघर्ष बादशाह के जीवित रहते हुए ही प्रारंभ हुआ था, अतः तकनीकी रूप से इसे उत्तराधिकार का युद्ध नहीं कहा जा सकता। स्वयं शाहज़ादों के नज़रिए से देखा जाए तब दाराशिकोह को छोड़कर अन्य तीनों ने बादशाह की मृत्यु की आशंका से युद्ध प्रारंभ किया था। अतः व्यवहार में यह संघर्ष उत्तराधिकार के लिए ही था। इस प्रकार, यह उत्तराधिकार का युद्ध था या नहीं – विभिन्न मत-मतान्तर हैं। अतः हमने उत्तराधिकार का युद्ध के स्थान पर सत्ता के लिए संघर्ष, शब्द का प्रयोग किया है।

66. साक़ी मुस्ता'इद ख़ान, *मासीर-ए-आलमगीरी* (सरकार), पृ. 2; आर.पी. त्रिपाठी, *पूर्वोद्धृत,* पृ. I, 486-87
67. आर.पी. त्रिपाठी, *उपरोक्त,* पृ. 485
68. *उपरोक्त,* पृ. 487; ख़ाफ़ी ख़ाँ, *मुन्तखब-उल-लुबाब,* II, पृ. 21; गुलाम यज़दानी, *पूर्वोद्धृत,* पृ. 37
69. इस पत्र का यह आशय कदापि नहीं मानना चाहिए कि जहाँआरा बेगम, दारा शिकोह की समर्थक और औरंगज़ेब की विरोधी थी। वस्तुतः वह न्याय का पक्ष ले रही थी और संघर्ष को टालने का प्रयास भी। हमें ज्ञात है कि बादशाह बनने के बाद औरंगज़ेब, जहाँआरा का सर्वाधिक सम्मान करता था और जहाँआरा ने उसे शाहजहाँ से क्षमादान संबंधी पत्र दिलवाया था। पत्र हेतु देखें – जदुनाथ सरकार, *स्टडीज़ इन मुग़ल इण्डिया,* पृ. 148-49; गुलाम यज़दानी, *पूर्वोद्धृत,* पृ. 37
70. जवाब, औरंगज़ेब ने जहाँआरा को नहीं लिखा बल्कि सीधे शाहजहाँ को लिखा। देखें – जदुनाथ सरकार, *उपरोक्त,* पृ. 150; साक़ी मुस्ता'इद ख़ाँन, *पूर्वोद्धृत,* पृ. 3
71. साक़ी मुस्ता'इद ख़ाँ, *उपरोक्त,* पृ. 2-3; आर.पी. त्रिपाठी, *राइज़ एण्ड फ़ाल ऑफ़ दि मुग़ल अम्पायर,* पृ. 489-91
72. जदुनाथ सरकार, *हिस्ट्री ऑफ़ औरंगज़ेब,* II, पृ. 66-82
73. *उपरोक्त,* पृ. 83-84; गुलाम यदानी, *पूर्वोद्धृत,* पृ. 38
74. शाहजहाँ ने गद्दी पर बैठने से पूर्व ही, शाही परिवार के उन सभी, पुरुष सदस्यों को मरवा दिया था, जो तख़्त के संभावित दावेदार हो सकते थे। इनमें दावरबख़्श, गहराश्प, शहरयार, तहमूरास तथा होशंग के नाम प्रमुख हैं। मोतमिद ख़ाँन, *इक़बालनामा-ए-जहाँगीरी,* पृ. 438
75. जदुनाथ सरकार, *हिस्ट्री ऑफ़ औरंगजेब,* III, पृ. 55; गुलाम यज़दानी, *पूर्वोद्धृत,* पृ. 39, साक़ी मुस्ता'ईद ख़ाँन, *पूर्वोद्धृत,* पृ. 34-35
76. रेखा मिश्रा, *पूर्वोद्धृत,* पृ. 48-49
77. गुलाम यज़दानी, *पूर्वोद्धृत,* पृ. 39
78. *उपरोक्त,* पृ. 39; साक़ी मुस्ता'ईद ख़ाँन, *मा'सीर-ए-आलमगीरी,* पृ. 74
79. साक़ी मुस्ता'ईद ख़ाँन, *उपरोक्त,* पृ. 49, गुलाम यज़दानी, *पूर्वोद्धृत,* पृ. 39-40
80. गुलाम यज़दानी, *पूर्वोद्धृत,* पृ. 37; ख़ाफ़ी ख़ाँन, *पूर्वोद्धृत,* पृ. 187-88; जदुनाथ सरकार, *हिस्ट्री ऑफ़ औरंगज़ेब,* III, पृ. 56
81. मुमताज़महल की मृत्यु के पश्चात् शाही मुहर आसफ़ ख़ाँन को दी गई थी। ऐसा मुमताज़महल के परामर्श पर किया गया था। आसफ़ ख़ाँन की दकन में नियुक्ति के पश्चात् यह जहाँआरा बेगम को दी गयी। देखें – इब्न हसन, *सेन्ट्रल स्ट्रक्चर ऑफ़ द मुग़ल अम्पायर,* पृ. 102

82. ट्रेवेनियर का कहना है कि औरंगज़ेब ने रोशनआरा को इस सहायता के लिए बादशाह बनने पर 'शाहबेगम' की उपधि देने का आश्वासन दिया था। किंतु तथ्य है कि औरंगज़ेब ने यह उपाधि रोशनआरा बेगम को अपने राज्यारोहण के लगभग ग्यारह वर्ष बाद 1669 ई. में ही दिया। जदुनाथ सरकार, *हिस्ट्री ऑफ औरंगज़ेब,* III, पृ. 58-59; ट्रेवेनियर, *ट्रेवेल्स इन इण्डिया* (एच.एस. विलकॉक), I, पृ. 376-77
83. ट्रेवेनियर, *उपरोक्त,* पृ. 376-77; मनूकी, *पूर्वोद्धृत,* I, पृ. 230
84. मनूकी, *उपरोक्त,* II, पृ. 54-56; बर्नियर, *ट्रेवेल्स इन दि मुग़ल अम्पायर,* पृ. 123; जदुनाथ सरकार, *हिस्ट्री ऑफ औरंगज़ेब,* III, पृ. 59
85. ट्रेवेनियर, *पूर्वोद्धृत,* पृ. 376-77; के.एस. लाल, *दि मुग़ल हरम,* पृ. 102; 'शाह बेगम' और 'बादशाह बेगम' को एक ही नहीं समझना चाहिए क्योंकि बादशाह बेगम साम्राज्य की प्रथम महिला होती थी। यह उपाधि जहाँआरा बेगम को शाहजहाँ के काल से ही प्राप्त थी जिसे औरंगज़ेब ने वापस नहीं लिया था। वह मृत्युपर्यन्त (6 अक्टूबर, 1681) ई. तक इस पद पर बनी रही। देखें– जदुनाथ सरकार, *उपरोक्त,* पृ. 58
86. आर.पी. त्रिपाठी, *राइज़ एण्ड फ़ाल ऑफ़ दि मुग़ल अम्पायर,* पृ. 482
87. एस.ए.आई. तिरमिज़ी, *पूर्वोद्धृत,* इंट्रोडक्शन, पृ. XXV-XXVI
88. *उपरोक्त,* पृ. XXVII एवं XXVIII
89. *उपरोक्त,* पृ. 64-67; मूल 'निशान' राजस्थान अभिलेखागार बीकानेर में मौजूद है।
90. के.आर. क़ानूनगो, *दाराशिकोह,* I, पृ. 305
91. दिलरस बानो बेगम को 'राबिउद्दौरानी' की उपाधि प्राप्त थी। उसका मक़बरा औरंगाबाद में बनाया गया जिसे 'बीबी का मक़बरा' कहा जाता है। इसमें ताजमहल के अनुकरण का प्रयास किया गया है। इसीलिए इसे 'दक्षिण का ताज' भी कहा जाता है।
92. जदुनाथ सरकार, *हिस्ट्री ऑफ औरंगज़ेब,* I, पृ. 64; रेखा मिश्रा, *पूर्वोद्धृत,* पृ. 47
93. साक़ीमुस्त'ईद ख़ाँन, *मा'सीर-ए-आलमगीरी* (सरकार), पृ. 322-23; हाफ़िज शम्सुद्दीन अहमद, 'ज़ैबुन्निसा बेगम एण्ड दीवान-ए-मख़फ़ी' *जे.बी.ओ.आर.एस.,* XIII, I, 1927, पृ. 42; मगनलाल, *दीवान ऑफ़ ज़ैबुन्निसा बेगम,* पृ. 13
94. मगन लाल, *उपरोक्त,* पृ. 13; रेखा मिश्रा, *पूर्वोद्धृत,* पृ. 5.; औरंगज़ेब ने कुछ अमीरों के नाम ज़ैबुन्निसाबेगम के पास भेजे और यह लिख भेजा कि जो नाम वह अस्वीकृत कर दे उसे शामिल न किया जाय। देखें– *रुक्कात-ए-आलमगीरी* (नदवी), 313ए–313बी
95. पहली बार निवेदन करने पर औरंगज़ेब ने शाहनवाज़ ख़ाँन को क्षमा नहीं किया। इस पर ज़ैबुन्निसा बेगम ने भूख-हड़ताल कर दिया। अंततः औरंगज़ेब को शाहनवाज़ ख़ाँन को रिहा करना पड़ा। *अहकाम-ए-आलमगीरी* (सरकार), पृ. 49

96. *उपरोक्त,* पृ. 49-50
97. साक़ी मुस्ता'ईद ख़ाँन, *पूर्वोद्धृत,* पृ. 125-26; रेखा मिश्रा, *पूर्वोद्धृत,* पृ. 51
98. साक़ी मुस्ता'ईद ख़ाँन, *उपरोक्त,* पृ. 126; जदुनाथ सरकार, *हिस्ट्री ऑफ औरंगज़ेब,* III, पृ. 54
99. साक़ी मुस्ता'ईद ख़ाँन, *उपरोक्त,* पृ. 322-33
100. *उपरोक्त,* पृ. 275; जदुनाथ सरकार, *हिस्ट्री ऑफ़ औरंगज़ेब,* III, पृ. 54
101. *अहक़ाम-ए-आलमगीरी* (सरकार), पृ. 72
102. ईश्वरदास नागर, *फ़ुतूहात-ए-आलमगीरी* (अनु. सरकार), पृ. 90
103. *उपरोक्त,* पृ. 90
104. साक़ी सुस्ता'ईद ख़ाँन, *पूर्वोद्धृत,* पृ. 193-95
105. *उपरोक्त,* पृ. 199-200; जी. एस. सरदेसाई, *न्यू हिस्ट्री ऑफ़ दी मराठाज़,* I, पृ. 350
106. जी.एस. सरदेसाई, *उपरोक्त,* पृ. 350
107. *उपरोक्त,* पृ. 350
108. सरदेसाई का मत है कि बालाजी का ज़ीनतुन्निसा बेगम से गुप्त पत्रव्यवहार था जिससे कि साहू के हितों की रक्षा हो सके। *उपरोक्त,* पृ. 355
109. साक़ी मुस्त'ईद ख़ाँन, *पूर्वोद्धृत,* पृ. 217
110. *उपरोक्त,* पृ. 217;
111. उत्तराधिकार के युद्ध के समय ज़ीनतुन्निसा बेगम अपने सगे भाई मुहम्मद आज़म के साथ थी। लेकिन विजय मु'अज्ज़म की हुई। उसने ज़ीनतुन्निसा बेगम को सम्मान दिया और उसे इस पद पर बने रहने दिया। आर.पी. त्रिपाठी तथा पी.एल. गुप्ता ने इस बेगम का नाम ज़ैबुन्निसा लिखा है, जो कि पूर्णतः त्रुटिपूर्ण है। ज़ैबुन्निसा बेगम की मृत्यु 1702 ई. में ही हो गई थी। देखें – विलियम इरविन, 'औरंगज़ेब फ़ैमिली– ऑन दि डेथ ऑफ हिज़ डॉटर ज़ैबुन्निसा', *इण्डियन एण्टीक्वेरी,* XXX, फरवरी, 1901, पृ. 90; आर.पी. त्रिपाठी, *राइज़ एण्ड फ़ॉल ऑफ़ दि मुग़ल अम्पायर,* II, पृ. 209; संजय गर्ग, परमेश्वरी लाल, *गुप्ताज़ — क्वायन्स एण्ड हिस्ट्री ऑफ मिडीवल इण्डिया,* पृ. 244
112. विलियम इर्विन, *लेटर मुग़ल्स,* I, पृ. 141; एस. एस. अब्दुलरहमान, *हिन्दुस्तान के मुसलमान हुक्मरानों के अहद के तमद्दुनी जलवे,* पृ. 202
113. विलियम इर्विन, *उपरोक्त,* पृ. 141-42; सैयद सबाहुद्दीन अब्दुल रहमान, *उपरोक्त,* पृ. 203
114. *उपरोक्त,* पृ. 203

अध्याय छः

समकालीन राजनीति एवं हरमः पतन तथा प्रतिद्वन्द्विता का काल

परवर्ती मुग़लकाल में जिन महिलाओं ने राजनीति में भाग लिया, उनमें जहाँदर शाह की पत्नी लालकुँअर का स्थान सर्वोपरि है। वह एक गायिका *(मुग़ीना)* थी और जहाँदर शाह पर उसका पहले से ही प्रभाव था।[1] जहाँदर शाह के बादशाह बनने के पश्चात् लालकुँअर रानी बन गई और उसके सम्मान में बादशाह की ही भाँति अलम तथा नक्कारे के प्रयोग की अनुमति मिल गई।[2] उसके क़ाफ़िले में पाँच सौ अहदी चला करते थे।[3] लालकुँअर के रानी बनने के पश्चात् उसके संबंधियों को उच्च मनसब तथा सम्मानजनक उपाधियों का मिलना स्वाभाविक था। उसके तीन भाइयों को क्रमशः नियामत ख़ाँन, नामदार ख़ाँन तथा ख़ानज़ाद ख़ाँन की उपाधियाँ प्रदान की गईं।[4] अन्य कलावन्तों तथा गायकों को भी उच्च *मनसब* प्रदान किए गए। लालकुँअर की सहेली, जो कभी सब्जी बेचा करती थी, के दरवाज़े पर सुबह से शाम तक ज़रूरतमंदों की भीड़ लगी रहती थी।[5]

शासिका के संबंधियों को उच्च मनसब तथा जागीरें प्रदान करना, कोई नई बात न थी। किंतु यह मनसब उनकी सैन्य एवं प्रशासनिक योग्यता को भी ध्यान में रखकर दिए जाते थे। प्रायः बड़े मनसबदार उच्च वर्ग से होते थे। लालकुँअर कुलीन वर्ग से न थी। उसके भाई तथा संबंधी, संगीत, नृत्य एवं गायन में जितना निपुण थे, वे राजनीति एवं प्रशासन के मामले में उतने ही अयोग्य थे। यह भी कहा जाने लगा कि लालकुँअर की संगत में जहाँदर शाह बादशाह की गरिमा को भूल गया।[6]

वज़ीर ज़ुल्फ़िक़ार ख़ाँन नवप्रतिष्ठित रानी को उसकी आकांक्षा के अनुरूप सम्मान नहीं देता था और उसके संबंधियों को अमीरों के समान ऊँचे पदों पर नियुक्त करने के लिए तैयार नहीं था। लालकुँअर के एक भाई नियामत ख़ाँन को मुल्तान का सूबेदार नियुक्त करने के प्रस्ताव को ज़ुल्फ़िक़ार ख़ाँन ने अस्वीकार कर दिया, क्योंकि उसका कहना था कि इस नियुक्ति से अमीरों में असंतोश पैदा होगा।[7] एक अन्य अवसर पर लालकुँअर के भाई ख़ुशहाल ख़ाँन को एक विवाहित स्त्री के साथ छेड़छाड़ करने के आरोप में वज़ीर के आदेश से गिरफ़्तार कर लिया गया और उसे सामूगढ़ के दुर्ग में बंदी बनाकर भेज दिया गया।[8]

उच्च अधिकारियों तथा अमीरों के लिए यह स्वाभाविक था कि वे एक सामान्य स्त्री, विशेष रूप से एक पेशेवर स्त्री के रानी बनने, व उसके संबंधियों को अपने समान स्थान देना, अपनी प्रतिष्ठा के विरुद्ध समझते थे। दूसरी ओर लालकुँअर के रिश्तेदार तथा सहयोगी किसी को अपने बराबर नहीं समझते थे और गली-कूँचों में अपनी शान बघारने के लिए सबको परेशान किया करते थे। ऐसा कहा जाता है रुस्तम दिल की हत्या इसलिए कर दी गई, क्योंकि उसके संबंध लालकुँअर के साथ अच्छे नहीं थे।[9] एक अन्य शक्तिशाली अमीर चिनकिलीच ख़ाँन निज़ामुलमुल्क के साथ भी लालकुँअर के संबंध अच्छे नहीं थे। एक बार लालकुँअर की सहेली ज़ोहरा तथा चिनकिलीच ख़ाँन के सेवकों के बीच शहर की एक गली से गुज़रते समय मारपीट हो गई, क्योंकि ज़ोहरा ने चिनकिलीच ख़ाँन को 'अंधे की औलाद' कह दिया था।[10] इस संघर्ष में निज़ामुलमुल्क के सेवकों ने ज़ोहरा के सेवकों का हुलिया बिगाड़कर रख दिया। ज़ोहरा ने लालकुँअर से शिकायत की लेकिन वज़ीर ज़ुल्फ़िक़ार ख़ाँन ने निज़ामुलमुल्क के विरुद्ध किसी भी प्रकार की कार्रवाई करने इन्कार कर दिया। ज़ुल्फ़िक़ार ख़ाँन के निर्णय को पलटने का जहाँदरशाह को साहस न हुआ, क्योंकि अमीरों के दो महत्त्वपूर्ण समूह लालकुँअर के विरुद्ध थे।[11]

सामूगढ़ के युद्ध (8 जून, 1713 ई.) के समय लालकुँअर जहाँदर शाह के साथ थी। फ़र्रुख़सियर की सेनाओं के समक्ष जब शाही सेनाओं के पैर उखड़ने लगे तब जहाँदर शाह घोड़े पर आ गया। इस बीच लालकुँअर बादशाह को ढूँढ़ती हुई आई और जहाँदर शाह को अपने हाथी पर बैठने के लिए कहा। बादशाह लालकुँअर के साथ युद्ध-क्षेत्र से बाहर आ गया। यद्यपि यह लालकुँअर का साहसपूर्ण कार्य था लेकिन सेनाओं पर इसका विपरीत प्रभाव पड़ा। बादशाह को युद्ध-क्षेत्र में न देखकर सेना में अफ़रा-तफ़री मच गई। पहले से ही भीतरघात

से पीड़ित सेना पूरी तरह पराजित हो गई।[12] लालकुँअर अंत समय तक जहाँदर शाह के साथ रही। यहाँ तक कि क़ैद के दौरान भी, उसे जहाँदर शाह के साथ रहने की अनुमति मिल गई।[13]

इन घटनाओं के संदर्भ में, राजनीतिक गतिविधियों में लालकुँअर के हस्तक्षेप को अत्यधिक महत्त्व देने की आवश्यकता नहीं है। साम्राज्ञी बनने के पश्चात् उसके कुछ संबंधियों ने निश्चय ही कुछ लाभ प्राप्त किए लेकिन इस बात के प्रमाण नहीं हैं कि निम्नवर्ग के अत्यधिक लोगों को प्रशासन में स्थान प्राप्त हुआ हो। ऐसा प्रतीत होता है कि लालकुँअर को न तो राजनीतिक दाँवपेंचों की बहुत अधिक समझ थी और न ही इसकी रुचि ही।[14] वस्तुतः लालकुँअर का प्रभाव व्यक्तिगत था, जिसके फलस्वरूप लालकुँअर तथा उसके संबंधियों को आर्थिक लाभ तथा ओहदे प्राप्त हुए। लेकिन लालकुँअर के प्रभाव का अनिवार्य दुष्प्रभाव यह हुआ कि जहाँदर शाह का रुझान नृत्य, संगीत, सुरा एवं सुंदरियों की ओर अधिक हो गया। समूहों में बँटे उमरा वर्ग में लालकुँअर तथा उसके संबंधियों के आ जाने के कारण संतुलन बनाए रखना और भी मुश्किल हो गया। कालांतर में इस बंदरबाट के अत्यधिक दुष्प्रभाव दृष्टिगोचर हुए। जहाँदरशाह तथा लालकुँअर को जश्न तथा आतिशबाज़ी का बड़ा शौक था। पहले से ही खाली, जो भी ख़जाना था, वह इन बेहूदा शौकों में व्यय कर दिया गया जिसके कारण ग्यारह महीनों तक सेना को वेतन नहीं मिल पाया। परिणामतः, जब फ़र्रुख़सियर के हमले का संकट सामने आया तब जहाँदर शाह ने सोने-चाँदी के बर्तनों को तुड़वा डाला और हीरे-जवाहरात तथा जड़ाऊ चीजों को बेच दिया। यहाँ तक कि *दीवान-ए-आम* में जड़ाऊ चाँदी की छत को तोड़कर उसके रुपए ढलवा दिए गए। पैसों के स्थान पर सिपाहियों को शाही कारख़ाने से कपड़े-लत्ते बाँट दिए गए तथापि वेतन के रुपए पूरे नहीं हो पाए। स्वाभाविक है कि इस स्थिति में जहाँदर शाह के पतन की भूमिका तैयार हो गई।

दूसरी ओर अज़ीमुश्शान का पुत्र फ़र्रुख़सियर अपनी माता की प्रेरणा के फलस्वरूप दिल्ली पर आक्रमण की योजना बना रहा था। फ़र्रुख़सियर की माँ का संबंध कश्मीर से था।[15] उसका पति अज़ीमुश्शान यद्यपि बहादुर शाह के पुत्रों में सर्वाधिक योग्य तथा अनुभवी था, किंतु अति उत्साह में असद ख़ाँन एवं जुल्फ़िक़ार ख़ाँन का सहयोग न लेने के कारण उसे जहाँदर शाह के हाथों पराजय का मुँह देखना पड़ा था।[16] उसकी वही नियति हुई जैसी कि दाराशिकोह की हुई थी। फ़र्रुख़सियर अपने पिता की मदद के लिए आ रहा था, लेकिन पटना पहुँचने

पर पराजय का समाचार मिला। फ़र्रुख़सियर बुरी तरह टूट गया और आत्महत्या का विचार करने लगा। ऐसी स्थिति में उसकी माँ ने जहाँदर शाह की सत्ता को उखाड़ फेंकने तथा अपने पिता की हत्या का बदला लेने के लिए प्रेरित किया। उसने फ़र्रुख़सियर के पक्ष में सैयद बंधुओं में से एक, हुसैन अली ख़ाँन के पास जाकर सहयोग का निवेदन किया और उसे अपने पति अज़ीमुश्शान द्वारा किए गए उपकारों का स्मरण कराया।[17] हुसैन अली को विजय की स्थिति में साम्राज्य का सर्वोच्च पद दिलवाने का आश्वासन भी दिया। दबाव बढ़ाने के लिए वह सैयद बंधुओं की माँ के पास भी गई और ऐसा ही निवेदन किया। इस प्रकार सैयद बंधुओं की सहायता से फ़र्रुख़सियर, जहाँदर शाह को पदच्युत करने में सफल हो गया।

फ़र्रुख़सियर के सम्राट बनने के बाद उसकी माँ का राजनीतिक मामलों में हस्तक्षेप बरक़रार रहा। उसने मुहम्मद खाँन कश्मीरी नाम के अपने एक संबंधी के उत्थान में महत्त्वपूर्ण भूमिका का निर्वाह किया।[18] जिस समय सैयद बंधुओं तथा फ़र्रुख़सियर के मध्य वज़ीर तथा सम्राट के अधिकारों को लेकर विवाद चरम पर था, फ़र्रुख़सियर की माँ ने हस्तक्षेप करके विवाद को सुलझाने का प्रयास किया। वह स्वयं सैयदों के पास गई और अपने पुत्र की ओर से विश्वास दिलाया। अंत में यह तय हुआ कि मीर जुमला तथा सैयद हुसैन अली, दोनों अपने-अपने सूबों में चले जाएँ।[19] लेकिन इस व्यवस्था का भी बहुत अधिक लाभ नहीं हुआ और वजीर तथा बादशाह के मध्य तनावपूर्ण संबंध बने रहे। अंततः सैयद बंधुओं ने फ़र्रुख़सियर को सत्ता से हटा दिया और 28 अप्रैल, 1719 ई. को उसकी हत्या कर दी गई। इन तथ्यों के बावजूद यह कम महत्त्वपूर्ण नहीं है कि यह महिला लगभग सात वर्ष तक समकालीन राजनीति पर अपना प्रभाव क़ायम रखने में सफल रही।

फ़र्रुख़सियर को जिस प्रकार एक *महज़रनामा* के माध्यम से गद्दी से सैयद बंधुओं ने अजीत सिंह का सहयोग लेकर हटाया, भारत में तैमूर के वंश के इतिहास में यह एक अनोखी घटना थी जब किसी अमीर ने बादशाह को उसके पद से हटा दिया हो। राजमुकुट का इस प्रकार अपमान किए जाने के कारण सैयद बंधुओं की लोकप्रियता घटने लगी। अमीरों का एक बड़ा वर्ग तथा जनता सैयदों की इस कार्रवाई पर कानाफूसी करने लगी।

दिल्ली में लूटपाट तथा दंगों की घटनाएँ भी सामने आयीं।[20] हरम की महिलाओं को इस तथ्य का पूर्ण आभास था कि नया सम्राट सैयद-बंधुओं के हाथों कठपुतली होगा और उसे

कभी भी बलि का बकरा बनाया जा सकता है। उधर नए सम्राट की खोज हो रही थी। शाही हरम की महिलाओं ने अपने-अपने बेटों को हरम में छुपा लिया ताकि उन्हें सम्राट न बनाया जाय।[21] अंततः रफ़ी-उल-शान के 20 वर्षीय पुत्र रफ़ीउद्दरज़ात को बादशाह बनाया गया जो कि क्षय रोग से पीड़ित था।[22] तीन माह चार दिन के शासन के बाद उसकी मृत्यु हो गई और उसके भाई रफ़ीउद्दौला को शाहजहाँ द्वितीय के नाम से गद्दी पर बैठाया गया।[23] गद्दी पर बैठने के तीन माह दो दिन बाद पेचिस के कारण शाहजहाँ द्वितीय की भी मृत्यु हो गई।[24]

शाहजहाँ द्वितीय की मृत्यु के बाद बहादुर शाह प्रथम के पौत्र तथा जहाँशाह के अठारह वर्षीय पुत्र रोशन अख़्तर को अबुल मुज़फ़्फ़र नासिरुद्दीन मुहम्मद शाह के नाम से गद्दी पर बैठाया गया।[25] पूर्ववर्ती दो सम्राटों की भाँति मुहम्मदशाह पर भी वज़ीर (सैयद अब्दुल्ला) के व्यक्तियों की नज़र रहती थी। इस स्थिति में सम्राट की मॉं नवाब क़ुदसिया बेगम ने यह आवश्यक समझा कि या तो सैयद बंधुओं का अंत कर दिया जाय या फिर किसी न किसी दिन वह अपने पुत्र का पराभव देखने के लिए तैयार रहे।

नवाब क़ुदसिया बेगम सैयद बंधुओं की शक्ति और साधन सम्पन्नता से पूर्णतः अवगत थी। उसने इतनी सावधानीपूर्वक अपनी रणनीति का कार्यान्वयन किया कि सैयद बंधुओं को उसकी गतिविधियों से किसी प्रकार की आशंका न हो। क़ुदसिया बेगम ने अमीरों को ख़िलअतें बाँटीं और उन्हें अपनी ओर मिलाने का प्रयास किया।[26] उन अमीरों को, जो उसके पति जहाँशाह के सहयोगी थे, को निर्देश दिया कि वह उससे न मिलें ताकि सैयद बंधुओं को उसकी रणनीति का आभास न हो सके।[27] उसने निज़ामुल मुल्क को पत्र लिखकर इस बात के लिए प्रेरित किया कि वह उन्हें सैयद बंधुओं के चंगुल से बचाने में मदद करे।[28] क़ुदसिया बेगम की रणनीति सफल रही। अनेक अमीरों की मदद से सैयद बंधुओं का अंत कर दिया गया।

मुहम्मद शाह के काल में कोकी जीउ, जिसका वास्तविक नाम रहमतुन्निसा बेगम था, ने भी समकालीन राजनीति को प्रभावित किया। सम्राट मुहम्मद शाह की दूध बहन होने के कारण रहमतुन्निसा को *कोकी जीउ* के नाम से संबोधित किया जाने लगा।[29] कोकी जीउ एक सुशिक्षित एवं चतुर महिला थी। मुहम्मदशाह की माता नवाब क़ुदसिया बेगम पर उसका काफ़ी प्रभाव था। अतः कोकी जीउ का महल में स्वतन्त्र रूप से आना-जाना लगा रहता था। अपनी स्थिति का लाभ उठाते हुए कोकी जीउ ने उस समय, जबकि सम्राट तथा उसकी माँ

पर सैयद बंधुओं एवं अमीन ख़ाँन की कड़ी नज़र रहती थी, सम्राट तथा उसकी माँ क़ुदसिया बेगम को बाहरी लोगों के साथ संपर्क रखने में सहायता किया।[30] सैयद बंधुओं तथा अमीन ख़ाँन के पतन के पश्चात् शाही मुहर कोकी जीउ के पास रहने लगी।[31] अनेक लोग उसकी सिफ़ारिश से पदोन्नति भी प्राप्त करने लगे। उसने रौशनुद्दौला नामक व्यक्ति को अहदियों का बख़्शी बनवा दिया और उसे 7,000 का मनसब दिया गया।[32] उसने नज़िर-ए-हरम ख़्वाजा ख़िदमतगार को भी अपनी ओर मिला लिया। किंतु कोकी जीउ की घूसखोर प्रवृत्ति को पसंद न करने के कारण उसके साथ संबंध बहुत दिनों तक अच्छे न रहे।[33] कोकी जीउ शाह अब्दुल ग़फ़्फ़ार नामक दरवेश के संपर्क में भी थी। इन सभी के सहयोग से वह अधिकारियों को पदोन्नति दिलाकर पेशकश के रूप में काफ़ी धन प्राप्त करती थी।[34] इस प्रथा का दुरुपयोग इतना बढ़ गया कि स्वयं सम्राट को भी यह भ्रष्ट व्यवस्था सुविधाजनक लगने लगी। इसके चलते निज़ामुलमुल्क द्वारा शुरु किए गए आर्थिक सुधार पूरी तरह विफल हो गए और दरबारी षड्यन्त्रों से कुपित होकर वह दक़न वापस चला गया।[35] सन् 1732 ई. में ख़्वाजा ख़िदमतगार की मृत्यु हो गई। इसी वर्ष रौशनुद्दौला को गबन का दोषी पाया गया। उधर कोकी जीउ का भाई अलीमर्दान ख़ाँन उद्दण्डतापूर्वक व्यवहार करने लगा। इससे सम्राट मुहम्मदशाह की दृष्टि में कोकी जीउ का सम्मान कम हो गया और राजकीय कार्यों में उसका प्रभाव भी समाप्त हो गया।

उत्तर मुग़लकाल में अनेक अन्य महिलाओं ने भी राजनीतिक गतिविधियों में भाग लिया। इनमें उधमबाई तथा ज़ीनतमहल आदि के नाम लिये जा सकते हैं।

उधमबाई का समकालीन राजनीति पर अत्यधिक प्रभाव रहा। वह अपने प्रारंभिक जीवन में एक नर्तकी (रक़्क़ाशा) थी। ख़दीजा खानम द्वारा वह मुहम्मदशाह के दरबार में प्रस्तुत की गई जो कालांतर में बेगम की स्थिति तक पहुँच गई। लेकिन उसकी चतुराइयों का एहसास मुहम्मदशाह को शीघ्र हो गया उसे क़ैद कर लिया गया।

लेकिन उसके पुत्र अहमदशाह के बादशाह बनते ही वह राजमाता के रूप में साम्राज्य की सबसे शक्तिशाली महिला बन गई। उसे *ई जू साहिबा, नवाब कुदासिया, साहिब-उज़-ज़मानी, साहिब जीव साहिबा, हज़रत* एवं *क़िबला-ए-आलम* आदि उपाधियों से नवाज़ा गया।[36] वह स्वयं की तुलना नूरजहाँ बेगम से करती थी। साम्राज्य के अनेक प्रमुख अधिकारी उसकी ड्योढ़ी पर आकर राजनीतिक एवं प्रशासनिक मामले प्रस्तुत करते थे जिन पर उसका निर्णय

ही अंतिम निर्णय होता था। इस प्रकार उधमबाई सत्ता का एक ऐसा केन्द्र बन गई जहाँ कि प्रशासनिक निर्णयों पर बिना सोचे-समझे ही निर्णय हो जाया करते थे। राजनीतिक एवं प्रशासनिक मामलों में बादशाह का प्रभाव और रुचि, दोनों ही कम होते गए। दूसरी ओर ख़्वाजासरा जावेद ख़ाँन का उधमबाई पर इतना अधिक प्रभाव था कि उसके कहने पर राग एवं द्वेष से पूर्ण अनेक निर्णय लिए गए। इससे अधिकारियों का एक बड़ा समूह नाराज़ रहने लगा और महल की गुटबाज़ियाँ दरबार तक पहुँच गईं।

उधमबाई के प्रभाव के चलते कुछ ऐसी नियुक्तियाँ और *मनसब* प्रदान किए गए जो अतार्किक एवं अनुपयोगी थे। मिसाल के लिए स्वयं उधमबाई को पाँच लाख का सांकेतिक मनसब प्रदान किया गया। उसके भाई मान ख़ाँन को, जो पूर्व में भाँड़ का काम किया करता था, को पाँच हज़ारी *मनसब* और मुतकाद-उद-दौला बहादुर की उपाधि दी गई। जावेद ख़ाँन को छः हज़ारी *मनसब* दिया गया जो कि उससे वरिष्ठ अधिकारी *नाज़िर-ए-हरम* रोज़ आफ़ज़ू ख़ाँन से अधिक था। कालांतर में उसका *मनसब* बढ़ाकर सात हज़ार कर दिया गया और *दीवान-ए-ख़ास, अर्ज़-ए-मुकर्रर* तथा *सर्फ़-ए-ख़ास* जैसे विभाग दे दिए गए जो बादशाह के व्यक्तिगत जीवन एवं सुरक्षा से भी संबंध रखते थे। उसे *माही-वो-मरातिब* का खिताब ही नहीं दिया गया बल्कि निशान, नौबत एवं पालकी का अधिकार भी मिल गया।[37] हालाँकि यह तथ्य है कि मुग़ल इतिहास में अपनी अहम भूमिका रखने वाले अन्य ख़्वाजासरों की भाँति जावेद ख़ाँन न तो पढ़ा-लिखा था और न ही कभी भी युद्ध में वीरता का परिचय दिया था। फलतः योग्य *उमरा* में असंतोष और कुंठा और भी बढ़ गई।

उधमबाई ने मुहम्मदशाह की अन्य विधवाओं, विशेष रूप से *मलिका-ए-ज़मानी* तथा *साहिब महल* को भी परेशान करने का प्रयास किया। इन दोनों महिलाओं का उमरा एवं जनता में अत्यधिक सम्मान था। ऐसा कहा जाता है अहमदशाह और उसकी माँ और बाद में आलमगीर द्वितीय की बदसलूकियों के चलते उन्होंने मुहम्मदशाह की बेटी हज़रत बेगम का विवाह अहमद शाह अब्दाली से कर दिया। यह वही हज़रत बेगम है जिसके साथ आलमगीर द्वितीय स्वयं विवाह करना चाहता था, लेकिन हज़रत बेगम ने विवाह करने से मना कर दिया था। स्वयं *मलिक-ए-ज़मानी* एवं *साहिब महल* अहमदशाह अब्दाली के साथ चली गईं और अपने साथ बादशाह अहमदशाह की बेटी मेहरुन्निसा को भी ले गई।

अंतिम बादशाह बहादुरशाह 'जफ़र' के काल में भी महिलाओं ने राजनीति में भाग लिया।

इनमें ताजमहल और ज़ीनतमहल का नाम प्रमुख रूप से लिया जा सकता है। बहादुरशाह ज़फ़र के प्रारंभिक जीवन में ताजमहल का अत्यधिक प्रभाव रहा। वह भी अपने प्रारंभिक जीवन में एक नर्तकी थी, लेकिन बहादुशाह ज़फ़र के राज्यारोहण के समय वह शासिका के रूप में बादशाह के साथ बैठी। अनेक मामलों में वह अपने प्रभाव का इस्तेमाल करती थी।

ज़ीनतमहल के महल में आने के साथ ही ताजमहल का प्रभाव कम हो गया। बहादुरशाह की पत्नियों में ज़ीनतमहल ही एक ऐसी पत्नी थी जो अभिजात वर्ग से थी। शीघ्र ही उसका प्रभाव सम्राज्य की राजनीति पर दिखने लगा। वह अपने पुत्र मिर्ज़ा जवाँ बख़्त, जो कि बहादुर शाह सोलह पुत्रों में से, पंद्रहवाँ था, को *वली अहद* बनवाने में सफल रही। इसके लिए उसने ब्रिटिश अधिकारियों को भी अपनी ओर करने का प्रयास किया। उसका यह प्रयास शाही परिवार में प्रतिद्वन्द्विता को बढ़ाने वाला था। यही कारण था कि मिर्ज़ा मुग़ल के अनेक प्रयासों के बावजूद न तो बादशाह और न ही पूरा शाही परिवार समय रहते अंग्रेजों के विरुद्ध कोई रणनीति बनाने में सफल हो सका। ऐसा लगता है कि गुप्त सूचनाएँ भी ज़ीनतमहल के समूह द्वारा अंग्रेजों को मिलीं जिसका स्वार्थ था कि अंग्रेजों की अनुकम्पास्वरूप मिर्ज़ा जवा बख़्त ही *वली अहद* रहें। लेकिन यह भी सच है कि ज़ीनतमहल की समस्त गतिविधियाँ उसके अपने पुत्र के हित से प्रेरित थीं न कि बादशाह को क्षति पहुँचाने के प्रयोजनार्थ। यही कारण है कि बादशाह हमेशा ही ज़ीनतमहल पर विश्वास और प्यार करता रहा। किन्तु इस तथ्य से इन्कार नहीं किया जा सकता कि जहाँ प्रारम्भिक तथा महान मुग़लों के काल में महिलाओं के राजनीति में भाग लेने से साम्राज्य पर सकारात्मक प्रभाव पड़ा वहीं उत्तर मुग़लकाल में बादशाह के कमज़ोर हो जाने तथा आपसी षड्यंत्रों के कारण साम्राज्य पर नकारात्मक प्रभाव पड़ा। अनेक ख्वाजासरा; जैसे — जावेद ख़ान, रोज़आफ़ज़ूं तथा मंजूर अली आदि षड्यंत्रों में खुलकर भाग लेने लगे। इससे मुगल साम्राज्य पतन की ओर बढ़ चला।[38] किन्तु यह भी स्वीकार करना होगा कि इसके लिए केवल महिलाएँ ही ज़िम्मेदार न थीं, बल्कि मुग़ल मनसबदारी तथा प्रशासनिक व्यवस्था में आयी कमियाँ तथा अमीरों के बीच प्रतिद्वन्द्विता भी पर्याप्त सीमा तक उत्तरदायी थीं।

सन्दर्भ तथा टिप्पणी

1. अंग्रेजी भाषा के अधिकांश इतिहासकारों ने *डैंसिग गर्ल* शब्द का प्रयोग किया है। जबकि फ़ारसी में *मुग़ीना* शब्द प्रयुक्त हुआ है। इसका मूल अर्थ गायिका होता है। विस्तृत चर्चा हेतु देखें, सतीश

चन्द्र, *पार्टीज़ एण्ड पोलिटिक्स एट दि मुग़ल कोर्ट 1707-1740,* पृ. 70

2. सतीश चन्द्र, *उपरोक्त,* पृ. 70
3. *उपरोक्त,* पृ. 70-71
4. जौहर के अनुसार लालकुँअर के संबंधियों के *मनसब* इस प्रकार थे –

   खुसाल ख़ाँन – 7000 / 7000

   नामदार ख़ाँन – 5000 / 5000

   नियामत ख़ाँन – 5000 / 5000

   देखें– सतीश चन्द्र, *उपरोक्त,* पृ. 71 एवं पादटिप्पणी, 40; विलियम इर्विन, *पूर्वोद्धृत,* पृ. 193
5. *उपरोक्त,* पृ. 71-72
6. समसामयिक लेखकों ने लालकुँअर तथा जहाँदर शाह के बारे में अनेक कहानियाँ लिखी हैं, जैसे – बादशाह का *तख़्ते रवाँ* (चलता-फिरता सिंहासन) पर बैठकर बाज़ार में सब्ज़ी ख़रीदना, या शराब पीकर मदहोश हो जाना और लालकुँअर के साथ तख़्ते रवाँ पर बैठकर अस्तबल में सो जाना, आदि-आदि। देखें – सतीश चन्द्र, *उत्तर मुग़लकालीन भारत,* पृ. 59; विलियम इरविन, *पूर्वोद्धृत,* I, पृ. 192–97; रेखा मिश्रा, *पूर्वोद्धृत,* पृ. 53-54
7. ख़ाफ़ी ख़ाँन ने मुल्तान की सूबेदारी कहा है जबकि *सियारुल मुतख़ेरीन* में आगरा की सूबेदारी का उल्लेख है। देखें– रेखा मिश्रा, *पूर्वोद्धृत,* पृ. 54, पादटिप्पणी 8; सतीश चन्द्र, *उपरोक्त,* पृ. 59
8. सतीश चन्द्र, *उपरोक्त,* पृ. 59
9. सतीश चन्द्र, *पार्टीज़ एण्ड पोलिटिक्स एट दि मुग़ल कोर्ट,* पृ. 77, पादटिप्पणी, 67
10. *उपरोक्त,* पृ. 77, पादटिप्पणी 59; सतीश चन्द्र, *उत्तर मुग़लकालीन भारत,* पृ. 62
11. *उपरोक्त,* पृ. 62
12. आर.पी. त्रिपाठी, *राइज़ एण्ड फ़ाल ऑफ़ दि मुग़ल अम्पायर,* II, पृ. 243
13. *उपरोक्त,* पृ. 244-45
14. सतीश चन्द्र, *पार्टीज़ एण्ड पोलिटिक्स एट दि मुग़ल कोर्ट,* पृ. 71-72, रेखा मिश्रा, *पूर्वोद्धृत,* पृ. 55
15. आर.पी. त्रिपाठी, *राइज़ एण्ड फ़ाल ऑफ़ दि मुग़ल अम्पायर,* II, पृ. 239; एस. एस. अब्दुल रहमान, *पूर्वोद्धृत,* पृ. 171-72
16. आर.पी. त्रिपाठी, *उपरोक्त,* पृ. 233-36
17. हुसैन अली पहले फ़र्रुख़सियर की माँ के कहने पर तैयार नहीं हुआ लेकिन जब उसने फ़र्रुखसियर की छोटी बहन को रोते देखा, तब साथ देने के लिए तैयार हो गया। *उपरोक्त,* पृ. 229
18. मुहम्मद मुराद ख़ाँन कश्मीरी को विकालत ख़ाँन की उपाधि तथा 1,000 का *मनसब* दिया गया यद्यपि वह चापलूस क़िस्म का व्यक्ति था। रेखा मिश्रा, *पूर्वोद्धृत,* पृ. 55; आर.पी. त्रिपाठी, *पूर्वोद्धृत,* पृ. 250

19. सतीश चन्द्र, *उत्तर मुग़लकालीन भारत*, पृ. 94-95
20. वस्तुतः यह दंगे सैयद बंधुओं द्वारा मराठों के साथ मिली-भगत के कारण हुए थे। देखें– *उपरोक्त*, पृ. 88-89; आर.पी. त्रिपाठी, *राइज़ एण्ड फाल ऑफ़ दि मुग़ल अम्पायर*, II, पृ. 264
21. *उपरोक्त*, पृ. 264
22. *उपरोक्त*, 265; सतीश चन्द्र, *उत्तर मुग़लकालीन भारत*, पृ. 91
23. रफ़ीउद्दौला को उसके भाई सम्राट रफ़ीउद्दराज़ात की इच्छानुसार गद्दी पर बैठाया गया था। आर.पी. त्रिपाठी, *उपरोक्त*, पृ. 265; सतीश चन्द्र, *उपरोक्त*, पृ. 91
24. आर.पी. त्रिपाठी, *उपरोक्त*, 269
25. *उपरोक्त*, पृ. 269; सतीश चन्द्र, *उत्तर मुग़लकालीन भारत*, पृ. 91
26. विलियम इरविन, *पूर्वोद्धृत*, II, पृ. 4
27. *उपरोक्त*, पृ. 3-4
28. सतीश चन्द्र, *पार्टीज़ एण्ड पोलिटिक्स एट दि मुग़ल कोर्ट*, पृ. 157
29. रेखा मिश्रा, *पूर्वोद्धृत*, पृ. 56
30. *उपरोक्त*, पृ. 56; शाहनवाज़ ख़ाँन, *मासिर-उल-उमरा* (बेवरिज एवं बेनी प्रसाद), II, पृ. 606
31. विलियम इर्विन, *पूर्वोद्धृत*, II, पृ. 265
32. *उपरोक्त*, II, पृ. 265
33. सतीश चन्द्र, *पार्टीज़ एण्ड पोलिटिक्स एट दि मुग़ल कोर्ट*, पृ. 213
34. मुहम्मद ख़ाँ बंगश ने मालवा में अपनी नियुक्ति के प्रयोजनार्थ एक लाख रुपया घूस दिया था। इर्विन, *पूर्वोद्धृत*, II, पृ. 265
35. सतीश चन्द्र, *उत्तर मुग़लकालीन भारत*, 109; आर.पी. त्रिपाठी, *राइज़ एण्ड फ़ाल ऑफ़ दि मुग़ल अम्पायर*, पृ. 283-84
36. जदुनाथ सरकार, *फ़ाल ऑफ़ द मुग़ल अम्पायर*, 1857, पृ. 29-31
37. *उपरोक्त*, पृ. 210-11
38. विलियम डेलरिम्पल, *द लास्ट मुग़लः द फ़ाल ऑफ़ ए डायनेस्टी*, देल्ही, 1857, पृ. 29-31

अध्याय सात

मुग़ल ह़रम और मुग़ल प्रशासन

मुग़ल सम्राट प्रशासन का केन्द्र बिन्दु था। प्रशासन के संचालन में साम्राज्य के अनेक अधिकारी उसकी सहायता करते थे। किंतु सम्राट के अत्यंत निकट होने के कारण शाही परिवार की महिलाएँ अनेक बार प्रशासन पर इन अधिकारियों से अधिक प्रभावशाली सिद्ध होती थीं। ह़रम की महिलाओं के सम्मान एवं महत्त्व को दर्शाने हेतु मुग़ल बादशाह उन्हें अनेक भारी-भरकम उपाधियाँ भी दिया करते थे। इनमें से कुछ उपाधियाँ; यथा — *बादशाह बेगम* उनके प्रशासनिक दायित्व सम्बन्धित थीं। यह स्त्रियाँ *हुक्म* तथा *निशान* जैसे अभिलेख जारी करने के विशेषाधिकार का उपभोग करती थीं, जो कि बादशाह द्वारा जारी शाही फ़रमानों के पश्चात् क्रगशः रार्वाधिक गहत्त्वपूर्ण प्रशारानिक अभिलेखों की श्रेणी में रखे जा सकते हैं। अतः प्रशासन पर शाही महिलाओं के अप्रत्यक्ष प्रभाव के साथ ही, प्रत्यक्ष प्रभाव का विवेचन भी समीचीन है।

शाही फ़रमान तथा महिलाओं का प्रभाव

साम्राज्य के विशिष्ट *मनसबों* को प्रदान करने; *वकील, सिपहसालार, वज़ीर, मीरबख़्शी, सद्-उस-सदर, अमीर-उल-उमरा* तथा शाहज़ादों के शिक्षकों की नियुक्ति एवं *बेदाग़-वो-महली* जागीर और *सयूरग़ाल* की स्वीकृति सम्बन्धी महत्त्वपूर्ण फ़रमानों पर बादशाह की मुहर, जिसे *उजुक* कहा जाता है, का लगाया जाना अनिवार्य था।[2] ऐसे फ़रमानों को *फ़रमान-ए-साबती* कहा जाता था।[3] तथ्य है कि उजुक सामान्यतः ह़रम में रहती थी। अतः *फ़रमान-ए-साबती*

पर मुहर लगाने का कार्य बादशाह बेगम अथवा उसकी सहायिकाएँ किया करती थीं।[4] इस प्रकार कोई भी फ़रमान हरम की महिलाओं की दृष्टि से गुज़रे बग़ैर जारी नहीं होता था। अनेक बार शाही हरम की महिलाएँ बादशाह से अपने निर्णय पर पुनर्विचार करने का निवेदन भी करती थीं। जिसे बादशाह सामान्यतः नज़रअन्दाज़ नहीं करता था। स्वाभाविक है कि साम्राज्य के अनेक मनसबदार शाही महिलाओं के सम्पर्क में रहते थे और उनकी अनुकंपा के लिए लालायित रहा करते थे।

इस संदर्भ में जहाँगीर के काल में ज़रूरतमन्द महिलाओं को दिए जाने वाले *मदद-ए-माश* अनुदानों से सम्बन्धित कुछ फ़रमानों का उल्लेख करना अप्रासंगिक न होगा। इन सभी फ़रमानों पर स्पष्ट उल्लेख है कि यह अनुदान जिन महिलाओं के जीवनयापन हेतु जारी किए गए, उन्हें इस सम्बन्ध में प्रतिवर्ष फ़रमान प्राप्त करने की आवश्यकता न होगी।[5] किंतु शाहजहाँ तथा औरंगज़ेब के काल में हमें ऐसे फ़रमान देखने को मिलते हैं जबकि पूर्ववर्ती सम्राट द्वारा दिए गए अनुदानों की पुष्टि की गई है और कभी-कभी अनुदान में दी गई भूमि को घटाया या बढ़ाया भी जा सकता था।[6] ऐसे भूमि-अनुदानों से किसी प्रकार का कर नहीं लेने का निर्देश फ़रमान के मूल प्रतिपाद्य में सम्मिलित रहता था। इन फ़रमानों की पीठ पर नियमानुसार साम्राज्य के विभिन्न अधिकारियों की प्रविष्टियाँ तथा मुहर अंकित रहती थीं। जहाँगीर के काल में जारी ऐसे फ़रमानों पर *नवाब महद-उल-उलिया* अर्थात् नूरजहाँ बेगम के अनुमोदन सम्बन्धी प्रविष्ठि, उनकी मुहर के साथ अंकित की हुई मिलती है।[7] यहाँ यह स्पष्टीकरण आवश्यक है कि पुरुषों को जारी अनुदानों पर नूरजहाँ बेगम की प्रविष्ठि दृष्टिगोचर नहीं होती।

शाहजहाँ तथा औरंगज़ेब के काल में सामान्य महिलाओं को जारी *मदद-ए-माश* सम्बन्धी फ़रमानों पर हम बादशाह बेगम की मुहर सामान्यतः नहीं ही पाते। इसका आशय यह हुआ कि नूरजहाँ बेगम के उदाहरण का अन्य शाही महिलाओं के साथ सामान्यीकरण की आवश्यकता नहीं है। इस उदाहरण को जहाँगीर द्वारा नूरजहाँ बेगम को साम्राज्य की समस्त प्रशासनिक शक्तियों के हस्तांतरित करने की अवधारणा से भी नहीं जोड़ा जा सकता, जैसाकि हम पाते हैं कि पुरुषों के मामले में बादशाह बेगम की मुहर नहीं मिलती। यह समझना भी निरर्थक है कि नूरजहाँ बेगम को अनुमोदन सम्बन्धी अधिकार अपने पिता एतमाद-उद-दौला की मृत्यु के बाद, प्राप्त विशेषाधिकार से सम्बन्धित हैं। विवेचित फ़रमानों पर अंकित

तिथियों से स्पष्ट है कि इन्हें 1617-1618 ई. के मध्य जारी किया गया था जबकि एतमाद-उद-दौला जीवित थे। अतः नूरजहाँ ने अपने इस अधिकार का उपयोग बादशाह बेगम के रूप में किया।

शाहजहाँ तथा औरंगज़ेब के काल में महिलाओं को जारी *मदद-ए-माश* अनुदानों के दस्तावेज़ों पर बादशाह बेगम की मुहर का अंकन न होना, इस बात का द्योतक नहीं है कि इस सम्बन्ध में महिलाओं के अनुमोदन सम्बन्धी विशेषाधिकार को समाप्त कर दिया गया। मुमताज़महल द्वारा सती-उल-निसा ख़ानम की सहायता से ज़रूरतमंद महिलाओं के मामलों को बादशाह के समक्ष रखने के उल्लेखों से यह अर्थ लगाया जा सकता है कि इस काल में भी हरम की अनुमोदनात्मक शक्ति का ह्रास नहीं हुआ। *रुक़्क़ात-ए-आलमगीरी* से पता चलता है कि औरंगजेब ने अधिकारियों की नियुक्ति के संदर्भ में अपनी पुत्री ज़ैबुन्निसा बेगम से अनेक बार सलाह लिया।[8]

परवर्ती काल में लालकुँअर तथा उधमबाई के प्रभाव के चलते अनेक प्रशासनिक फेरबदल हुए तथा *मनसब* जारी किए गए जिनका उल्लेख अन्यत्र किया जा चुका है।

महिलाओं द्वारा जारी प्रशासनिक अभिलेख

मुग़ल शाही परिवार की महिलाएँ बाबर के काल से ही प्रशासनिक अभिलेख जारी करने के लिए अधिकृत थीं। बाबर ने अपनी आत्मकथा *तुज़ुक-ए-बाबरी* में अपनी पत्नी माहम बेगम के एक फ़रमान का उल्लेख किया है।[9] किन्तु वर्तमान में हमारे पास अकबर के काल में उसकी माता हमीदा बानों बेगम द्वारा 1581 ई. में जारी हुक्म से पूर्व का कोई भी अभिलेख उपलब्ध नहीं है। अतः बाबर तथा हुमायूँ के काल में महिलाओं द्वारा जारी अभिलेखों की प्रकृति के सम्बन्ध में कोई निश्चित निर्णय करना सम्भव नहीं है। उपलब्ध अभिलेखों को तकनीकी दृष्टि से दो श्रेणियों में विभाजित किया जा सकता है — प्रथम, हमीदा बानो बेगम, मरियम-उज़-ज़मानी, नूरजहाँ बेगम तथा मुमताज़महल द्वारा जारी *हुक्म*; तथा द्वितीय, जहाँआरा बेगम तथा नादिरा बेगम द्वारा जारी *निशान*।

उपरोक्त तथ्यों से स्पष्ट होता है कि राजमाता तथा राजमहिषी *हुक्म* जारी करने के लिए अधिकृत थीं जबकि वली अहद की पत्नी तथा राजकुमारियाँ *निशान* जारी कर सकती थीं।[10]

अकबर के काल में *ख़ान-ए-ख़ाना* के पद पर रहते हुए क्रमशः बैरम ख़ाँन तथा मुनीम ख़ाँन ने भी *हुक्म* जारी किए थे, जबकि सामान्य परिस्थिति में साम्राज्य के विशिष्ट अधिकारी *हुक्म* जारी करने के लिए अधिकृत नहीं थे।[11] नियमतः वह *परवानचा* ही जारी कर सकते थे।[12] इसी प्रकार सामान्यतः राजकुमार भी *हुक्म* जारी नहीं करते थे। वे *निशान* जारी करने के लिए अधिकृत थे तथापि कुछ अपवाद हैं। मिसाल के लिए विद्रोही शाहज़ादा सलीम ने 1602 ई. में विद्रोह के समय *मदद-ए-माश* से सम्बन्धित एक दस्तावेज़ जारी किया। इसके *उनवान* (शीर्षक) में *हुक्म-ए-जहाँ सुल्तान अबुल मुज़फ्फर सलीम शाह ग़ाज़ी* अंकित है जबकि प्रतिपाद्य में *फ़रमान* शब्द का प्रयोग किया गया है।[13]

तथ्य है कि *हुक्म*, शाही फ़रमान के पश्चात् मुग़ल साम्राज्य का सबसे महत्त्वपूर्ण प्रशासनिक अभिलेख था।[14] इसके पश्चात् *निशान* की बारी आती है। *निशान* की उत्पत्ति वस्तुतः तैमूरी तथा आककुयुंग्लू दस्तावेज़ों से हुई है जो कि सयूरग़ाल प्रदान करने हेतु जारी शाही आदेश-पत्र अथवा उनके अनुमोदन से सम्बन्धित होते थे।[15] मुग़ल शाही परिवार की महिलाओं द्वारा जारी *हुक्म* तथा *निशान*, बादशाह द्वारा जारी फ़रमानों से पर्याप्त मिलते-जुलते हैं। शाही फ़रमान के समान ही इनकी शुरूआत प्रार्थना-सूचक शब्दों; यथा — *हुअल ग़नी, हुअल अकबर, अल्लाह-हु-अकबर, हु-अल-क़ादिर* तथा *बिस्मिल्लाह-अल-रहमान-अल-रहीम* आदि से होती थी।[16] इसके पश्चात् इनमें जारी करने वाली महिला को सम्बोधित *उनवान* अथवा *तुग़रा* का अंकन किया जाता था। *उनवान* के दायीं ओर सम्बन्धित महिला की मुहर लगायी जाती थी। मुहर में सामान्यतः महिला के नाम, पद तथा बादशाह से सम्बन्ध का उल्लेख होता था। *हुक्म* तथा *निशान* की प्रारम्भिक दो पंक्तियाँ शाही फ़रमान की ही भाँति छोटी होती थीं। इसके विपरीत साम्राज्य के अन्य अधिकारियों द्वारा जारी *परवानचों* की सभी पंक्तियाँ एक समान रहती थीं। इस प्रकार हुक्म तथा निशान महिलाओं के शाही परिवार से सम्बन्धित होने के विशेष दर्जे का आभास देते हैं। इन दस्तावेज़ों की विषय-सामग्री से प्रशासन में महिलाओं की भागेदारी के स्वरूप की जानकारी के साथ ही अनेक ऐतिहासिक तथ्यों की जानकारी भी मिलती है।

इनमें राजमाताओं द्वारा जारी दो *हुक्म* हैं। पहला *हुक्म* अकबर की माता हमीदा बानो बेगम का है। जिसे 1 रमज़ान, 989 हि./9 मार्च, 1581 ई. को जारी किया गया था।[17] यह *हुक्म* दो दृष्टियों से महत्त्वपूर्ण है — प्रथम, यह एकमात्र समकालीन अभिलेख है जहाँ हमीदा

बानो बेगम के पिता का नाम अली अकबर अंकित है। गुलबदन बेगम ने हमीदा बानो बेगम के पिता का नाम मीर बाबा दोस्त लिखा है।[18] इसका आशय यह हुआ कि हमीदा बानो बेगम के पिता का वास्तविक नाम अली अकबर था जबकि मीर बाबा दोस्त सम्मानसूचक सम्बोधन था।

द्वितीय, यह *हुक्म* महावन (वर्तमान मथुरा में) परगने के करोड़ी तथा अन्य अधिकारियों को निर्देशित करता है कि सम्बन्धित क्षेत्र में विट्ठलेश्वर की गायों को बेरोक-टोक चरने दिया जाय। इस *हुक्म* में उस शाही फ़रमान का भी उल्लेख है जिसके द्वारा इस संत को ऐसी अनुमति दी गई थी। आदेश ख़ालसा एवं जागीर, दोनों प्रकार की भूमि से अभिप्रेत है। उल्लेखनीय है कि विट्ठलेश्वर, वल्लभ सम्प्रदाय के संस्थापक वल्लभाचार्य का पुत्र था। अतः स्पष्ट है कि मुग़ल साम्राज्य में धार्मिक अनुदान एवं रियायतें मात्र मुसलमानों तक सीमित नहीं थे। ऐसे अनुदानों का लाभ अन्य धर्म के व्यक्तियों को भी मिलता था। किन्तु ऐसा प्रतीत होता है कि परगने का करोड़ी तथा अन्य अधिकारी बादशाह द्वारा जारी फ़रमान पर पूर्णतः अमल नहीं कर रहे थे और विट्ठलेश्वर को परेशान कर रहे थे जिसके चलते राजमाता ने स्वयं *हुक्म* जारी किया।

इस श्रेणी का एक अन्य हुक्म जहाँगीर की माता मरियम-उज़-ज़मानी का है।[19] ऐतिहासिक दृष्टि से यह अत्यंत महत्त्वपूर्ण अभिलेख है। इस पर अंकित मुहर में *वली ना'मत बेगम वालिदा नूरुद्दीन जहाँगीर बादशाह* उत्कीर्ण है। उनवान में *हुक्म मरियम-उज़-ज़मानी* का अंकन है। इस प्रकार यह एकमात्र समकालीन सरकारी दस्तावेज़ है जो यह स्पष्ट करता है कि जहाँगीर की माता मरियम-उज़-ज़मानी थीं, जिनकी उपाधि *वली ना'मत बेगम* भी थी। इस *हुक्म* से जहाँगीर की माता के रूप में रुकैया सुल्तान बेगम अथवा किसी दासी की सम्भावना वाले सिद्धान्तों का खण्डन होता है।[20] स्पष्टतः उसका राजा भारमल की पुत्री होने की आवधारणा अधिक समीचीन है।

प्रशासनिक दृष्टि से इस *हुक्म* का महत्त्व इस बात में है कि यह संभल सरकार के चौपाला (वर्तमान मुरादाबाद) परगने के अधिकारियों को निर्देशित किया गया है। इसमें कहा गया है कि यहाँ की जागीर मुदब्बिर बेग को दी गई थी, किंतु वहाँ के ज़मीदार सूरजमल ने मुदब्बिर बेग के गुमाश्तों को राजस्व न दिलाकर स्वयं हड़प लिया। अतः अधिकारियों से मामले की

जाँच-पड़ताल करके, मुदब्बिर बेग को राजस्व प्राप्ति सुनिश्चित करने का निर्देश दिया गया है। इसके साथ ही, यह भी कहा गया है कि सूरजमल को एक भी *जीतल* अथवा *फ़ुलूस* न दिया जाय।[21] अतः स्पष्ट है कि राजामाता को प्रशासनिक मामलों में हस्तक्षेप का अधिकार ही नहीं था, बल्कि वे अधिकारियों को आदेश भी जारी करती थीं।

राजमाता के अतिरिक्त राजमहिषी भी *हुक्म* जारी करने के लिए अधिकृत थीं। नूरजहाँ बेगम तथा मुमताज़महल द्वारा जारी यह अभिलेख अत्यंत महत्त्वपूर्ण हैं। अब तक नूरजहाँ बेगम के कम से कम आठ *हुक्म* तथा मुमताज़महल का एक *हुक्म* प्रकाश में आ चुका है।

नूरजहाँ बेगम के तीन *हुक्म*, भू-राजस्व प्रशासन एवं *मदद-ए-माश* से सम्बन्धित हैं इनमें से 19 अमरदाद इलाही 15 जुलूस/31 जुलाई, 1620 ई. को जारी एक हुक्म में यह उल्लेख है कि आमेर परगने का *इजारा* मुहम्मद हाशिम को दिया गया था।[22] अतः राजा जयसिंह को निर्देश दिया गया कि वह वसूली में मुहम्मद हाशिम की मदद करे और प्राप्त धन, शाही ख़जाने में भेजना सुनिश्चित करे। इसी प्रकृति का दूसरा *हुक्म* मालवा सूबे की 'सरकार' चन्देरी में क़ानूनगो की नियुक्ति से सम्बन्धित है।[23] इस हुक्म में शाही फ़रमान के हवाले से अधिकारियों को सूचित किया गया है कि जगजीवनदास को चन्देरी सरकार में क़ानूनगो नियुक्त किया गया है। जगजीवनदास से यह अपेक्षा की गई है कि वह ऐसी व्यवस्था करे कि जनता (रियाया) को कष्ट न हो और साथ ही अतिरिक्त राजस्व में वृद्धि हो। इसके अतिरिक्त व्यापारियों की सुविधा सुनिश्चित करने का निर्देश भी है। एक अन्य अभिलेख में गुजरात के सूबेदार को इस बात के लिए लताड़ा गया है कि उसने भड़ौच के शाही हकीम रूहुल्लाह को आवंटित *मदद-ए-माश* के सम्बन्ध में आवश्यक क़दम नहीं उठाए।[24]

अतः नूरजहाँ बेगम के यह अभिलेख स्पष्ट संकेत देते हैं कि जहाँगीर के काल में सभी क्षेत्रों में मुग़लों की सामान्य राजस्व व्यवस्था लागू नहीं थी और आमेर में इजारा प्रथा का प्रचलन था। दूसरे, यह कि बादशाह बेगम को राजस्व कर्मचारियों के नियुक्ति की पुष्टि एवं दिशा-निर्देश जारी करने के अधिकार थे। यहाँ मुग़ल प्रशासन की उस अन्तर्दृष्टि की भी पुष्टि होती है जिसके अन्तर्गत रियाया को अधिक से अधिक उत्पादन के लिए प्रेरित किया जाता था ताकि साम्राज्य को अधिक से अधिक राजस्व प्राप्त हो सके। हकीम रूहुल्लाह से सम्बन्धित अभिलेख दर्शाता है कि शाही नीति का अनुपालन सुनिश्चित न करवाने वाले अधिकारियों

को बादशाह बेगम का कोपभाजन भी बनना पड़ता था। नूरजहाँ बेगम द्वारा जारी शेष पाँच *हुक्म* नवम्बर, 1625 ई. से दिसम्बर, 1626 ई. के मध्य के हैं जिनमें शाहजहाँ के विद्रोह को दबाने के लिए राजा जयसिंह, फ़िदाई ख़ान तथा ख़ान-ए-जहाँ लोदी को निर्देश दिए गए हैं।[25] इन अभिलेखों का लक्ष्यार्थ था शाहजहाँ को अलग-थलग करके महत्त्वपूर्ण अधिकारियों को अपनी ओर मिलाना। इस प्रयोजन हेतु इन अधिकारियों को शाही अनुकम्पाओं का आश्वासन भी दिया गया है। अतः यह *हुक्म* राजनीतिक दृष्टि से अत्यंत महत्त्वपूर्ण है। शाहजहाँ के विद्रोह के दमन के पश्चात् राजा जयसिंह की *अर्ज़दाश्त* के जवाब में नूरजहाँ बेगम द्वारा यह निर्देश देना कि वह दक़न में ही रुका रहे, प्रदर्शित करता है कि नूरजहाँ बेगम को दकन में शाहजहाँ की शक्ति का पूर्ण आभास था।

मुमताज़महल का एकमात्र *हुक्म* राजस्व प्रशासन से सम्बन्धित है। इसमें ख़ानदेश सूबे के एरण्डोल परगने के मुतसद्दी को, कान्होजी की देशमुख के रूप में पुनर्नियुक्ति सूचना दी गई है।[26] इस *हुक्म* से यह सूचना भी प्राप्त होती है कि परगने की देशमुखी पूर्व में भी कान्होजी को आवंटित की गई थी, किंतु सूर्याजी ने शक्ति के द्वारा कान्होजी को हटा दिया था। जब सूर्याजी की मृत्यु हो गई तब कान्होजी को पुराने आदेश के प्रसंग में ही एरण्डोल की देशमुखी की पुष्टि पुनः इस *हुक्म* द्वारा की गई। इसमें कान्होजी से यह अपेक्षा की गई है कि वह परगने की समृद्धि हेतु कार्य करे ताकि जोत एवं जनसंख्या में वृद्धि हो और साम्राज्य की आय में वृद्धि हो सके। मुमताज़महल के इस *हुक्म* से यह स्पष्ट हो जाता है कि शाहजहाँ के काल में ख़ानदेश में भू-राजस्व वसूली की देशमुखी प्रथा का प्रचलन था और अनेक बार देशमुखी के दावे को लेकर आपसी संघर्ष भी होते थे। ऐसा लगता है कि प्रशासन ऐसे मुद्दों में या तो शक्तिशाली के दावों को स्वीकार कर लेता था अथवा हस्तक्षेप नहीं करता था अन्यथा सूर्याजी, कान्होजी को हटाने का साहस न करता। इस *हुक्म* से मुग़ल साम्राज्य की जोत तथा जनसंख्या को बढ़ाकर राजस्व में वृद्धि सुनिश्चित करने की नीति की पुनः पुष्टि होती है। यह जानकारी भी प्राप्त होती है कि शाही महिलाओं को प्रशासन के अनेक छोटे-छोटे मुद्दों का ज्ञान रहता था और आवश्यकता पड़ने पर वे उसमें हस्तक्षेप भी करती थीं।

मुमताज़महल की मृत्यु के पश्चात् उसकी पुत्री जहाँआरा बेगम मुग़ल साम्राज्य की सर्वाधिक शक्तिशाली महिला बन गई। वह शाहजहाँ को महत्त्वपूर्ण प्रशासनिक मुद्दों पर सलाह देती

थी। इसके द्वारा जारी *निशान* प्रशासन तथा राजनीति, दोनों दृष्टियों से महत्त्वपूर्ण हैं। 16 मेहर, 5 इलाही/2 अक्टूबर, 1632 ई. को जारी एक *निशान* से स्पष्ट है कि महत्त्वपूर्ण व्यक्तियों को *मदद-ए-माश* तथा *इनाम* आदि आवंटन के अनुसार प्राप्त हो, इस बात का विशेष ध्यान रखा जाता था।[27] इस *निशान* में नजाबत ख़ाँन को निर्देशित किया गया है कि वह मुसम्मात शाहम अना, जिसे मौजा उमरौली *इनाम* के रूप में मिला था, को वहाँ से प्राप्त होने वाले लाभ सुनिश्चित करे।[28] साथ ही, सम्बन्धित शिक़दार से अपेक्षा की गई है कि जनता को किसी प्रकार का कष्ट न हो।[29]

एक अन्य *निशान*, जिसे 17 शव्वाल, 1061 हि./30 अक्टूबर, 1651 ई. को जारी किया गया था, मुग़ल शाहजादी की शक्ति का आभास देता है।[30] इसमें मिर्ज़ा राजा जयसिंह से, जिसे कामा पहाड़ी के विद्रोही राजपूतों को दबाने के लिए भेजा गया था, कहा गया है कि वह चार महीने के अन्दर राजदरबार में प्रस्तुत हो ताकि वह कन्दहार अभियान में सम्मिलित हो सके।[31]

शाहजहाँ के काल में जहाँआरा बेगम द्वारा जारी दोनों निशानों की तुलना से एक अन्य महत्त्वपूर्ण तथ्य की यह जानकारी मिलती है कि शाहजहाँ के शासन के पाँचवें वर्ष अर्थात् 1632 ई. में इलाही संवत् का उपयोग होता था जबकि 1651 ई. में इसका स्थान एक बार पुनः हिज्री संवत् ने ले लिया। इस परिप्रेक्ष्य में औरंगज़ेब के काल में जहाँआरा बेगम द्वारा जारी निशानों का उल्लेख भी महत्त्वपूर्ण है।

16 जुमाद-उ-सानी, 13 जुलूस, 1081 हि./31 अक्टूबर, 1670 ई. में सिरमौर के राजा बुद्धप्रकाश की अर्ज़दाश्त तथा उसके द्वारा भेजे गए उपहारों के जवाब में जारी *निशान* में राजा को शाही अनुकम्पा का आश्वासन दिया गया है।[32] इसी प्रकार 2 शव्वाल, 15 जूलूस/21 जनवरी, 1673 ई. को जारी *निशान* द्वारा मुसम्मात राजन एवं अन्य चार को दिये जाने वाले पानीपत परगने के *मदद-ए-माश* की पुष्टि की गई है।[33] इन निशानों के प्रशासनिक एवं राजनीतिक महत्त्व के अतिरिक्त हम देखते हैं कि हिज्री वर्ष न देकर जुलूस अर्थात् बादशाह के राज्यारोहण के पश्चात् गुज़रे वर्षों की संख्या दी गई है। यह औरंगज़ेब के काल में जुलूस प्रथा के प्रचलन को दर्शाता है जिसकी पुष्टि सिक्कों से भी होती है।[34] जहाँआरा बेगम द्वारा राजा बुद्ध प्रकाश को जारी पाँच अन्य *निशान* भी हैं, जिनमें उसके द्वारा भेजे गए उपहारों

का उल्लेख है।[35] यह *निशान* समकालीन शब्दावली को समझने के साथ ही यह जानने के लिए भी महत्त्वपूर्ण है कि किस प्रकार विभिन्न अमीर तथा मनसबदार शाही अनुकम्पा प्राप्त करने हेतु हरम की महिलाओं को *पेशकश* (उपहार) भेजते थे। किंतु तथ्य है कि अत्यंत महत्त्वपूर्ण मुद्दों में महिलाएँ अपने हस्तक्षेप की सीमा से अवगत रहती थीं। इसकी पुष्टि हेतु 21 रबी-उल-सानी, 18 जुलूस/25 जुलाई, 1674 ई. को जारी *निशान* का उल्लेख किया जा सकता है।[36] इसमें राजा बुद्ध प्रकाश की उस *अर्ज़दाश्त* का उल्लेख है जिसके द्वारा उसने जहाँआरा बेगम से ज़मीदारी के सम्बन्ध में हस्तक्षेप करते हुए क्रमशः दोआब एवं सरहिंद के फौजदारों, रूहुल्लाह ख़ाँन तथा दावर ख़ाँन एवं सधौरा परगने के *अमीन-ए-फ़ौजदार* को *निशान* जारी करने का निवेदन किया गया था। जिसके जवाब में जहाँआरा बेगम ने हस्तक्षेप से इंकार करते हुए स्पष्ट किया है कि वह ऐसे महत्त्वपूर्ण मुद्दों में हस्तक्षेप नहीं करती, अतः उसे बादशाह से सीधे निवेदन करना चाहिए।

जहाँआरा बेगम के अतिरिक्त नादिरा बानो बेगम, वली अहद दाराशिकोह की पत्नी होने के नाते *निशान* जारी करने के लिए अधिकृत थी। साम्राज्य के लिए संघर्ष के दौरान नादिरा बानो बेगम ने मिर्ज़ा राजा जयसिंह को कम से कम चार *निशान* जारी किए जिनमें राजा को दाराशिकोह के पक्ष में रहने के लिए प्रेरित किया गया था।[37] उल्लेखनीय है कि शाहशुजा के विरुद्ध बहादुरपुर के युद्ध में सुलेमान शिकोह के साथ मिर्ज़ा राजा जयसिंह को नियुक्त किया गया था।[38] नादिरा बेगम के इन निशानों की मुख्य बात यह है कि राजा जयसिंह की वफ़ादारी का बार-बार उल्लेख किया गया है और बदले में शाही अनुकंपाओं का आश्वासन दिया गया है। इससे ऐसा प्रतीत होता है कि उसे मिर्ज़ा राजा जयसिंह की वफ़ादारी पर संदेह हो गया था। उल्लेखनीय है कि कालान्तर में नादिरा बेगम का यह संदेह सच साबित हुआ और मिर्ज़ा राजा जयसिंह औरंगज़ेब के साथ हो गया। स्पष्ट है कि नादिरा बानो बेगम की राजनीतिक परिस्थितियों एवं प्रशासनिक मुद्दों पर गहरी पकड़ थी।

इस प्रकार शाही परिवार की महिलाएँ न केवल बादशाह के प्रशासनिक निर्णयों को प्रभावित करती थीं, अपितु स्वयं भी प्रशासनिक अभिलेख जारी करके प्रशासन में प्रत्यक्ष हस्तक्षेप रखती थीं। सिद्धान्त में यद्यपि *हुक्म* का महत्त्व *निशान* से निश्चय ही अधिक है, किंतु व्यवहार में दस्तावेज़ किसी भी श्रेणी का क्यों न हो, उसका महत्त्व इस बात पर निर्भर था कि महिला

का बादशाह पर कितना प्रभाव है और यह भी कि महिलाओं द्वारा जारी अभिलेख साम्राज्य के वरिष्ठ अधिकारियों के अभिलेखों से भी महत्त्वपूर्ण होते थे। किन्तु इनका क्षेत्र बादशाह द्वारा जारी फ़रमानों की भाँति विस्तृत नहीं था। वस्तुतः यह अभिलेख शाही आदेश की पुष्टि ही करते थे। सीधे अनुदान जारी करने के संदर्भ शायद ही मिलते हैं। अतः महिलाओं द्वारा जारी अभिलेखों का क्षेत्र सीमित था। स्पष्ट है कि मुग़ल साम्राज्य के किसी भी अन्य प्रशासनिक अंग की भाँति शाही परिवार की प्रमुख महिलाएँ भी प्रशासन में बादशाह की सहायता करती थीं।

सन्दर्भ तथा टिप्पणी

1 *बेदाग-वो-महली* जागीर, वह जागीर होती थी जिसके बदले में सैन्य सेवा अनिवार्य न थी। ऐसी ही जागीर के रूप में बदायूँनी को 1,000 बीघा भूमि मिली थी। इसी प्रकार फ़ातउल्लाह शीराजी को बंसावर की जागीर मिली थी। देखें– *आइन-ए-अकबरी,* (ब्लॉकमैन), I, पृ. 271 एवं पादटिप्पणी-1

2. इब्न हसन, *द सेन्ट्रल स्ट्रक्चर ऑफ़ द मुग़ल अम्पायर,* पृ. 100-102
3. *उपरोक्त,* पृ. 94-95, *आइन-ए-अकबरी,* (ब्लॉकमैन), I, पृ. 270-272
4. इब्न हसन, *पूर्वोद्धृत,* पृ. 100-102, रेखा मिश्रा, *वूमेन इन मुग़ल इण्डिया,* पृ. 68
5. के.पी. श्रीवास्तव, *मुग़ल फारमान्स,* पृ. 24-31, फ.सं. XV से V तक।
6. *उपरोक्त,* पृ. 48-49, एवं फ.सं. XXX तथा पृ. 62-63 एवं फ.सं. XXXVIII
7. *उपरोक्त,* पृ. 24-31
8. रेखा मिश्रा, *पूर्वोद्धृत,* पृ. 50 एवं पादटिप्पणी-4
9. *बाबरनामा* (बेव.), II, पृ. 650
10. एस.ए.आई. तिरमिजी, *एडिक्ट्स फ्राम द मुग़ल हरम,* इंट्रोडक्शन, पृ. XVII
11. *उपरोक्त,* पृ. XVIII
12. *तदैव।*
13. के.पी. श्रीवास्तव, *पूर्वोद्धृत,* पृ. 13-15, फ.सं. XIII
14. एस.ए. आई. तिरमिजी, *पूर्वोद्धृत,* इंट्रोडक्शन, पृ. XXI
15. *उपरोक्त,* पृ. XVII; मोमिन मोहियुद्दीन, *द चान्सलरी एण्ड पर्शियन इपिस्टोलोग्राफ़ी अण्डर द मुग़ल्स,* पृ. 139

16. एस.ए.आई. तिरमिज़ी, *पूर्वोद्धृत,* पृ. XVIII
17. *उपरोक्त,* पृ. 3-10 सं. I; प्रति संलग्न है।
18. *हुमायूँनामा* (बेव.), पृ. 149 एवं 237-239
19. एस.ए.आई. तिरमिज़ी, *पूर्वोद्धृत,* पृ. 11-18, अ.सं. II; मूल फ़रमान लाल क़िला संग्रहालय (भारतीय पुरातत्त्व सर्वेक्षण) दिल्ली में है।
20. एक डच यात्रा-विवरण के अनुसार जहाँगीर की माता रुकैया सुल्तान बेगम (हिन्दाल की पुत्री) थी (*ए कन्टमप्रेरी डच क्रोनिकल ऑफ मुग़ल इण्डिया,* कलकत्ता, 1957, पृ. 411)। निःसन्देह रुकैया सुल्तान बेगम अकबर की पत्नी थी, किन्तु वह जहाँगीर की माता नहीं हो सकती, क्योंकि जहाँगीर अपनी माता का नाम मरियम उज़-ज़मानी लिखता है, जिसकी मृत्यु 19 रजब, 1032 हि./19 मई, 1623 ई. को हुई थी। दूसरी ओर अबुल फ़ज़ल ने रुकैया बानो बेगम की मृत्यु की तिथि 7 जुमादा अव्वल, 1035 हि./3 फरवरी, 1626 ई. दिया है। सुजानराय भण्डारी ने राजा भरमल की पुत्री को जहाँगीर की माँ बताया है जिसका विवाह अकबर के साथ 968 हि./1560 ई. में हुआ था। इसी को जहाँगीर के जन्म के पश्चात् मरियम-उज़-ज़मानी का सम्मान दिया गया। देखें – *आइन-ए-अकबरी* (ब्लॉकमैन), I, पृ. 321-322; *तुजुक-ए-जहाँगीरी,* I, पृ. 76, 78, 81, 145, 230, 261, 401; सुजान राय भण्डारी, *खुलास-उत-तवारीख़,* पृ. 374
21. जीतल वस्तुतः इल्तुतमिश के काल में चलने वाला बिलन (ताँबा तथा चाँदी का मिश्रण) सिक्का था। इसका वज़न लगभग 3.5 ग्राम होता था। कालान्तर में यह ताँबें में ही जारी हुआ। इसी प्रकार फुलूस अकबर के काल में चलने वाला ताँबे का सिक्का था। इन सिक्कों की क़ीमत काफ़ी कम थी। देखें – अमितेश्वर झा, *भारतीय सिक्के-एक परिचय,* पृ. 90 एवं 113; स्टेन गोरान एवं जे.पी. गोयनका, *द क्वायन्स ऑफ द इण्डियन सल्तनत्स,* पृ. 11-12
22. एस.ए.आई. तिरमिज़ी, *पूर्वोद्धृत,* अ.सं. III
23. *उपरोक्त,* अ.सं. IV
24. *उपरोक्त,* पृ. 48-49, अ.सं. X
25. *उपरोक्त,* अ.सं. V-IX
26. *उपरोक्त,* पृ. 54-50 अ.सं. IX
27. *उपरोक्त,* 80-84; अ.सं. XV
28. नजाबत खाँन, बदख़्शाँ के मिर्ज़ा शाहरुख़ का पुत्र था। इसका वास्तविक नाम शुजा था जिसे जहाँगीर ने नजाबत खाँन की उपाधि तथा 2000 का *मनसब* दिया था। वह कोल, मुल्तान तथा कांगड़ा का फ़ौजदार रहा। उसकी मृत्यु औरंगज़ेब के शासन के सातवें वर्ष में हुई। देखें – शाहनवाज़ ख़ाँन, *मा'सीर-उल-उमरा,* III, पृ. 821-828

29. सल्तनतकाल में, विशेषरूप से शेरशाह के काल में 'शिक' महत्त्वपूर्ण प्रशासनिक इकाई थी जिसका अधिकारी शिकदार कहलाता था। यह सम्भवतः परगने के समकक्ष इकाई थी। विभिन्न फ़रमानों में इस शब्द के प्रचलन से लगता है कि मुग़ल काल में यह शब्दावली जारी रही।
30. एस.ए.आई. तिरमिज़ी, *पूर्वोद्धृत,* पृ. 84-86ए अ.सं. XVI
31. कामा तथा पहाड़ी राजस्थान के भरतपुर जिले में स्थित दो अलग-अलग परगने हैं।
32. एस.ए.आई. तिरमिज़ी, *पूर्वोद्धृत,* पृ. 94-95; *जे.ए.एस.बी.,* जुलाई, 1911, खण्ड VII, नं. 7 (न्यू सीरीज़), पृ. 449
33. एस.ए.आई. तिरमिज़ी, *पूर्वोद्धृत,* पृ. 98-100; अ.सं. XX, मूल प्रति इण्डियन म्यूज़ियम कलकत्ता में है।
34. सी.आर. सिंहल, *सप्लीमेण्टरी कैटेलॉग ऑफ़ मुग़ल क्वायन्स इन द स्टेट म्यूज़ियम लखनऊ,* पृ. 89-119
35. एस.ए.आई. तिरमिज़ी, *पूर्वोद्धृत,* पृ. 92-113
36. *उपरोक्त,* पृ. 104-105
37. *उपरोक्त,* पृ. 60-77
38. आर.पी. त्रिपाठी *राइज़ एण्ड फ़ाल ऑफ़ दि मुग़ल मुग़ल अम्पायर,* I, पृ. 485

अध्याय आठ

मुग़ल महिलाओं की आर्थिक स्थिति एवं व्यापारिक गतिविधियाँ

तैमूरी महिलाएँ व्यक्तिगत संपत्ति परंपरागत रूप से रखती थीं। मध्य एशियाई परिवेश ही नहीं बल्कि बाबर द्वारा भारत आने के पश्चात् भी यह परंपरा पूर्ववत जारी रही। शाही परिवार की महिलाओं को मिलने वाले वेतन एवं भत्ते, इस आय के प्रमुख साधन थे। विभिन्न अवसरों पर बादशाह इन महिलाओं को उपहार भी दिया करता था। मुग़ल उमरा, विदेशी व्यापारी तथा आगन्तुक भी शाही परिवार की विशिष्ट महिलाओं को भेंट प्रस्तुत करते थे। कुछ महिलाओं के द्वारा व्यापारिक गतिविधियों में संलग्न होने के प्रमाण भी प्राप्त होते हैं जिससे कि पर्याप्त लाभ होता होगा। फलतः शाही परिवार की विशिष्ट महिलाओं की व्यक्तिगत संपत्ति करोड़ों रुपए तक पहुँच जाती थी। यह आय प्रायः कुल ख़र्चों से अधिक ही रहा करती थी जिसका उपयोग वे विभिन्न सामाजिक एवं सांस्कृतिक गतिविधियों को संचालित करने के लिए करती थीं।

वेतन एवं भत्ते

शाही हरम में प्रवेश करने वाली प्रत्येक स्त्री को उसकी स्थिति के अनुसार आजीविका भत्ता मिलता था। शाही महिलाओं के वेतन सामान्यतः नक़द निर्धारित किए जाते थे। जिन महिलाओं के वेतन एवं भत्तों की राशि अपेक्षाकृत अधिक होती थी, उन्हें आधी राशि नक़द दी जाती थी और शेष राशि के बराबर जागीर अथवा चुंगी के अधिकार आवंटित कर दिए जाते थे।[1]

जो परगने शाही महिलाओं को जागीर के रूप में आवंटित किए जाते थे, उन्हें *बर्गबाह* कहा जाता था।[2] तथ्य है कि शाही परिवार में पुत्र अथवा पुत्री के जन्म के साथ ही, उसके वेतन एवं भत्ते भी निर्धारित कर दिए जाते थे। फलतः उस पर होने वाले व्यय का भार उसकी माता अथवा परिवार के किसी अन्य व्यक्ति पर नहीं पड़ता था।

मुग़ल काल में महिलाओं को जागीर देने की परंपरा की शुरूआत बाबर के काल में ही हो गई थी। बाबर ने इब्राहीम लोदी की माता को एक परगना जागीर के रूप में आवंटित किया था जिसकी वार्षिक आय सात लाख रुपए से अधिक थी।[3] इसके साथ ही उसने अपनी फूफियों तथा परिवार की अन्य महिलाओं को भी जागीरें दी थीं।[4] हुमायूँ की माता माहम बेगम द्वारा स्वयं अपनी सरकार से बाबर की मज़ार पर नियुक्त हुफ्फ़ाज (कुरान का पाठ करने वाले) पर व्यय करने के तथ्य से आसानी से अनुमान लगाया जा सकता है कि उसे भी कोई न कोई जागीर प्राप्त हुई थी।[5] हुमायूँ के काल में भी शाही अनुदान एवं जागीरों के दिए जाने का उल्लेख मिलता है।[6] अकबर के काल में यद्यपि महिलाओं को पर्याप्त वेतन दिए जाने के स्पष्ट विवरण उपलब्ध है। किंतु किसी जागीर के आवंटन की स्पष्ट जानकारी हमें नहीं प्राप्त होती।

जहाँगीर ने महिलाओं को अनुदान एवं जागीरों के आवंटन में अधिक उदारता का परिचय दिया। उसने 1605 ई. में सम्राट बनने के पश्चात् महिलाओं के वेतन में, उनकी स्थिति के अनुसार बीस से सौ प्रतिशत तक की वृद्धि की।[7] इसके काल में नूरजहाँ के द्वारा अनेक जागीरों के रखे जाने का उल्लेख मिलता है। नूरजहाँ की एक जागीर अजमेर से तीस किलोमीटर दक्षिण-पूर्व स्थिति रामसर में थी।[8] इसी प्रकार 1617 ई. में शाहज़ादा खुर्रम की दक़न विजय का शुभ समाचार सम्राट को नूरजहाँ बेगम ने दिया। इससे प्रसन्न होकर बादशाह ने नूरजहाँ बेगम को टोडा की जागीर का आवंटन कर दिया। इस परगने का वार्षिक राजस्व लगभग दो लाख रुपया था।[9] इसके अतिरिक्त उसे सिकन्दराबाद में चुंगी वसूली का अधिकार भी दिया गया था। सिकन्दराबाद की चुंगी का अधिकार मिलने का परिणाम यह हुआ कि नूरजहाँ बेगम को साम्राज्य के पूर्वी भागों, इलाहाबाद, बिहार, उड़ीसा, बंगाल तथा भूटान आदि से आगरा आने वाले व्यापारियों से चुंगी वसूलने का अधिकार मिल गया।[10] मुग़ल काल में आगरा एक बड़ा व्यापारिक केन्द्र माना जाता था। सन् 1622 ई. में नूरजहाँ बेगम के पिता एतमादुद्दौला की मृत्यु के पश्चात् नूरजहाँ बेगम को वज़ीर को प्राप्त सभी सम्मान तो मिल ही गए, साथ

में उसे अपने पिता की संपूर्ण संपत्ति भी प्राप्त हुई।[11] नूरजहाँ बेगम की जागीरों से प्राप्त आय इतनी अधिक थी कि उतना वेतन एक तीस हज़ारी मंसबदार का होता।[12]

शाहजहाँ के काल में शाही महिलाओं को पर्याप्त वेतन एवं जागीरें प्राप्त हुईं। शहरयार की पराजय के पश्चात् नूरजहाँ बेगम ने लाहौर में रहने का निर्णय लिया। शाहजहाँ ने उसका वार्षिक वेतन दो लाख रुपए निर्धारित किया।[13] मुमताज़महल की मृत्यु के समय उसके ज़ेवरों एवं संपत्ति की क़ीमत लगभग एक करोड़ रुपए थी। मृत्यु के पश्चात् इस संपत्ति का आधा भाग जहाँआरा बेगम को प्राप्त हुआ जबकि शेष अन्य पुत्र एवं पुत्रियों में बाँट दिया गया।[14] इससे माता की संपत्ति में पुत्र एवं पुत्रियों, दोनों के अधिकार होने का प्रमाण मिलता है। जहाँआरा बेगम को प्रारंभ में छः लाख रुपए वार्षिक भत्ता मिलता था। जिसे मुमताज़महल की मृत्यु के पश्चात् चार लाख रुपए और बढ़ा दिया गया। इस प्रकार कुल वार्षिक वेतन दस लाख रुपए हो गया।[15] सन् 1666 ई. में औरंगज़ेब ने जहाँआरा बेगम के वार्षिक भत्ते में पाँच लाख रुपए का इज़ाफ़ा किया जिससे उसका वार्षिक वेतन सत्रह लाख हो गया।[16] इसका आशय यह हुआ कि दो लाख रुपए की वृद्धि 1630 ई. तथा 1666 ई. के मध्य कभी हुई थी। इस अवसर पर जहाँआरा बेगम को एक लाख मुहर (स्वर्ण सिक्के) उपहार स्वरूप दिए गए थे।

जहाँआरा बेगम के वेतन में अनेक जागीरें सम्मिलित थीं। यह पूरे साम्राज्य में फैली हुई थीं। इनमें कश्मीर स्थित अक्षबल तथा फर्ज़हारा, पंजाब स्थित दोराहा तथा पानीपत, मध्य भारत में बक्षपुर अथवा मछलपुर एवं उत्तर प्रदेश स्थित सफ़ापुर के नाम विशेष रूप से लिए जा सकते हैं।[17] इनमें से मात्र पानीपत का राजस्व दो करोड़ दाम था।[18] सूरत का बंदरगाह जहाँआरा बेगम को पानदान के ख़र्च के लिए *इनाम* के रूप में प्राप्त हुआ था।[19] सूरत का बंदरगाह मुग़ल काल में व्यापारिक गतिविधियों के लिए सर्वाधिक महत्त्वपूर्ण था। जहाँआरा बेगम ने यहाँ पर इस्लाम ख़ाँन के पुत्र शरीफ़ ख़ाँन को अपने प्रतिनिधि के रूप में नियुक्त किया था।[20] इस प्रकार जहाँआरा बेगम की कुल वार्षिक आय तीस लाख रुपए से अधिक थी।[21]

औरंगज़ेब की पुत्री ज़ैबुन्निसा बेगम को जिस समय (1681 ई.) अपने विद्रोही भाई अकबर को पत्र लिखने का दोषी पाया गया, उसका वार्षिक वेतन चार लाख रुपए था जिसे रोक लिया गया था।[22] ज़ैबुन्निसा बेगम की दूसरी बहन ज़ीनत-उल-निसा बेगम को बादशाह बेगम

का सम्मान प्राप्त था। हमें *मा'सीर-ए-आलमगीरी* में उसके *मीर-ए-सामान* की नियुक्ति के बार-बार उल्लेख मिलते हैं।[23] अतः अनुमान लगाया जा सकता है कि उसे बड़ी संख्या में जागीरें प्राप्त थीं।

परवर्तीकाल में जहाँदर शाह की प्रिय पत्नी लालकुँअर का वार्षिक वेतन दो करोड़ रुपए था।[24] मुहम्मदशाह की माता नवाब क़ुदसिया बेगम को पन्द्रह हज़ार रुपए मासिक वेतन मिलता था।[25] अहमदशाह के काल में उसकी माता उधमबाई को, उसके पाँच लाख के *मनसब* के एवज़ में बड़ी धनराशि मिला करती थी।[26] यह धनराशि इतनी अधिक थी कि कालान्तर में इसका साम्राज्य पर अत्यन्त विपरीत प्रभाव पड़ा।

उपहार एवं भेंट

शाही परिवार की महिलाओं को समय-समय पर नक़द एवं रत्नों के रूप में अनेक उपहार तथा भेंट प्राप्त हुआ करते थे। यह उपहार दो श्रेणियों के अन्तर्गत रखे जा सकते हैं — प्रथम, वे उपहार जिन्हें जन्म दिवस, त्यौहारों तथा विवाह आदि के अवसरों पर बादशाह स्वयं महिलाओं को देता था; तथा द्वितीय, वे भेंट एवं उपहार जिन्हें साम्राज्य के अमीर तथा व्यापारी एवं विदेशी आगन्तुक *निसार* एवं *नज़र* के रूप में धनराशि एवं अन्य बहुमूल्य वस्तुएँ देते थे।

बाबर ने इब्राहीम लोदी पर विजय के उपलक्ष्य में अपने परिवार की महिलाओं को अनेक उपहार दिए जो बेगमें एवं महिलाएँ काबुल में थी, उनके लिए ख़्वाजा किला बेग के हाथों उपहार भेजा।[27] गुलबदन बेगम कहती हैं कि प्रत्येक स्त्री को एक पातुर (Dancing Girl), एक तश्तरी विभिन्न प्रकार के रत्न जिसमें जवाहर (Ruby), मोती, पन्ना एवं याकूत आदि सम्मिलित हैं, भेजा। इसके अतिरिक्त दो क़श्ती (खदफ़ी) अशर्फी तथा अन्य दो कश्ती में शाहरुखी भेजा, ताकि इन महिलाओं में वितरित किया जा सके। बेगमों के साथ ही आगाओं; कोका एवं अग़ाचाओं हेतु भी अनेक उपहार भेजे।[28] बाबर की मृत्यु के पश्चात् हुमायूँ अपनी फूफियों तथा अन्य महिलाओं से मिलने हेतु गया और इस अवसर पर उन्हें उपहारादि दिए।[29] इसी प्रकार जादुई उत्सव (Mistic Feast) के अवसर पर भी हुमायूँ ने बेगमों को अनेक उपहार दिए। इनमें अशर्फ़ियाँ तथा शाहरुख़ी भी सम्मिलित हैं।[30]

अकबर भी महिलाओं एवं बेगमों को बहुमूल्य उपहार दिया करता था। नौरोज़ के अवसर पर हमीदा बानू बेगम, गुलबदन बेगम तथा अन्य विशिष्ट महिलाओं को उपहार दिए जाते थे। इस अवसर पर बादशाह स्वयं अपनी माता के घर में जाता था।[31] जहाँगीर के काल में भी महिलाओं को उपहार दिए जाते थे। सन् 1612 ई. में अपने विवाह के अवसर पर शाहज़ादा ख़ुर्रम ने बेगमों को उपहार प्रस्तुत किए थे।[32] इसी प्रकार 1617 ई. में उसने नूरजहाँ बेगम को दो लाख रुपए तथा अन्य बेगमों को साठ हज़ार रुपए उपहार के रूप में दिए।[33] बादशाह बनने के बाद शाहजहाँ ने बेगमों को अनेक उपहार दिए। इसी प्रकार *बल्ख विजय* के अवसर पर शाहजहाँ की बुआ शक्रुन्निसा बेगम अकबराबाद (आगरा), उसे बधाई देने के लिए आयी तब उसने बेगम को चार लाख रुपए से अधिक क़ीमत का लाल उपहार के रूप में दिया। इसके अतिरिक्त एक लाख रुपया भी दिया।[34] हमें *तुलादान* तथा *नौरोज़* के अवसर पर उपहार देने के अनेक उदाहरण मिलते हैं। मिसाल के लिए शाहजहाँ ने अपने राज्यारोहण तथा *नौरोज़* के बीच में कुल एक करोड़ साठ लाख रुपए, महिलाओं को उपहार के रूप में दिया था।[35] इसी प्रकार औरंगज़ेब ने अपने राज्यारोहण के अवसर पर लगभग पन्द्रह लाख रूपए उपहार स्वरूप दिया था।[36] शाहजहाँ की मृत्यु के पश्चात् 1666 ई. में औरंगज़ेब ने जहाँआरा बेगम को एक लाख मुहर (स्वर्ण मुद्रा) उपहार के रूप में देने के अतिरिक्त एक-एक लाख रुपया क्रमशः गौहरआरा बेगम तथा पुरहुनर बेगम को भी दिया था।[37] सन् 1669 ई. में रोशनआरा बेगम को शाहबेगम की उपाधि के साथ ही पाँच लाख रुपए उपहारस्वरूप दिए थे।[38] दाराशिकोह की पुत्री जहाँज़ेब बेगम का 1669 ई. में आज़म के साथ विवाह हुआ था। इस अवसर पर जहाँज़ेब तथा जहाँआरा बेगम को उपहार दिए गए।[39] औरंगज़ेब ने जहाँज़ेब बेगम को प्रायः प्रत्येक महत्त्वपूर्ण अवसर पर उपहार दिए। इसी प्रकार परवर्तीकाल में भी महिलाओं को बादशाहों द्वारा उपहार दिए जाते रहे।

अपने व्यापारिक हितों की सुरक्षा हेतु यूरोपीय व्यापारी बादशाह को अनेक उपहार तो प्रस्तुत ही किया करते थे, साथ में वे शाही परिवार की महिलाओं को क़ीमती भेंटें दिया करते थे। बर्नियर ने कोल्बर्ट को एक पत्र लिखा था जिसमें कहा गया था कि यहाँ शाही परिवार के सदस्यों को उपहार देना सामान्य बात है और इसके अभाव में किसी भी काम के होने की कल्पना नहीं की जा सकती।[40] इस तथ्य की पुष्टि हॉकिन्स के विवरण से भी होती है।

उसने जहाँगीर की बहन शक्रुन्निसा बेगम को अनेक रत्न एवं आभूषण उपहार के रूप में भेजे।[41] एक अन्य यात्री कोरियट ने, लाल (Ruby) से जड़ी हुई सीटी (Whistle) दी जिसे कि बाद में बेगम को दे दिया गया।[42] इसी प्रकार थामस रो ने नूरजहाँ बेगम को अनेक उपहार भेजे।[43] जहाँआरा बेगम को डच एवं अंग्रेज व्यापारी प्रायः उपहार भेजा करते थे ताकि उनका काम आसानी से हो जाएँ ट्रेवेनियर, जो कि 1641 ई. में भारत आया था, ने जहाँआरा बेगम को क़ीमती उपहार भेजे।[44] श्रीनगर (गढ़वाल) के राजा पृथ्वीचन्द को जहाँआरा बेगम के हस्ताक्षेप के पश्चात् क्षमादान मिला था जिसने कि बेगम के लिए उपहार भेजे।[45]

किंतु उपहारों एवं भेंटों के संबंध में यह स्पष्टीकरण आवश्यक है कि यह एक द्विपक्षीय गतिविधि थी। हम पाते हैं कि शाही परिवार की महिलाएँ अपनी व्यक्तिगत आय से उपहार तथा वस्त्र आदि भेंट किया करती थी। सन् 1530 ई. में हुमायूँ के सत्तासीन होने के पश्चात् उसकी माता माहम बेगम द्वारा सात हज़ार अमीरों को *भेजन* एवं *ख़िल'अत* (वस्त्र) देने की चर्चा हम पूर्व में ही कर आए हैं। यही नहीं, माहम बेगम ने बड़ी संख्या में ऊँट, घोड़े एवं अन्य पशु भी उपहार के रूप में वितरित किए थे।[46] इसी प्रकार 1614 ई. में मेवाड़ के राणा अमर सिंह के समर्पण के पश्चात् उसका पुत्र करण सिंह दरबार में आया तब नूरजहाँ बेगम ने उसे वस्त्र, तलवार तथा हाथी आदि भेंट किया।[47] सन् 1617 ई. में शाहज़ादा खुर्रम की दक़न विजय के फलस्वरूप उसे शाहजहाँ की उपाधि दी गई।[48] इस अवसर पर नूरजहाँ बेगम ने अपनी व्यक्तिगत संपत्ति से न केवल शाहजहाँ, बल्कि उसकी महिलाओं एवं बच्चों को भी उपहार दिया। इस संपूर्ण आयोजन में तीस लाख रुपए खर्च हुए थे।[49] जहाँआरा बेगम न केवल अमीरों एवं मनसबदारों को उपहार भेंट करती थी, अपितु विदेशों से आने वाले मेहमानों को भी *खिल'अतें* तथा उपहार भेंट किया करती थी। उसने दारा एवं शुजा के विवाह के अवसरों पर आसफ ख़ाँन सहित अन्य अमीरों को *ख़िल'अतें* एवं उपहार भेंट किया।[50] दारा के विवाह के अवसर पर जहाँआरा बेगम ने 16 लाख रुपए ख़र्च किए।[51] जहाँआरा बेगम ने रूम (तुर्की) के राजदूत ज़ुल्फ़िक़ार ख़ाँन को पन्द्रह हज़ार रुपए एवं वस्त्र प्रदान किया।[52] इसी प्रकार काशगर का शासक अब्दुला ख़ाँन, अपने यहाँ से निकाले जाने के पश्चात् 1668 ई. में दिल्ली आया। इस अवसर पर जहाँआरा बेगम की ओर से उसे 20 हज़ार रुपए, पानदान तथा अन्य वस्तुएँ उपहारस्वरूप दी गईं।[53] अनेक अवसरों पर सामान्य व्यक्तियों को, उनकी पुत्रियों के विवाह आदि के लिए भी बेगमें अनुदान देती थीं जिसका उल्लेख आगे किया जाएगा।

इसी प्रकार परवर्ती काल में भी महिलाएँ उपहार देती थीं। शाह आलम द्वितीय की सौतेली माता ज़ीनतमहल ने अहमदशाह अब्दाली को पचास हज़ार रुपया उपहारस्वरूप दिया था।[54]

व्यापारिक गतिविधियाँ

मुग़लकाल में विदेशी व्यापार लाभ का एक महत्त्वपूर्ण साधन था। भारत से वस्त्रों, मसालों, नील, शोरा तथा अफ़ीम आदि वस्तुएँ मध्य एशिया भेजी जाती थीं तथा बदले में सुगंध, चीनी के बर्तन, सोना, हाथीदाँत की वस्तुएँ, मोती तथा घोड़े आदि आयात किए जाते थे। व्यापार संतुलन हमेशा भारत के पक्ष में रहता था। इससे आकृष्ट होकर मुग़ल शाही परिवार की कुछ महिलाएँ भी व्यापारिक गतिविधियों मे संलग्न रहीं। शाही परिवार की महिलाओं को मिलने वाले विशेषाधिकारों के कारण उनके प्रतिनिधियों को छूट भी मिल जाया करती थी। अतः व्यापार में अपेक्षाकृत अधिक लाभ होता था। इन महिलाओं के स्वयं अपने व्यापारिक पोत (Ship) होते थे जिन्हें *जुंक* कहा जाता था।[55] इनमें से कुछ इतने विशाल होते थे कि वह 1200 टन माल ढो सकते थे। इसी प्रकार का एक *जुंक* बादशाह जहाँगीर की माता के पास भी था। जहाँगीर की माता के व्यापारिक जहाज़, सूरत बंदरगाह से विभिन्न वस्तुएँ लाल सागर के अनेक बंदरगाहों तक ले जाते थे। यहाँ से सामान लाने का कार्य भी उनके द्वारा किया जाता था। इन जहाज़ों में से एक का नाम रहीमी था जो कि मोक्का से वस्तुएँ लाता एवं ले जाता था। सन् 1614 ई. में पुर्तगालियों ने इसे रोक लिया था जिसके परिणामस्वरूप उन्हें युद्ध का सामना करना पड़ा।[56] यूरोपीय यात्रियों के विवरणों से ऐसा प्रतीत होता है कि राजमाता की मुख्य रुचि नील के व्यापार में थी।

जहाँगीर की प्रिय पत्नी नूरजहाँ बेगम भी व्यापारिक गतिविधियों में रुचि लेती थी। नूरजहाँ बेगम के अनेक *जुंक* व्यापारिक गतिविधियों में लगे थे। नूरजहाँ बेगम का व्यापार मुख्यतः नील एवं कढ़ाई किए हुए कपड़ों पर आधारित था।[57] वस्तुतः यह वही काल था जबकि अनेक यूरोपीय शक्तियाँ; यथा — डच, ब्रिटिश एवं पुर्तगाली शक्ति, पूर्वी व्यापार पर एकाधिकार का प्रयास कर रहीं थीं। भारत में मुख्य प्रतिद्वन्दिता ब्रिटिश तथा पुर्तगालियों के मध्य थी। हम पहले ही चर्चा कर चुके हैं कि पुर्तगालियों के साथ मुग़लों के सम्बन्ध अकबर के काल से ही ख़राब हो गए थे। किंतु तथ्य है कि अरब सागर में पुर्तगाली एक महत्त्वपूर्ण शक्ति के रूप में उभर चुके थे। दमन तथा द्वीव से, पश्चिमी व्यापार पर पुर्तगालियों का विशेषाधिकार-सा

हो गया था। अतः नूरजहाँ बेगम ने जहाँ एक ओर ब्रिटिश कंपनी से संबंध बनाकर अपना माल अपने जहाज़ों पर भेजा, वहीं दूसरी ओर पुर्तगालियों से भी व्यापारिक समझौते किए ताकि बेगम के *जुंक* पुर्तगालियों द्वारा रोके न जाएँ।[58] ऐसे भी प्रमाण मिलते हैं कि नूरजहाँ बेगम के *जुंक* पुर्तगालियों को कर अदा करते थे।[59] नूरजहाँ बेगम ब्रिटिश व्यापारियों को अपने व्यापार के हित में शाही फ़रमान द्वारा छूट भी दिलवा देती थी। उसके इस कार्य में आसफ़ ख़ाँन का सहयोग रहता था।[60]

शाहजहाँ के काल में जहाँआरा बेगम के व्यापार में संलग्न होने का उल्लेख मिलता है। जहाँआरा बेगम के पास अनेक व्यापारिक जहाज़ थे। डच तथा ब्रिटिश कंपनियों के साथ जहाँआरा बेगम के संबंध सौहार्दपूर्ण थे।[61] परिणामस्वरूप बेगम को व्यापारिक गतिविधियों में सहायता मिलती थी। बदले में इन कंपनियों को अनेक छूटें एवं लाभ मिल जाते थे। हमें याद रखना चाहिए कि मुग़लकाल का सर्वाधिक महत्त्वपूर्ण, सूरत का व्यापारिक बंदरगाह जहाँआरा बेगम की जागीर में था।

मुग़ल शाही महिलाओं को व्यापार से कितना लाभ होता था, इसके सही आँकड़े हमारे पास उपलब्ध नहीं हैं तथापि यह अनुमान सरलता से लगाया जा सकता है कि व्यापारिक लाभ लाखों में होता होगा। इसके अतिरिक्त बादशाह, राजकुमारों तथा परिवार की महिला सदस्यों के स्वयं व्यापारिक गतिविधियों में संलग्न होने के कारण व्यापार में हस्तक्षेप के स्वरूप का अनुमान भी लगाया जा सकता है।

अतः शाही महिलाओं को प्राप्त भत्तों, उपहारों एवं व्यापारिक गतिविधियों में लगे होने के फलस्वरूप इन्हें निःसंदेह आर्थिक संकटों का सामना नहीं करना पड़ता था। इस तथ्य का अनुमान इस बात से लगाया जा सकता है कि परवर्तीकाल में, जबकि मुग़ल साम्राज्य की आर्थिक स्थिति काफ़ी ख़राब थी, अहमदशाह अब्दाली को सोलह लाख से अधिक की धनराशि तथा रत्नजड़ित बर्तन, ह़रम की फ़र्श के नीचे मिले थे। ह़रम के अधिकारियों एवं कर्मचारियों पर होने वाले व्यय का भार शाही ख़ज़ाने पर पड़ता था। अतः इन महिलाओं के आर्थिक दायित्व न के बराबर थे। स्पष्टतः इस अतिरिक्त आय का उपयोग शाही महिलाएँ वस्त्र, आभूषण, दान, स्थापत्य, तथा साहित्यकारों की सहायता जैसी सामाजिक-सांस्कृतिक गतिविधियों में करती थीं। उनकी यह समस्त गतिविधियाँ वस्तुतः इस बात पर निर्भर थीं कि बादशाह की कृपा

उन पर कब तक बनी रहती है। बादशाह की नाराज़गी का परिणाम अनेक बार जगीरों एवं वेतन का स्थगित अथवा निरस्त कर दिया जाना होता था। जैसाकि ज़ैबुन्निसा बेगम तथा शाहज़ादा आज़म की पत्नी नूरुन्निसा के प्रकरण से स्पष्ट है। स्वाभाविक है कि शाही महिलाओं की सामाजिक, आर्थिक एवं व्यक्तिगत जीवन का केन्द्रबिन्दु बादशाह ही था।

सन्दर्भ तथा टिप्पणी

1. निकोली मनूकी, *स्टोरिया डो मोगोर,* II, पृ. 375
2. आनन्द राम, *मीरात-उल-इस्तिला,* फो. 15 (उद्धृत, रेखा मिश्रा, *पूर्वोद्धृत,* पृ. 61, पादटिप्पणी, 2); इरफान हबीब, *एग्रेरियन सिस्टम अण्डर द मुग़ल्स* (उर्दू), पृ. 357, पादटिप्पणी, 1
3. *बाबरनामा* (बेव.) II, पृ. 478
4. *हुमायूँनामा,* (बेव.), पृ. 89
5. *उपरोक्त,* पृ. 110-111
6. *उपरोक्त,* पृ. 111
7. *तुज़ुक-ए-जहाँगीरी* (रो. एवं बेव.), I, पृ. 10
8. *उपरोक्त,* I, पृ. 342
9. *उपरोक्त,* पृ. 380
10. जे.डी. लायट, *द अम्पायर ऑफ़ दि ग्रेट मुग़ल* (हालैण्ड एवं बनर्जी), पृ. 41; फ्रेंसिस्को पेल्सर्ट, *पूर्वोद्धृत,* पृ. 4
11. *तुज़ुक-ए-जहाँगीरी* (रो. एवं ब.), II, पृ. 228
12. *आइन-ए-अकबरी* (ब्लॉकमैन), I, पृ. 574, पादटिप्पणी; रेणुकानाथ, *नोटेबुल मुग़ल एण्ड हिन्दू वूमेन,* पृ. 96
13. *उपरोक्त,* पृ. 90; आर.पी. त्रिपाठी, *राइज़ एण्ड फाल ऑफ़ दि मुग़ल अम्पायर,* I, पृ. 420
14. अब्दुल हमीद लाहौरी, *पादशाहनामा,* I, भाग-1, पृ. 393, गुलाम यज़दानी, *पूर्वोद्धृत,* पृ. 30
15. क़ाज़वीनी, *बादशाहनामा,* II, फो. 240 एवं III, फो. 449
16. *मा'सीर-ए-आलमगीरी* (सरकार), पृ. 37
17. अब्दुल हमीद लाहौरी, *पूर्वोद्धृत,* I, भाग-2, पृ. 51, निकोलो मनूकी, *पूर्वोद्धृत,* पृ. 67 एवं 216; रेखा मिश्रा, *पूर्वोद्धृत,* पृ. 62-63
18. मुहम्मद सालेह काम्बू, *अमल सालेह,* III, पृ. 109

19. निकोलो मनूकी, *पूर्वोद्धृत,* I, पृ. 65; इरफ़ान हबीब, *पूर्वोद्धृत,* पृ. 357, पादटिप्पणी 1
20. मुहम्मद क़मरुद्दीन, *लाइफ़ एण्ड टाइम्स ऑफ प्रिंस मुराद बख़्श,* पृ. 118
21. निकोलो मनूकी, *पूर्वोद्धृत,* I, पृ. 216
22. *मा'सीर-ए-आलमगीरी* (सरकार), पृ. 126; इसी प्रकार गोलकुण्डा के साथ मिलकर शाहज़ादा के षड्यन्त्र की आशंका के फलस्वरूप इसकी पत्नी नूरुन्निसा बेगम की सम्पत्ति भी ज़ब्त कर ली गई, क्योंकि उसके भी इस षड्यन्त्र में भाग लेने की आशंका थी। जे.एन. सरकार, *हिस्ट्री ऑफ औरंगजेब,* III, पृ. 46-47
23. *उपरोक्त,* पृ. 190 एवं 234, इसी प्रकार से औरंगज़ेब की बहन गौहरआरा बेगम का *मीर-ए-सामान* हाफ़िज नूरमुहम्मद को नियुक्त किया गया था। वह एक विद्वान व्यक्ति था। *मा'सीर-ए-आलमगीरी* (सरकार), पृ. 293
24. विलियत इर्विन, *लेटर मुग़ल्स,* I, पृ. 194
25. *उपरोक्त,* II, पृ. 4
26. एस.एस. रहमान, *पूर्वोद्धृत,* पृ. 173
27. *हुमायूँनामा* (बेव.), पृ. 94-96
28. *हुमायूँनामा* (फा.), फो. 10इ
29. *उपरोक्त* (बेव.), पृ. 111
30. *उपरोक्त,* पृ. 97
31. निज़ामुद्दीन अहमद, *तबक़ात-ए-अकबरी,* II, पृ. 559-560; जे.डी लायट, *पूर्वोद्धृत,* पृ. 101
32. *तुज़ुक-ए-जहाँगीरी* (रो. एवं बेव.), I, पृ. 224-225
33. *उपरोक्त,* पृ. 401
34 ख़ाफी ख़ॉन, *मुन्तख़ब-उल-लुबाब,* पृ. 646
35. क़ाजवीनी, *पादशाहनामा,* फो. 167; एम.ए. अंसारी, *पूर्वोद्धृत,* पृ. 112-113
36. विभिन्न बेगमों को दी जाने वाली राशि का विवरण निम्नवत है:–

जहाँआरा बेगम	– 5,00,000
ज़ैबुन्निसा बेगम	– 4,00,000
ज़ीनत-उल-निसा बेगम	– 2,00,000
बद्रुन्निसा बेगम	– 1,60,000
ज़ैबदतुन्निसा बेगम	– 1,50,000

37. *मा'सीर-ए-आलमगीरी* (सरकार), पृ. 37
38. मुहम्मद काज़िम, *आलमगीरनामा,* पृ. 368;

39. *मा'सीर-ए-आलमगीरी* (सरकार), पृ. 46-47
40. फ्रेंकोइस बर्नियर, *पूर्वोद्धृत*, पृ. 231
41. डब्ल्यू. फ़ोस्टर (सं.), *पूर्वोद्धृत*, पृ. 94
42. *उपरोक्त*, पृ. 67
42. टामस रो, *दि एम्बेसी ऑफ़ सर टामस रो टू द कोर्ट ऑफ़ दि ग्रेट मुग़ल* (1615-1619 ई.), II, पृ. 324, 384, 386, 427, 458
44. जे.बी. ट्रेवेनियर, *पूर्वोद्धृत*, I, पृ. 141
45. के.आर. क़ानूनगो, *दाराशिकोह*, I, पृ. 239
46. *हुमायूँनामा* (बेव.), पृ. 114 एवं पादटिप्पणी
47. *तुजुक-ए-जहाँगीरी* (रो. एवं बेव.), I, पृ. 277-278
48. *उपरोक्त*, पृ. 397
49. *उपरोक्त*, पृ. 397, रेखामिश्रा, *पूर्वोद्धृत*, पृ. 65 एवं पादटिप्पणी, 7
50. क़ाज़वीनी, *पादशाहनामा*, III, फो. 500 एवं फो. 507
51. बी.पी. सक्सेना, *पूर्वोद्धृत*, पृ. 312; के.आर. क़ानूनगो, *पूर्वोद्धृत*, I, पृ. 12
52. मुहम्मद सालेह काम्बू, *अमल-ए-सालेह*, III, पृ. 188
53. *मा'सीर-ए-आलमगीरी* (सरकार), पृ. 45-46
54. जे.एन. सरकार, *मुग़ल साम्राज्य का पत्तन*, II, पृ. 234-235
55. डी. पंत, *दि कामर्शियल पॉलिसी ऑफ़ दि मुग़ल्स*, पृ. 165
56. डब्ल्यू. फ़ोस्टर (संपा.), *जर्नल ऑफ़ जॉन जार्डेन*, पृ. 155-156; के.डी. बाजपेयी, *भारतीय व्यापार का इतिहास*, पृ. 236
57. डी. पंत, *पूर्वोद्धृत*, पृ. 165
58. *उपरोक्त*, पृ. 164
59. *इंग्लिश फ़ैक्ट्री रिकार्डस* (1618-1821 ई.), पृ. 81
60. टामस रो, *पूर्वोद्धृत*, II, पृ. 436 एवं 444
61. डी. पंत, पूर्वोद्धृत, पृ. 211; एम.पी. सिंह, *स्टडीज़ इन मुग़ल इकोनॉमी* (1556-1707 ई.), पृ. 161; *इंग्लिश फ़ैक्ट्री रिकार्डस* (1642-45 ई.), पृ. 148

अध्याय नौ

मुग़ल महिलाओं की धार्मिक गतिविधियाँ तथा परोपकार

मुग़ल शाही महिलाएँ धार्मिक गतिविधियों में विशेष रुचि लेती थीं। महल की इमारतों के निर्माण के समय इस बात का विशेष ध्यान रखा जाता था कि महिलाओं को धार्मिक अनुष्ठान सम्पन्न करने में किसी प्रकार की असुविधा न हो। प्रायः सभी महत्त्वपूर्ण क़िलों में जनाना मस्जिदों का प्रावधान किया गया था। अकबर के काल में राजपूत महिलाओं को अपनी पूजा पद्धति पूर्ववत जारी रखने की अनुमति ही नहीं दी गई अपितु पूजा-सामग्री रखने के लिए विशेष आलों का प्रावधान भी किया गया था।

अकबर के काल में मुग़ल शाही परिवार की अधिकांश महिलाएँ नियमित रूप से नमाज़ पढ़ती थीं, जबकि राजपूत महिलाएँ हिन्दू रीति के अनुसार पूजा एवं हवन आदि भी करती थीं।[1] मुग़ल राजकुमारियों को विधिवत धार्मिक शिक्षा मिलती थी। वे नियमित रूप से क़ुरान तथा अन्य धार्मिक पुस्तकों का अध्ययन किया करती थीं। जहाँआरा बेगम अपना अधिकांश समय धार्मिक अनुष्ठानों एवं ईश्वर की भक्ति में लगाती थी। उसे सूफ़ी मत में विश्वास था। जहाँआरा बेगम द्वारा रचित दो पुस्तकें, *रिसाला-ए-साहिबिया* तथा *मुनीस-उल-अरवाह* इस तथ्य के प्रमाण हैं।[2] यह दोनों ही पुस्तकें सूफ़ी संतों की जीवनियाँ हैं, जिनकी विस्तृत चर्चा आगे की जायेगी। वह क़ादिरिया सिलसिले के मुल्ला शाह बदख़्शी को काफ़ी सम्मान करती थी किन्तु स्वयं को चिश्तिया सिलसिले से जोड़ा।[3] उसने *रिसाला-ए-साहिबिया* में ईश्वर को

धन्यवाद ज्ञापित करते हुए लिखा है कि उसकी कृपा है कि उसने सत्य के मार्ग की खोज की जिज्ञासा उत्पन्न किया।[4] औरंगज़ेब आलमगीर की पुत्रियाँ भी क़ुरान तथा धार्मिक पुस्तकों के अध्ययन में विशेष रुचि रखती थीं। ज़ैबुन्निसा बेगम तथा ज़ीनतुन्निसा बेगम धर्मशास्त्र (*फ़िक़ह*) में अत्यंत निपुण थी।[5] ज़ैबुन्निसा के बारे में कहा जाता है कि उसने क़ुरान की टीका लिखना प्रारम्भ किया किन्तु औरंगज़ेब के मना करने के कारण ऐसा नहीं किया।[6] महल की अन्य महिलाएँ भी धार्मिक अनुष्ठानों एवं क्रियाकलापों में संलग्न रहती थीं।

महल के अन्दर धार्मिक अनुष्ठानों के अतिरिक्त महिलाएँ पवित्र स्थलों के दर्शन के लिए आतुर रहती थीं। वे मक्का, मदीना तथा विविध सूफ़ी संतों की मज़ारों पर अपनी श्रृद्धा प्रकट करने के लिए जाया करती थीं। हज पर जाना किसी भी सम्पन्न मुसलमान के लिए आवश्यक धार्मिक कर्तव्य माना जाता है। किन्तु मध्यकाल में इतनी लम्बी यात्राएँ, विशेष रूप से महिलाओं के लिए, अत्यंत दुष्कर होती थीं। फिर भी यह महिलाएँ इन पवित्र स्थानों का एकाधिक बार दर्शन करने की इच्छुक रहा करती थीं। शाही परिवार की महिलाओं के हज करने के लिए जाने का प्रथम उदाहरण हुमायूँ के काल में मिलता है जबकि निज़ामुद्दीन अली ख़लीफ़ा बरलास की पत्नी सुल्तानम तथा बाबर की पुत्री गुलबर्ग बेगम मक्का गईं थीं।[7] हुमायूँ बादशाह की पत्नी बैगा बेगम अकबर के काल में हज करने गई थी। जिसकी पूरी व्यवस्था बादशाह ने की थी।[8] हज करने के कारण ही बैगा बेगम को हाजी बेगम कहा जाने लगा। सन् 1575 ई. में शाही परिवार की अनेक महिलाएँ हज के लिए गईं जिनमें अतिविशिष्ट महिलाएँ; यथा — गुलबदन बेगम, सलीमा सुल्तान बेगम तथा कामरान की पुत्री गुलज़ार बेगम भी सम्मिलित थी।[9] इनके अतिरिक्त मिर्ज़ा अस्करी की पत्नी सुल्तान बेगम, गुलबदन बेगम की नातिन कुलसूम ख़ानम तथा बाबर की पत्नियाँ एवं ख़ासान, गुलनार अग़ाचा, बीबी साफ़िया, बीबी सर्वक़ाद तथा शाहम आग़ा भी इन महिलाओं के साथ गईं।[10] यह यात्रा एक तुर्की जहाज़ से की गई। हज यात्रा में चार-पाँच वर्ष का समय लगना उस काल में सामान्य बात थी।[11]

हज के अतिरिक्त कुछ महिलाएँ सूफ़ी संतों की मज़ारों, मक़बरों एवं दरगाहों की यात्रा के लिए भी जाया करती थीं। हुमायूँ जब ईरान में शरण के लिए जा रहा था तब वह हमीदा बानो बेगम के पूर्वज एवं संत शाह अहमद जामी ज़िन्दा फ़ील की मज़ार पर गया, जिसके साथ हमीदा बानू बेगम भी थीं।[12] जब अकबर अजमेर के ख़्वाजा मुइनुद्दीन चिश्ती की दरगाह

पर पैदल गया तब उसके साथ कई महिलाएँ भी थीं।[13] गुलबदन बेगम तथा अन्य महिलाएँ हज से वापस आने के पश्चात् ख़्वाजा मुइनुद्दीन चिश्ती के यहाँ हाज़िरी देने के लिए गईं।[14] सन् 1607 ई. में अकबर की पत्नी रुकैया सुल्तान बेगम अपने पिता मिर्ज़ा हिन्दाल के मक़बरे पर ज़ियारत हेतु गई।[15] सन् 1919 ई. में शाही परिवार की महिलाएँ बादशाह हुमायूँ, तथा सूफ़ी संत शेख निज़ामुद्दीन औलिया की मज़ार पर दर्शन हेतु गईं थीं।[16] जहाँआरा बेगम जलने के पश्चात् 1644 ई. में स्वस्थ हुई तब वह ख़्वाजा मुइनुद्दीन चिश्ती के यहाँ ज़ियारत के लिए गई।[17] दिन में वह पेड़ों की छाया में रही जबकि रात्रि के समय *चराग़ाँ* के लिए गई। जहाँआरा बेग़म की श्रृद्धा इस क़दर थी कि वह मार्ग में प्रत्येक पड़ाव पर दो रक़ा'त नफिल की नमाज़ पढ़ती थी और वहाँ पहुँचने पर ज़मीन पर सोई।[18]

यही नहीं, यह महिलाएँ सूफ़ी मत से इतना प्रभावित थीं कि समाधि सूफ़ी सन्तों के पैरों के पास बनवाती थीं। जहाँआरा बेगम ने अपनी मज़ार दिल्ली में शेख निज़ामुद्दीन औलिया के पैर की ओर बनवाया। इसके अतिरिक्त अकबराबादी महल, फतेहपुरी महल तथा ज़ीनतुन्निसा बेगम जैसी महिलाओं ने पुण्य की लालसा में मस्जिदों एवं अन्य धार्मिक इमारतों का निर्माण कराया। सूफ़ी संतों की समाधियों के निर्माण में भी यह महिलाएँ रुचि लिया करती थीं।

शाही महिलाएँ पुण्य प्राप्ति के लिए जिन अन्य गतिविधियों में भाग लेती थीं वह हैं ग़रीबों को दान देना तथा ज़रूरतमंदों को उनकी आवश्यकतानुसार सहायता देना। बाबर की पत्नी माहम बेगम ने बाबर की मृत्यु के पश्चात् ग़रीबों एवं धार्मिक व्यक्तियों को अपनी खुद की सरकार से धनराशियाँ आवंटित किया।[19] इसी प्रकार हाजी बेगम तथा गुलबदन बेगम ने हज-यात्रा से लौटने के पश्चात् ग़रीबों में काफ़ी धन बाँटा था।[20] नूरजहाँ बेगम, मुमताज़महल, जहाँआरा बेगम, रोशनआरा बेगम, ज़ैबुन्निसा बेगम तथा ज़ीनतुन्निसा बेगम ज़रूरतमंदों की सहायता में विशेष रुचि लिया करती थीं।

नूरजहाँ बेगम अन्य कलाओं में जितना निपुण थी उतना ही वह सह्रदय भी थी। नूरजहाँ बेगम जब भी कोई अनाथ अथवा ग़रीब लड़की के विषय में जानती, वह उसे अपने पास रख लेती और उसका विवाह विशिष्ट सैनिकों अर्थात् अहदियों के साथ कर देती थी। उसने अपने जीवनकाल में लगभग पाँच सौ लड़कियों के विवाह किए थे।[21] दूल्हा-दुल्हन के लिए नूरजहाँ बेगम स्वयं के डिज़ाइन किए हुए जोड़े देती थी। इसी प्रकार हज एवं ज़ियारत के लिए जाने

वाली महिलाओं को वह अपने कोष से दान की व्यवस्था करती थी।[22] ऐसा भी कहा जाता है कि अपने स्नान के पश्चात् कुछ नियत दिनों में ग़रीबों में तीन हज़ार रुपए बँटवाया करती थी।[23]

मुमताज़महल न केवल अपनी व्यक्तिगत जागीर से दान देती थी अपितु वह बादशाह से ज़रूरतमंदों की सिफ़ारिश करने में कोई मौक़ा न चूकती थी। इसका परिणाम यह हुआ कि बादशाह ने मुमताज़महल के पास आने वाली अर्ज़ियों को निपटाने के लिए समय निर्धारित कर दिया। बादशाह जब दरबार से वापस आता तब मुमताज़महल अपनी नाज़िर सतीउन्निसा ख़ानम की सहायता से अपने पास आयी हुई अर्ज़ियाँ प्रस्तुत करती।[24] अविवाहित लड़कियों के विवाह एवं दहेज की व्यवस्था भी मुमताज़महल द्वारा की जाती थी।[25] हकीम रुकना काशी को मुमताज़ महल के निवेदन पर चौबीस हज़ार रुपए दान के रूप में आवंटित किए गए थे।[26]

जहाँआरा बेगम को परोपकार की प्रवृत्ति विरासत में प्राप्त हुई थी। एक बार जब शाहजहाँ बीमारी से अच्छा हुआ तब जहाँआरा बेगम ने पचास हज़ार रुपए ग़रीबों में वितरित किया।[27] महल की अन्य महिलाओं ने भी दान दिया। इसी प्रकार बादशाह की मृत्यु के पश्चात् दो हज़ार अशर्फ़ियाँ ग़रीबों में वितरित की गईं।[28] औरंगज़ेब की पुत्री ज़ीनतुन्निसा बेगम भी अपनी दानशीलता के लिए प्रसिद्ध थी और ग़रीबों की सहायता करती थी।[29] उसने यात्रियों की सुविधा के लिए अनेक कारवाँसरायों का निर्माण कराया था।

उत्तर मुग़लकाल में लालकुँअर अपनी उदार प्रवृत्ति के लिए प्रसिद्ध थी। वह ज़रूरतमंदों की सहायता दिल खोलकर किया करती थी।[30] दानी प्रवृत्ति का होने के कारण मुहम्मदशाह की पत्नियों, *मालिका-ए-ज़मानी* तथा *साहब-ए-महल* का दिल्ली के समाज में अत्यधिक सम्मान था।[31] अहमदशाह की माता उधमबाई में यद्यपि अनेक चारित्रिक दोष कहे जाते हैं, किन्तु उसकी निःस्वार्थ दानशीलता के कारण निर्धनों को लाभ भी हुआ।[32]

अतः शाही परिवार की महिलाओं के जीवन में धार्मिक संस्कारों का समावेश ही नहीं था, अपितु उनकी उदार प्रवृत्ति का लाभ समाज के अन्य व्यक्तियों को भी मिलता था।

सन्दर्भ तथा टिप्पणी

1. अब्दुल क़ादिर बदायूँनी, *मुन्तख़ब-उत-तवारीख़*, II, पृ. 258, जे.एस. गहलोत, *राजूताने का इतिहास*, III, पृ. 64
2. *मुनीस अल अरवाह* की एक प्रति दारुल-मुसन्नेफ़ीन आज़मगढ़ में मौजूद है। जबकि *रिसाला-ए-साहिबिया* की एक प्रति मौलाना आज़ाद लाइब्रेरी, अलीगढ़ विश्वविद्यालय में स्थित है। यह वस्तुतः सूफ़ी संतों की जीवनियाँ हैं।
3. बी. हसरत, *दाराशिकोह-लाइफ़ एण्ड वर्क्स*, पृ. 82-83
4. *रिसाला-ए-साहिबिया*, उद्धृत रेखा मिश्रा, *पूर्वोद्धृत*, पृ. 86 पाद टिप्पणी 7
5. *मा'सीर-ए-आलमगीरी* (सरकार), पृ. 323
6. हैरत देहलवी का कहना है कि उसने तीन या चार अध्यायों की टीका (तफ़सीर) लिख भी लिया था। देखें–हैरत देहलवी, *सवानह उमरी जैबुन्निसा बेगम*, पृ. 9
7. *हुमायूँनामा* (बेव.), पृ. 169
8. *अकबरनामा* (बेव.), II, पृ. 366-367; अब्दुल क़ादिर बदायूँनी, *पूर्वोद्धृत*, II, पृ. 308
9. *अकबरनामा* (बेव.), III, पृ. 205-206
10. *उपरोक्त*, पृ. 205-206
11. गुलबदन बेगम तथा अन्य बेगमें 1585 ई. में हज यात्रा से वापस आयी थीं। इसका आशय यह हुआ कि इस यात्रा में लगभग दस वर्ष लगे थे।
12. *हुमायूँनामा* (बेव.), पृ. 169 एवं पादटिप्पणी।
13. *अकबरनामा* (बेव.), II, पृ. 476-477; निजामुद्दीन अहमद, *तबक़ात-ए-अकबरी*, II, पृ. 557
14. अब्दुल क़ादिर बदायूँनी, *पूर्वोद्धृत*, II, पृ. 320
15. *तुज़क-ए-जहाँगीरी* (रो. एव. बेव.), I, पृ. 110
16. *उपरोक्त*, II, पृ. 101 एव 109
17. मुहम्मद सालेह काम्बू, *अमल-ए-सालेह*, II, पृ. 422
18. जहाँआरा बेगम, *मुनीस-उल-अरवाह*, (दारुल मुसन्नेफ़ीन, आज़मगढ़ प्रति); एस.एस. अब्दुर्रहमान, *पूर्वोद्धृत*, पृ0 213
19. *हुमायूँनामा* (बेव.), पृ. 111
20. मान्सरेट, *द कमेन्ट्री*, 1580-85 (अनु. हा. एवं ब.), पृ. 205
21. मुहम्मद हादी, *तातीमा-ए-वाकियात-ए-जहाँगीर* (इलि. एवं डाउ.), VI, पृ. 399; बेनी प्रसाद, *पूर्वोद्धृत*, पृ. 185
22. ख़ाफी ख़ान, *पूर्वोद्धृत*, I, पृ. 269
23. *मा'सीर-उल-उमरा* (बेव.), II, पृ. 1078
24. जदुनाथ सरकार, *स्टडीज़ इन मुग़ल इण्डिया*, पृ. 11-12

25. *उपरोक्त*, पृ. 22
26. क़ज़वीनी, *बादशाहनामा*, फो. II, फो. 277 (अलीगढ़ ट्रासक्रिप्ट)।
27. *उपरोक्त*, III, फो. 572
28. निकोलो मनूकी, *पूर्वोद्धृत*, II, पृ. 126
29. *मा'सीर-ए-आलमगीरी* (सरकार), पृ. 323
30. रेखा मिश्रा, *पूर्वोद्धृत*, पृ. 110
31. जदुनाथ सरकार, *मुग़ल सरकार का पत्तन*, I, पृ. 182
32. *तदैव।*

अध्याय दस

वस्त्राभूषण, सौन्दर्य प्रसाधन तथा मनोविनोद के साधन

मुग़ल शाही महिलाओं की समष्टि का सामाजिक-सांस्कृतिक जीवन, जहाँ समकालीन अभिजात महिलाओं के लिए प्रतिमान का कार्य करता था, वहीं अनेक बार इनका स्थूल प्रभाव सामान्यजन पर भी दृष्टिगोचर होता था। महिलाएँ अपने सौन्दर्य के प्रति सदैव सचेत रहती थीं। इस हेतु वे तरह-तरह के सौन्दर्य-प्रसाधनों, वस्त्रों तथा आभूषणों का प्रयोग करती थीं। शाही महिलाओं द्वारा प्रयुक्त वस्त्राभूषण तथा सौन्दर्य-प्रसाधन नवीन डिज़ाइनों तथा फ़ैशन का सूत्रपात करने में सहायक थे। धार्मिक प्रवृत्ति तथा पुण्य-प्राप्ति की लालसा के फलस्वरूप अनेक मस्जिदों, कारवाँ-सरायों तथा मदरसों आदि का निर्माण इन महिलाओं द्वारा कराया गया। तैमूरी परम्परा के अनुरूप शाही महिलाएँ व्यक्तिगत रूप से साहित्यिक-सांस्कृतिक गतिविधियों में रुचि लेती थीं। अध्ययन एवं लेखन, सजावट, संगीत, नृत्य, चित्रकारी तथा कढ़ाई-बुनाई आदि गतिविधियाँ उनकी सृजनशीलता को तो संतुष्ट ही करती थीं, साथ ही इन गतिविधियों से उनका मनोविनोद भी होता था। शाही महल में आयोजित विभिन्न उत्सवों, आयोजनों तथा त्यौहारों के अवसर पर महिलाएँ बढ-चढ़कर भाग लेती थीं। शतरंज, चौपड़, चण्डल-मण्डल तथा पच्चीसी आदि खेलों के साथ ही नौका-विहार, शिकार तथा चौगान आदि खेल भी शाही महिलाओं के मनोविनोद के साधन थे।

वस्त्र

सुन्दर एवं बहुमूल्य वस्त्र शाही महिलाओं के आकर्षण में वृद्धि करने में सहायक थे। अतः वे अत्यन्त उच्च कोटि के परिधानों का प्रयोग किया करती थीं। रेशम, डोरिया, मलमल तथा तंजेब के वस्त्र शाही परिवार की महिलाओं में विशेष रूप से प्रचलित थे।[1] मालवा स्थित सिरोंज की मलमल की अत्यधिक मांग थी और वहाँ का मलमल मुग़ल हरम तथा साम्राज्य के विशिष्ट अमीरों के अतिरिक्त अन्य किसी व्यक्ति को प्राप्त करना सम्भव न था।[2] सोने तथा चाँदी के काम वाले कपड़े भी काफ़ी पसंद किए जाते थे। सोने के काम वाले कपड़ों में *ज़रबफ़्त, तिलादोज, किमख़ाब* तथा *कलाबत्तू* आदि का विशेष रूप से उल्लेख किया जा सकता है।[3] परिधानों में आकर्षण उत्पन्न करने हेतु किनारी, गोटों, पट्टों एवं लचकों का प्रयोग भी किया जाता था।

शाही परिवार की विशिष्ट महिलाएँ प्रायः पुराने वस्त्र नहीं पहनती थीं। वे क़ीमती से क़ीमती परिधान पहनकर सो जाया करती थीं और अगले दिन यह किसी कनीज़ अथवा दासी को दे दिया जाता था।[4] यही कारण है कि चित्रों में अनेक बार राजकुमारी तथा कनीज़ को एक जैसा वस्त्र ही पहने हुए दिखाया गया है। जिससे कि पहचानने के लिए विशिष्ट वस्त्रों अथवा अनुमोदित वस्त्रों अथवा उनके बैठने के स्थान तथा गतिविधि से पहचानना पड़ता है। एक तथ्य यह भी है कि शाही महिलाओं के परिधानों के अनुकरण की प्रकृति के चलते अभिजात वर्ग तथा मध्यवर्ग की महिलाएँ भी शाही महिलाओं के समान वस्त्र धारण करती थीं। किन्तु इनके वस्त्रों की गुणवत्ता अपेक्षाकृत निम्नकोटि की होती थी।

बाबर तथा हुमायूँ के काल में मुग़ल महिलाओं के परिधानों में खुरासन तथा मध्य एशिया में प्रचलित वस्त्रों की स्पष्ट छाप दिखाई पड़ती है।[5] किंतु अकबर के काल में विभिन्न जातियों, धर्म एवं राष्ट्रीयता वाली महिलाओं के प्रवेश के फलस्वरूप, शाही हरम में विभिन्न शैलियों के वस्त्र भी उपयोग में लाए जाने लगे। मिश्रित डिज़ाइनों वाले वस्त्रों का भी प्रादुर्भाव हुआ। शाही परिवार की कुछ महिलाएँ स्वयं नए-नए डिज़ाइन वाले वस्त्रों के अविष्कार में रुचि लेती थीं। नूरजहाँ बेगम ने दुल्हा-दुल्हन के लिए विशेष परिधान *नूरमहली* का डिज़ाइन तैयार किया।[6] इसके अतिरिक्त दोदामी, पंचतौलिया, ओढ़नी, बदला तथा किनारी आदि के अनेक प्रकार के डिज़ाइनों को नूरजहाँ ने स्वयं तैयार किया।[7] *फ़र्श-ए-चाँदनी,* जो एक प्रकार की दरी थी, का अविष्कार भी नूरजहाँ बेगम ने किया था। इसी प्रकार ज़ैबुन्निसा बेगम के विषय में

कहा जाता है कि उसने हिन्दुस्तान में प्रचलित *चोली* और तुर्की महिलाओं में प्रचलित *महरम* को मिलाकर एक नवीन परिधान *अंगिया-कुर्ती* का अविष्कार किया।[9] अंगिया-कुर्ती परवर्ती मुग़ल काल में भी अत्यंत शौक के साथ महिलाएँ पहनती थीं।

शाही परिवार की महिलाएँ अनेक प्रकार के शिरोवस्त्र धारण किया करती थीं। बाबर, हुमायूँ तथा अकबर के शासनकाल के प्रारम्भिक वर्षों में कुँआरी शहज़ादियाँ एक विशेष प्रकार की टोपी धारण किया करती थीं। इसे *ताकी* कहा जाता था।[10] विवाहित महिलाओं द्वारा प्रयुक्त ताकी को *कसबाह* कहते थे। इसमें लचक लगाया जाता था जो कि टोपी से टोढ़ी तक लटकती रहती थी। इसमें ज़री का सुन्दर काम होता था। अकबर के पश्चात् राजकुमारियों तथा शाही महिलाओं में *ताकी* का प्रचलन कम हो गया और अब वह सेविकाओं तथा महिला सुरक्षाकर्मियों द्वारा धारण की जाने लगी।[12] शाही परिवार की विशिष्ट गहिलाएँ रिार पर *ताजकुला* धारण करती थीं।[13] नूरजहाँ तथा मुमताज़महल इसी प्रकार के ताजकुला धारण किए हुए दिखाई गई हैं। इसे मुग़ल महिलाएँ *शूकली* भी कहती थीं।[14] कुछ स्त्रियाँ *दस्तार* अथवा पगड़ीनुमा वस्त्र भी सिर पर बाँधती थीं। किन्तु यह दस्तार विशिष्ट महिलाओं का विशेषाधिकार था और बादशाह की अनुमति के बिना बाँधना निषिद्ध था।[15]

मुग़ल महिलाएँ एक विशेष प्रकार का *ज़ुब्बा* भी पहना करती थीं। इसमें बाहें नहीं होती थीं और ग्रीवा के निकट आकर काफ़ी कसा रहता था जबकि नीचे की ओर घेरा इतना विस्तृत होता था कि इसे सेविकाओं को पकड़ना पड़ता था।[16] अन्य अधोवस्त्रों में *चारक़ब, यालीक़, पोस्तीन, तरहत* तथा *बानीच* आदि काफ़ी प्रचलित थे।[17] भारतीय परिवेश के प्रभाव एवं राजपूत महिलाओं के हरम में प्रवेश के पश्चात् अंगिया, अंगिया-कुर्ती और चोली का प्रचलन भी शाही महिलाओं में दिखाई देता है।[18]

महिलाएँ कमर के नीचे विविध प्रकार के पजामे धारण किया करती थीं। इन्हें *इजार* भी कहा जाता था। यह कमर पर एक पेटी द्वारा कसे जाते थे। इसके अतिरिक्त इन्हें बाँधने के लिए नेफा होता था जिसमें लगभग पाँच बीते का इज़ारबन्द लगाया जाता था। इज़ारबन्द के दोनों सिरों पर क़ीमती मोतियों के गुच्छे लटका करते थे।[19] पज़ामे सोने तथा चाँदी के काम से युक्त होते थे। नूरजहाँ बेगम ने इस परिधान में अनेक नए सोपान जोड़े। इसी श्रृंखला में *जम्मू-पोशाक* नामक एक नवीन परिधान का प्रचलन हुआ, जिसमें झालरदार कुर्ता तथा

पजामा तंग रहा करता था।[20] इस पज़ामें का कपड़ा प्रायः सिल्क का होता था जिस पर सुन्दर फूल-पत्तियाँ बनी रहती थीं। विविध रंगों के धारीदार सिल्क के कपड़े से सिले हुए पज़ामे काफ़ी पसंद किए जाते थे। उत्तर मुग़लकाल में ग़रारा का बहुत प्रचलन रहा। *ग़रारा* वस्तुतः फ़ारसी वस्त्र है जो ऊपर तो कसा रहता है, लेकिन जांघों के नीचे की ओर कलीदार घेरा काफ़ी चौड़ा हो जाता है। राजपूत महिलाएँ लहंगा और साड़ी भी पहनती थीं। तथापि उनके द्वारा इस्लामी प्रकार के कपड़े भी पहने जाते थे।[21]

मुग़ल महिलाएँ अपने बालों का बड़ा ध्यान रखती थीं। उन्हें बाँधने और उनमें खुशबूदार तेल लगाने का रिवाज था। इसके साथ ही सिर तथा चेहरा आदि ढकने के लिए डाडिया, जिसे आधुनिक अर्थों में दुपट्टा कहा जा सकता है, का प्रयोग भी महिलाएँ किया करती थीं।[22] दुपट्टे का ही एक प्रकार ओढ़नी भी थी।[23]

जाड़े के दिनों में शाही महिलाएँ ऊपर से ऊनी *क़बा* (लंबा गाउन) पहन लेती थीं। इसे कश्मीरी कारीगरों द्वारा विशेष रूप से तैयार किया जाता था।[23] जाड़ों में कश्मीर से लाए गए शाल भी ओढ़े जाते थे। यह अत्यंत मुलायम और महीन होते थे, फिर भी काफ़ी गर्म होते थे।

पैरों में महिलाएँ बिना एड़ी की चप्पल धारण करती थीं, जिन्हें *पापोश* कहा जाता था। इन पर सोने-चाँदी के तारों से सुन्दर-कढ़ाई की जाती थी। राजकुमारियों की जूतियों में रत्न भी जड़े जाते थे।[24]

आभूषण

मुग़लकाल में न केवल महिलाएँ आभूषण धारण करती थीं अपितु अमीर, राजकुमार तथा बादशाह स्वयं भी आभूषणों के अत्यंत शौकीन थे। यद्यपि पुरुषों द्वारा धारण किए जाने वाले आभूषणों की संख्या सीमित थी तथापि महिलाएँ सिर से पाँव तक आभूषणों से सुसज्जित रहा करती थीं। शरीर के विभिन्न अंगों में धारण किए जाने वाले आभूषणों के नाना प्रकार हुआ करते थे, यथा — सिर, मस्तक, कान, नाक, बाजू, कटि तथा पैर आदि के विविध आभूषण। अबुल फ़ज़ल ने कुल सैंतीस आभूषणों के नाम गिनाएँ हैं तथापि अन्य स्रोतों में इसके अतिरिक्त भी कुछ नाम मिल जाते हैं।[25] इस प्रकार महिलाओं द्वारा पहने जाने वाले आभूषणों की संख्या सैकड़ों में थी।

शाही परिवार की प्रमुख बेगमें ताज धारण करती थीं जिस पर क़ीमती रत्न लगे होते थे। नूरजहाँ तथा मुमताज़महल के ताज़ों की क़ीमत अस्सी हज़ार रुपए से अधिक थी।[26] शाही परिवार की अन्य महिलाएँ अपने सिर पर शीशफूल भी लगाती थीं। यह सोने का बना होता था और गेंदे के फूल के समान होता था। कालान्तर में *शीशफूल* को *लैसफूल* भी कहा जाने लगा।[27] बालों की माँग के बीच में लगाया जाने वाला आभूषण *मांग* कहलाता था। यह मोतियों की लड़ी जैसी होती थी, जिसे माँग में लगाकर तीनों ओर तीन अन्य लड़ियाँ लटकती रहती थीं।[28] *सिकरा* तथा *बिंदुली* माथे पर लगाए जाने वाले अन्य आभूषण थे। *छपका* भी बालों में लगाया जाता था और माथे तक लटकता रहता था।[29] इसका उल्लेख अबुल फ़ज़ल से छूट गया है।

कान एवं नाक में धारण किए जाने वाले कई आभूषण थे। कान में कुन्तिल, कर्णफूल, बाली, दूरबच्च, पीपलपत्ती, चंपाकली तथा मोरभँवर आदि मुग़ल महिलाओं में विशेष रूप से लोकप्रिय थे।[30] कान में धारण किए जाने वाले आभूषणों के नाम से ही स्पष्ट है कि इनके आकार फूलों एवं पत्तियों के समान हुआ करते थे, जबकि मोरभँवर मोर की आकृति का दिखने वाला आभूषण था। शाही महिलाओं में बाली पहनने का भी रिवाज था। मुग़लकाल में कान के समान ही, महिलाएँ नाक भी छिदवाती थीं।[31] नाक में सोने तथा उनमें विभिन्न प्रकार के कीमती रत्नों से जड़ित आभूषण पहने जाते थे। बुलाख, फूलीनथ तथा लौंग आदि अत्यंत लोकप्रिय थे।[32]

गले में गुलूबन्द, हार, हँसली अथवा कुँडी आदि आभूषणों का प्रयोग किया जाता था।[33] लम्बी एवं सुन्दर ग्रीवा, स्त्री के सौन्दर्य प्रतिमानों में से एक माना जाता था।[34] अतः मोतियों के एकाधिक लड़ियों के हार पहनकर महिलाएँ अपना सौन्दर्य बढ़ाने का प्रयास करती थीं। हार का आकर्षण बढ़ाने के लिए मोतियों के बीच-बीच में सोने के फूल तथा अन्य रत्न भी लगा दिए जाते थे।

शाही परिवार की महिलाएँ बाहों में विविध आकार वाले अनेक आभूषण पहनती थीं। महिलाओं द्वारा हाथों में कंगन तथा चूड़ियाँ धारण करना शुभ माना जाता था। बांहों में पहना जाने वाला एक प्रमुख आभूषण *बाजूबन्द* था। *बाजूबन्द* कुहनियों से ऊपर धारण किया जाता था। इसमें अनेक रत्न जड़े रहते थे और मोतियों की लड़ियाँ लटका करती थीं। *बाजूबन्द*

के ठीक नीचे एक आभूषण पहना जाता था, इसे *तोड़ा* कहा जाता था।[36] कलाइयों में चूड़ी, कंगन तथा गजरा आदि बड़े लोकप्रिय थे। शाही महिलाएँ कभी-कभी पहुँची भी पहनती थीं।[37]

उंगलियों को सजाने के लिए विविध रत्नों से जड़ित अंगूठियाँ धारण की जाती थीं। दाएँ हाथ के अंगूठे में एक विशेष आभूषण धारण किया जाता था, जिसे *आरसी* कहते थे।[38] वस्तुतः आरसी एक प्रकार की अंगूठी ही थी जिसमें एक छोटा सा आइना लगा रहता था और किनारे-किनारे मोतियाँ लगी रहती थीं। इस प्रकार महिलाएँ अपना चेहरा आरसी में देख लिया करती थीं।

कमर में बाँधने वाले बेल्ट के समान अनेक आभूषण प्रचलन में थे। इनमें छुद-कंठिका अथवा कटिमेखला अत्यधिक प्रयोग होने वाला आभूषण था।[39] छुद्र-कंठिका में छोटे-छोटे घुँघरू भी लगाए जाते थे। कटिमेखलाएँ सोने की बनायी जाती थीं, जिन पर जड़ाऊ काम भी होता था।[40] कमर में करधनी भी लगाई जाती थी। पैरों को सुसज्जित करने हेतु पायल का प्रयोग सर्वप्रचलित था। इनमें घुँघरू लगे होते थे, जो महिलाओं के चलने पर सुमधुर ध्वनि उत्पन्न करते थे।[41] पायल का ही अन्य रूप पाज़ेब तथा छागल भी थे।[42] पैर के अंगूठे में एक विशेष आभूषण पहना जाता था जिसे अंवठ कहते थे।[43] अन्य उंगलियों में धारण किए जाने वाला अंगूठीनुमा आभूषण बिछिया कहलाता था।[44] यह राजपूत महिलाओं में अधिक प्रचलित था।

शाही महिलाओं की आभूषणों में रुचि का अनुमान इस तथ्य से लगाया जा सकता है कि प्रत्येक स्त्री के पास छः से आठ सेट आभूषणों का होना सामान्य था।[45] शाही महिलाएँ अपने नायाब आभूषणों को अन्य महिलाओं में दिखाने के लिए आतुर रहा करती थीं। वे अनेक बार स्वयं द्वारा बनायी गई डिज़ाइन के आधार पर भी आभूषण बनवाती थीं।[49] शाही महिलाओं द्वारा प्रयोग किए जाने वाले आभूषण सोने, चाँदी तथा अनेक कीमती रत्नों; यथा — हीरा, मोती, पन्ना, लाल तथा फ़ीरोज़ा आदि के बने होते थे। सामान्य व्यक्तियों के लिए इनका व्यय वहन करना सम्भव नहीं था। अतः वे शाही महिलाओं के आभूषणों की नक़ल वाले आभूषण अपेक्षाकृत सस्ती धातुओं एवं पत्थरों से बनवाकर उपयोग में लाया करते थे।

सौन्दर्य-प्रसाधन

मुग़ल महिलाएँ अपने शरीर-सौष्ठव पर अत्यधिक ध्यान देती थीं। उनका सौन्दर्य बादशाह को आकर्षित करने में सहायक था। इस हेतु उनके पास स्वयं को सजाने-संवारने हेतु पर्याप्त

समय भी रहता था। मुग़ल ह़रम में महिलाओं के उपयोग के लिए विशेष स्नानगृहों अर्थात् हमामों की व्यवस्था रहती थी। स्नान करने के पूर्व एवं पश्चात् यह महिलाएँ विभिन्न प्रकार के सुगन्धित उबटनों एवं तेलों की मालिश करवाती थीं।[47] उबटन लगाने के लिए कनीज़े हमेशा तत्पर रहा करती थीं। सुन्दर केश-विन्यास करके उनमें सुगन्धित फूलों का गजरा लगाया जाना भी प्रचलन में था।[48]

आँखों का सौन्दर्य बढ़ाने के लिए काजल तथा सूरमें का उपयोग किया जाता था। जुड़ी हुई भौहों को दिखाने के लिए अनेक बार कृत्रिम साधनों की भी सहायता ली जाती थी।[49] दाँतों एवं मसूढ़ों को सुन्दर बनाने के लिए मिस्सी का उपयोग किया जाता था।[50] मुख में खुशबू और होंठों पर लाली बनाए रखने के लिए महिलाएँ पान चबाया करती थीं। शाही महिलाओं के पान में बारह-तेरह प्रकार के सुगन्धित मसाले पड़े रहते थे।[51] अपने हाथों तथा पैरों का आकर्षण बनाए रखने के लिए महिलाएँ हिना (मेंहदी) का प्रयोग करती थीं।[52]

मुग़ल महिलाओं में सुगन्ध का काफ़ी शौक था। वे अपने वस्त्रों पर इत्र तथा अन्य सुगन्धित द्रव्य छिड़का करती थीं। इनकी सुगन्ध से वातावरण महक जाया करता था। इन सुगन्धित द्रव्यों को बनाने के लिए गुलाब, चमेली, मौलश्री तथा चन्दन आदि का उपयोग किया जाता था।[53] मुग़ल बादशाहों के खुशबू के प्रति अनुराग का अनुमान इस बात से लगाया जा सकता है कि महल में खुशबूदार द्रव्यों की आपूर्ति के लिए अलग से एक विभाग, *खुशबूख़ाना* स्थापित कर दिया गया था। महिलाएँ भी नई-नई सुगन्धों के अविष्कार के लिए लालायित रहती थीं। इस श्रृंखला में नूरजहाँ बेगम की माता अस्मत बेगम द्वारा गुलाब-इत्र के अविष्कार की चर्चा समीचीन है।[55]

इस प्रकार मुग़ल शाही महिलाओं द्वारा प्रयुक्त वस्त्राभूषण तथा सौन्दर्य-प्रसाधन अत्यंत उच्चकोटि के होते थे। समय-समय पर नवीन डिज़ाइनों वाले वस्त्रों एवं आभूषणों का समावेश भी होता रहता था। इस कार्य में स्वयं महिलाएँ भी रुचि लेती थीं। यही डिज़ाइनें कालान्तर में सामान्य व्यक्तियों के लिए प्रतिमान का कार्य करती थीं। इनमें अन्तर सिर्फ सामग्री का रहता था जो कि प्रयोक्ता की आर्थिक स्थिति पर निर्भर थी।

महिलाओं का मनोविनोद तथा ललित कलाएँ

शाही महिलाओं के पास पर्याप्त समय रहता था। वे इस समय का उपयोग विविध साहित्यक-सांस्कृतिक गतिविधियों, सैर-सपाटे तथा मनोविनोद के लिए उपयोग करती थीं। महिलाएँ महल में आयोजित किए जाने वाले उत्सवों तथा आयोजनों में भी रुचि का प्रदर्शन करती थीं। पर्दे में रहने वाली महिलाओं के लिए यह उत्सव इसलिए भी महत्त्वपूर्ण थे कि उनके माध्यम से उन्हें सामाजिक मेल-मिलाप का अवसर भी मिल जाता था। यह उत्सव महिलाओं के मनोविनोद में भी सहायक थे। अतः शाही परिवार की महिलाएँ उत्सवों के आयोजन का दायित्व उठाने के लिए प्रायः तत्पर रहती थीं। इन अवसरों का लाभ उठाकर अनेक बार महिलाएँ शाही अनुकम्पा प्राप्त करने का प्रयास भी करती थीं। उत्सवों के अतिरिक्त शाही परिवार की महिलाएँ खेल गतिविधियों में भी भाग लेती थीं, जो मात्र महल तक ही सीमित नहीं थीं। अतः शाही महिलाओं के मनोविनोद के साधनों को हम दो श्रेणियों में विभाजित कर सकते हैं — प्रथम, महल के भीतर मनोविनोद के साधन एवं सांस्कृतिक गतिविधियाँ; तथा द्वितीय, महल के बाहर के मनोविनोद के साधन एवं सांस्कृतिक गतिविधियाँ।

महल के भीतर की गतिविधियाँ

ह़रम की चारदीवारी के अन्तर्गत महिलाएँ अपना अधिकांश समय लेखन, चित्रकारी, सजावट एवं कढ़ाई-बुनाई आदि गतिविधियों में लगाया करती थीं। संगीत सभाओं का आयोजन होता था तथा विविध प्रकार की खेल गतिविधियाँ भी होती थीं।

मुग़ल महिलाएँ प्रायः सुशिक्षित होती थीं। गुलबदन बेगम, सलीमा सुल्तान बेगम, नूरजहाँ बेगम, मुमताज़महल, जहाँआरा बेगम तथा ज़ैबुन्निसा बेगम का साहित्य के प्रति अटूट अनुराग था।[56] वे स्वयं तो इन गतिविधियों में संलग्न ही रहती थीं साथ ही अनेक विद्वानों को प्रश्रय भी देती थीं।[57] गुलबदन बेगम ने बाबर तथा हुमायूँ के काल का इतिहास जानने के लिए अत्यंत उपयोगी ग्रंथ *हुमायूँनामा* लिखा।[58] जहाँआरा बेगम ने सूफ़ी मत पर आधारित *मुनीस-उल-अरवाह* तथा *रिसाला-ए-साहिबिया* का प्रणयन किया।[59] ज़ैबुन्निसा बेगम शेर-ओ-शायरी तथा धार्मिक विषयों पर लेखन में रुचि लेती थीं।[60] उसकी फ़ारसी की रचनाओं की चर्चा फ़ारस तक में थी।[61] इसी प्रकार सलीमा सुल्तान बेगम,[62] नूरजहाँ बेगम[63] तथा मुमताज़महल[64] जैसी महिलाओं की छिटपुट रचनाएँ भी प्राप्त होती हैं। मुमताज़महल ने वंशीधर मिश्र नामक संस्कृत

विद्वान को आश्रय भी दिया।[65] ज़ैबुन्निसा बेगम ने नज़ीर अली सैब, शम्स वलीउल्लाह, चन्द्रभान ब्राह्मण तथा बहरोज़ आदि कवियों को प्रोत्साहन दिया।[66] उसके संरक्षण में *ज़ैब-उल-तफ़सीर* तथा *ज़ैब-उल-मुन्सात* जैसी कृतियों का प्रणयन हुआ।[67] बैगा बेगम तथा माहम अनगा और जहाँआरा बेगम ने मदरसों एवं पाठशालाओं को भी संरक्षण दिया।[68]

समकालीन चित्रफलकों में अनेक महिलाओं का चित्रण मिलता है। पर्दा के कारण पुरुष चित्रकारों का महल में प्रवेश सम्भव नहीं था। अतः महल में महिला चित्रकारों का होना अस्वाभाविक नहीं है। यद्यपि हमें इस तथ्य के पक्ष में उतने स्पष्ट साक्ष्य नहीं मिलते जैसे कि पुरुष चित्रकारों के सन्दर्भ में, तथापि नादिरा बानों, शाहिफ़ा बानो तथा रुकैया बानों का उल्लेख महिला चित्रकारों के रूप में प्राप्त होता है।[69] चित्रों को देखकर ऐसा लगता है कि महिलाएँ बड़ी रुचि के साथ अपने चित्र बनवाती थीं। अपितु स्वयं भी चित्र बनाती थीं।[70] किंतु इनकी क़लम से बना कोई भी प्रामाणिक चित्र हमारे पास नहीं है।

मुग़ल महिलाएँ भवनों, बाग़ों तथा कक्षों को सजाने में अत्यधिक रुचि लिया करती थीं। बाबर की पत्नी माहम बेगम ने मार्गों के सजावट का अत्यन्त सुन्दर नमूना प्रस्तुत किया।[71] अकबर के ख़तना के अवसर पर बैगा बेगम ने अन्य महिलाओं की मदद से उस बाग़ को अत्यंत भव्यता से सजाया जहाँ कि उत्सव होना निश्चित था।[72] ख़ानज़ादा बेगम, माहम बेगम, हमीदा बानो बेगम, नूरजहाँ बेगम तथा जहाँआरा बेगम भी सजावट में रुचि लेती थीं। नूरजहाँ बेगम ने इस हेतु *चाँदनी* का आविष्कार किया। इसी प्रकार जहाँगीर के काल में जहाँबेगम सजावट की कला में इतना निपुण थीं कि दक़न में जहाँगीर के आगमन के अवसर पर बनावटी पुष्पों, फलों तथा पत्तियों से ऐसी सजावट की कि असल और नक़ल में अन्तर करना कठिन हो गया।[73] लालकुँअर को आतिशबाजी का बड़ा शौक था और वह इस पर हज़ारों रुपए व्यय कर दिया करती थी।[74] अहमदशाह की माता उधमबाई अपने जन्म दिवस के अवसर पर करोड़ों रुपए ख़र्च करती थी जिसमें सजावट का ख़र्च भी सम्मिलित था। परिणामस्वरूप प्रारम्भ में जो कला महिलाओं की सुरुचि एवं मनोविनोद के प्रयोजनार्थ महत्त्व रखती थी, उत्तर मुग़लकाल में वह फ़िज़ूलख़र्ची का एक साधन बन गई और शाही ख़ज़ाने पर अत्यधिक भार पड़ा।

कढ़ाई-बुनाई तथा सिलाई में भी मुग़ल हरम की महिलाएँ रुचि लेती थीं। ऐसा प्रतीत होता है कि *आतुन* इस हेतु भी राजकुमारियों को प्रारम्भिक ज्ञान दिया करती थीं। नूरजहाँ बेगम

ने कढ़ाई-बुनाई तथा कारचोबी में नवीन प्रतिमानों का प्रचलन किया। वह कढ़ाई-बुनाई में इतना अधिक रुचि लेती थी कि उसने बादशाह के व्यक्तिगत उपयोग में आने वाले हाथियों की झूलों का स्वयं डिज़ाइन किया।[75] इसकी जहाँगीर ने काफ़ी प्रशंसा की थी। दूल्हा-दुल्हन हेतु प्रयुक्त वस्त्रों की डिज़ाइन करने का उल्लेख पूर्व में किया जा चुका है। दारा तथा शुजा के निकाह के अवसरों पर जहाँआरा बेगम ने सम्पूर्ण व्यवस्था की और दूल्हा तथा दुल्हन के वस्त्रों को अपनी व्यक्तिगत देखरेख में तैयार करवाया।[76] शाहजहाँ ने इन्हें देखा तब वह अत्यंत प्रसन्न हुआ।

मुग़ल शाही परिवार की महिलाओं का भोजन शाही *मतबख़* से आता था। अतः स्वाभाविक है कि उन्हें भोजन बनाने की चिंता नहीं रहती थी, किन्तु इसका आशय यह नहीं है कि वे भोजन बनाना सीखती नहीं थीं। *रिसाला-ए-साहिबिया* में उल्लेख मिलता है कि जहाँआरा बेगम अपने गुरु और सूफ़ी संत हज़रत मियाँ मीर को सब्ज़ी, रोटी तथा अन्य पकवान स्वयं अपने हाथ से तैयार करके भेजा करती थीं।[77] इसी प्रकार औरंगज़ेब की पत्नी उदयपुरी महल ने एक बार औरंगज़ेब को अपने महल में आमंत्रित किया तब उसने रोगत (stew) अपने हाथ से बनाया।[78]

शाही परिवार की कुछ महिलाएँ संगीत-नृत्य कलाओं में भी रुचि रखती थीं और कुछ महिलाएँ तो स्वयं अच्छा गा ही नहीं सकती थीं, अपितु गीत भी लिख सकती थीं।[79] किन्तु मुग़ल महिलाओं द्वारा स्वयं नृत्य या संगीत कलाओं में भाग लेने के उदाहरण बहुत अधिक नहीं हैं और जो हैं भी वह असंदिग्ध नहीं हैं। तथापि यह एक तथ्य है कि संगीत तथा नृत्य मुग़ल महिलाओं के मनोरंजन के प्रमुख साधन थे। इस हेतु नर्तकियों एवं गायिकाओं का एक विशेष समूह था। अकबर इन्हें *कंचनी* कहता था। जबकि इनके लिए विदेशी यात्री *लुलनी, हरकारिन, डोमिन* आदि शब्दों का उल्लेख करते हैं।[80] इसी प्रकार अबुल फ़ज़ल ने महिला गायिकाओं हेतु *सेजदा ताली* शब्द का प्रयोग किया है।[81] यह महिलाएँ महल तथा दरबार में अपनी कला के प्रदर्शन हेतु नियमित रूप से आती थीं। शाही विवाह तथा उत्सवों के अवसर पर भी संगीत-नृत्य में निपुण महिलाएँ आती थीं। समकालीन चित्रों में बादशाह तथा शाही परिवार की महिलाओं को संगीत तथा नृत्य का आनन्द लेते हुए दिखाया गया है। यद्यपि औरंगज़ेब ने 1665 ई. में दरबार में नृत्य एवं संगीत पर प्रतिबन्ध लगा दिया तथापि हरम में

शाही परिवार की महिलाओं के मनोरंजन को ध्यान में रखते हुए यह प्रतिबन्ध लागू नहीं किया गया।[82]

उत्तर मुग़लकाल में अनेक नर्तकियों एवं गायिकाओं को संरक्षण मिला। जहाँदर शाह ने ऐसी ही एक नर्तकी से विवाह कर लिया जिसे लालकुँअर के नाम से जाना जाता है। इसी प्रकार मुहम्मदशाह ने उधमबाई नामक नर्तकी से विवाह किया, किंतु इन महिलाओं के महल में उच्च स्थान प्राप्त करने के फलस्वरूप अमीरों में असंतोष हुआ और इसके बहुत अच्छे परिणाम नहीं निकले।

मुग़ल हरम की सेविकाएं मन बहलाने के लिए कुछ विशेष महिलाओं को क़िस्से, कहानियाँ, क़व्वालियाँ तथा चुटकुले आदि सुनाकर उनका मन बहलाव करती थीं। कुछ विदेशी यात्रियों का मत है कि शाही परिवार की महिलाएँ नशीले पेय पदार्थों का उपयोग भी करती थीं।[83]

हरम के अन्तर्गत विविध सांस्कृतिक गतिविधियों में भाग लेने के अतिरिक्त महिलाएँ शतरंज, चौपड़, चण्डल-मण्डल, ताश (गंजीफ़ा) तथा पच्चीसी आदि खेल भी खेलती थीं। समकालीन चित्रों में महिलाओं को खेलते हुए दिखाया गया है। गुलबदन बेगम के विवरण से स्पष्ट होता है कि महिलाएँ गंजीफा (ताश) खेलती थीं। हुमायूँ के अपनी सौतेली माता तथा बहनों के साथ यह खेल, खेलने का उल्लेख मिलता है।[84] ज़ेबुन्निसा बेगम अपना बचा हुआ समय अपनी सहेलियों के साथ चौपड़ खेलने में व्यतीत करती थी।[85] फ़तेहपुर सीकरी के महल में फर्श पर पच्चीसी खेलने के लिए ख़ाने बने हुए हैं। इसे मोहरों के माध्यम से खेला जाता था।[86] प्रमुख शाही गहिलाएँ इस खेल का भी आनन्द लेती थीं।

मुग़ल हरम के अन्तर्गत आयोजित किए जाने वाले उत्सवों को उनकी प्रकृति के अनुसार मूलतः दो श्रेणियों में विभक्त किया जा सकता है — प्रथम, वे उत्सव जो किसी विशेष अवसर पर आयोजित किए जाते थे, यथा — सिंहासनारोहण, विवाह, सैन्य विजय, पुत्र अथवा पुत्री का जन्म आदि। द्वितीय, में वे उत्सव, जो फ़ारसी, इस्लामी अथवा हिन्दू त्यौहारों के अवसर पर आयोजित किए जाते थे।

मुग़ल बादशाह अपने सिंहासनारोहण तथा उसकी वर्षगांठ के अवसर पर विशाल उत्सवों का आयोजन करते थे। इस अवसर पर शाही हरम में भी विधिवत जश्न मनाया जाता था।

बादशाह शाही महिलाओं को उपहार देता था जबकि उनके द्वारा दी जाने वाली भेंटों को भी स्वीकार किया करता था। इन अवसरों पर बड़े-बड़े भोज दिए जाते थे। हुमायूँ के राज्यारोहण के अवसर पर उसकी माता माहम बेगम ने एक विशाल भोज का आयोजन किया था जिसमें हज़ारों की संख्या में अमीरों ने भाग लिया। इस अवसर पर नृत्य-संगीत आदि का आयोजन किया गया। बादशाह ने परिवार की महिलाओं को उपहार भी दिए। यह परम्परा सम्पूर्ण मुग़लकाल में जारी रही। शाहजहाँ के राज्यारोहण के अवसर पर जश्न का आयोजन किया गया था और महिलाओं में उपहार वितरित किए गए।[87] इसी प्रकार औरंगज़ेब के राज्यारोहण के अवसर पर भी एक उत्सव आयोजित किया गया। इस अवसर पर महल को सजाया गया, नाच-रंग का आयोजन हुआ तथा महिलाओं में उपहार बाँटें गए।[88]

राज्यारोहण के समान ही राज्यारोहण की वर्षगांठ के अवसर पर भी विभिन्न कार्यक्रमों एवं महल में उत्सव का आयोजन किया जाता था। यह परम्परा उत्तर मुग़लकाल में भी जारी रही।

मुग़ल हरम में सन्तान प्राप्ति के अवसर पर खुशियाँ मनाई जाती थीं और आतिशबाज़ी तथा नृत्य-संगीत आदि की महफ़िलों का आयोजन किया जाता था। पुत्र के जन्म के अवसर पर महल के भीतर और बाहर उत्सव आयोजित किए जाते थे जबकि पुत्री के जन्म के अवसर पर यह उत्सव महल के अन्दर मनाया जाता था। हुमायूँ के जन्म के अवसर पर हरम में शानदार उत्सव मनाया गया था। सलीम तथा दानियाल के जन्म की खुशी में उत्सव के आयोजन किए जाने के अतिरिक्त क़ैदी आज़ाद किए गए।[89]

सलीम की पत्नी जोधाबाई को पुत्री के जन्म के अवसर पर अकबर ने जश्न मनाए जाने का आदेश दिया तब लोग आश्चर्यचकित हुए, क्योंकि पुत्री के जन्म पर उत्सव मनाया जाना नई बात थी।[90] हमीदा बानो बेगम के महल में इस अवसर पर उत्सव आयोजित किया गया और उपहार भी वितरित किए गए। इसके पश्चात् पुत्री के जन्म पर भी उत्सव मनाए जाने की परम्परा चल पड़ी और कालान्तर में भी जारी रही।

मुग़लों में जन्मदिवस मनाने के अतिरिक्त जन्म-दिवस की वर्षगाँठ नियमित रूप से मनाई जाती थी। इस अवसर पर दान और निसार किया जाता था। हुमायूँ के काल में तुलादान

की परम्परा प्रारम्भ हो गई जिसने कि जन्म दिवस की वर्षगाँठ का महत्त्व और बढ़ा दिया।[91] इस अवसर पर बादशाह तथा शाहज़ादे विभिन्न वस्तुओं एवं धातुओं से तौले जाते थे जिन्हें ग़रीबों में वितरित कर दिया जाता था। अकबर ने तुलादान की आवृत्ति दो बार कर दिया, सौर गणना के अनुसार तथा चन्द्र गणना के अनुसार। इन दोनों अवसरों पर बादशाह तौले जाते थे।[92] इन दोनों ही अवसरों पर महल में उत्सव का आयोजन किया जाता था। इस अवसर पर बादशाह सबसे पहले अपनी माता के महल में जाकर आशीर्वाद प्राप्त करता था। वह स्वयं अपनी माता को उपहार देता था। साम्राज्य के अमीर तथा उनकी पत्नियाँ भी राजमाता को उपहार प्रस्तुत करती थीं।[93]

तुलादान के अवसर पर महल के अंदर एवं बाहर अनेक खेल-तमाशों एवं मनोरंजक कार्यक्रमों का आयोजन किया जाता था। शाहजहाँ के काल तक यह परम्परा जारी रही किन्तु औरंगज़ेब ने तुलादान का आयोजन निषिद्ध कर दिया।[94] लेकिन महल में उत्सव का आयोजन नहीं बंद किया गया। उत्तर मुग़लकाल में भी बादशाह तथा शाहज़ादों के जन्म के अवसर पर उत्सव मनाया जाता था।

मुग़ल शाही परिवार में शाहज़ादों एवं शाहज़ादियों के विवाह के अवसर पर उत्सव एवं भोजों का आयोजन किया जाता था। विवाह समारोह के प्रबन्ध का दायित्व प्रायः हरम की वरिष्ठ महिलाएँ ले लेती थीं और इसका निर्वाह बड़ी लगन के साथ करती थीं। यह महिलाएँ वैवाहिक सम्बन्धों को निर्धारित करने में भी अत्यंत महत्त्वपूर्ण भूमिका निभाती थीं। बाबर की आत्मकथा से स्पष्ट है कि कोई भी लड़की देखने पर उसकी माता किस प्रकार उसे बहू बनाने के लिए आतुर रहती थी।[95] बाबर की पत्नी माहम बेगम, विवाह समारोह आयोजित करने का कोई भी अवसर न छोड़ती थी। जब बाबर बीमार था तब उसने माहम बेगम और अपनी फूफियों को बुलाकर अपनी पुत्रियों, गुलरंग और गुलचेहरा के *निकाह* की रस्म पूरी करवाने का निवेदन किया। गुलरंग का विवाह ईसान तैमूर सुल्तान के साथ और गुलचहेरा का विवाह तूख़्ता बूग़ा सुल्तान के साथ सम्पन्न हुआ।[96] बाबर की बीमारी के कारण इन विवाहों के दौरान किसी बड़े उत्सव का आयोजन तो नहीं किया गया, किन्तु महिलाओं की महत्त्वपूर्ण भूमिका का पता चलता है।

माहम बेगम द्वारा अपने पुत्र हुमायूँ के विवाह के लिए लालायित रहने और मेवाजान की घटना का पहले ही उल्लेख किया जा चुका है। हुमायूँ के साथ हमीदा बानो बेगम के विवाह की व्यवस्था, बाबर की एक अन्य पत्नी दिलदार बेगम ने किया था।[97] बाबर की बहन ख़ानज़ादा बेगम उत्सवों के आयोजन में काफ़ी निपुण थी। उसने हिंदाल के विवाह अवसर पर (1532-33 ई.) एक भव्य आयोजन का प्रस्ताव रखा। इस प्रकार हिंदाल की शादी से पूर्व एक जादुई उत्सव (Mystic Feast) का आयोजन किया गया और इसके पश्चात् हिंदाल के विवाह का आयोजन हुआ।[98] इस अवसर पर महल की सभी महिलाओं ने भाग लिया और एक विशेष इमारत *ख़ाना-ए-तिलिस्म* का निर्माण भी किया गया। इस पूरे उत्सव का मनोहारी विवरण गुलबदन बेगम ने किया है।[99]

अकबर के काल में, उसकी धाय माता, माहम अनगा विवाह-समारोहों के आयोजन में विशेष रूप से भाग लिया करती थीं। सलीमा सुल्तान बेगम तथा बैरम ख़ाँन के विवाह के समय बैगा बेगम तथा माहम अनगा ने महत्त्वपूर्ण भूमिका का निर्वाह किया था।[100] इसी प्रकार माहम अनगा ने स्वयं अपने पुत्र आधम के विवाह-समारोह का भव्य आयोजन किया था।[101] उसने इसी वर्ष एक अन्य आयोजन किया जिसमें अनेक महिलाओं ने भाग लिया था।

अकबर की सन्तानों के विवाह समरोह बड़ी धूमधाम के साथ आयोजित किए गए थे। मरियम-उज़-ज़मानी इन समारोहों का प्रबन्ध बड़ी रुचि के साथ करती थी। सलीम, मुराद एवं शक्रुन्निसा बेगम के विवाहोत्सव एवं भोज का आयोजन मरियम-उज़-ज़मानी के महल में किया गया।[102]

जहाँगीर के काल में भी भव्य विवाह समारोहों का उल्लेख प्राप्त होता है। जहाँगीर, शाहज़ादा परवेज़ तथा नूरजहाँ की पुत्री के विवाह समारोहों का आयोजन मरियम-उज़-ज़मानी के महल में किया गया।[103]

मुमताज़महल ने अपने पुत्र दाराशिकोह के विवाह के लिए बड़े शौक से समस्त व्यवस्था की थी। किन्तु उसकी मृत्यु विवाह से पूर्व ही हो गई। फलस्वरूप जहाँआरा बेगम को न केवल साम्राज्य के अन्य दायित्वों का भार उठाना पड़ा अपितु अपने भाइयों का विवाह सम्पन्न करने का दायित्व भी उसी पर आ गया। जहाँआरा बेग़म ने दारा के विवाह के लिए विभिन्न उपहारों को एकत्रित किया और सभी व्यवस्थाएँ पूरी कीं। इन्हें देखकर बल्ख का राजदूत

तो आश्चर्यचकित ही हो गया।[104] जहाँआरा बेगम ने स्वयं अपनी सरकार से उपहार दिए। इसी प्रकार उसने अपने अन्य भाइयों, औरंगज़ेब एवं शुजा के विवाहों के आयोजन भी बड़ी धूमधाम के साथ किए।[105] चित्रों को देखने से इन विवाहों में महिलाओं द्वारा नृत्य-संगीत करने एवं बारात आदि में भाग लेने का संकेत मिलता है।[106]

औरंगजेब के काल में यद्यपि कुछ विवाह अत्यंत सादे ढंग से आयोजित किए गए किन्तु कुछ विवाहों के अवसर पर भव्य आयोजन भी किए गए। मिसाल के लिए जहाँज़ेब बेग़म एवं शाहज़ादा आज़म के विवाह के मौक़े पर उत्सव का आयोजन किया गया।[107] सन् 1673 ई. में ज़ुबदतुन्निसा बेगम तथा सिपिहर शिकोह के विवाह की व्यवस्था रौशनआरा बेगम द्वारा की गई।

उत्तर मुग़लकाल में भी विवाह समारोह बड़ी धूमधाम से मनाए जाते रहे। इनमें महिलाएँ बढ़-चढ़कर भाग लेती थीं। उदाहरण के लिए फ़र्रुख़सियर के साथ अजीत सिंह की पुत्री के विवाह समारोह के आयोजन का प्रबन्ध उसकी माता ने किया था। कहा जाता है कि सम्पूर्ण मुग़लकाल में इतना भव्य विवाह समारोह कभी नहीं हुआ था।[108] इसी प्रकार बहादुर शाह 'ज़फ़र' की पत्नी ज़ीनतमहल ने अपने पुत्र का विवाह इतने धूमधाम से किया कि वह इसके राजनीति प्रभाव के साथ जोड़कर देखा जाने लगा।

अतः शाही महिलाएँ न केवल विवाह प्रस्ताव रखने एवं उनके निर्धारण में रुचि लेती थीं, अपितु वे विवाह के अवसर पर भव्य समारोहों का आयोजन एवं संचालन भी करती थीं।

सैनिक विजयों एवं अभियानों से बादशाह तथा राजकुमारों की वापसी के मौक़े पर भी विशेष उत्सव मनाए जाते थे। यह आयोजन हरम के अन्दर एवं बाहर दोनों जगहों पर होते थे, किन्तु हरम के अन्दर विशेष रूप से इनका आयोजन होता था। बादशाह एवं राजकुमार अभियानों से वापस आने के पश्चात् अपनी माता तथा वरिष्ठ महिलाओं से मिलने के लिए भी जाते थे। बाबर की इब्राहीम लोदी पर विजय के उपलक्ष्य में शाही परिवार की महिलाओं ने भव्य उत्सव का आयोजन किया और कई दिनों तक नृत्य-संगीत की महफ़िलें चलती रहीं।[109] इसी प्रकार 1533 ई. में हुमायूँ के चुनार से सकुशल वापसी के अवसर पर माहम बेगम ने एक भव्य आनन्दोत्सव का आयोजन किया।[110] अकबर तथा जहाँगीर के काल में भी इस प्रकार के विजयोत्सवों के आयोजन का उल्लेख मिलता है।

शाहज़ादा खुर्रम की मेवाड़ विजय के पश्चात् आगरा वापसी पर एक विशाल समारोह का आयोजन किया गया। नूरजहाँ बेगम ने इसका आयोजन किया था। इस अवसर पर शाहजहाँ की महिलाओं एवं बच्चों को अनेक उपहार दिए गए। नूरजहाँ बेगम ने अपनी व्यक्तिगत सम्पत्ति से तीस हज़ार रुपये ख़र्च किए थे।[111]

उत्तराधिकार के युद्ध में अपने प्रत्याशियों की जीत के अवसर पर भी महिलाएँ भव्य आयोजन किया करती थीं। शाहजहाँ की सफलता पर उसके हरम की महिलाओं ने भव्य उत्सव का आयोजन किया।[112] इसी प्रकार औरंगज़ेब की दाराशिकोह पर विजय के उपलक्ष्य में रौशनआरा बेगम ने जश्न का आयोजन किया था।[113]

मुग़ल बादशाह इमारतों के निर्माण में अनुराग रखते थे। इन इमारतों के तैयार होने के अवसर पर भी उत्सव का आयोजन होता था। हुमायूँ द्वारा दीनपनाह में प्रवेश के अवसर पर महिलाओं ने आनन्दोत्सव मनाया तथा भोज का आयोजन किया गया।[114] इसी प्रकार शाहजहाँ ने जब शाहजहाँनाबाद (दिल्ली) के क़िले (लाल क़िला) में प्रवेश किया, तब भी एक शानदार उत्सव मनाया गया। यह उत्सव नौ दिनों तक चलता रहा और हरम की महिलाओं को अनेक उपहार दिए गए।[115] इससे पूर्व नूरजहाँ बेगम ने नूर सराय के निर्माण का कार्य पूर्ण होने पर भोज का आयोजन किया था।[116]

बादशाह, शाहज़ादों एवं शाहज़ादियों के बीमारी के पश्चात् स्वस्थ होने पर भी हरम में विशिष्ठ उत्सवों का आयोजन किया जाता था। इब्राहीम लोदी की माता ने बाबर को भोजन के साथ ज़हर दिलवा दिया था, किंतु बाबर किसी तरह से बच गया। बाबर के ज़हर के प्रभाव से मुक्त होने के अवसर पर शाही परिवार की महिलाओं ने जश्न का आयोजन किया।[117] अकबर एवं जहाँगीर के काल में भी ऐसे ही उत्सवों का आयोजन किया गया। इसी प्रकार शाहजहाँ के काल में 1644 ई. में जहाँआरा बेगम बुरी तरह से जल गई और उसे स्वस्थ्य होने में लगभग नौ महीने लग गए। उसके स्वस्थ होकर स्नान करने के अवसर पर एक भव्य उत्सव का आयोजन किया गया और एक हज़ार लोगों में *खिलअतें* बांटी गईं। इस अवसर पर लाखों रुपये व्यय किए गए।[118] बाद में भी यह परम्परा जारी रही।

परिवार के सदस्यों की मृत्यु अत्यंत दुःख का कारण था, लेकिन इसी के साथ ही विशिष्ट महिलाओं तथा बादशाहों की मृत्यु की बर्षी अथवा उर्स का आयोजन होता था। मुमताज़महल

की मृत्यु के बाद अगले वर्ष उसके उर्स के आयोजन का उल्लेख मिलता है।[119] यही कारण है कि ताजमहल को मक़बरे के रूप में न बनाकर रौज़े के रूप में मनाया गया जिसे रौज़ा-ए-मुनव्वरा के नाम से जाना जाता था। उर्स के अवसर पर आने वाले मेहमानों के रुकने के लिए मेहमानख़ाना की व्यवस्था की गई।

इसी प्रक़ार के अन्य प्रयोजनमूलक उत्सव भी मनाए जाते थे, जिनमें शाही महिलाओं की भागेदारी होती थी। मिसाल के लिए ख़तना, अक़ीका तथा अन्य अवसरों पर मनाये जाने वाले उत्सव। कई बार शाही महिलाओं को अमीरों एवं मनसबदारों के यहाँ आयोजित उत्सवों में जाने का अवसर भी मिलता था तथापि ऐसा अतिविशिष्ट अमीर के सम्बन्ध में ही सम्भव था।

प्रयोजनमूलक शाही उत्सवों एवं आयोजनों के अलावा विभिन्न त्यौहार भी शाही ह़रम में अत्यंत उत्साह के साथ मनाए जाते थे। इन त्यौहारों में नौरोज़, ईद, बकरीद, शबेबरात, होली तथा दीवाली आदि का नाम विशेष रूप से लिया जा सकता है।

मुग़लकाल में नौरोज़ बड़ी धूमधाम से मनाया जाता था। नौरोज़ वस्तुतः फ़ारस में मनाया जाने वाला त्यौहार था जो कि फ़ारसी के पहले महीने फरवरदीन के पहले दिन से प्रारम्भ के बारह दिनों तक चलता था लेकिन मुग़लों ने इसे उन्नीस दिनों तक मनाने की परम्परा का सूत्रपात किया जो कि शाहजहाँ के काल तक चलती रही।[120] मुग़ल इस त्यौहार को मध्य एशियाई परिवेश में भी मनाते थे और इस अवसर पर हरे कपड़े पहनकर काबुल की खूबसूरत वादियों में विचरण करना सामान्य था।[121] अकबर के काल में यह त्यौहार और भी भव्यता के साथ मनाया जाने लगा। इस त्यौहार के समय महल को रंगीन दीपकों, कीमती परदों, सोने-चाँदी के काम से बने तंबुओं से सजाया जाता था। इस त्यौहार के पहले दिन और अंतिम दिन, अनेक उपहार प्रदान किए जाते थे। प्रत्येक दिन भोज का आयोजन होता था। प्रत्येक पहर नक्कारा बजता था और संगीत-नृत्य आदि गतिविधियाँ चलती रहती थीं। इन्हें देखने के लिए शाही महिलाओं हेतु झरोखों की विशेष व्यवस्था की जाती थी।

महल के अन्दर भी *जश्न-ए-नौरोज़ी* बड़े उल्लास के साथ मनाया जाता था। अमीरों की महिलाएँ महल में आकर शाही महिलाओं को बधाई देती थीं। उसके बदले में उन्हें सुन्दर खिल'अतें एवं आभूषण आदि उपहार के रूप में मिलते थे। ये महिलाएँ छः से नौ दिनों तक

महल में रुकती थीं और उत्सव की समाप्ति पर वापस जाती थीं। वापसी के समय इनके हाथ, *खिचड़ी* से भरे रहते थे।[122] *खिचड़ी* वस्तुतः सोने-चाँदी एवं रत्नों के मिश्रण को कहा जाता था जो शाही उत्सवों के दौरान आगन्तुकों को उपहार के रूप में देने के लिए नियत था।

मुग़ल ह़रम में सर्वाधिक भव्यता के साथ मनाया जाने वाला त्यौहार खुशरोज अथवा मीना बाज़ार था। इस अवसर पर अपरमित आनन्द के कारण ही इसका नाम अकबर ने 'खुशरोज़' अर्थात् 'आनन्दोत्सव' रख दिया। इस त्यौहार को मनाये जाने की शुरूआत हुमायूँ द्वारा की गई थी।[123] सोलहवीं शताब्दी के प्रथम चरण में यह त्यौहार 'तीर' माह के तीसरे दिन मनाया जाता था। अबुल फज़ल के विवरण से ऐसा लगता है कि इसे नौरोज़ के अतिरिक्त प्रत्येक माह में एक बार लगाया जाता था। सत्रहवीं शताब्दी में इसके मनाए जाने वाले दिनों की संख्या बढ़ा दी गई और प्रत्येक माह पाँच से आठ दिन मनाया जाने लगा।[124]

मीना बाज़ार के बाद पुरुष व्यापारी भी अपने स्टाल लगाते थे। इसमें देश-विदेश के व्यापारी भाग लिया करते थे। इस बाज़ार से अपनी आवश्यकता की वस्तुएँ शाही ह़रम की महिलाएँ भी मंगवा सकती थीं। किन्तु तथ्य है कि इस बाज़ार का उद्देश्य था साम्राज्य में जारी मूल्यों का निरीक्षण तथा व्यापारियों की चिंताओं को बादशाह द्वारा सीधे सुनना। ख़रीददार के रूप में बादशाह व्यापारियों से सीधे मिलता था। इस अवसर पर भ्रष्ट व्यापारियों को दण्डित किया जाता था जबकि ईमानदार व्यापारियों को पुरस्कृत किया जाता था।[125] बादशाह वस्तुओं के मूल्यों का निर्धारण भी करता था।[126]

मीना बाज़ार के उद्देश्यों के विषय में अनेकानेक विचार हैं। अबुल फज़ल के अनुसार इसका आयोजन वस्तुओं के मूल्यों के निर्धारण के लिए किया जाता था और इसी बहाने साम्राज्य की अजूबा वस्तुओं का निर्धारण भी होता था।[127] बदायूँनी अकबर की आलोचना करता है और मीना बाज़ार के आयोजन को इस्लाम पर धब्बा बताता है।[128] यूरोपीय यात्रियों के विवरण से इस तथ्य का आभास मिलता है कि इस अवसर का लाभ उठाकर बादशाह साम्राज्य की सुन्दर महिलाओं को देख सकता थ।[129] फलस्वरूप इस अवसर पर अनेक शाही रिश्ते भी तय कर दिए जाते थे। अमीरों की पत्नियाँ इस लालसा में रहा करती थीं कि यदि उनकी कोई सुन्दर एवं जवान बेटी है तब अपने साथ उसे अवश्य ले जाएँ ताकि पंसद आने पर उसका

शाही परिवार में रिश्ता निर्धारित किया जा सके और उसे रानी अथवा शाहज़ादी बनने का अवसर मिल जाए।[130]

मीना बाज़ार के आयोजन से सम्बन्धित अनेक पक्षों के बावजूद यह तथ्य अखण्ड है कि शाही परिवार की महिलाओं को आनन्द, मनोरंजन एवं बाह्मय जगत की महिलाओं से सम्पर्क का यह सबसे उपयुक्त अवसर था। सामान्य व्यक्ति तथा अमीरों की महिलाएँ खुले बाज़ार में वस्तुएँ ख़रीद सकती थीं, किन्तु पर्दे एवं सुरक्षा कारणों से शाही महिलाओं के लिए यह सम्भव नहीं था। अतः ख़ुशरोज़ ही ऐसा अवसर था जबकि शाही महिलाएँ अपनी अतिरिक्त आवश्यकता की वस्तुओं का चयन कर सकतीं थीं। नौरोज़ तथा ख़ुशरोज़ के अतिरिक्त *ईद-उल-फ़ितर, ईद-ए-मीलाद-उन-नबी* तथा *शब-ए-बरात* जैसे अनेक मुस्लिम त्यौहार भी ह़रम में बड़ी श्रृद्धा तथा उल्लास के साथ मनाए जाते थे। इन अवसरों पर बादशाह आशीर्वाद लेने हेतु अपनी माता के पास जाता था। शाही ह़रम की महिलाओं में उपहारों का आदान-प्रदान भी होता था।[131] अकबर के काल में हिंदू महिलाओं को उनके त्यौहारों को मनाने की अनुमति दे दी गई। फलतः मुग़ल ह़रम में होली, दीवाली, रक्षाबंधन तथा दशहरा आदि त्यौहार भी मनाए जाने लगे।[132] कुछ पेंटिंग्स में महिलाओं एवं राजकुमारों को होली खेलते हुए दिखाया गया है।

महल के बाहर की गतिविधियाँ

मुग़ल महिलाएँ अक्सर महल के बाहर भी मनोविनोद हेतु जाया करती थीं। वे विभिन्न स्थानों पर भ्रमण, शिकार खेलने तथा भवन एवं बाग़ों के निर्माण में रुचि लेती थीं। वे युद्ध के समय भी जाती थीं जिससे कि देश के विभिन्न भागों को देखने का अवसर मिलता था।

महिलाएँ प्रायः बादशाह के साथ ही भ्रमण के लिए जाती थीं। बाबर स्वयं तो रमणीक स्थानों के भ्रमण में रुचि रखता ही था, साथ ही अपनी महिलाओं को भी विभिन्न स्थानों के भ्रमण के लिए ले जाता था। दिलदार बेगम से उत्पन्न पुत्र मुहम्मद अलवार की मृत्यु के कारण स्त्रियाँ, विशेषरूप से दिलदार बेगम अत्यंत दुखी थीं। बाबर ने *आब-वो-हवा* बदलने के लिए महिलाओं को धौलपुर चलने के लिए कहा। वहाँ महिलाओं ने विभिन्न स्थानों को देखा तथा नौका-विहार का आनन्द लिया।[133]

हुमायूँ के काल में महिलाओं द्वारा बाग़ों में भ्रमण का उल्लेख मिलता है। हुमायूँ के साथ महिलाएँ रिवाज देखने के लिए गईं तथा पहाड़ों के किनारे-किनारे भ्रमण का आनन्द लिया।[134] यह कोहेदामन में स्थित है।[135] सन् 1533 ई. में हुमायूँ के हरम की महिलाएँ ग्वालियर भ्रमण के लिए भी गईं थीं।[136]

इसी प्रकार 1581 ई. में काबुल से वापस आते समय अकबर अपनी महिलाओं के साथ *बाग-ए-सफ़ा* देखने के लिए गये।[137] सन् 1583 ई. में अकबर इलाहाबाद गया तब शाही महिलाएँ उसके साथ थीं। इसी प्रकार 1589 ई. में वह कश्मीर गया तब अपने साथ महिलाओं को भी लेता गया और वहाँ के रमणीक स्थानों का भ्रमण किया।[138]

जहाँगीर रमणीक स्थानों के भ्रमण तथा बाग़ों के निर्माण में अत्यधिक रुचि रखता था। सन् 1607 ई. में वह अपनी महिलाओं के साथ शहरआरा बाग में पर्यटन हेतु गया।[139] सन् 1615 ई. में जब वह अजमेर में था तब महिलाओं को आनासागर झील के भ्रमण हेतु ले गया।[140] सन् 1617 ई. में माण्डू स्थित शक्कर तालाब ले गया।[141] सन् 1621 ई. में वह महिलाओं के साथ *बाग़-ए-नूरअफ़्शाँ* के भ्रमण हेतु गया।[142] ऐसे ही अनेक विवरण और भी हैं।

शाहजहाँ तथा औरंगज़ेब के काल में भी महिलाएँ विविध स्थानों के भ्रमण हेतु जाया करती थीं। सन् 1651 ई. में शाहजहाँ महिलाओं को कश्मीर पर्यटन हेतु ले गया।[143] इसी प्रकार 1664 ई. में बीमारी से अच्छा होने के पश्चात् औरंगज़ेब कश्मीर गया। उसके साथ रोशनआरा बेगम के अतिरिक्त अनेक महिलाएँ थीं।[144]

उत्तर मुग़लकाल में लालकुँअर के साथ जहाँदर शाह के बाहर जाने के उल्लेख मिलते हैं। मुग़ल साम्राज्य के कमज़ोर होने के साथ ही मराठों तथा रूहेलों के हमलों के ख़तरे बढ़ गए। अतः महिलाओं का बाह्य पर्यटन नियन्त्रित हो गया।

मुग़ल शाही परिवार की कुछ महिलाएँ हथियार चलाने तथा घुड़सवारी में भी निपुण थीं। वे प्रायः अपने पतियों के साथ शिकार हेतु जाया करती थीं। अकबर जब शिकार के लिए जाता, तब अपने साथ हरम की महिलाओं को भी ले जाता था। इसी प्रकार सन् 1563 ई. में अकबर ने लाहौर से 10 मील की दूरी पर *कमरगाह* बनवाया।[145] इस घेरे में अनेक जानवर आ गए। महिलाओं ने इस अवसर पर शिकार का भरपूर आनन्द उठाया। इस अवसर पर शाही हरम के सेवकों को भी शिकार की अनुमति प्रदान कर दी गई।

नूरजहाँ बेगम अन्य गतिविधियों की ही भाँति शिकार खेलने में भी पर्याप्त निपुण थी। सन् 1611 ई. में जहाँगीर सोमनगर गया, जहाँ शिकार भी खेला। वह अपने साथ महिलाओं को भी ले गया था, जिन्हें शिकार का हिस्सा दिया गया।[146] सन् 1616 ई. में जहाँगीर शिकार खेलने हेतु गया, तब नूरजहाँ बेगम ने अनेक पक्षियों का शिकार किया। इनमें कृशा नामक एक ऐसा पक्षी था जिसके बारे में जहाँगीर ने लिखा है कि वैसा आकार, रंग वाला तथा सुन्दर पक्षी उसने कभी नहीं देखा था।[147] सन् 1617 ई. में जहाँगीर पुनः अपनी महिलाओं के साथ शिकार के लिए गया। इस बार भी नूरजहाँ ने धैर्य और उत्कृष्ठ निशानेबाज़ी का परिचय दिया। चार बाघों को शिकार हेतु चुना गया था। नूरजहाँ बेगम ने जहाँगीर की अनुमति से चारों को मार दिया। जहाँगीर यह देखकर अभिभूत हो गया कि नूरजहाँ बेगम ने हाथी के हौदे के अन्दर से छः निशाने लगाए और एक भी नहीं चूका। निशाने इतने सटीक थे कि एक भी बाघ अपनी जगह से हट न सका।[148] जहाँगीर स्वीकार करता है कि इससे पूर्व उसने ऐसी निशानेबाज़ी कभी नहीं देखी थी। इस अवसर पर प्रसन्न होकर जहाँगीर ने नूरजहाँ को एक हंसली तथा एक हज़ार अशर्फी उपहार के रूप में दिया। एक अन्य अवसर पर जहाँगीर ने हाका डलवाया और स्वयं एक भी शेर नहीं मार सका। तब नूरजहाँ को इसकी अनुमति दी गई। नूरजहाँ बेगम ने एक भयानक शेर को एक ही निशाने में ढेर कर दिया।[149]

शाहजहाँ तथा औरंगज़ेब के काल में महिलाओं के शिकार खेलने का उल्लेख नहीं मिलता तथापि ख़ाफ़ी ख़ाँन ने महिलाओं के द्वारा मछली के शिकार का उल्लेख किया है।[150] कालान्तर में आन्तरिक कलह तथा महल की गुटबाज़ियों के चलते स्वयं बादशाहों का शिकार पर जाना लगभग बन्द ही हो गया, तब महिलाओं का उल्लेख करना तो अनायास ही है।

हुमायूँ के काल में महिलाओं द्वारा चौगान खेलने का उल्लेख भी पाते हैं।[151] अकबर के काल में भी चौगान का उल्लेख है। किंतु शाही महिलाओं द्वारा इस खेल के खेलने के उल्लेख बिरले ही मिलते हैं।

अतः स्पष्ट है कि मुग़ल शाही महिलाओं का सामाजिक जीवन पर्दा तथा शाही नियमों-विनियमों से प्रतिबंधित होने के बावजूद बहुआयामी था। वे नवीन डिज़ाइनों पर आधारित वस्त्राभूषण ही नहीं धारण करती थीं बल्कि स्वयं को सुन्दर बनाए रखने के अनेक सौन्दर्य-प्रसाधनों का भी उपयोग करती थीं, किन्तु इसका आशय यह नहीं है कि वे अपना अधिकांश

समय सजने-संवरने में ही लगा देती थीं। शाही परिवार की अनेक स्त्रियाँ, धार्मिक एवं आध्यात्मिक कार्यकलापों में भी रुचि लेती थीं। हरम में विभिन्न धर्मों एवं मान्यताओं वाले परिवेश से आने वाली महिलाओं के आवास के फलस्वरूप धार्मिक एवं जातीय सहिष्णुता के वातावरण का अनुमान भी लगाया जा सकता है तथापि मुस्लिम महिलाएँ अपने नियमित धार्मिक कार्यकलापों में कोई कोताही नहीं बरतती थीं। मुग़ल राजकुमारों तथा बादशाहों की ही भाँति शाही महिलाओं पर भी सूफ़ी मत का प्रभाव पड़ा। विभिन्न उत्सव तथा आयोजन शाही महिलाओं के जीवन की नीरसता को कम करने में सहायक तो थे ही, साथ ही उनका साहित्यानुराग तथा स्थापत्य कला के प्रति रुझान अनेक महत्त्वपूर्ण ग्रन्थों के प्रणयन तथा इमारतों के निर्माण में सहायक रहा।

सन्दर्भ तथा टिप्पणी

1 रेखा मिश्रा, *वूमेन इन मुग़ल इण्डिया*, पृ 119
2. *तदैव।*
3. पेट्रा डेला वेला, *ट्रवेल्स ऑफ़ पेट्रा डेला वेला इन इण्डिया* (अनु. जी. होवर्स), I, पृ. 44
4. एम.ए. अंसारी, *सोशल लाइफ़ ऑफ़ द मुग़ल इम्परर्स*, पृ. 82-83
5. *उपरोक्त*, पृ. 80
6. एस.एस. अब्दुर्रहमान, *हिन्दुस्तान के मुसलमान हुक्मरानों के अहद के तमद्दुनी जलवे*, पृ. 251-252
7. बेनी प्रसाद, *हिस्ट्री ऑफ़ जहाँगीर*, पृ. 183; पी.एन. चोपड़ा, *सोसाइटी एण्ड कल्चर इन मुग़ल एज*, पृ. 13
8. पी.एन. चोपड़ा, *उपरोक्त*, पृ. 13
9. एस.एस. अब्दुर्रहमान, *पूर्वोद्धृत*, पृ. 249
10. *हुमायूँनामा* (बेव.), पृ. 138; *उपरोक्त*, पृ. 251
11. *उपरोक्त*, पृ. 249; *हुमायूँनामा* (बेव.) पृ. 138; एम.ए. अंसारी, *पूर्वोद्धृत*, पृ. 81 एवं पादटिप्पणी, 39
12. रेखा मिश्रा, *पूर्वोद्धृत*, पृ. 120
13. *उपरोक्त*, पृ. 120, एस.एस. अब्दुर्रहमान, *पूर्वोद्धृत*, पृ. 250
14. एस.ए. अब्दुर्रहमान, *उपरोक्त*, पृ. 250
15. *तदैव।*
16. *तदैव।*

17. एम.ए. अंसारी, *पूर्वोद्धृत,* पृ. 81 एवं पादटिप्पणी 36-37
18. *उपरोक्त,* पृ. 81; एस.एस. अब्दुर्रहमान, *पूर्वोद्धृत,* पृ. 250-254
19. एम.ए. अंसारी, *उपरोक्त,* पृ. 82
20. रेखा मिश्रा, *पूर्वोद्धृत,* पृ. 121
21. एस.एस. अब्दुर्रहमान, *पूर्वोद्धृत,* पृ. 254-255; इस तथ्य की पुष्टि इस बात से होती है कि 1719 ई. में फ़र्रुख़सियर की मृत्यु के पश्चात् जोधपुर के राजा अजीत सिंह अपनी पुत्री इन्द्र कुँअर को वापस ले गए। ऐसा उल्लेख मिलता है उसने मुसलमानी परिधान उतार दिए और पुनः राजपूतों के यहाँ पहने जाने वाले वस्त्र धारण किए। देखें–ख़ाफ़ी ख़ाँन, *मुन्तख़ब-उल-लुबाब,* II, (इलि. एवं डाउसन, VIII) पृ. 483; के.एस. लाल, *दि मुग़ल हरम,* पृ. 195
22. एम.ए. अंसारी, *पूर्वोद्धृत,* पृ. 82
23. एस.एस. अब्दुर्रहमान, *पूर्वोद्धृत,* पृ. 254; रेखा मिश्रा, *पूर्वोद्धृत,* पृ. 121
24. एस.एस. अब्दुर्रहमान, *पूर्वोद्धृत,* पृ. 255; रेखा मिश्रा, *पूर्वोद्धृत,* पृ. 123
25. अबुल फज़ल द्वारा दिए गए आभूषणों की सूची इस प्रकार है– शीशफूल, माँग, कोट बिलादुर, सिकरा, बिन्दुली, कुन्तिल, बाली, कर्णफूल, दूरबच्च, पीपलपत्ती, चंपाकली, मोरभँवर, बुलाख, फूली, लौंग, नथ, गुलूबन्द, हार, हँस (हँसुली), कंगन, गजरा, जामी, चूर, पहुँची, चूड़ी, बाजूबन्द, ताद, अंगूठी, चउद्दर कंटिका, कटिमेखला, पायल, भाँक, बिछुआ, अवंठ एवं आरसी। देखें — *आइन-ए-अकबरी,* III, (अनु. जैरेट), पृ. 343-44
26. मुहम्दुद्दीन फ़ौक, *बुताने हरम,* पृ. 64
27. एस.एस. अब्दुर्रहमान, *पूर्वोद्धृत,* पृ. 274
28. एम.ए. अंसारी, *पूर्वोद्धृत,* पृ. 83
29. *आइन-ए-अकबरी* (जैरेट), III, पृ. 343-44, रेखा मिश्रा, *पूर्वोद्धृत,* पृ. 126
30. एस.एस. अब्दुर्रहमान, *पूर्वोद्धृत,* पृ. 275
31. *आइन-ए-अकबरी* (जैरेट), III, पृ. 312-313
32. एम.ए. अंसारी, *पूर्वोद्धृत,* पृ. 83
33. *उपरोक्त,* पृ. 83-84
34. अबुल फ़जल ने काव्यमय ढंग से स्त्री-सौन्दर्य का वर्णन करते हुए सुन्दर स्त्री के लक्षणों में जुड़ी भौहों, गहरी काली आँखें, पतले होठ, लम्बी ग्रीवा तथा गालों पर डिम्पल का उल्लेख किया है। *देखें — आइन-ए-अकबरी,* III, (जैरेट), पृ. 258-259
35. रेखा मिश्रा, पूर्वोद्धृत, पृ. 127
36. *तदैव।*
37. *तुजुक-ए-जहाँगीरी* (रोजर एवं बेव.) I, पृ. 375, नूरजहाँ बेगम द्वारा चार शेरों का शिकार करने

पर प्रसन्न होकर जहाँगीर ने पहुंची भेंट किया था।

38. मनूकी, *स्टोरिया डो मोगोर* (इर्विन), I, पृ. 340, एम.ए. अंसारी, *पूर्वोद्धृत,* पृ. 83
39. एम.ए. अंसारी, *उपरोक्त,* पृ. 83
40. *आइन-ए-अकबरी* (जैरेट), III, पृ. 344
41. रेखा मिश्रा, *पूर्वोद्धृत,* पृ. 127
42. एस.एस. अब्दुर्रहमान, *पूर्वोद्धृत,* पृ. 279
43. निकोलो मनूकी, *पूर्वोद्धृत,* II, पृ. 340
44. एस.एस. अब्दुर्रहमान, *पूर्वोद्धृत,* पृ. 280
45. निकोलो मनूकी, *पूर्वोद्धृत,* पृ. 339-40
46. थामस हेलबीन, *इण्डियन ज्वेलरी,* पृ. 10
47. *आइन-ए-अकबरी* (जैरेट), III, पृ. 342
48. निकोलो मनूकी, *पूर्वोद्धृत,* III, पृ. 40
49. रेखा मिश्रा, *पूर्वोद्धृत,* पृ. 125
50. *उपरोक्त,* पृ. 125 एवं पादटिप्पणी 3
51. *उपरोक्त,* पृ. 125
52. नकोलो मनूकी, *पूर्वोद्धृत,* II, पृ. 341
53. *आइन-ए-अकबरी* ब्लॉकमैन, I, पृ. 78-82
54. *तदैव।*
55. सलीमा सुल्तान बेगम ने इस इत्र का नाम *इत्र-ए-जहाँगीरी* दिया। देखें–चन्द्र पन्त, *नूरजहाँ एण्ड हर फ़ैमिली,* पृ. 15
56. रेखा मिश्रा, *पूर्वोद्धृत,* पृ. 88-90; *बज़्म-ए-तैमूरिया,* पृ. 237-248
57. रेखा मिश्रा, *पूर्वोद्धृत,* पृ. 89
58. *बज़्म-ए-तैमूरिया,* पृ. 237-240; *हुमायूँनामा* भी देखें। गुलबदन बेगम द्वारा रचित एक शेर का उल्लेख *तज़किरात-उल-ख़वातीन* में है जो इस प्रकार है–
    हर परी रूए कि उ ए आशिक़ ख़ुद यार नीस्त
    तू यक़ीन मी दाँ कि हिच अज़ उमर बरख़ुरदार अस्त।
59. *बज़म-ए-तैमूरिया,* पृ. 249-252; पी.एन. चोपड़ा, *लाइफ़ एण्ड लेटर्स अण्डर द मुग़ल्स,* पृ. 343
60. ज़ैबुन्निसा बेगम द्वारा *दीवान-ए-मख़फी* नामक दीवान रचित करने का उल्लेख वेस्टब्रुक ने किया है लेकिन एच.एस. अहमद ने इसका खण्डन किया है। देखें–मगन लाल, *द दीवान ऑफ़ जैबुन्निसा बेगम,* पृ. 1-14; एच.एस. अहमद 'जैबुन्निसा बेगम एण्ड दीवान-ए-मखफी' *जे.बी.ओ.आर.एस.,* पृ. 42-52

61. रेखा मिश्रा, *पूर्वोद्धृत,* पृ. 91
62. सलीमा सुल्तान बेग़म का लक़ब मख़फी था। एस.एम. जाफर, *एजुकेशन इन मुस्लिम इण्डिया,* पृ. 193
63. नूरजहाँ बेगम की रचनाओं हेतु *देखें— बज़्म-ए-तैमूरिया,* पृ. 244-48
64. एस.एम. जाफर, *पूर्वोद्धृत,* पृ. 195; मुमताज़महल की एक कनीज़ ने शाहजहाँ को असमय जगा दिया। इस पर उसने हुक्म दिया कि *'सर बरीदन लाज़िम अस्त'*। मुमताज़महल ने कनीज़ के बचाव में यह शे'र पढ़ा—
    सर बरीदन लाज़िम अस्त आन मुर्ग़े बे हंगाम रा।
    दूँ परी पैकर च दानद वक़्त सुबह व शाम रा।।
    मुमताज़महल के हाज़िर जवाबी भरे अन्य शे'र भी हैं। देखें— *बज़्म-ए-तैमूरिया,* पृ. 248; पी.एन. चोपड़ा, *पूर्वोद्धृत,* पृ. 236-237
65. जे.बी. चौधरी, *मुस्लिम पैट्रोनेज टू संस्कृत लर्निंग,* I, पृ. 77
66. मगनलाल, *पूर्वोद्धृत,* पृ. 9
67. *मा'सीर-ए-आलमगीरी* (सरकार), पृ. 322; एस.एम. जाफ़र, *पूर्वोद्धृत,* पृ. 197; एच.एस. अहमद, 'ज़ेबुन्निसा बेगम एण्ड दीवान-ए-मख़फी', *जे.बी.ओ.आर.एस.,* XIII, 1927, पृ. 42
68. एस.एम. जाफर, *पूर्वोद्धृत,* पृ. 194, एस.के. बनर्जी, *हुमायूँ बादशाह,* II, पृ. 317; यूसुफ हुसैन, *ग्लिम्पसेस ऑफ मिडीवल इण्डियन कल्चर,* पृ. 84
69. रेखा मिश्रा, *पूर्वोद्धृत,* 92,
70. *तदैव।*
71. *हुमायूँनामा* (बेव.), पृ. 114
72. *उपरोक्त,* पृ. 179-180
73. एस.एस. अब्दुर्रहमान, *हिन्दुस्तान के मुसलमान हुक्मरानों के अहद में तमद्दुनी जलवे,* पृ. 226
74. सतीश चन्द्र, *उत्तर मुग़लकालीन भारत का इतिहास,* पृ. 82
75. ख़ाफी ख़ाँन, *मुन्तख़ब-उल-लुबाब,* I, पृ. 269
76. क़ाजवीनी, *पादशाहनामा,* III, फो. 500
77. जहाँआरा बेगम, *रिसाला-ए-साहिबिया;* रेखा मिश्रा, *पूर्वोद्धृत,* पृ. 93
78. निकोलो मनूकी, *पूर्वोद्धृत,* III, पृ. 258-59
79. उमेश जोशी, *भारतीय संगीत का इतिहास,* पृ. 264 एवं 334
80. *आइन-ए-अकबरी* (जैरेट), III, पृ. 272; पीटर मुण्डी, *ट्रेवेल्स ऑफ़ पीटर मुण्डी इन इण्डिया इन यूरोप एण्ड एशिया* (संपा. टेम्पुल), II, पृ. 216
81. *आइन-ए-अकबरी* (जैरेट), III, पृ. 271-272

82. निकोलो मनूकी, *पूर्वोद्धृत,* II, पृ. 335
83. मनूकी ने लिखा है कि जहाँआरा बेगम फ़ारस, कश्मीर तथा काबुल से लायी गयी शराब में रुचि लेती थी। किन्तु सबसे अच्छी शराब वह अपने महल में बनवाती थी जिसमें विभिन्न प्रकार के मेवे तथा दवाइयाँ पड़ी रहती थीं। वह यह भी कहता है कि कुछ बोतल उसे भी उपहार के रूप में मिली थीं (निकोलो मनूकी, *पूर्वोद्धृत,* II, 219)। लेकिन मनूकी का कथन दिग्भ्रामक लगता है। जहाँआरा बेगम की आध्यात्मिक गतिविधियों के आधार पर इस कथन पर विश्वास नहीं किया जा सकता। दूसरा परिस्थितिजन्य साक्ष्य यह है कि जहाँआरा बेगम ने दाराशिकोह की पुत्री जहाज़ेब बेगम का पालन-पोषण अपने पास रखकर किया था। जहाँज़ेब बेगम को स्तन कैंसर हो गया। उसे कहीं से लाभ नहीं हुआ, तब एक यूरोपीय महिला डाक्टर से इलाज का प्रस्ताव रखा गया। किन्तु जहाँज़ेब बेगम ने उस महिला से इलाज कराने से मना कर दिया, क्योंकि वह शराब पीती थी। उसने कहा कि ऐसे हाथ, जिन्होंने शराब छुआ हो मेरे शरीर को छुएँ, इससे तो मेरी मृत्यु ही उचित है। यदि जहाँआरा बेगम शराब पीती होती, तब जहाँज़ेब में भी शराब के प्रति इतनी घृणा नहीं होती। *मा'सीर-ए-आलमगीरी* (सरकार), पृ. 293-294
84. पी.एन. चोपड़ा, *पूर्वोद्धृत,* पृ. 57
85. जदुनाथ सरकार, *स्टडीज़ इन मुग़ल इण्डिया,* पृ. 82
86. एस.एस. अब्दुर्रहमान, *पूर्वोद्धृत,* पृ. 228, यह किंवदन्ती है कि कनीज़ों को मोहरों के रूप में प्रयोग किया जाता था। किन्तु अबुल फ़ज़ल, बदायूनीं अथवा मान्सरेट ने ऐसा कोई विवरण नहीं दिया। देखें-एस.ए.ए. रिज़वी, *फ़तेहपुरी सीकरी,* पृ. 30
87. ग़ुलाम यज़दानी, *पूर्वोद्धृत,* पृ. 25
88. निकोलो मनूकी, *पूर्वोद्धृत,* पृ. 389
89. *अकबरनामा* (हि.), पृ. 331
90. *उपरोक्त,* पृ. 585
91. *उपरोक्त,* पृ. 444
92. बादशाह को यद्यपि दो बार तौला जाता था लेकिन राजकुमारों को वर्ष में एक ही बार तौलने की परम्परा थी।
93. *तुजुक-ए-जहाँगीरी* (रो. एवं बेव.), I, पृ. 78
94. *मा'सीर-ए-आलमगीरी* (सरकार), पृ. 48
95. उसकी माता की इच्छा के अनुसार बाबर का विवाह आइशा सुल्तान बेगम से हुआ था।
96. *हुमायूँनामा* (बेव.), पृ. 106
97. जौहर, *तज़किरातुल वाक़ियात,* पृ. 30
98. *हुमायूँनामा* (बेव.), पृ. 118-24
99. *उपरोक़्त,* पृ. 126-127

100. *अकबरनामा* (बेव.), II, पृ. 87-98
101. *उपरोक्त,* पृ. 204-205
102. *उपरोक्त,* III, पृ. 791, 969-70, 990 एवं 1059
103. *तुजुक-ए-जहाँगीरी* (रो. एवं बेव.), I, पृ. 81, 144-45; II, पृ. 202
104. क़ाजवीनी, *पूर्वोद्धृत,* III, फो. 500
105. *उपरोक्त,* फो. 507, रेखा मिश्रा, *पूर्वोद्धृत,* पृ. 115
106. पर्सी ब्राउन, *इण्डियन पेंटिंग अण्डर द मुग़ल्स,* प्लेट संख्या XLVI तथा XLVII
107. *मा'सीर-ए-आलमगीरी* (सरकार), पृ. 49-50
108. एस.एस. अब्दुर्रहमान, *पूर्वोद्धृत,* पृ. 181-182
109. *हुमायूँनामा* (बेव.) पृ. 100-103
110. हरिशंकर श्रीवास्तव, मुग़ल सम्राट हुमायूँ, पृ. 116
111. *तुज़क-ए-जहाँगीरी* (रो. एवं बेव.), I, पृ. 396-397
112. क़ाज़वीनी, *पादशाहनामा,* फो. 167 एवं 167इ; एम.ए. अंसारी, *पूर्वोद्धृत,* पृ.112-13
113. निकोलो मनूकी, *पूर्वोद्धृत,* I, पृ. 389
114. हरिशंकर श्रीवास्तव, *पूर्वोद्धृत,* पृ. 120-123
115. एम.ए. अंसारी, *पूर्वोद्धृत,* पृ. 49-51
116. *तुज़क-ए-जहाँगीरी* (रो. एवं बेव.), II, पृ. 192
117. *हुमायूँनामा* (फ़ा.), फो. 19b
118. अब्दुल हमीद लाहौरी, *पादशाहनामा,* II, पृ. 396-400
119. मुमताज़महल को पहले बुरहानपुर के ज़ैनाबद बाग़ में दफ़नाया गया था। उसके अगले उर्स के अवसर पर ही ताजमहल के निर्माण की योजना बनाई गई। जे.एन. चौधरी, 'मुमताज़महल', *इस्लामिक कल्चर,* जुलाई, 1937, पृ. 380
120. एम.ए. अंसारी, *पूर्वोद्धृत,* पृ. 84; बदायूँनी ने नौरोज़ के लिए नौरोज़-ए-जलाली शब्द का प्रयोग किया है।
121. *उपरोक्त,* पृ. 84
122. निकोलो मनूकी, *पूर्वोद्धृत,* II, पृ. 345-346
123. एम.ए. अंसारी, *पूर्वोद्धृत,* पृ. 85
124. *आइन-ए-अकबरी* (ब्लॉकमैन), I, पृ. 287, एम. ए. अंसारी, *पूर्वोद्धृत,* पृ. 85
125. *आइन-ए-अकबरी* (ब्लॉकमैन), I, पृ. 287
126. *तदैव।*
127. *तदैव।*
128. अब्दुल क़ादिर बदायूँनी, *मुन्तख़-उत-तवारीख़,* II, पृ. 350

129. थेवनॉट का कहना है कि बादशाह तथा शाही परिवार के सदस्यों से मोलभाव करते समय महिलाओं के पास अवसर रहता था कि वे अपने पतियों की शिकायत कर सकें। देखें – मोन्सियर डी थेवनॉट, *इण्डियन ट्रेवेल्स ऑफ़ थेवनॉट एण्ड करेरी*, पृ. 60; जेम्स टॉड ने नौरोज़ एवं खुशरोज़ के अवसर पर सम्राट द्वारा अमीरों की महिलाओं को देखने के लिए आयोजित करने से संदर्भित किया है। इसलिए राजपूत इस उत्सव को अच्छा नहीं मानते थे। जेम्स टॉड, *एनल्स एण्ड एण्टीक्वीटीज़ ऑफ़ राजस्थान*, II, पृ. 66
130. फ्रेंकोइस बर्नियर, *पूर्वोद्धृत*, पृ. 272
131. पी.एन. चोपड़ा, *पूर्वोद्धृत*, पृ. 105-106
132. अब्दुल क़ादिर बदायूँनी, *पूर्वोद्धृत*, II, पृ. 163; *तुजुक-ए-जहाँगीरी* (रो० एवं बेव) I, पृ. 246-247
133. *हुमायूँनामा*, (बेव.) पृ. 103-104
134. *उपरोक्त*, पृ. 188-190
135. *उपरोक्त*, पृ. 190
136. *उपरोक्त*, पृ. 115
137. *अकबरनामा* (बेव.) III, पृ. 543
138. *अकबरनामा* (बेव.), III, पृ. 827-38
139. *तुजुक-ए-जहाँगीरी* (रो एंव बेव), I, पृ. 107
140. *उपरोक्त*, पृ. 298
141. *उपरोक्त*, पृ. 384
142. *उपरोक्त*, II, पृ. 199
143. मुंशी देवी प्रसाद ने *शाहजहाँनामा* में लिखा है कि –'बादशाह, बेगमों के साथ नावों में बैठकर रातों में डल झील में सैर किया करते थे। ये रंग-बिरंगी नावें ज़री और लाजवर्द की कारचोबी से सजी रहती थीं। इसी तरह बाग़ों में जाकर वहाँ की बहार का आनन्द लिया जाता था। देखें– *शाहजहाँनामा* (हि.), पृ. 247
144. फ्रेंकोइस बर्नियर, *पूर्वोद्धृत*, पृ. 351
145. *कमरगाह* वस्तुतः एक घेरा था जिसमें कि जानवरों को हाँका देकर लाया जाता था।
146. *तुजुक-ए-जहाँगीरी* (रो. एवं बेव.), I, पृ. 203-204
147. *उपरोक्त*, पृ. 348
148. *उपरोक्त*, पृ. 375
149. *उपरोक्त*, II, पृ. 105
150. ख़ाफ़ी खाँ, *पूर्वोद्धृत*, I, पृ. 99
151. एम.ए. अंसारी, *पूर्वोद्धृत*, पृ. 92

अध्याय ग्यारह

मुग़ल महिलाएँ तथा स्थापत्य कला

मुग़ल शाही परिवार की महिलाओं की आर्थिक स्थिति काफ़ी अच्छी रहती थी। उनमें साहित्य, संगीत तथा विविध कलाओं में रुचि के साथ ही स्थापत्य कला के प्रति भी अनुराग था। शाही महिलाओं के संरक्षण में अनेक भवनों का निर्माण हुआ। इनमें पहला नाम बीबी मुबारिका का आता है जिसने बाबर की मृत्यु के पश्चात् उसकी हार्दिक इच्छा को पूरा किया। बीबी मुबारिका बाबर की आगरा स्थित समाधि से अवशेष काबुल ले गई और वहीं पर एक सुन्दर उद्यान के अन्तर्गत उसका स्मारक बनाया गया।[1] किंतु शाही परिवार की किसी भी स्त्री द्वारा प्रभावशाली स्मारक बनवाने का प्रथम उदाहरण बैगा बेगम, जिसे हाजी बेगम भी कहा जाता है, का है। उसने अपने पति बादशाह हुमायूँ के स्मारक के रूप में इसके मक़बरे का निर्माण कराया था। हुमायूँ के मक़बरे के निर्माण के दौरान वह स्वयं दिल्ली में रही और कार्य की प्रगति के प्रति निरंतर सचेत रहती थी।[2]

हुमायूँ का मक़बरा वस्तुतः चारबाग़ शैली पर बनाया गया अपने प्रकार का प्रथम स्मारक है। ऊँचे तथा दोहरे गुंबद से युक्त यह मक़बरा अनगढ़ पत्थरों से निर्मित चहारदीवारी से घिरा हुआ है। इसमें दो दुमंज़िले दरवाज़े हैं जिनमें एक पश्चिम में तथा दूसरा दक्षिण में है। पूर्वी दीवार के मध्य एक बारादरी तथा उत्तरी दीवार में हमाम का निर्माण किया गया है। मुख्य मक़बरा लगभग बाइस फुट ऊँचे चबूतरे पर बना है। इस चबूतरे के चारों ओर मेहराबों की एक श्रृंखला है। मुख्य मक़बरे में चारों ओर तिहरे मेहराबों की योजना है जिनमें बीच

का मेहराब अपेक्षाकृत बड़ा है। इस योजना की पुनरावृत्ति दूसरी मंज़िल पर भी दिखाई देती है। छत पर संगमरमर से निर्मित गुंबद, स्तम्भयुक्त छतरियों से घिरा हुआ है। स्मारक के अन्य भागों में प्रायः लाल बलुए पत्थर का उपयोग किया गया है। इस प्रकार स्मारक अत्यंत सुन्दर लगता है। कहा जाता है कि इसके निर्माण में बेगम ने 15 लाख रुपये खर्च किए थे। इमारत पर उसके नक्शानवीश मिर्ज़ा मीरक ग़यास का स्पष्ट प्रभाव दिखता है जो फ़ारस से था।[3]

हुमायूँ के मक़बरे से लगा हुआ एक सराय भी बैगा बेगम द्वारा बनवाया गया। इसे *अरब सराय* के नाम से जाना जाता है। सम्भवतः इसे अरब यात्रियों के प्रयोग हेतु बनवाया गया था।[4] इसके अतिरिक्त बैगा बेगम ने आगरा-बयाना मार्ग पर एक महल तथा एक बाग का निर्माण भी करवाया था।[5] अकबर की दूध-माँ, माहम अनगा ने दिल्ली में एक मदरसा तथा मस्जिद का निर्माण कराया था।[6]

सलीमा सुल्तान बेगम ने मन्दाकर, जो आगरा के पास है, में अपने मकबरे का निर्माण करवाया था।[7] जहाँगीर की माता मरियम-उज़-ज़मानी ने जेसुत परगनें में एक बावली का निर्माण करवाया था। इसके निर्माण में बीस हज़ार रुपये व्यय हुए थे।[8]

नूरजहाँ बेगम स्थापत्य कला में भी पर्याप्त रुचि लेती थी। नूरजहाँ बेगम ने कश्मीर के श्रीनगर में एक मस्जिद का निर्माण कराया था, जिसे शाही मस्जिद के नाम से जाना जाता है।[9] पत्थर से निर्मित होने के कारण इसे पत्थर मस्जिद भी कहा जाता है। इसका निर्माण 1623 ई. में कराया गया। यह मस्जिद झेलम नदी के किनारे शेख हमदान मस्जिद के विपरीत बनाई गई थी। स्थानीय भूरे पत्थर से निर्मित नौ मेहराबों पर आधारित मस्जिद का मेहराब अत्यंत प्रभावशाली है।[10]

नूरजहाँ बेगम ने अनेक सरायों का भी निर्माण कराया और उसके द्वारा बनवाई गईं सरायें साम्राज्य के किसी भी भाग में देखी जा सकती थीं। इनमें से जालंधर स्थित नूरमहल सराय का उल्लेख विशेष रूप से किया जा सकता है। नूरसराय के मुख्य द्वार पर पशु-पक्षियों, मनुष्यों तथा फूल-पत्तियों का अत्यंत सुन्दर अलंकरण किया गया है जो अपने में अनूठा है।[11] नूरसराय के आँगन की ओर खुलने वाले बत्तीस कमरे थे, जबकि उनके सामने एक बरामदा बनाया गया है।

नूरजहाँ बेगम द्वारा बनवाए गए अपने पिता तथा पति के मक़बरे मुग़ल स्थापत्य कला में नवीन आयामों के प्रतीक हैं। नूरजहाँ बेगम के पिता मिर्ज़ा ग़यास बेग एतमादुद्दौला की मृत्यु 1622 ई. में हुई। उसके स्मारक के रूप में नूरजहाँ बेगम ने एक सुन्दर मक़बरे का निर्माण कराया। आगरा स्थित यह मक़बरा चारबाग़ के अन्तर्गत बनाया गया है। वर्गाकार योजना पर आधारित इस मक़बरे की भुजाएँ मात्र 70 फुट हैं। इसकी मुख्य इमारत में संगमरमर का प्रयोग किया गया है। जिसमें पित्रादुरा का सुन्दर काम किया गया है जो कि भारत में पहली बार देखने को मिलता है।[12] इससे पूर्व पच्चीकारी का जो कार्य मिलता है उसे ओपस-सेक्टाइल (Opus Sectile) की श्रेणी में रखा जा सकता है।[13] पित्रादुरा का यही कार्य कालांतर विश्वप्रसिद्ध ताजमहल की प्रेरणा बना।

नूरजहाँ बेगम ने भी हाजी बेगम की ही भाँति अपने पति बादशाह जहाँगीर के मक़बरे का निर्माण में महत्त्वपूर्ण भूमिका का निर्वाह किया। इस मक़बरे को 1500 फुट की भुजा वाली लखौरी ईटों से घिरी चहारदीवारी में बनाया गया है। मक़बरा 325 फुट की भुजा वाले वर्गाकार भू-विन्यास पर बनाया गया है। मुख्य स्मारक एक मंज़िल पर आधारित है किन्तु पाँच सोपानों पर आधारित चारों कोनों पर निर्मित अठपहल मीनारें पर्याप्त प्रभावशाली लगती हैं। छत पर गुम्बद के स्थान पर शहतीर विधि का प्रयोग अपने में अनूठा है। स्मारक का महत्त्व इस बात में है कि आंतरिक भाग में चित्रकारी, पच्चीकारी तथा रंगों का संयोजन अत्यंत सुन्दर बन पड़ा है जो कि सम्राट की प्रकृति के सौन्दर्य-प्रेम की भावना के अनुरूप है।[14]

लाहौर के शाहदरा नामक स्थान पर स्थित जहाँगीर के मक़बरे के पास ही नूरजहाँ बेगम ने अपना भी मक़बरा बनवाया जिसमें उसकी पुत्री को भी दफ़न किया गया है।[15] चारबाग़ के अन्तर्गत स्थित यह मक़बरा भी जहाँगीर के मकबरे की ही भाँति है लेकिन बाहर की ओर जहाँगीर का मक़बरा जहाँ ग्यारह मेहराबों पर आधारित है, वहीं नूरजहाँ बेगम का मक़बरा सात मेहराबों पर आधारित है। मज़ार पर उसकी भावना के अनुरूप एक लेख अंकित है।[16]

शाहजहाँ के काल में जहाँआरा बेगम ने अनेक बाज़ारों, सरायों, मदरसों एवं मस्जिदों का निर्माण-कार्य सम्पन्न कराया। उसने लाहौर में एक बाज़ार की योजना बनायी। जिसे चौक सराय के नाम से जाना जाता है।[17] जहाँआरा बेगम ने मुल्ला मियाँ मीर के लिए एक मस्जिद तथा ख़ानकाह का निर्माण भी कराया था।[18] उसने अपनी जागीर अच्छौल में अपना

एक महल बनवाया था।[19] लेकिन जहाँआरा द्वारा निर्मित इमारतों में आगरा स्थित जामा मस्जिद, आगरा का महत्त्वपूर्ण स्थान है। यह मस्जिद 130X100 फीट के भू-विन्यास पर आधारित है और सफ़ेद संगमरमर का प्रयोग किया गया है।[20] इस मस्जिद के विभिन्न भागों में सामंजस्य का सुन्दर नमूना देखने को मिलता है। *लिवान* पर तीन गुम्बद हैं जबकि *सहन* की ओर मेहराबों की क़तार अत्यंत सुनियोजित है। पैरापेट पर छतरियों तथा गुलदस्तों (Pinacles) की योजना की गई है। विशाल मीनारों का निर्माण न होने के कारण मुख्य इमारत पर्याप्त भव्य लगती है। यह प्रतीत होता है कि ऐसा सोची-समझी रणनीति के तहत किया गया।

जहाँआरा बेगम ने आगरा की जामा मस्जिद में एक मदरसे का भी निर्माण कराया था।[21] उसने दिल्ली में एक बाग़ तथा कारवाँ-सराय निर्मित कराया। यह अपने समय के सुंदरतम कारवाँ-सरायों में से एक था। इसमें मुग़ल तथा फ़ारसी व्यापारियों के रुकने की व्यवस्था थी।[22] जहाँआरा बेगम ने अपनी मज़ार की योजना स्वयं ही बनाया था जो कि दिल्ली स्थित हज़रत निजामुद्दीन औलिया की मज़ार से थोड़ी दूर पर, पैर की ओर, एक जालीदार घेरे में स्थित है। मक़बरे को ढकने के लिए छत की योजना नहीं की गई। स्वयं जहाँआरा द्वारा रचित लेख एक संगमरमर की तख़्ती पर अंकित है, जो इसके प्रयोजन को स्पष्ट करता है। इसका भावार्थ यह है कि मेरी मज़ार को कोई ढके नहीं बल्कि खुला रहने दे। ग़रीब को हरी घास ही पर्याप्त है।[23]

शाहजहाँ की एक अन्य पुत्री पुरहुनर बानो बेगम ने भी अपने मक़बरे का स्वयं निर्माण कराया था जिसमें कि उसे दफ़न किया गया।[24] रोशनआरा बेगम ने दिल्ली में एक बाग़ का निर्माण कराया जिसे रोशनआरा बाग़ के नाम से जाना जाता है। इसी में रोशनआरा बेगम का मक़बरा भी है जिसे बारादरी के नाम से जाना जाता है।[25] शाहजहाँ की पत्नी फ़तेहपुरी महल ने एक मस्जिद का दिल्ली में निर्माण कराया जिसे फ़तेहपुरी मस्जिद के नाम से जाना जाता है। यह मस्जिद लाल बलुए पत्थर से निर्मित है।[26]

औरंगज़ेब के काल में भी महिलाओं ने स्थापत्य कला में रुचि का प्रदर्शन किया। औरंगजेब की पहली पुत्री ज़ैबुन्निसा बेगम ने लाहौर में अपने मक़बरे का निर्माण कराया था किन्तु उसकी मृत्यु दिल्ली में हुई और तीस हज़ारी में दफ़नाया गया था। जिसे अंग्रेजों के समय में ध्वस्त कर दिया गया।[27] औरंगज़ेब की एक अन्य पुत्री ज़ीनत-उल-निसा बेगम ने कम से कम चौदह

सरायों का निर्माण कराया था।[28] उसने दिल्ली में शाहजहाँनाबाद में एक सुन्दर मस्जिद का निर्माण कराया जिसे *जीनत-उल-मसाजिद* के नाम से जाना जाता है। यह मस्जिद दिल्ली की जामा मस्जिद की योजना पर निर्मित है किन्तु अपेक्षाकृत कम भव्य है। यहीं पर ज़ीनत-उन-निसा बेगम की मज़ार भी स्थित है।[29]

परवर्ती मुग़लकाल में भी शाही परिवार की महिलाओं ने निर्माण गतिविधियों में भाग लिया। मुहम्मदशाह की पत्नी नवाब क़ुदसिया बेगम ने कश्मीरी गेट के उत्तर में यमुना के किनारे एक बाग़ तथा अनेक भवनों का निर्माण कराया था। अब इसका एक दरवाज़ा तथा मस्जिद शेष है। मस्जिद में तीन मेहराब तथा तीन ही गुम्बद हैं।[30] नवाब क़ुदसिया बेगम ने 1751 ई. में एक अन्य मस्जिद का निर्माण कराया जो कि लाल क़िले के दिल्ली दरवाज़ा के सामने की ओर स्थित है। इसे सुनहरी मस्जिद के नाम से जाना जाता है। इसमें तीन गुम्बद हैं और दोनों ओर मीनारे हैं। मूल रूप से गुम्बदों पर ताँबें की गिल्डिंग की गई थी। अतः इसे सुनहरी मस्जिद का नाम मिला।[31] सन् 1852 ई. में बहादुरशाह द्वितीय (ज़फर) ने इसकी मरम्मत के समय ताम्र पट्टिकाओं को हटाकर लाल बलुए पत्थर को ही सामने रहने दिया। यह मस्जिद आज इसी स्थिति में है।

बहादुरशाह 'ज़फर' की पत्नी ज़ीनतमहल ने भी दिल्ली में एक इमारत का निर्माण 1846 ई. में कराया था। यह इमारत लालकुआँ बाज़ार स्थित हौज़-ए-क़ाज़ी के पश्चिम में है। वस्तुतः यह विशाल चहारदीवारी के अन्तर्गत मेहराबदार पवेलियन है। इसके एक द्वार में बाहर निकली हुई खिड़कियाँ (Oriel Windows) हैं। इस भवन को ज़ीनतमहल के नाम से ही जाना जाता है।[32]

मुग़ल वास्तु की एक अन्य विशेषता बाग़ों का निर्माण है। महिलाएँ भी बाग़ों के निर्माण तथा रख-रखाव में पीछे नहीं थीं। बैगा बेगम, हमीदा बानू बेगम, मरियम-उज़-ज़मानी तथा नूरजहाँ बेगम के अनेक बाग़ थे। जहाँआरा बेगम को बाग़-ए-जहाँआरा तथा बाग़-ए-शहरआरा मुमताज़महल से मिले थे।[33] उसके तीन बाग़ कश्मीर में भी थे। इनमें बाग़-ए-ऐशबाग़, बाग़-ए-नूरअफ़्शाँ तथा बाग़-ए-शफ़ा सम्मिलित थे। इनका निर्माण जवाहर ख़ाँन ख़्वाजासरा के निर्देशन में किया गया था।[34] दिल्ली स्थित रौशनआरा बाग़ का उल्लेख पहले ही किया जा चुका है। दिल्ली स्थित शालीमार बाग़ का निर्माण शाहजहाँ ने एजुन्निसा बेगम के लिये करवाया

था।[35] किंतु औरंगज़ेब के काल में औरंगाबादी महल ने कश्मीर तथा लाहौर की तर्ज़ पर इसका निर्माण कराया और इसे शालीमार बाग़ का नाम दिया गया।[36] ज़ैबुन्निसा बेगम ने लाहौर में एक बाग़ का निर्माण कराया था। जबकि तीस हज़ारी बाग़ भी उसी का था।[37]

स्पष्टतः मुग़ल शाही महिलाओं द्वारा रचित ग्रन्थों के उपयोग के बग़ैर न तो मुग़ल काल का सम्यक् इतिहास, विशेष रूप से सामाजिक इतिहास, लिखा जा सकता है और न ही मुग़ल महिलाओं द्वारा निर्मित स्मारकों का उल्लेख किए बग़ैर मुग़ल स्थापत्य कला का इतिहास ही लिखना सम्भव है।

सन्दर्भ तथा टिप्पणी

1. आर.पी. त्रिपाठी, *राइज़ एण्ड फ़ाल ऑफ़ द मुग़ल अम्पायर,* I, पृ. 54
2. पर्सी ब्राउन, *इण्डियन आर्कीटेक्चर* (इस्लामिक पीरियड), पृ. 89-90
3. *उपरोक्त,* पृ. 90
4. एस.के. बनर्जी, *पूर्वोद्धृत,* II, पृ. 317; वाई.डी. शर्मा, *दिल्ली एण्ड इट्स नेबरहुड,* पृ. 110
5. थेवनॉट, *पूर्वोद्धृत,* पृ. 57
6. इसे ख़ैरुल मनाज़िल मस्जिद के नाम से जाना जाता है।
7. *तुज़ुक-ए-जहाँगीरी* (रो. एवं बेव.), I, पृ. 233
8. *उपरोक्त,* II, पृ. 64
9. ई.बी. फिण्डली, *नूरजहाँ–इंप्रेस ऑफ़ मुग़ल इण्डिया,* पृ. 238-239
10. *उपरोक्त,* पृ. 228-230, पर्सी ब्राउन, *पूर्वोद्धृत,* पृ. 100
11. *उपरोक्त,* पृ. 100
12. *उपरोक्त,* पृ. 100-101
13. *तदैव।*
14. *उपरोक्त,* पृ. 100
15. ई.बी. फिण्डली, *पूर्वोद्धृत,* पृ. 239-242
16. यह लेख इस प्रकार है–

    बर मज़ार-ए-मा ग़रीबाँ, न चिराग़-ए-गुले
    न परे परबन्दा सोज़द, न सदाए बुलबुले।

17. मुहम्मद सालेह काम्बू, *अमल-ए-सालेह,* III, पृ. 47
18. ख़ाफ़ी ख़ाँन, *पूर्वोद्धृत,* I, पृ. 703
19. अब्दुल हमीद लाहौरी, *पूर्वोद्धृत,* भाग I, पृ. 51
20. पर्सी ब्राउन, *पूर्वोद्धृत,* पृ. 106
21. युसुफ़ हुसैन 'एजूकेशनल सिस्टम इन मिडीवल इण्डिया', *इस्लामिक कल्चर,* XXX, 1956, पृ. 117
22. निकोलो मनूकी, *पूर्वोद्धृत,* I, पृ. 221
23. यह पंक्तियाँ मूलतः इस प्रकार हैं–
    बग़ैर सब्ज़ा न पोशद कसे मज़ार मरा
    कि क़ब्रे पोश ग़रीबाँ हमीं गायाह बसस्त।
24. *मा'सीर-ए-आलमगीरी* (सरकार), पृ. 90
25. वाई.डी. शर्मा, *पूर्वोद्धृत,* पृ. 139
26. *उपरोक्त,* पृ. 144
27. *मा'सीर-ए-आलमगीरी* (सरकार), पृ. 275
28. रेखा मिश्रा, *पूर्वोद्धृत,* 112
29. ऐसा कहा जाता है कि उसने विवाह नहीं किया और अपने दहेज के रूप में इस मस्जिद के निर्माण के लिए धन माँगा। इसीलिए इसे कुँआरी मस्जिद भी कहा जाता है। जदुनाथ सरकार, *हिस्ट्री ऑफ़ औरंगज़ेब,* III, पृ. 62; वाई.डी. शर्मा, *पूर्वोद्धृत,* पृ. 147
30. वाई.डी. शर्मा, *उपरोक्त,* पृ. 141
31. *उपरोक्त,* पृ. 147
32. *उपरोक्त,* पृ. 144
33. अब्दुल हमीद लाहौरी, *पूर्वोद्धृत,* II, पृ. 99 एवं 587
34. मुहम्मद सालेह काम्बू *पूर्वोद्धृत,* II, पृ. 36
35. वाई.डी. शर्मा, *पूर्वोद्धृत,* पृ. 138
36. सी.एम. डब्ल्यू स्टुवर्ट, *गार्डेन्स ऑफ़ दि ग्रेट मुग़ल्स,* पृ. 108
37. *उपरोक्त,* पृ. 134

अध्याय बारह

मुग़ल ह़रम के प्रतिबन्ध, निषेध तथा विषम परिस्थितियाँ

मुग़ल शाही परिवार से संबंधित महिलाएँ जहाँ अनेक विशेषाधिकारों एवं सामाजिक सम्मान का उपभोग करती थीं वहीं अनेक प्रतिबंध एवं निषेध भी उनके साथ जुड़ जाते थे। वे मुग़ल ह़रम के नियमों-विनियमों का पालन करने के लिए बाध्य थीं। कठोर परदे के पालन के अतिरिक्त ह़रम के अन्दर व्याप्त तनाव, प्रतिद्वन्द्विताएँ तथा विषम परिस्थितियाँ उनके जीवन का महत्त्वपूर्ण अंग बन जाती थीं।

परदा

मध्य एशियाई परिवेश में तुर्क-मंगोल महिलाएँ सामान्यतः कठोर पर्दे का पालन नहीं करतीं थीं। बाबर की पुत्री गुलबदन बेगम ने अपनी पुस्तक हुमायूँनामा में अनेक ऐसे वृत्तान्त छोड़े हैं जिनके आधार पर अनुमान लगाया जा सकता है कि इस काल में शाही परिवार की महिलाएँ आगन्तुकों तथा पुरुष अमीरों से सीधे मिलने-जुलने के लिए स्वतन्त्र थीं।[1] कुछ महिलाएँ तो पुरुषों का वस्त्र धारण करके घुड़सवारी करती थीं और चौगान जैसे खेल भी खेला करती थीं।[2] किंतु भारतीय परिवेश में, विशेष रूप से अकबर तथा उसके उत्तराधिकारियों के काल में, मुग़ल शाही महिलाओं को कठोर पर्दे का पालन करना पड़ता था। परदे के संबंध में स्वयं अकबर के विचार कम कठोर न थे। वह सामान्य महिलाओं के लिए भी कठोर पर्दे का पक्षधर था, तब शाही ह़रम की महिलाओं की बात ही क्या।[3] ह़रम की चहारदीवारी के अन्दर रहना शाही परिवार की महिलाओं की जीवनशैली का महत्त्वपूर्ण आयाम था। यहाँ बादशाह के अतिरिक्त अन्य किसी भी पुरुष का प्रवेश पूरी तरह वर्जित था। यदि किसी व्यक्ति को कभी

भी शाही महल में प्रवेश की अनुमति मिल जाय तब इसका आशय यह था कि बादशाह की उस व्यक्ति पर अत्यधिक अनुकंपा है।[4] वस्तुतः ऐसा अवसर शायद ही कभी आता था। इस अनुकंपा का लाभ बादशाह का अत्यन्त निकट संबंधी ही प्राप्त कर सकता था।

सामान्यतः महल की महिलाओं की आवश्यकता हेतु *महलसरा* के अन्दर ही सभी आवश्यक सुविधाएँ सुनिश्चित की जाती थीं ताकि महिलाओं को बाहर जाने की आवश्यकता न पड़े। यदि कोई स्त्री बीमार अथवा गर्भवती होती थी तब महल स्थित *सेहतख़ाना* अथवा *जच्चाख़ाना* में रखा जाता था।[5] यहाँ चिकित्सिकाएँ एवं सेविकाएँ रहा करती थीं जो इनकी देखभाल का कार्य करती थीं। यदि रोग इतना असाध्य हो कि पुरुष हकीम अथवा डॉक्टर की सेवा लेना आवश्यक हो तब भी पर्दे का अत्यधिक ध्यान दिया जाता था। इस स्थिति में पीड़ित स्त्री के शरीर पर गीला कपड़ा रगड़कर हकीम को दे दिया जाता था जिसके आधार पर वह रोग को पहचान कर लिया करता था और रोग का उपचार करता था।[6] यदि नाड़ी देखना आवश्यक हो तब डॉक्टर अथवा हकीम के चेहरे एवं आँखों को ढँक दिया जाता था और *ख़्वाजासरा* के माध्यम से अन्दर ले जाया जाता था। पीड़ित महिला अपना हाथ परदे के अन्दर से बाहर कर देती ताकि नाड़ी का परीक्षण किया जा सके।[7] इसी प्रकार आवागमन के समय सवारियों पर पर्दे लगाए जाते थे। पर्दे की कड़ाई का आलम यह था कि कोई भी व्यक्ति शाही परिवार की महिलाओं की ओर देखने की हिम्मत भी नहीं जुटा पाता था। यदि कोई छुपकर भी ऐसा करे, तब वह इसकी सज़ा खाने के लिए तैयार रहे, ऐसी अपेक्षा की जाती थी।[8]

पर्दे की कठोरता का अनुमान इस बात से लगाया जा सकता कि हरम में प्रवेश के लिए आगन्तुक महिलाओं को भी कड़े परीक्षण से गुज़रना पड़ता था। महल में प्रवेश हेतु उन्हें सर्वप्रथम आवेदन करना पड़ता था और आवेदन की स्वीकृति के पश्चात् ही उन्हें अन्दर जाने के लिए अधिकृत किया जाता था। यदि कोई नवागन्तुक महिला, महल में प्रवेश के लिए अधिकृत की जाती थी तब उसकी पूरी छान-बीन और तलाशी की जाती थी। इस संबंध में आगन्तुक महिला के पद अथवा सम्मानजनक स्थिति के आधार पर कोई छूट नहीं दी जाती थी।[9] इस कड़े परीक्षण का अभिप्राय यह भी था कि कहीं कोई पुरुष, महिला के वेश में हरम में प्रवेश न कर जाय।[10] इस प्रकार शाही महिलाएँ प्रारंभ से ही परदे की इतना अधिक-अभ्यस्त हो जाती थीं कि वे परदा के अभाव में रहने की कल्पना भी नहीं कर सकती थीं। यद्यपि वृद्धावस्था

में परदा आवश्यक न था किंतु यह महिलाएँ पर्दे की इतना अभ्यस्त रहती थीं कि जीवनपर्यन्त पर्दे का पालन किया करती थीं।[11]

तनाव, प्रतिद्वन्द्विता एवं विषम परिस्थितियाँ

यह कल्पना करना कम रोचक नहीं है कि एक ही महल में हज़ारों की संख्या में महिलाएँ रहा करती थीं। तथ्य है कि ऐसा वातावरण कुछ दिनों के लिए उत्सव एवं ऐश्वर्य का अनुभव करा सकता है, किंतु हमेशा के लिए ऐसा नहीं कहा जा सकता। इस तथ्य को नज़रन्दाज़ नहीं किया जा सकता कि अधिकांश मुग़ल बादशाहों ने इस्लाम द्वारा निर्धारित चार पत्नियों के आदर्श का पालन नहीं किया। वैध पत्नियों के अतिरिक्त अनेक उपपत्नियाँ अथवा रखैलें हुआ करती थीं। इन महिलाओं द्वारा पति-प्रेम के लिए आतुर रहना स्वाभाविक था। इस संदर्भ में हुमायूँ की पत्नी बैगा बेगम द्वारा अपने पति से शिकायत के लहजे में यह कहना कि कभी-कभी हमारे डेरे में भी आ जाया करें; कम महत्त्वपूर्ण नहीं है। अकबर तथा जहाँगीर के काल में राजनीतिक विवाहों के फलस्वरूप स्थिति और भी विकट हो गई। जहाँगीर अपने विवाहों के बारे में कहता है कि तक़रीबन प्रत्येक महीने में एक महिला उसके ह़रम में प्रवेश करती थी।[12] इनमें राजपूत, ईरानी, तूरानी, कश्मीरी, बंगाली तथा अफ़गान आदि अनेक जातीय एवं धार्मिक परिवेश से आई हुई महिलाएँ सम्मिलित थीं। इन महिलाओं के मध्य पति-प्रेम की लालसा का अनुमान हम जहाँगीर की इस स्वीकारोक्ति से पाते हैं कि शाहबेगम (मानबाई) में अनेक अच्छाइयाँ थीं, किंतु वह अन्य किसी महिला को फटकते देखना भी पसन्द न करती थी। इसी प्रकार शाहज़ादा खुर्रम की माता जगत गोसाईं (जोधाबाई) अपने पति का प्रेम प्राप्त करने के लिए अनेक चेष्टाएँ किया करती थी। नूरजहाँ के आने के पश्चात् स्थिति और भी विकट हो गई जबकि बादशाह पर एक महिला का एकाधिकार-सा हो गया। कुछ लेखकों ने नूरजहाँ तथा जोधाबाई के मध्य प्रतिद्वन्द्विता का उल्लेख भी किया है।[13] किंतु प्रश्न उठता है कि बड़ी संख्या में रहने वाली उपपत्नियों का क्या होता होगा? मुमताज़महल तथा शाहजहाँ के मध्य कितना ही निष्ठापूर्ण संबंध क्यों न रहा हो, शाहजहाँ ने उसके साथ विवाह से पूर्व तथा पश्चात् काल में अनेक विवाह किए थे।[14] औरंगज़ेब की भी एक से अधिक पत्नियाँ थीं। शाहज़ादा मुअज्ज़म की माता नवाबबाई को हम अक्सर पाते हैं कि जब बादशाह दक्षिण भारत में था तब वह उत्तर भारत में रह रही थी। परवर्ती मुग़लों के काल में स्थिति और भी जटिल हो

गई जबकि यह प्रतिद्वन्द्विताएँ धरातल पर आ गईं जिनके राजनीतिक परिणाम भी दृष्टिगोचर हुए।

पति-प्रेम की लालसा का, इन महिलाओं की मानसिक स्थिति पर क्या प्रभाव पड़ता होगा, इसका अनुमान भी आसानी से लगाया जा सकता है। इसके अतिरिक्त वे स्त्रियाँ, जो राजनीतिक अनिवार्यताओं के तहत मुग़ल हरम में प्रवेश करती थीं, उनकी स्थिति और भी दयनीय होती थी जबकि यह संबंध उनकी इच्छा के अनुरूप नहीं होता था। ऐसे भी उदाहरण हैं कि राजनीतिक विवाह के बदले लाई गई महिलाओं को कालान्तर में बादशाह ने किसी अन्य अमीर को देने का निर्णय किया।[15] इस स्थिति से बचने के लिए एक ही उपाय था कि वे बादशाह की किसी संतान को जन्म दें। यह संतान यदि राजकुमार हो तो अधिक बेहतर। इसका एक लाभ यह भी था कि भविष्य में यदि उनका पुत्र बादशाह बनता, तब उन्हें सम्मान एवं गौरवपूर्ण स्थान मिलता था।

स्पष्टतः बादशाह का पुत्र धारण करने की यह इच्छा अनेक बार कटुता एवं ईर्ष्या का कारण बनती थी। इस संदर्भ में बाबर की अफ़गान पत्नी बीबी मुबारिका का उल्लेख किया जा सकता है जो आजीवन निःसंतान रही। कहा जाता है कि उसकी सौतों ने उसे कोई ऐसी दवा धोखे से दिलवा दिया कि वह कभी भी गर्भवती न हो सके।[16] यहाँ मेवाजान का उल्लेख भी समीचीन लगता है। दरअसल, हुमायूँ की माता माहम बेगम की यह प्रबल इच्छा थी कि हुमायूँ का एक पुत्र उत्पन्न हो। इस समय हमीदा बानू बेगम के साथ हुमायूँ का विवाह नहीं हुआ था। जब हुमायूँ की अन्य पत्नियों से हुमायूँ का कोई पुत्र न हुआ तब माहम बेगम ने कहा कि गुलबदन की *परिस्तार* मेवाजान क्या बुरी है, इसी से शादी कर लो। मेवाजान हुमायूँ की पत्नी बन गई। वह यह भी कहने लगी कि वह परिवार से है, अर्थात् गर्भवती है। समय पूरा होने के बाद भी, वह यह कहती रही कि मेरे परिवार में 12-13 महीने बाद प्रसव होता है। किंतु यह बात कब तक छुप सकती थी कि वह झूठ बोल रही थी।[17] मेवाजान के झूठ बोलने का कारण यही था कि शाही पुत्र की लालसा में उसे सम्मान मिलता रहे और महल से उसे निकाला न जाय। वह इस सम्मान का लाभ जहाँ तक हो सके, अधिक से अधिक समय तक प्राप्त करना चाहती थी।

जिन महिलाओं के पुत्र थे, उनका यह प्रयास रहता था कि वे विद्रोही न बनें ताकि बादशाह

की अनुकंपा उन पर बनी रहे। इस हेतु यह महिलाएँ काफ़ी चिंतित रहा करती थीं। माहम बेगम द्वारा हुमायूँ के पक्ष में पैरवी करने की घटना का उल्लेख करना यहाँ घटनाओं का पिष्टपेषण मात्र होगा। पुत्र के विद्रोह करने की स्थिति में उनकी माताएँ महल में किस प्रकार अलग-थलग पड़ जाती होंगी; ताने सहती होंगी — इसका अनुमान शाहज़ादा ख़ुसरों के विद्रोह से लगाया जा सकता है जबकि उसकी माता मानबाई (शाहबेगम) ने कुपित होकर आत्महत्या कर लिया था। इसी प्रकार जब दक़न में मुअज़्ज़म ने विद्रोह किया तब उसकी माँ नवाबबाई, जो दिल्ली में थी, को बादशाह औरंगज़ेब ने अज़मेर बुलाया। बादशाह ने नवाबबाई को इस निर्देश के साथ दक़न भेजा कि वह अपने पुत्र मुअज़्ज़म को विद्रोहात्मक कार्रवाइयों से बाज आने के लिए कहे।[18] माताओं पर पड़ने वाले दबाव का अनुमान औरंगज़ेब के एक पत्र से लगाया जा सकता है जिसमें वह बंदी शाहज़ादा मुराद को ढील दिए जाने की बात कहता है। वह यह भी कहता कि यदि उसे ढील न दी गई तब कहीं उसकी माता उदयपुरी, जो बीमार रहती है, उसकी चिंता में मर न जाय।[19]

इन विद्रोही राजकुमारों की पत्नियों को भी अनेक कष्टों का सामना करना पड़ता था। अर्जुमन्द बानो बेगम, शाहजहाँ के विद्रोह के समय निरन्तर उसके साथ रही। औरंगज़ेब के पुत्र शाहज़ादा अकबर के विद्रोह के फलस्वरूप उसकी महिलाओं तथा बच्चों को अनेक कष्ट सहने पड़े। शाहज़ादा अकबर जब महिलाओं तथा बच्चों को छोड़कर भाग गया, तब बादशाह औरंगज़ेब ने स्वयं अपने पास उन्हें बुला लिया। इन्हें इसके बाद बादशाह के संरक्षण में रहना पड़ा।[20]

युद्ध तो हमेशा ही महिलाओं एवं बच्चों के लिए अभिशाप रहे हैं। किंतु मुग़ल परिवार की महिलाओं को इनकी विभीषिका को, प्रत्येक पीढ़ी में सहने के लिए बाध्य होना पड़ा। जिस समय शाहजहाँ ने अपने पुत्रों को छोड़कर परिवार के सभी पुरुष सदस्यों की हत्या का आदेश दिया, इस स्थिति में विधवा हुई स्त्रियों, बहनों तथा पुत्रविहीन हुई माताओं पर क्या गुज़री होगी, इसका अनुमान आसानी से लगाया जा सकता है। औरंगज़ेब के पुत्रों के मध्य हुए उत्तराधिकार के युद्ध के समय जहाँआरा बेगम द्वारा दाराशिकोह; रोशनआरा बेगम द्वारा औरंगज़ेब और गौहरआरा बेगम द्वारा मुराद के समर्थन करने से बहनों के मध्य प्रतिद्वन्द्विता का अनुमान भी लगाया जा सकता है। इसके साथ ही जहाँआरा बेगम द्वारा अंतिम क्षण तक

युद्ध टालने का प्रयास, यह दर्शाता है कि भाइयों के मध्य खूनी संघर्ष से बचने की लालसा भी कम नहीं होती थी। किन्तु शाही परिवार में जन्म, उन्हें इन सभी कटु अनुभवों से गुज़रने के लिए बाध्य ही नहीं करता था बल्कि वे इसकी अभ्यस्त भी हो जाती थीं।

शाहज़ादों की मृत्यु हो जाने या बंदी बना लिए जाने की स्थिति में उनकी पत्नियों तथा उपपत्नियों की स्थिति और भी कठिन एवं असमंजसपूर्ण हो जाती थी। अक्सर यह महिलाएँ या तो दयनीय स्थिति में रहती थीं अथवा कभी-कभी भावी सम्राट एवं अमीरों के साथ विवाह करने के लिए बाध्य होती थीं। शाहज़ादा परवेज़ की मृत्यु के पश्चात् उसकी महिलाओं को उनकी इच्छानुसार अमीरों के साथ विवाह की अनुमति दे दी गई थी।[21] शेष के लिए बादशाह ने रहने की व्यवस्था की थी। दाराशिकोह की हत्या के पश्चात् उसकी प्रिय परिस्तार, राना-ए-गुल ने किसी अन्य पुरुष के साथ विवाह करने से इन्कार कर दिया जबकि उदयपुरी महल औरंगज़ेब की प्रिय पत्नी बन गई। इसी प्रकार राजमाता को छोड़कर मृत सम्राट की अधिकांश महिलाओं को शाही महल से बाहर अन्य स्थानों पर रहने की व्यवस्था की जाती थी। पूर्व में प्राप्त विशेषाधिकारों से वंचित होना एवं सुविधाओं का अपेक्षाकृत कम हो जाना, कम कष्टकारक न रहता होगा।

इस प्रकार शाही परिवार की महिलाओं के मध्य न केवल व्यक्तिगत कारणों से बल्कि सामाजिक एवं राजनीतिक कारणों से भी ईर्ष्या एवं तनाव का वातावरण रहता था। मुग़ल राजशाही का सम्मान एवं गरिमा बरक़रार रखने एवं शाही परिवार के सदस्यों की हत्या का दुष्परिणाम यह भी था कि शाहजहाँ की सभी पुत्रियाँ अविवाहित रहीं। जहाँगीर तथा औरंगज़ेब की कुछ पुत्रियों को भी आजीवन कुँवारा रहना पड़ा। इसके साथ ही, शाही परिवार की महिलाओं को हमेशा किसी भी अपरिहार्य स्थिति को बर्दाश्त करने के लिए तैयार रहना पड़ता था। कई बार पराजय की स्थिति में शाही परिवार की महिलाओं को क्षति और अपमान का सामना भी करना पड़ता था।

समरक़न्द में शैबानी ख़ाँन से पराजय के पश्चात् बाबर के परिवार की महिलाओं को बहुत कष्ट उठाने पड़े। उसे अपनी बहन ख़ानज़ादा बेगम को शैबानी ख़ाँन को देना पड़ा। सन् 1539 ई. में चौसा के स्थान पर हुमायूँ को शेरशाह के हाथों क़रारी हार खानी पड़ी। इस युद्ध में शाही महिलाओं को गंभीर विभीषिका का सामना करना पड़ा। अफ़ग़ान सैनिकों ने

शाही महिलाओं को निर्ममतापूर्वक लूटा और भगदड़ में हज़ारों की संख्या में महिलाएँ और बच्चे, या तो नदी में डूब कर मर गए या फिर विरोधी सैनिकों के हाथ लग गए। खोने वालों में, शहज़ादी अक़ीक़ा भी सम्मिलित थी जिसे हुमायूँ अक्सर याद किया करता था। वह अक्सर कहा करता था कि यदि मैंने उन्हें युद्ध से पहले ही मार दिया होता तब भी ठीक था — कम से कम उन्हें यह कष्ट तो न सहने पड़ते।[22] बंदी बनायी गई महिलाओं में बैगा बेगम भी सम्मिलित थी जिसे शेरशाह ने सम्मानपूर्वक हुमायूँ के पास भिजवा दिया।[23] इसी प्रकार भारत से पलायन करने के पश्चात् एक समय ऐसा भी आया जब हुमायूँ की गर्भवती पत्नी हमीदा बानो बेगम के लिए भागते समय एक घोड़ा मिल पाना भी दुष्कर हो गया।[24]

अकबर से औरंगज़ेब तक का काल शान्ति का काल था। शाही महिलाओं को बाह्य युद्धों के कारण अधिक कष्ट नहीं उठाने पड़े तथापि आन्तरिक अशान्ति तथा यात्राओं के समय छिटपुट समस्याओं का सामना करना पड़ा। महाबत ख़ाँन के विद्रोह के समय नूरजहाँ बेगम को स्वयं सैन्य संचालन करना पड़ा जबकि विद्रोही शाहजहाँ की पत्नी अर्जुमन्द बानों युद्ध की कठिनाइयों को वर्षों तक बर्दाश्त करती रही। शाहज़ादा परवेज़ की पुत्री और दाराशिकोह की पत्नी नादिरा बेगम अपने पति के साथ छाया की भाँति लगी रही। वह साम्राज्य के लिए हुए युद्ध के दौरान अपने पति के साथ भागते हुए बीमार होकर स्वर्ग सिधार गई। यह संयोग ही है कि नादिरा बेगम की पुत्री जहाँज़ेब बेगम को अपने पति आज़म का बहुत प्यार मिला। वह एक वीरांगना महिला थी। उसने दक़न में दुश्मनों (लुटेरों) द्वारा घेर लिए जाने पर सेना का संचालन अपने हाथ में ले लिया और इस संकट का सफलतापूर्वक सामना किया।[25]

उत्तर मुग़लकाल में शाही महिलाएँ निरन्तर सत्ता परिवर्तनों के कारण जहाँ आन्तरिक कलह एवं विद्वेष का सामना कर रहीं थीं, वहीं वे नादिरशाह, अहमदशाह अब्दाली, मराठों तथा रुहेलों आदि के निरंतर आक्रमणों के कारण अनेक कष्टों का सामना करने के लिए बाध्य थीं। नादिरशाह के आक्रमण के समय करोड़ों रुपए हर्ज़ाना अदा करने के लिए शाही महिलाओं के आभूषणों एवं वस्त्रों को बेचने पर मजबूर होना पड़ा।[26] कुछ शाहज़ादियों का नादिरशाह के अमीरों तथा सैनिकों के साथ विवाह भी करना पड़ा। इसी प्रकार अहमदशाह अब्दाली अपने साथ लगभग 450 महिलाओं को ले गया जिनमें राजकुमारियाँ एवं कनीज़े भी सम्मिलित थीं।[27] सन् 1754 ई. में सिकन्दराबाद में मराठों ने शाही डेरों को लूटा ही नहीं, अपितु अनेक महिलाओं

का अपमान भी किया।[28] मराठों ने मलिका-ए-ज़मानी तथा साहब महल की सवारियों के पर्दे फाड़ दिए। परिणामस्वरूप इन महिलाओं ने मराठों की बर्बरता से बचने के लिए अहमदशाह अब्दाली को आमन्त्रित किया। शाहआलम द्वितीय के काल में 1788 ई. में रुहेलों ने गुलाम क़ादिर के नेतृत्व में मुग़ल शाही महिलाओं को अत्यधिक अपमानित किया। उन्होंने महल में घुसकर महिलाओं को बर्बरतापूर्वक मारा पीटा और ख़ज़ाना ढूँढ़ने के लिए महल की फ़र्श खोदने हेतु सैनिकों को भेजा।[29] रुहेलों ने उनके साथ अनेक अश्लील हरकतें कीं। उनकी बर्बरता का अनुमान इस बात से लगाया जा सकता है कि इस घटना में 21 महिलाएँ मर गईं जिन्हें दफ़न करने की अनुमति भी नहीं दी गई।[30] गड़े हुए धन का पता बताने के लिए दासियों के पैरों तथा हथेलियों पर खौलता हुआ तेल डाला गया।[31] सन् 1857 ई. की क्रांति के समय भी शाही परिवार की महिलाओं को अनेक कष्टों का सामना करना पड़ा।

इस प्रकार मुग़ल शाही महिलाएँ जहाँ एक ओर अनेक सुख-सुविधाओं एवं विशेषाधिकारों का उपभोग करती थीं, वही महल के अंदर के तनाव भी कम न थे। उन्हें मुग़ल राजशाही के नियमों के सम्मान के लिए हमेशा परदे के अन्दर रहना अनिवार्य था। इसके साथ ही उत्तराधिकार तथा बाह्य युद्धों के समय संबंधियों की मृत्यु के तनाव तथा अनेक कष्टों का सामना करना पड़ता था। किंतु अपने जीवन के महत्त्वपूर्ण अंग की भाँति शाही महिलाएँ इन चुनौतियों को स्वीकार करती थीं।

सन्दर्भ तथा टिप्पणी

1. गुलबदन एवं बाबर ने अनेक स्थानों पर ऐसे विवरण दिए हैं। मिसाल के लिए इब्राहीम लोदी पर विजय के उपलक्ष्य में भेजे गए उपहार को प्राप्त करने के अवसर पर असास के साथ मज़ाक की घटना। *हुमायूँनामा* (बेव.), पृ. 96-97
2. गुलबदन बेगम ने शाद बेगम तथा मिहिर आमेज़ बेगम का उल्लेख करते हुए लिखा है कि वे पुरुषों के समान वस्त्र पहनती थीं और तीरंदाजी, चौगान खेलने तथा अन्य विभिन्न कलाओं में निपुण थीं। *उपरोक्त*, पृ. 120-121
3. अकबर का परदा के सम्बन्ध में कहना था कि बिना नकाब अथवा घूँघट डाले हुए कोई स्त्री यदि गलियों, बाज़ारों अथवा क़स्बे में घूमे ...... तब उसे चाहिए कि वेश्यालय में जाकर धन्धा करे। अब्दुल क़ादिर बदायूँनी, *पूर्वोद्धृत*, II, पृ. 391-392

4. एक बार जहाँगीर, एतमादुद्दौला के घर गया तब उसने अपनी महिलाओं को पर्दा न करने को कहा। यह स्वयं में बड़ी बात मानी गई। इस स्थिति में शाही हरम की बात ही क्या। *तुज़ुक-ए-जहाँगीरी* (रोजर एवं बेव.), I, पृ. 351
5. एम.ए. अंसारी, *पूर्वोद्धृत,* पृ. 67
6. मार्शल, *जान मार्शल इन इण्डिया,* पृ. 328
7. निकोलो मनूकी, *पूर्वोद्धृत,* II, पृ. 355
8. फ्रेंकोइस बनिर्यर, *पूर्वोद्धृत,* पृ. 374; नूरजहाँ बेगम के विषय में कहा जाता है कि एक व्यक्ति ने उसकी ओर देख लिया था। जिससे क्षुब्ध होकर उसने उस व्यक्ति को मार देने का अपराध कर डाला तथापि भुक्तभोगी के परिवार वालों ने उसे क्षमा कर दिया। इसी प्रकार जहाँआरा के सम्बन्ध में एक घटना है। श्रीनगर में एक व्यक्ति ने छुपकर जहाँआरा बेगम के काफ़िले को गुज़रते देखा और एक शे'र पढ़ा। यद्यपि शे'र के लिए पुरस्कृत तो किया गया किन्तु उसे छुपकर शाहज़ादी के देखने के अपराध में शहरबदर करने का आदेश भी दे दिया गया। एस.एस. रहमान, *पूर्वोद्धृत,* पृ. 220
9. एम.ए. अंसारी, *पूर्वोद्धृत,* पृ. 72
10. निकोलो मनूकी, *पूर्वोद्धृत,* II, पृ. 351
11. मुहम्मद ज़हीरुद्दीन अज़फ़ारी ने लिखा है कि बादशाह मुहम्मदशाह की पत्नी ताजमहल पर्दे की इतनी अधिक अभ्यस्त थी कि वह किसी बालक को भी अपनी गोद में नहीं लेती थी और यदि कोई बालक उसके सामने आ जाता तब वह अपना चेहरा ढक लेती थी। यहाँ तक कि मरते समय भी उसने हकीम को अपनी नब्ज़ देखने की अनुमति न दी। देखें – मुहम्मद ज़हीरुद्दीन अज़फ़ारी, *वाक़िया-ए-अज़फ़ारी* (अनु. ए. सतार), पृ. 26
12. बेनी प्रसाद, *पूर्वोद्धृत,* पृ. 26-27
13. *बुतान-ए-हरम* का लेखक मोहम्मदुद्दीन फ़ौक अनेक वृत्तान्त प्रस्तुत करता है। वह लिखता है कि जहाँगीर ने नूरजहाँ का चुम्बन लिया तब उसने मुँह बनाते हुए कहा कि आपके मुँह से बदबू आ रही है।............ इस पर जगत गोसाई ने कटाक्ष करते हुए जहाँगीर से कहा कि आपके मुँह की बदबू का अनुमान तो वही स्त्री बता सकती है जिसने किसी अन्य पुरुष का मुँह सूँघा हो। उसका इशारा नूरजहाँ के दूसरे विवाह की ओर था। अन्य घटनाओं के लिए देखें – मोहम्मदुद्दीन फ़ौक, *बुतान-ए-हरम,* पृ. 631, यद्यपि इन वृतान्तों को प्रामाणिक नहीं माना जा सकता किंतु इससे हरम में तनावपूर्ण स्थिति का अनुमान अवश्य लगाया जा सकता है।
14. शाहजहाँ की पहली पत्नी मुज्ज़फ़र हुसैन सफ़वी की पुत्री थी, जिसके साथ उसका विवाह 1610 ई. में हुआ। इसी प्रकार 1612 ई. में अर्जुमन्द बानो बेगम (मुमताज़महल) तथा 1615 ई. में कंधारी

महल के साथ उसका विवाह हुआ।

15. यहाँ शाहज़ादा औरंगज़ेब द्वारा सैफ़ ख़ाँन से हीराबाई (ज़ैनाबादी महल) को प्राप्त करने के बदले में छतरबाई को दिए जाने की घटना का उल्लेख किया जा सकता है। याद रहे कि सैफ़ ख़ाँन उसका मौसा भी था। देखें – जे.एन. सरकार, *एनेक्डॉट्स ऑफ औरंगज़ेब*, पृ. 41-46
16. *हुमायूँनामा* (बेव), पृ. 266
17. *उपरोक्त*, पृ. 112-113
18. *मा'सीर-ए-आलमगीरी* (सरकार), पृ. 63-64
19. *रुक्कात-ए-आलमगीरी* (नदवी), पृ. 26
20. *मा'सीर-ए-आलमगीरी* (सरकार), पृ. 125
21. ऐसे अनेक उदाहरण हैं जबकि मृत राजकुमार की पत्नियाँ अपना सम्पूर्ण जीवन विधवा के रूप व्यतीत करना ही पसन्द करती थीं। यहाँ जनान बेगम का उल्लेख किया जा सकता है। वह बैरम ख़ाँन की पुत्री थी और शाहज़ादा दानियाल की पत्नी। वह विदुषी होने साथ ही अत्यंत सुन्दर थी। शाहज़ादा दानियाल की मृत्यु के बाद वह विधवा हो गई। जहाँगीर ने बादशाह बनने के बाद अपने साथ विवाह का प्रस्ताव भेजा। उत्तर में जनान बेगम ने अपने बाल और दाँत निकलवाकर भिजवा दिए। इस प्रकार आजीवन विधवा रही तथापि वह साहित्यिक गतिविधियों में लगी रही। देखें – एस.एस. रहमान, *पूर्वोद्धृत*, पृ. 221
22. *हुमायूँनामा* (बेव.) पृ. 138-139
23. एस.के. बनर्जी, *हुमायूँ बादशाह*, I, पृ. 232
24. *उपरोक्त*, पृ. 241
25. ग़ुलाम यज़दानी, *पूर्वोद्धृत*, पृ. 40
26. जदुनाथ सरकार, *मुग़ल साम्राज्य का पतन*, II, पृ. 78-79
27. *उपरोक्त*, पृ. 79
28. *उपरोक्त*, I, पृ. 291-292
29. *उपरोक्त*, III, पृ. 280
30. *उपरोक्त*, पृ. 280
31. *तदैव।*

उपसंहार

भारत में नारी को प्राचीन काल से ही सम्मान की दृष्टि से देखा जाता था। उसके लिए अनेक सम्मानजनक सम्बोधनों का उपयोग किया गया है। किन्तु व्यवहार मे न तो पुत्री के जन्म को स्वागतयोग्य माना गया और न ही राजनीतिक एवं आर्थिक क्षेत्र में उसे पुत्र के समान अधिकार प्राप्त हुए। राजपरिवारों में प्रायः पुत्र ही उत्तराधिकारी नियुक्त किया जाता था। 'स्त्री राज्यों' का उल्लेख यदा-कदा ही मिलता है। गुप्त राजकुमारी कुमारदेवी, कर्नाटक में अक्कादेवी, उड़ीसा में दाण्डीमहादेवी तथा गौरीमहादेवी, कश्मीर में सूर्यमती, सुगंधा एवं दिद्दा, राष्ट्रकूट शीलमहादेवी, काकतीय रूद्रामा तथा गहपम्बा, चालुक्य विजयभट्टारिका तथा चोल सेम्बियनमहादेवी आदि महिलाएँ निःसंदेह राजनीति के क्षेत्र में अपनी छाप छोड़ने में सफल रहीं। किन्तु इनमें से अधिकांश शासिकाओं ने या तो अपने पतियों के साथ मिलकर शासन-प्रशासन में भाग लिया, या फिर अल्पव्यस्क पुत्रों की अभिभाविका के रूप में राजनीतिक गतिविधियों में भाग लिया। दत्तक पुत्र ग्रहण करने की प्रथा ने पुत्रियों अथवा विधवा रानियों के स्वतंत्र शासिका बनने की संभावनाओं को और भी क्षीण कर दिया।

दिल्ली सल्तनत के अन्तर्गत रज़िया का सुल्तान बनना न तो यह स्थापित करता है कि इस्लाम धर्म स्वीकार करने वाली वाली तुर्क, अफ़ग़ान तथा मंगोल आदि जातियों ने इस्लाम के उस राजनीतिक चिंतन को, जिसमें राजनीति अथवा प्रशासन में नारी की भागीदारी को बढ़ावा नहीं दिया गया, को पूर्णतः अस्वीकार कर दिया और न ही यह स्थापित करता है कि वे अपनी जातीय परम्पराओं, तूरा के नियमों पर अडिग रहीं। इस सन्दर्भ में यह कहना अधिक समीचीन है कि इस्लामी शरा और तूरा के मध्य समन्वय के प्रयास किए गए। तुर्क तथा मंगोल वस्तुतः शाही रक्त को संप्रभु के रूप में स्वीकार करती थीं, वह पुत्र हो अथवा

पुत्री। सम्भवतः यही वह जातीय प्रेरणा थी जिसने इल्तुतमिश को अपनी पुत्री रज़िया को अपना उत्तराधिकारी बनाने के लिए प्रेरित किया। किंतु रज़िया के उदाहरण की तुलना हम सासानी अर्जुमन्ददुख़्त तथा पूरनदुख़्त अथवा कुयुक़ ख़ातून से नहीं कर सकते, जिन्होंने संप्रभुता का उपयोग किया। रज़िया इस्लामी ख़िलाफ़त के अन्तर्गत सल्तनत व्यवस्था की प्रतिनिधि थी। अतः वह स्वयं इमाम या ख़लीफ़ा बनने का दावा नहीं कर रही थी। वह मात्र सुल्तान थी। सुल्तान बनने में उसे कोई सैद्धान्तिक समस्या भी नहीं आई। किन्तु रज़िया की व्यवहारिक कठिनाइयों से ऐसा प्रतीत होता है शरा और तूरा के समन्वय का प्रयास पूर्णतः सफल नहीं हुआ। तेरहवीं शताब्दी तक पुरुष को हुक्मरान बनाने की मानसिकता प्रबल से प्रबलतर हो चुकी थी। रज़िया के पतन के दस वर्ष के अन्दर ही मिस्र में सजारत-उल-दर को ख़लीफ़ा अलमोहतसिम के साथ ख़ुतबा एवं सिक्का की अनुमति के बावजूद एक वर्ष से कम समय में ही मार दिया जाना भी इसी मानसिकता का संकेत है। स्पष्टतः, तुर्क तथा मंगोलों में भी महिलाओं ने सीधे शासिका बनने के स्थान पर अपने पुत्र अथवा पति के साथ शासन में भागीदारी की परंपरा का ही अनुसरण करना अपने लिए उचित समझा। यहाँ बाबर की सौतेली नानी शाह बेगम का यह उद्धरण अत्यधिक महत्त्वपूर्ण है कि वह 'संप्रभुता इसलिए नहीं ग्रहण कर सकती, क्योंकि वह स्त्री थी।' अतः उसने बदख़्शाँ का शासन अपने नाती वैस मिर्ज़ा के नाम पर चलाया। स्वयं बाबर की नानी ईसान दौलत बेगम तथा उसकी माता कुतलुक़ निगार ख़ानम मध्य एशियाई परिवेश में उसके राजनीतिक मामलों में रुचि ही नहीं लेती थीं, अपितु उनके निर्णय सदैव ही स्वीकार किए जाते थे।

भारत में बाबर द्वारा मुग़ल साम्राज्य की स्थापना के पश्चात् भी महिलाओं की राजनीतिक भूमिका बनी रही। बाबर तथा हुमायूँ की पत्नियाँ हमेशा ही अपने पुत्रों के पक्ष में राजनीति में भागेदारी करती थीं। बाबर की बहन ख़ानज़ादा बेगम ने आपसी विवादों को सुलझाने का भी प्रयास किया। यह महिलाएँ अमीरों अथवा अपनी जाति, जिससे वह आती थीं, को शासक के प्रति स्वामिभक्त बनाने का प्रयास करती थीं। बाबर की अफ़ग़ान पत्नी मुबारिका बेगम इसका सर्वोत्तम उदाहरण है। यह महिलाएँ शासक के हित-चिन्तन के प्रति सदैव सचेत रहती थीं। अकबर के काल में माहम अनगा के उत्थान को महिलाओं द्वारा बादशाह के हित-चिन्तन तथा उमरा में जातीय संतुलन की चेष्टा से अलग करके नहीं देखा जा सकता। हुमायूँ का विश्वसनीय सहयोगी बैरम ख़ाँन निःसन्देह मुग़ल साम्राज्य की पुनर्स्थापना तथा अकबर के

संरक्षक के रूप में अत्यंत सफल रहा। किन्तु व्यस्क हो चुके बादशाह पर नियन्त्रण का उसका प्रयास न केवल स्वयं बादशाह को अस्वीकार्य था बल्कि अन्य अमीरों, विशेष रूप से तूरानियों की चिन्ता का कारण भी था। इस स्थिति में अकबर उस किसी भी व्यक्ति की सहायता ले सकता था जो उसे बैरम ख़ाँन के प्रभाव से मुक्त करा सके। यह संयोग ही था कि माहम अनगा के अनेक सम्बन्धी उच्च पदों पर आसीन थे। इस दृष्टि से बैरम ख़ाँन के पश्चात् माहम अनगा का परिवार सबसे शक्तिशाली था। अतीत की सेवाओं तथा धाय माँ होने के नाते वह उस पर विश्वास भी कर सकता था। अकबर ने इस कार्य के लिए अपनी एक अन्य धाय माँ, जीजी अनगा तथा उसके पति शम्सुद्दीन अतक़ा का सहयोग भी लिया। हमीदा बानो बेगम की दिल्ली में मौजूदगी से स्पष्ट है कि बैरम ख़ाँन के प्रभाव से अकबर को मुक्त कराने की योजना में वह भी सम्मिलित थी। बैरम ख़ाँन के पतन के पश्चात माहम अनगा के संबंधियों को भी उनके पदों से हटाया गया तथा अन्य अमीरों को भी महत्त्वपूर्ण पदों पर नियुक्त किया। अतः माहम अनगा ने अपनी महत्त्वाकांक्षा की पूर्ति के लिए अकबर का प्रयोग नहीं, बल्कि अकबर ने माहम अनगा की शक्ति का उपयोग अपनी स्थिति को सुदृढ़ करने के लिए किया।

अकबर के काल में माहचुचक बेगम, बख़्तुन्निसा बेगम, सलीमा सुल्तान बेगम तथा गुलबदन बेगम ने भी राजनीतिक गतिविधियों में भाग लिया। अकबर द्वारा अपनी सौतेली बहन बख़्तुन्निसा बेगम को काबुल का औपचारिक गर्वनर बनाए जाने से स्पष्ट है कि अकबर के काल तक मुग़ल, महिलाओं को राजकीय पदाधिकारी बनाए जाने को अनुचित नहीं मानते थे। किंतु हमें इस उदाहरण के बावजूद यह स्वीकार करना होगा कि अकबर के काल में 1562 ई. के बाद राजनीति में महिलाओं की भूमिका निर्देशात्मक न होकर शासक की इच्छा एवं आवश्यकता तक ही सीमित रही।

अकबर के काल में राजपूतों के साथ वैवाहिक संबंध स्थापित होने के पश्चात् राजपूत महिलाओं को निश्चय ही महत्त्व प्राप्त हुआ किंतु वे तूरानी महिलाओं का राजनीतिक प्रभुत्व तोड़ने में विफल रहीं। जहाँगीर की माता मरियम-उज़-ज़मानी का वैधानिक महत्त्व निश्चय राजमाता का ही रहा किंतु वह स्वयं अपने पुत्र के शासन काल में भी सलीमा सुल्तान बेगम से अधिक शक्तिशाली न थी। बादशाह बेगम का पद सलीमा सुल्तान बेगम को मिला। राजपूतों को उमरा वर्ग में सम्मिलित करवाने में इन वैवाहिक संबंधों का महत्त्व अवश्य रहा, किंतु राजपूतों

का उत्थान उनकी योग्यता और मुग़ल उमरा वर्ग में संतुलन की आवश्यकता पर निर्भर था। इसे हम बाबर के काल में बीबी मुबारिका के अफ़ग़ान संबन्धियों को शाही सेवा में लिए जाने तथा नूरजहाँ एवं मुमताज़महल के समय में ईरानी अभिजात वर्ग के प्रभाव से अलग करके नहीं देख सकते। हाँ, यह बात और है कि नूरजहाँ तथा मुमताज़महल हरम में तूरानी प्रभुत्व तोड़ने में सफल रहीं।

नूरजहाँ निश्चित रूप से जहाँगीर के काल में राजनीतिक रूप से अत्यंत शक्तिशाली बन गई थी। किन्तु तथ्यों के परीक्षण से यह सिद्ध नहीं होता कि उसने ख़ुर्रम, ग़यास बेग, आसफ़ ख़ाँन तथा अस्मत बेगम के साथ मिलकर किसी समूह अथवा 'जुण्टा' का निर्माण किया। यह नूरजहाँ का अपने पति के प्रति समर्पण और योग्यता थी कि उसे बादशाह बेगम का सम्मान प्राप्त हो गया। सिक्कों अथवा शाही फ़रमानों पर नूरजहाँ के नाम अथवा मुहर का अंकन बादशाह बेगम के रूप में हुआ है न कि सहशासिका के रूप में। बादशाह की व्यस्तता अथवा अस्वस्थ होने की स्थिति में, शाही परिववार की महिलाओं द्वारा प्रशासन के दायित्व का निर्वाह नूरजहाँ के संबंध में न तो कोई नवीन घटना थी और न ही अंतिम उदाहरण। बाबर अपनी पत्नी माहम बेगम के अभिलेख (फ़रमान) की चर्चा करता है। हमीदा बानो बेगम, मरियम-उज़-ज़मानी तथा मुमताज़महल ने भी प्रशासनिक अभिलेख *हुक्म* जारी किए। कालान्तर में नादिरा बेगम तथा जहाँआरा बेगम द्वारा जारी *निशान* भी मिलते हैं। प्रायः इन सभी अभिलेखों में या तो किसी अधिकारी को शाही आदेश के पालन का निर्देश है अथवा अनुदानों की पुष्टि की गई है। इससे स्पष्ट है कि मात्र नूरजहाँ ही नहीं, शाही परिवार में अनेक ऐसी महिलाएँ थीं जो कि शासन-प्रशासन में भाग लेती थीं। कालान्तर में नूरजहाँ बेगम को अधिक सक्रिय होने का अवसर वस्तुतः इसलिए मिल गया कि स्वयं बादशाह अस्वस्थ रहने लगा था। अतः नूरजहाँ की भूमिका पूरक की थी। यह सत्य है कि उसके परिवार के सदस्यों का उत्थान उसके प्रभाव से अछूता न था, किंतु उसके परिवार के सदस्य अपने द्वारा ग्रहण किए गए दायित्व निर्वाह में पूर्ण सक्षम थे। मात्र नूरजहाँ का ही प्रभाव होता, तब औरंगज़ेब के काल तक इस परिवार के अनेक सदस्य अपने पदों पर बने नहीं रह सकते थे।

नूरजहाँ के पश्चात् शाहजहाँ के काल में मुमताज़महल, जहाँआरा बेगम तथा औरंगज़ेब के काल में रौशनआरा बेगम, ज़ैबुन्निसा तथा ज़ीनतुन्निसा का प्रभाव रहा। किंतु ज्यों-ज्यों

मुग़ल साम्राज्य पतन की ओर बढ़ रहा था ह़रम के अन्दर का प्रशासन भी कमज़ोर हुआ। अतः उत्तर मुग़लकाल में ह़रम की आन्तरिक राजनीति आपसी षड्‌यंत्रों एवं दुराग्रहों से पूर्ण थी। परिणाम यह हुआ कि मुग़ल साम्राज्य का पतन और भी तीव्र हो गया। ऐसा वस्तुतः इसलिए हुआ कि बादशाह की शक्ति क्षीण हो रही थी और शाही परिवार में महिलाओं के प्रभाव का सोपानयुक्त ढाँचा छिन्न-भिन्न हो रहा था जबकि यह ढाँचा इन महिलाओं के सामाजिक जीवन एवं रहन-सहन का भी आवश्यक अंग था और बादशाह इसका केन्द्र बिन्दु था।

मुग़ल बादशाह से प्रत्यक्ष अथवा अप्रत्यक्ष रूप से संबंध रखने वाली महिलाओं की सम्पूर्ण समष्टि को ह़रम के सदस्यों के अन्तर्गत रखा जाता था। इनमें बादशाह की सगी-सौतेली माताएँ, अनगाएँ, फूफियाँ, बहनें, पुत्रियाँ, पत्नियाँ एवं उपपत्नियाँ तो सम्मिलित ही थीं साथ ही ह़रम की व्यवस्था संचालन हेतु नियुक्त महिला अधिकारी एवं कर्मचारी तथा सेविकाएँ भी शामिल थीं। स्पष्टतः मुग़ल ह़रम में विविध सामाजिक स्तर की महिलाओं की संख्या हज़ारों तक पहुँच जाती थी। इन्हें साधारणतः तीन श्रेणियों में रखा जा सकता है — प्रथम, शाही परिवार की वरिष्ठ महिलाएँ, पत्नियाँ तथा राजकुमारियाँ; द्वितीय, उपपत्नियाँ तथा ह़रम में निवास करने वाली सेविकाएँ; और तृतीय, बाहर से आने वाली ह़रम की अधिकारी, कर्मचारी एव सेविकाएँ।

मुग़ल सामाजिक ढाँचे में परिवार की वरिष्ठ महिलाओं एवं राजकुमारियों को सर्वोपरि स्थान प्राप्त था। यहाँ तक कि बादशाह की मुख्य पत्नी को भी इतना महत्त्व नहीं मिलता था। इसका अनुमान इस तथ्य से लगाया जा सकता है कि महान मुग़लों के सम्पूर्ण काल में बादशाह की पत्नियाँ पचास वर्ष भी बादशाह बेगम न रहीं। दूसरी ओर, वरिष्ठ महिलाएँ लगभग एक शताब्दी और राजकुमारियाँ भी लगभग एक शताब्दी से अधिक समय तक बादशाह बेगम रहीं। इस प्रकार स्पष्ट है कि मुग़ल बादशाहों के काल में पटरानी के रूप में, पत्नी से अधिक महत्त्व बादशाहों से रक्त से संबंधित महिलाओं को प्राप्त हुआ। ख़ानज़ादा बेगम, हमीदा बानो बेगम, सलीमा सुल्तान बेगम, जहाँआरा बेगम तथा ज़ीनत-उल-निसा बेगम अपने-अपने समय में ह़रम में निवास करने वाली योग्यतम महिलाएँ होने के साथ ही बादशाह की निकट संबंधी भी थीं। दूसरी ओर, जहाँगीर की माता मरियम-उज़-ज़मानी के जीवन काल में ही नूरजहाँ बेगम को बादशाह बेगम बनाया गया। आशय यह हुआ कि योग्यतम एवं बादशाह की अत्यंत विश्वसनीय महिलाएँ ही सर्वाधिक सम्मानजनक स्थान पाती थीं भले ही राजकुमारियाँ ही क्यों न हों।

स्वाभाविक है कि राजनीतिक रूप से सक्रिय यह राजकुमारियाँ विवाह नहीं कर पाती थीं। जहाँआरा बेगम, ज़ीनत-उल-निसा बेगम, रौशनआरा तथा ज़ैबुन्निसा बेगम के उदाहरणों को इसी संदर्भ में लेना चाहिए; अन्यथा बाबर, हुमायूँ, अकबर, जहाँगीर तथा औरंगज़ेब एवं उत्तर मुग़लकाल में अधिकांश राजकुमारियों के विवाह हुए। शाहजहाँ की पुत्रियों के विवाह न होने के संदर्भ में हमें यह याद रखना होगा कि मुग़ल बादशाह अपनी पुत्रियों का विवाह प्रायः ख़ानज़ाद में ही करते थे जबकि शाहजहाँ ख़ानज़ाद की हत्या करवा कर गद्दी पर बैठा था। अतः उसकी पुत्रियों के लिए वर की कमी भी स्वाभाविक थी। हम यह नहीं भूल सकते कि यह राजकुमारियाँ समकालीन विश्व के सबसे शक्तिशाली मुस्लिम साम्राज्य की राजकुमारियाँ ही नहीं, अपितु अत्यंत सुशिक्षित नारियाँ भी थीं जो राजनीति, साहित्य, विज्ञान, खगोल विद्या तथा धर्मशास्त्र आदि में निपुण थीं।

बादशाह के परिवार के सदस्यों की सेवा में नियुक्त सेविकाएँ या तो क्रय के माध्यम से आती थीं अथवा युद्ध-बन्दी (War-Booty) के रूप में मिलती थीं। अतः इन्हें सदैव अपने स्वामी की इच्छा के अनुसार रहना होता था। इन्हें मुक्ति का अधिकार तभी मिल सकता था जबकि वे अपने स्वामी की संतान की जन्मदात्री हो जायँ। अतः अनेक सुंदर तथा सुशिक्षित सेविकाएँ बादशाह तथा राजकुमारों की उपपत्नी अथवा रखैल बन जाती थीं। ऐसी उपपत्नियों अथवा रखैलों को सम्मान तो मिलता था, किंतु वे बेगम का महत्त्व शायद ही प्राप्त करती थीं।

महिलाओं में बादशाह की दृष्टि में महत्त्व प्राप्त करने हेतु प्रतिद्वन्द्विता तो रहती ही थी, इसके साथ ही शाही परिवार से जुड़े होने के कारण अनेक प्रतिबंधों एवं निषेधों के अन्तर्गत रहना पड़ता था। महिलाओं को हरम की चहारदीवारी के अन्दर रहना अनिवार्य था जहाँ परपुरुष की बात तो और, महिलाएँ भी कड़ी जाँच-पड़ताल के पश्चात् ही आ सकती थी। यदि शाही परिवार की महिलाएँ बाहर जाती भी थीं तब वे अत्यंत कड़े पर्दे में रहती थीं। आमजन की स्थिति यह थी कि वे 'राजा की अगाड़ी और घोड़े की पिछाड़ी' से डरते थे। स्पष्ट है, शाही हरम की महिलाएँ अपनी विविध जातीय एवं धार्मिक पृष्ठभूमि के बावजूद आपस में सामंजस्य बनाए रखने के लिए विवश थीं। ऐसे में पत्नियों द्वारा पति-प्रेम की लालसा तथा भावी राजकुमार की माता बनने की महत्त्वाकांक्षा आपस में ईर्ष्या एवं प्रतिद्वन्द्विता को जन्म देता था। विद्रोही राजकुमारों की माताओं तथा बहनों की स्थिति और भी विचित्र हो जाती

थी। वे अन्दर ही अन्दर कुपित तो होती ही थीं, साथ ही ऐसे राजकुमार की हित-चिन्ता के लिए भी तत्पर रहती थीं। सबसे विषम परिस्थिति तो तब आती थी जबकि महिलाएँ युद्ध के दौरान अपने स्वामी के साथ विषम परिस्थितियाँ बर्दाश्त करती थीं। यहाँ तक कि प्रारम्भिक मुग़लकाल तथा उत्तर मुग़लकाल में महिलाओं को अनेक कष्ट सहने पड़े और बलात् विवाह भी करने पड़े।

किंतु सामान्य परिस्थितियों में शाही महिलाएँ साम्राज्य के सर्वाधिक अच्छे भवनों में निवास करती थीं और अत्यंत ऐश्वर्य का जीवन व्यतीत करती थीं। महिलाओं की सुविधा एवं नियंत्रण के लिए अन्य प्रशासनिक अनुभागों की भाँति, *ख़ान-ए-सामान* के अन्तर्गत एक सुसंगठित प्रबंध-तंत्र था। महल के अन्दर महिला अधिकारी तथा कर्मचारी, महिलाओं का सुचारु जीवन सुनिश्चित करतीं थी और किसी भी समस्या से बादशाह को अवगत कराती थीं। इनमें जहाँ महलदार, तहवीलदार, मुशारिफ़ तथा दरोग़ा के रूप में अभिजात वर्ग की महिलाओं को नियुक्त किया जाता था वहीं अनेक सेविकाएँ निरंतर अपने कार्य में लगी रहती थीं। शिक्षिकाएँ, भविष्यवक्त्रियाँ तथा संगीत एवं नृत्य आदि में निपुण महिलाएँ आवश्यकतानुसार आती थीं।

महिलाओं तथा बाह्य जगत से संपर्क एवं सुरक्षा हेतु नियुक्त हिजड़े अथवा ख़्वाजासरा नियुक्त होते थे। वे न केवल नाज़िर, दारोग़ा तथा दारोग़ा-ए-ज़िलऊ जैसे हरम से संबंधित सुरक्षा एवं प्रशासनिक पद संभालते थे बल्कि शासक तथा विशिष्ट महिलाओं के विश्वासपात्र होने के कारण अनेक सैन्य एवं प्रशासनिक दायित्वों का निर्वाह भी करते थे। अकबर के काल में ही कम से कम तीन प्रान्तों के गर्वनर के रूप में ख़्वाजासरा नियुक्त थे। कालान्तर में अनेक ख़्वाजासरा छः हज़ारी तथा सात हज़ारी मनसब प्राप्त करने में ही सफल नहीं हुए बल्कि अनेक साहित्यिक एवं ऐतिहासिक ग्रंथों की रचना भी की। उत्तर मुग़लकाल में तो इनका महत्त्व इतना अधिक हो गया कि आंतरिक षड्यंत्रों के सूत्रधार बन गए।

आगरा, फ़तेहपुर सीकरी, लाहौर, इलाहाबाद, दिल्ली के लाल क़िले में हरमसरा के लिए उपलब्ध स्थान से स्पष्ट है कि समकालीन इतिहासकारों द्वारा वर्णित हजारों की संख्या में महिलाएँ एक साथ, एक ही महल में नहीं रह सकती थीं। इसका विकल्प मुग़लों का विशाल फ़र्राशख़ाना था। बादशाहों एवं राजकुमारों के निरन्तर अभियानों में व्यस्त रहने के कारण महत्त्वपूर्ण महिलाएँ उनके साथ रहती थीं जबकि शेष, राजधानी या अन्य क़िलों में। इस प्रकार

इनके आवास हेतु पर्याप्त स्थान मिल जाता था। अभियान के समय शाही महिलाओं की यात्रा एवं आवास के विशेष प्रबंध किए जाते थे।

मुग़ल महिलाओं को अनेक वेतन, भत्ते, उपहार तथा अनेक जागीरें (बर्गबाह) तो मिलती ही थीं, साथ ही वे व्यापारिक गतिविधियों मे भी बढ़-चढ़कर भाग लेती थीं। उनका व्यापार अनेक देशों में फैला था। फलस्वरूप उनकी आर्थिक स्थिति इतनी मज़बूत रहती थी कि वे विविध सामाजिक-सांस्कृतिक गतिविधियों में दिल खोलकर व्यय करने में सक्षम थीं।

वे अत्यंत क़ीमती वस्त्राभूषण ही नहीं धारण करती थीं बल्कि नूरजहाँ तथा ज़ैबुन्निसा जैसी महिलाओं ने नवीन डिज़ाइनों का सूत्रपात किया। वे ग़रीबों तथा ज़रूतमंदों को दान देने के साथ ही विविध धार्मिक एवं आध्यात्मिक कार्यकलापों में भी रुचि लेती थीं। शाही परिवार की अनेक महिलाएँ सूफ़ी मत से प्रभावित थीं। वे पवित्र मक्का तथा सूफ़ी संतों के दर्शन हेतु जाया करती थीं। विभिन्न धर्मों एवं जातीयता की पृष्ठभूमि की महिलाओं को उनके अपने त्यौहार मनाने की अनुमति के चलते महल में सदैव ही कोई न कोई उत्सव होता था। महिलाएँ शतरंज, चौपड़, चण्डल-मण्डल, पच्चीसी, नौका-विहार, शिकार तथा चौगान आदि खेलों के माध्यम से अपना मनोविनोद करती थीं। अध्ययन, लेखन, संगीत, नृत्य, चित्रकारी तथा स्थापत्य में रुचि के चलते अनेक महत्त्वपूर्ण रचनाओं का प्रणयन स्वयं शाही परिवार की महिलाओं ने तो किया ही, साथ ही अनेक लेखकों एवं कवियों को भी संरक्षण मिला।

अतः स्पष्ट है कि मुग़ल शाही महिलाओं के योगदानों की चर्चा किए बग़ैर न तो मुग़लकाल का राजनीतिक इतिहास पूर्ण है, न ही उनके जीवन एवं परिस्थितियों को समझे बग़ैर मुग़ल काल का सम्यक् सामाजिक-सांस्कृतिक इतिहास लिखना ही संभव है। जिस प्रकार बाबर की मज़ार, हुमायूँ के मक़बरे, एतमादुद्दौला के मक़बरे, नूरसराय, जहाँगीर के मक़बरे, आगरा की जामा मस्जिद, ताजमहल, फ़तेहपुरी मस्जिद और सुनहरी मस्जिद के उल्लेख के अभाव में मुग़ल स्थापत्य को समझना असंभव है, उसी प्रकार मुग़ल शाही महिलाओं के अध्ययन के अभाव में मुग़ल इतिहास को सम्यक् रूप से समझना असंभव है।

परिशिष्ट

परिशिष्ट–एक

शाही महिलाएँ और उनकी उपाधियाँ

महिला का नाम	*उपाधि/चर्चित नाम*	*परिचय*
माहम बेगम	बादशाह बेगम	बाबर की पत्नी
ख़ानज़ादा बेगम	बादशाह बेगम	बाबर की बहन
हमीदाबानो बेगम	मरियम मकानी (मृत्यु के बाद)	अकबर की पत्नी
सलीमा सुल्तान बेगम	बादशाह बेगम	अकबर की पत्नी
हरखाबाई (?)	मरियम-उज़-ज़मानी, वली नाम'त बेगम	भारमल की पुत्री तथा जहाँगीर की माँ
मानबाई	शाहबेगम	जहाँगीर की पत्नी
जगत गोसाई	बिल्क़ीस मकानी	शाहजहाँ की माँ तथा जहाँगीर की पत्नी
मेहरुन्निसा बेगम	नूरमहल, नूरजहाँ, बादशाह बेगम	जहाँगीर की पत्नी तथा मिर्ज़ा ग़यास बेग की पुत्री
नाम ज्ञात नहीं	मलिका-ए-जहाँ	जैसलमेर के राणा कल्याणमल की पुत्री
अर्जुमन्द बानो बेगम	मुमताज़ महल, मलिका-ए-जहाँ	शाहजहाँ की पत्नी एवं आसफ़ खाँ की पुत्री
जहाँआरा बेगम	बेगम साहब, बादशाह बेगम, साहिबतुज़्ज़मानी	शाहजहाँ की पुत्री
रौशनआरा बेगम	शाहबेगम	शाहजहाँ की पुत्री
ज़ीनतुन्निसा बेगम	बादशाह बेगम	औरंगज़ेब की पुत्री
लालकुँअर	इम्तियाज़महल	जहाँदारशाह की उपपत्नी एवं पूर्व में गायिका (मुग़ीना)
फ़ख्रुन्निसा बेगम	हज़रत बेगम, नवाब क़ुद़सिया	मुहम्मद शाह की माँ

परिशिष्ट–दो

शाही महिलाओं के अभिलेख : एक सिंहावलोकन

जारीकर्ता	*पद*	*मुहर का नाम*	*उनवान*	*तुग़रा*	*लेख (Legend)*
हमीदा बानो बेगम	राजमाता	आठ पत्तियों वाली पुष्पाकृति	हुक्म-ए-हमीदा बानू बेगम	–	हमीदा बानू बिन्त-ए-अली अकबर
मरियम-उज़-ज़मानी	राजमाता	घटाकृति	हुक्म-ए-मरियम-उज़ ज़मानी	–	वली ना'मत बेगम वालिदा-ए-जहाँगीर बादशाह
नूरजहाँ चुन माह बादशाह	राजमहिषी	विषमकोणीय आकृति (Lozenge)	–	हुक्म-ए-उलैया-ए-आलिया महदी उलिया नूरजहाँ बादशाह बेगम	ज़े मेहर-ए-शाह-ए-जहाँगीर शुद फुरुज़न; निगीन-ए-मुहरी नूरजहाँ बेगम-ए-दौराँ, 1029
" मेहर-ए- 1033	"	छह पत्तियों की गुलाब-आकृति	–	"	अल्लाह-हु-अकबर जे नूरी जहाँगीर बादशाह-ए-जहाँबान,
मुमताज़महल हक	राजमहिषी	वृत्ताकार	–	हुक्म-ए-उलिया-ए-आलिया मुमताज़ शुद हमदम	ज़े लुत्फ़-ए-हक़ मुमताज़महल दर आलम बा ज़िल-ए-खुदा; शाहजहाँ
नादिरा बानू बेगम हमदम-ए-शाह-ए-	वली अहद की पत्नी	वृत्ताकार	महल बेगम निशान-ए-नादिरा बानो बेगम	–	नादिरा बानू बेगम बुलन्द इक़बाल 1066

जारीकर्ता	पद	मुहर का नाम	उनवान	तुग़रा	लेख (Legend)
जहाँआरा बेगम बिन्त-ए	शाहज़ादी	वृत्ताकार	–	निशान-ए-उलिया-ए-आलिया महदी उलिया जहाँआरां बिन्त-ए-हज़रत शाहजहाँ बादशाह गाज़ी साहब-ए-क़िरान-	उलिया-ए-आलिया जहाँआरा शाहजहाँ
हमीदा बानो बेगम	राजमाता	आठ पत्तियों वाली पुष्पाकृति		हुक्म-ए-हमीदा बानू बेगम	हमीदा बानू बिन्त-ए-अली अकबर
मरियम-उज़-ज़मानी	राजमाता	घटाकृति	हुक्म-ए-मरियम-उज ज़मानी	वली ना'मत बेगम	वालिदा-ए-जहाँगीर बादशाह
नूरजहाँ	राजमहिषी	विषमकोणीय आकृति (Lozenge) छह पत्तियों की गुलाब-आकृति	हुक्म-ए-उलैया-ए-आलिया महदी उलिया नूरजहा बादशाह बेगम	हुक्म-ए-उलैया-ए-आलिया	महदी उलिया नूरजहा बादशाह बेगम
ज़े मेहर-ए-शाह-ए-जहाँगीर	शुद चुन माह	आलम	बा ज़िल-ए-खुदा;	शाहजहा बेगम-ए-दौराँ, 1029अल्लाह-हु-अकबर जे नूरी मेहर-ए-जहाँगीर बादशाह-ए-जहाँबान, 1033	-

जारीकर्ता	पद	मुहर का नाम	उनवान	तुग़रा	लेख (Legend)
मुमताज़महल	राजमहिषी	वृत्ताकार	हुक्म-ए-उलिया-ए-आलिया		
मुमताज महल बेगम			ज़े लुत्फ़-ए-हक़	मुमताज़महल द आलम बा ज़िल-ए-खुदा;	शाहजहा र शुद हमदम
नादिरा बानू बेगम	वली अहद की पत्नी		वृत्ताकार	निशान-ए-नादिरा बानो बेगम	नादिरा बानू बेगम हमदम-ए-शाह-ए-बुलन्द इक़बाल 1066
जहाँआरा बेगम	शाहज़ादी	वृत्ताकार	निशान-ए-उलिया–ए-आलिया	महदी उलिया जहाँआरां	बिन्त-ए-हज़रत शाहजहाँ बादशाह गाज़ी साहब-ए-क़िरान-ए-सानी

संदर्भ ग्रंथ-सूची

प्राथमिक स्रोत

अरबी एवं फ़ारसी

अज़फ़ारी, ज़हीरुद्दीन, *वाक़िया-ए-अज़फ़ारी,* (अनु.) ए. सत्तार, मद्रास, 1937

अफ़ीफ़, शम्स सिराज, *तारीख़-ए-फ़ीरोज़शाही,* (संपा.) मौलवी विलायत हुसैन, कलकत्ता, 1890, (अनु.) एस.ए.ए. रिज़वी, (तुग़लककालीन भारत), अलीगढ़, 1956

अबुल फ़ज़ल, अल्लामी, *आइन-ए-अकबरी,* 3 खण्ड, (संपा.) एच. ब्लॉकमैन, (अनु.) ब्लॉकमैन (I), जैरेट (II), जैरेट एवं जे.एन. सरकार (III), कलकत्ता, 1873, 1942 एवं 1948

अकबरनामा, (अनु.) एच. बेवरिज, कलकत्ता, 192-49

अबुल हसन, बुरहानुद्दीन; *अलहिदाया,* देवबन्द, 1401 हि.

अब्दुल्लाह, *तारीख-ए-दाउदी,* (संपा.) शेख अब्दुल रसीद, अलीगढ़, 1954

अमीर खुसरो, *देवल रानी ख़िज्र ख़ाँन,* (अनु.) एस.ए.ए. रिज़वी (ख़िलजीकालीन भारत), अलीगढ़, 1955

औरंगज़ेब, आलमगीर; *रुक्कात-ए-आलमगीरी,* (संपा.) एस. नजीब अशरफ़ नदवी, आज़मगढ़, 1930

इनायतउल्लाह, *तकमील-ए-अकबरनामा,* (अनु.) इलियट एवं डाउसन, VI, पृ. 150-174

इनायत ख़ाँन, *शाहजहाँनामा,* (संपा. एवं अनु.) डब्ल्यू.ई. बेगले एवं ज़ेड.ए. देसाई, दिल्ली, 1990

इब्न-ए-ख़ल्दून, *मुक़दमा-ए-इब्न-ए-ख़ल्दून।*

इब्न-ए-बतूता, *रेहला,* (अनु.) एस.ए.ए. रिज़वी (तुग़लक़कालीन भारत) अलीगढ़, 1956

इसामी, *फ़ुतूह-उस-सलातीन;* (अनु.) एस.ए.ए. रिज़वी (ख़िलजीकालीन भारत), अलीगढ़, 1955

क़ाज़वीनी, मिर्ज़ा अमीन; *पादशाहनामा,* रज़ा लाइब्रेरी, रामपुर।

क़ाज़िम, मोहम्मद, *आलमगीरनामा,* कलकत्ता, 1874

काम्बू, मुहम्मद सालेह, *अमल-ए-सालेह,* (संपा.) गुलाम यज़दानी, 3 खण्ड, कलकत्ता, 1923, 1927, 1939

कुरान, (अनु.) अहमद रज़ा ख़ाँन।

ख़ाँन, कामगार, *मा'सीर-ए-जहाँगीरी,* (अनु.) इलियट एवं डाउसन, VI

ख़ाँन, मोतमिद, *इक़बालनामा-ए-जहाँगीरी*, कलकत्ता, 1865; इलियट एवं डाउसन, VI,

ख़ाँन, शाहनवाज़, *मा'सीर-उल-उमरा*, 3 खण्ड, अनु. एच. बेवरिज एवं बेनी प्रसाद, कलकत्ता, 1941

ख़ाँन, साक़ी मुस्ता'ईद, *मा'सीर-ए-आलमगरी*, अनु. जदुनाथ सरकार, कलकत्ता, 1990 (रीप्रिन्ट)।

ख़ाफ़ी ख़ाँन, मुहम्मद हाशिम, *मुन्तख़ब-उल-लुबाब*, (संपा.) कबीरुद्दीन अहमद एवं हेग, कलकत्ता, 1874

जहाँगीर, नुररुद्दीन मुहम्मद, *तुजुक-ए-जहाँगीरी*, (अनु.) ए. रोजर्स एवं एच. बेवरिज, दिल्ली, 1968 (रीप्रिन्ट)।

जुवैनी, अलाउद्दीन अता मलिक, *तारीख़-ए-जहाँगुशा*, (संपा.) मिर्ज़ा मुहम्मद क़ाज़वीनी, खण्ड-2, लंदन, 1916

जौहर, आफ़ताबची, तज़किरात-उल-वाक़यात, (अनु.) मेजर चार्ल्स स्टीवर्ट, लंदन, 1832

तबातबाई, मुंशी, गुलाम हुसैन, सियारुल मुता'ख़ेरीन,

तारीख़-ए-अहमदशाह, (अनु. एवं संपा.) इलियट एवं डाउसन, VIII.

तुग़लक़, फ़ीरोज़शाह; *फ़तूहात-ए-फ़ीरोज़शाही*, (अनु.) इलियट एवं डाउसन, III, पृ. 374-388

नागर, ईश्वरदास, *फ़तूहात-ए-आलमगीरी*, (अनु.) जदुनाथ सरकार, कलकत्ता, 1937

निज़ामुद्दीन अहमद, *तबक़ात-ए-अकबरी*, 3 खण्ड, (अनु.) बी. डे, कलकत्ता, 1927 एवं 1931, इलियट एवं डाउसन, V

नियामतउल्लाह, *तारीख़-ए-ख़ान जहानी व मखज़ान-ए-अफ़ग़ानी*, (संपा.) एस.एम. इमामुद्दीन, ढाका, 1960

फ़रिश्ता, मुल्ला मुहम्मद क़ासिम हिंदूशाह, *तारीख़-ए-फ़रिश्ता अथवा गुलशन-ए-इब्राहीमी*, (अनु.) जेम्स ब्रिग्स, लंदन, 1829

बदायूँनी, मुल्ला अब्दुल क़ादिर, *मुन्तख़ब-उत्त-तवारीख़*, 3 खण्ड, (संपा.) अहमद अली एवं जी. रैंकिंग, (अनु.) रैंकिंग (I), डब्ल्यू.एच. लूव (II), कलकत्ता, 1884 एवं 1948

बरनी, ज़ियाउद्दीन; *तारीख़-ए-फ़ीरोज़शाही*, कलकत्ता, 1891, (अनु.) एस.ए.ए. रिज़वी (ख़िलजी-कालीन भारत), अलीगढ़, 1955

बाबर, ज़हीरुद्दीन मुहम्मद, *तुजुक-ए-बाबरी*, (अनु.) ए.एस. बेवरिज, 2 खण्ड, लंदन, 1922; (हि. अनु.) युगजीत नवलपुरी, दिल्ली, 1974

बेग, असद, *वाक़यात-ए-असदबेग*, (अनु.) इलियट एवं डाउसन, VI.

बेगम, गुलबदन, *हुमायूँनामा*, (अनु.) ए.एस. बेवरिज, लंदन, 1902; (उर्दू अनु.) उसमान हैदर मिर्ज़ा, नई दिल्ली, 1981

बेगम, जहाँआरा, *रिसाला-ए-साहिबिया*, अलीगढ़ विश्वविद्यालय, ट्रांसक्रिप्ट, अलीगढ़।

मुनीस-उल-अरवाह, दारुलमुसन्नेफ़ीन, आज़मगढ़।

भण्डारी, सुजान राय, *खुलास-उत-तवारीख़,* (संपा.) ज़फ़र हसन, दिल्ली, 1948

मिनहाज-उद्दीन-सिराज, *तबक़ात-ए-नासिरी,* (अनु.) रेवर्टी, दिल्ली, 1970 (रीप्रिन्ट)।

लाहौरी, अब्दुल हमीद, *पादशाहनामा,* (संपा.) कबीरुद्दीन एवं अब्दुल रहीम, 2 खण्ड, कलकत्ता, 1867-68, इलियट एवं डाउसन, VII.

वारिस, मुहम्मद, *पादशाहनामा,* रज़ा लाइब्रेरी, रामपुर।

शरवानी, अब्बास खाँन, *तारीख़-ए-शेरशाही,* (हि. अनु.) राजाराम अग्रवाल, लखनऊ, 1973

हमीदुद्दीन बहादुर, *अहकाम-ए-आलमगीरी,* (अनु.) जदुनाथ सरकार, कलकत्ता, 1912

हादी, मुहम्मद, *तातीमा-ए-वाक़ियात-ए-जहाँगीरी,* (अनु.) इलियट एवं डाउसन, VI.

संस्कृत

अथर्ववेद, वेद प्रतिष्ठान, नई दिल्ली, 1977

ऋग्वेद, वेद प्रतिष्ठान, नई दिल्ली, 1977

कल्हण, *राजतरंगिणी,* संपा. एम.ए. स्टाइन, 2 खण्ड, दिल्ली, 1961 (रीप्रिन्ट)।

कालिदास, *रघुवंशचरितम्,* मल्लिनाथी टीका, वाराणसी, 1953

गीता, (अनु. एवं टीका) जयदयाल गोयन्दका, गीता प्रेस, गोरखपुर, वि.सं. 2051

दण्डि, *दशकुमारचरितम्।*

भट्टनारायण, *वेणीसंहार,* (अनु.). शिवराज शास्त्री, मेरठ, 1960

मनुस्मृति, (अनु. एवं संपा.) जार्ज ब्यूलर (द लॉज़ ऑफ़ मनु), न्यूयार्क, 1969 (रीप्रिंट)।

याज्ञवल्क्य स्मृति, पूना, 1903

वाल्मीकि, *रामायण,* गीता प्रेस, गोरखपुर, सं. 2020

विल्हण, *विक्रमांकदेवचरित,* (संपा.) पं. विश्वनाथ शास्त्री।

विष्णुपुराण, गीता प्रेस, गोरखपुर, सं. 2051

व्यास, *महाभारत,* गीता प्रेस, गोरखपुर, सं. 2020

सोमदेव, *कथासरित्सागर,* (संपा.), केदारनाथ शर्मा, पटना, 1961

हिन्दी

केशवदास, *जहाँगीरजसचंद्रिका,* (संपा.) विश्वनाथ मिश्र, 3 खण्ड, इलाहाबाद, 1959

जयानक भट्ट, *पृथ्वीराज विजय,* (संक. एवं टीका) गौरीशंकर हीराचन्द ओझा एवं चन्द्रधर शर्मा गुलेरी, अजमेर, 1941

जयचन्दबरदायी; *पृथ्वीराज रासो,* (टीका) मोहन सिंह, वि.सं. 2012

यूरोपीय यात्रियों के वृत्तान्त

ट्रेवेनियर, जीन बेपटिस्ट, *ट्रेवेल्स इन इण्डिया,* (संपा.) एवं (अनु.) वी. बाल, 2 खण्ड, लंदन, 1925

डी लायट, जोनासय, *द अंपायर ऑफ़ द ग्रेट मोगोल,* (अनु.) हालैण्ड एवं बनर्जी, बम्बई, 1938

डेला वैले, पेट्रा, *द ट्रेवेल्स ऑफ़ पेट्रा डेला वैले इन इण्डिया,* (अनु.) एडवर्ड ग्रे, 2 खण्ड, लंदन, 1892

थेवनॉट, *इण्डियन ट्रेवेल्स ऑफ़ थेवनॉट एण्ड करेरी,* (संपा.) एस.एन. सेन, नई दिल्ली, 1949

पेल्सर्ट, फ्रांसिस्को; *जहाँगीर्स इण्डिया,* (अनु.) डब्ल्यू. एच. मोरलैण्ड एवं पी. जाइल, कैम्ब्रिज, 1925

फ़ोस्टर, डब्ल्यू. (संपा.), *अर्ली ट्रेवेल्स इन इण्डिया* (1583-1619), लंदन, 1921

इंग्लिश फैक्ट्रीज़ इन इण्डिया (1618-69), 13 खण्ड, आक्सफोर्ड,1906-27

बर्नियर, फ्रेकोंइस, *ट्रेवेल्स इन मुग़ल अंपायर (1656-68),* (संपा.) वी.ए. स्मिथ, ऑक्सफोर्ड, 1934

बारबोसा, डी., *द बुक ऑफ़ डुआर्ट बारबोसा,* 2 खण्ड, लंदन, 1918-20

मनूकी, निकोलो, *स्टोरिया डो मोगोर,* (अनु.) विलियम इर्विन, 4 खण्ड, लंदन, 1906

मॉन्सरेट, *कमेन्ट्रियस अथवा कमेन्ट्री ऑफ़ फ़ादर मॉन्सरेट ऑन हिज़ जर्नी टू द कोर्ट ऑफ़ अकबर* (अंग्रेजी), (अनु.) हॉलैण्ड एवं एस.एन. बनर्जी, कटक, 1922

मुण्डी, पीटर, *ट्रेवेल्स ऑफ दि पीटर मुण्डी इन एशिया,* (संपा.) आर.सी. टेम्पुल, लंदन, 1914

मैक्लेगन, ई., *द जेसुइट एण्ड द ग्रेट मुग़ल,* लंदन, 1932

राल्फ़ फिच, *इंग्लैण्ड्स पाइनियर इन इण्डिया,* (संपा.) जे.आर. रैले, लंदन, 1899

रो, थॉमस, *द एम्बेसी ऑफ़ थॉमस रो टू द कोर्ट ऑफ़ ग्रेट मुग़ल (1615-1619),* (संपा.) डब्ल्यू. फ़ोस्टर, लंदन, 1899

द्वितीयक स्रोत

अंग्रेजी

अज़ीज़, अब्दुल, *आर्म्स एण्ड ज्वेलरी ऑफ़ द इण्डियन मुग़ल्स,* लाहौर, 1947

अल्तेकर, ए.एस., *पोज़ीशन ऑफ़ वूमेन इन हिन्दू सिविलाइज़ेशन,* बनारस, 1956 (रीप्रिन्ट)।

अशरफ़, के.एम., *लाइफ़ एण्ड कण्डीशन ऑफ़ द पिपुल ऑफ़ हिन्दुस्तान,* दिल्ली, 1970, (रीप्रिन्ट)।

अंसारी, एम.ए., *सोशल लाइफ़ आफ़ द मुग़ल इम्परर्स,* नई दिल्ली, 1974

इब्न हसन, *द सेन्ट्रल स्ट्रक्चर ऑफ़ मुग़ल अंपायर,* आक्सफोर्ड, 1936

इरफ़ान हबीब, *द एग्रेरियन सिस्टम ऑफ़ मुग़ल इण्डिया,* बम्बई, 1963

इर्विन, विलियम, *लेटर मुग़ल्स,* (संपा.) जदुनाथ सरकार, 2 खण्ड, कलकत्ता, 1922

इलियट, सर हेनरी एम. एवं जे. डाउसन, *हिस्ट्री ऑफ़ इण्डिया एज़ टोल्ड बाई इट्स ओन हिस्टोरियन्स,* 8 खण्ड, लंदन, 1867-77

ईश्वरी प्रसाद, *द लाइफ़ एण्ड टाइम्स ऑफ़ हुमायूँ* कलकत्ता, 1936

एडवर्ड्स, माइकेल, *इण्डियन टेम्पुल एण्ड पैलेसेस,* लंदन, 1969

कनिंघम, ए., *क्वायन्स ऑफ़ मिडीवल इण्डिया : फ्रॉम द सेवेन्थ सेन्चुरी टू द मुहम्मडन कॉनक्वेस्ट,* दिल्ली, 1966 (रीप्रिन्ट)।

कमरुद्दीन, एम., *लाइफ़ एण्ड टाइम्स आफ़ प्रिंस मुरादबख़्श,* कलकत्ता, 1974

क़ानूनगो, के.आर., *दाराशिकोह,* कलकत्ता, 1952 (द्वितीय संस्करण)।

कूपर, एलिजाबेथ, *दि ह़रम एण्ड दि परदा,* कलकत्ता, 1915

ख़ान, कुँअर रफ़ाक़त अली, *द कछवाहाज़ अण्डर अकबर एण्ड जहाँगीर,* दिल्ली, 1976

गर्ग, संजय (संपा.), *परमेश्वरीलाल गुप्ताज़ – क्वायन्स एण्ड हिस्ट्री ऑफ़ मिडीवल इण्डिया,* दिल्ली, 1997

गॉडेन, रूमर, *गुलबदन : पोर्ट्रेट ऑफ ए रोज़ प्रिंसेस एट द मुग़ल कोर्ट,* न्यूयार्क, 1980

गुप्ता, पी.एल., *क्वायन्स,* नई दिल्ली, 2004 (रीप्रिन्ट)।

गोरान, एम. एवं जी.पी. गोयनका, *द क्वायन्स ऑफ़ द इण्डियन सुल्तनत्स,* नई दिल्ली, 2001

गौड़, आर.सी., *एक्सकेवेशन्स एट फ़तेहपुर सीकरी,* नई दिल्ली, 2000

चोपड़ा, पी.एन., *सोसाइटी एण्ड कल्चर इन मुग़ल एज,* आगरा, 1963

———— *लाइफ़ एण्ड लेटर्स अण्डर द मुग़ल्स,* दिल्ली, 1975

चौधरी, जे.बी., *मुस्लिम पैट्रोनेज टू संस्कृत लर्निंग,* भाग-1, कलकत्ता, 1954

जाफ़र एस.एम., *एजूकेशन इन मुस्लिम इण्डिया,* हैदराबाद, 1936

जोशी, जे.पी. (संपा.), *फ़ेसेट्स ऑफ़ इण्डियन सिविलाइज़ेशन – ए रिसेन्ट पर्सपेक्टिव,* 3 खण्ड, नई दिल्ली, 1997

टॉड, जेम्स; *एनल्स एण्ड एण्टीक्वीटीज़ ऑफ़ राजस्थान,* 3 खण्ड, ऑक्सफ़ोर्ड, 1920

डेलरिम्पल, विलियम, द लास्ट मुग़ल, द फ़ाल ऑफ़ ए डायनेस्टी, डेल्ही, 1857; नई दिल्ली 2005-2006

तिरमिज़ी, एस.ए.आई., *इडिक्ट्स फ्रॉम द मुग़ल ह़रम,* दिल्ली, 1979

त्रिपाठी, आर.पी., *राइज़ एण्ड फाल ऑफ़ मुग़ल अंपायर,* 2 खण्ड, इलाहाबाद, 1977

————*सम आसपेक्ट्स ऑफ़ मुस्लिम एडमिनिस्ट्रेशन,* इलाहाबाद, 1956

देवी, सुनीति, *द ब्यूटीफुल मोगुल प्रिंसेसेज़,* दिल्ली, 1918

नदवी, एस. सुलेमान, *हीरोइक डीड्स ऑफ़ मुस्लिम वूमेन,* नई दिल्ली, 1994

नाथ, आर., *द इम्मोर्टल ताजमहल,* बम्बई, 1972

--------*हिस्ट्री ऑफ़ मुग़ल आर्कीटेक्चर,* खण्ड 2 एवं 3, नई दिल्ली, 1985 एवं 1994

--------*प्राइवेट लाइफ़ ऑफ़ द मुग़ल्स ऑफ़ इण्डिया,* जयपुर, 1994

नाथ, रेणुका, *नोटेबुल मुग़ल एण्ड हिन्दू वूमेन इन सिक्सटीथ एण्ड सेवेन्टीन्थ सेन्चुरी,* नई दिल्ली, 1988

नियोर, काउण्ट ऑफ़ वॉन, *द इम्परर अकबर,* (अनु.) ए.एस. बेवरिज, कलकत्ता, 1890

पंत, चन्द्र, *नूरजहाँ एण्ड हर फ़ैमिली,* इलाहाबाद, 1974

पंत, डी., *द कामर्शियल पॉलिसी ऑफ़ द मुग़ल्स,* बम्बई, 1930

पूल, जॉन जे., *फ़ेमस वूमन ऑफ़ इण्डिया,* कलकत्ता, 1954

फ़िण्डली, डब्ल्यू.ई., *नूरजहाँ – इम्प्रेस ऑफ़ मुग़ल इण्डिया,* ऑक्सफ़ोर्ड, 1993

बनर्जी, एस.के., *हुमायूँ बादशाह,* खण्ड-I, ऑक्सफ़ोर्ड, 1938; खण्ड-II, लखनऊ, 1941

बवेजा, मलिकराम, *वूमेन इन इस्लाम,* हैदराबाद।

बिनयान, एल., *द कोर्ट पेण्टर्स ऑफ़ ग्राण्ड मुग़ल्स,* नई दिल्ली, 1981

बीच, एम. क्लीवलैण्ड, *मुग़ल एण्ड राजपूत पेंटिंग्स,* कैम्ब्रिज, 1992

बूटेन्शन, एण्ड्रा, *द लाइफ़ ऑफ़ ए मुग़ल प्रिंसेस — जहाँआरा,* लंदन, 1921

बेगले, डब्ल्यू.ई. एवं ज़ेड.ए., देसाई, *ताजमहल : इल्यूमाइण्ड टूम्ब,* लंदन, 1989

बेनी प्रसाद, *हिस्ट्री ऑफ़ जहाँगीर,* इलाहाबाद, 1982 (रीप्रिंट)।

ब्राउन, ई.जी., *लिटरेरी हिस्ट्री ऑफ़ पर्शिया,* 4 खण्ड, लंदन, 1902-1924

ब्राउन, पर्सी, *इण्डियन पेंटिंग्स अण्डर द मुग़ल्स,* नई दिल्ली, 1981 (रीप्रिंट)।

इण्डियन आर्कीटेक्चर : इस्लामिक पीरियड, बम्बई, 1942

माथुर, एन.एल., *रेड फ़ोर्ट एण्ड मुग़ल लाइफ़,* नई दिल्ली, 1964

माधवानन्द, स्वामी एवं आर.सी. मजूमदार (संपा.), *द ग्रेट वूमेन ऑफ़ इण्डिया,* अलमोड़ा, 1953

मिश्रा, रेखा, *वूमेन इन मुग़ल इण्डिया,* दिल्ली, 1967

मुखर्जी, सोमा, रॉयल मुग़ल लेडीज एण्ड देयर कंट्रीब्यूशन, नई दिल्ली, 2001

मुखर्जी, राधाकमल; *इकोनॉमिक हिस्ट्री ऑफ़ इण्डिया (1600-1800),* इलाहाबाद, 1967

मुहम्मद यासीन, *ए सोशल हिस्ट्री ऑफ़ इस्लामिक इण्डिया,* लखनऊ, 1956

मूसवी, शीरीन, *एपीसोड्स इन द लाइफ़ ऑफ़ अकबर,* नई दिल्ली, 1994

पीपुल, टेक्सेशन एण्ड ट्रेड इन मुग़ल इण्डिया, नई दिल्ली, 2008

मेलकॉम, सी.आर., *हिस्ट्री ऑफ़ पर्शिया,* लंदन, 1874

मोहियुद्दीन, मोमिन, *द चान्सलरी एण्ड पर्शियन इपिस्टोलोग्राफी अण्डर द मुग़ल्स,* कलकत्ता, 1971

युसुफ़ हुसैन, *ग्लिम्पसेस ऑफ़ मिडीवल इण्डियन कल्चर,* बम्बई, 1957

रणधावा, एम.एस., *पेंटिंग्स ऑफ बाबरनामा,* नई दिल्ली, 1983

राइट, एच. नेल्सन, *द क्वायनेज एण्ड मेट्रोलॉजी ऑफ़ द सुल्तान्स ऑफ़ डेहली,* दिल्ली, 1936

राय, निहाररंजन, *मुग़ल कोर्ट पेण्टिंग,* कलकत्ता, 1975

रिज़वी एस.ए.ए., *फ़तेहपुर सीकरी,* नई दिल्ली, 1992

रोजर्स, जे.एम. (अनु.), *द टोपकापी सराय म्यूज़ियम – आर्कीटेक्चर : द ह़रम एण्ड अदर बिल्डिंग्स।*

लतीफ़ एस.एम., *लाहौर : इट्स हिस्ट्री, आर्कीटेक्चरल रिमेन्स एण्ड एण्टीक्वीटीज़,* लाहौर, 1892

लाल, के.एस., *हिस्ट्री ऑफ़ द ख़िलजीज़,* दिल्ली, 1980 (रीप्रिन्ट)।

———— *द मुग़ल हरेम,* नई दिल्ली, 1988

लाल, मगन, *द दीवान ऑफ़ ज़ेबुन्निसा,* लंदन, 1913

लॉ, एन.एन., *प्रमोशन ऑफ़ लर्निंग इन इण्डिया,* लंदन, 1916

वनाजा, आर., *इण्डियन क्वायनेज,* नई दिल्ली, 1994

वाटर्स, थामस; *ऑन युवान चुऑँग्स ट्रेवेल्स इन इण्डिया,* 2 खण्ड, लंदन, 1904-05

विलियम, एल.एफ. रसब्रुक्स, *एन अंपायर बिल्डर ऑफ़ सिक्सटीन्थ सेन्चुरी,* लंदन, 1918

विलेर्स स्टुवर्ट, सी.एम. एवं चार्ल्स ब्लैक, *गार्डेन्स ऑफ़ द ग्रेट मुग़ल्स,* लंदन, 1913

शर्मा, जी.एन., *मेवाड़ एण्ड मुग़ल इम्परर्स,* आगरा, 1954

शर्मा, वाई.डी., *डेहली एण्ड इट्स नेबरहुड,* दिल्ली, 1974

शास्त्री, नीलकंठ, *द चोलाज़,* खण्ड-2, मद्रास, 1937

श्रीवास्तव, के.पी., मुग़ल फ़रमान्स, खण्ड-I, लखनऊ, 1974

सक्सेना, बी.पी., *हिस्ट्री ऑफ़ शाहजहाँ ऑफ़ डेहली,* इलाहाबाद, 1958

सतीश चन्द्र, *पार्टीज़ एण्ड पोलिटिक्स एट द मुग़ल इण्डिया,* अलीगढ़, 1959

सरकार, जदुनाथ, *स्टडीज़ इन मुग़ल इण्डिया,* कलकत्ता, 1919

———— *हिस्ट्री ऑफ़ औरंगज़ेब,* 5 खण्ड, कलकत्ता, 1912-25

———— *एनेक्डॉटस ऑफ़ औरंगज़ेब एण्ड हिस्टोरिकल एस्सेज़,* कलकत्ता, 1917

———— *फ़ाल ऑफ़ द मुग़ल अंपायर,* 4 खण्ड, कलकत्ता, 1917

सरकार, डी.सी., *सेलेक्टेड इन्सक्रिप्शन्स,* कलकत्ता, 1942

सरदेसाई, जी.एस., *न्यू हिस्ट्री ऑफ़ मराठाज़,* 3 खण्ड, बम्बई, 1946

सिद्दीकी, एम. मज़हरुद्दीन, *वूमेन इन इस्लाम,* दिल्ली, 1993 (रीप्रिंट)।

सिंह, एम.पी., *स्टडीज़ इन मुग़ल इकोनॉमी (1556-1707),* जयपुर, 2000

सेन, गीति, *पेण्टिंग्स फ़्रॉम द अकबरनामा,* नई दिल्ली, 1984

सैण्डर्स, जे.ए.एच., *टेमरलेन ऑर तैमूर द ग्रेट मुग़ल,* लंदन, 1936

स्मिथ, वी.ए., *अकबर द ग्रेट मुग़ल,* दिल्ली, 1958

हसरत, विक्रमाजीत, *दाराशिकोह : लाइफ़ एण्ड वर्क्स,* शान्तिनिकेतन, 1953

उर्दू

अब्दुर्रहमान, सैयद सबाहुद्दीन, *हिन्दुस्तान के मुसलमान हुक्मरानों के अहद के तमद्दुनी* जलवे, आज़मगढ़, 1980 (रीप्रिन्ट)।

———————*बज़्म-ए-तैमूरिया,* 3 खण्ड, आज़मगढ़, 1991-95 (रीप्रिन्ट)।

अली, युसुफ़, *कारून-ए-उस्ता में हिंदुस्तान के मा'सराती हालात,* इलाहाबाद, 1928

अहमद, सर सैयद, *आसार-उस-सनादीद,* 3 खण्ड, दिल्ली, 2003 (रीप्रिंट)।

इरफ़ान हबीब, *मुग़ल हिन्दोस्तान का तरीक़-ए-ज़रात,* (अनु.) जमाल मुहम्मद सिद्दीकी, नई दिल्ली, 1999 (दूसरा संस्करण)।

देहलवी, मिर्ज़ा हैरत, *सवानह उमरी नूरजहाँ बेगम,* दिल्ली, 1895

———————*सवानह उमरी ज़ैबुन्निसा बेगम,* दिल्ली, 1898

———————*सवानह उमरी अमीर तैमूर व हमीदा बानो बेगम,* दिल्ली, 1898

नजीबाबादी, अकबरशाह, *तारीख़-ए-इस्लाम,* भाग-3, देवबन्द।

नदवी, एस. सुलेमान, *सीरत-ए-आइशा,* आज़मगढ़, 2004 (रीप्रिन्ट)।

नोमानी, शिब्ली, *शेरुल अजम,* भाग-2, आज़मगढ़।

———————*मक़ालात-ए-शिब्ली,* आज़मगढ़।

फ़हमी, शौकत अली, *मुक़म्मल तारीख़-ए-इस्लाम,* दिल्ली, 2002 (चौवालीसवाँ एडीशन)।

फ़ौक, मुहम्मदुद्दीन, *बुतान-ए-हरम,* लाहौर, 1927

बल्ख़ी, फसीहुद्दीन, *तज़किरा-ए-निस्वाँ-ए-हिंद,* पटना, 1956

मौदूदी, अबुल आला, *परदा,* दिल्ली, 2002

हसन, एस. जहूरूल, *बेगमात-ए-ख़ानदान-ए-तैमूरिया की सवानह उमरियाँ,* दिल्ली, 1936

फ़ारसी

अली, सैयद हुसैन, *तारीख़-ए-ताजमहल,* आगरा, 1318 हि. (1900 ई.)।

हिन्दी

अल्तेकर, ए.एस., *प्राचीन भारतीय शिक्षण पद्धति,* वाराणसी, 1968

अशरफ़, के.एम., *हिन्दुस्तान के निवासियों का जीवन और उनकी परिस्थितियाँ,* (अनु. के.एस. लाल.), दिल्ली, 1990 (रीप्रिन्ट)।

जोशी, उमेश, *भारतीय संगीत का इतिहास,* फ़ीरोज़ाबाद, 1957

झा, अमितेश्वर, *भारतीय सिक्के — एक परिचय,* नासिक, 2003

मिश्र, उर्मिला प्रकाश, *प्राचीन भारत में नारी,* भोपाल, 2002
वाजपेयी, के.डी., *भारतीय व्यापार का इतिहास,* मथुरा, 1951
शर्मा, रामशरण, *प्रारम्भिक भारत का आर्थिक और सामाजिक इतिहास,* 2000 (रीप्रिंट)।
श्रीवास्तव, हरिशंकर, *मुग़ल सम्राट हुमायूँ,* आगरा।
सतीश चन्द्र, *उत्तर मुग़लकालीन भारत,* दिल्ली, 1993
सरकार, जदुनाथ, *मुग़ल साम्राज्य का पतन।*
साहु, किशोरी प्रसाद, *मध्यकालीन उत्तर भारतीय सामाजिक जीवन के कुछ पक्ष,* पटना, 1981
हबीब, मुहम्मद एवं के.ए. निज़ामी (संपा.), *दिल्ली सल्तनत,* 2 खण्ड, दिल्ली, 1978
हबीबुल्लाह, ए.बी.एम., *भारत में मुस्लिम राज्य की बुनियाद,* (अनु.) हरिवंश राय शर्मा, इलाहाबाद, 1992
हुसैन, सैयद आबिद, *भारत की राष्ट्रीय संस्कृति,* (अनु.) दुर्गा शंकर शुक्ल, नई दिल्ली, 1987

कोश एवं कैटेलॉग्स

इनसाइक्लोपीडिया ब्रिटेनिका, खण्ड-II, यू.एस.ए., 1957
इनसाइक्लोपीडेइक सर्वे ऑफ़ इस्लामिक कल्चर, (संपा.) मोहम्मद ताहेर, नई दिल्ली, 1997
कंपरहेंसिव पर्शियन-इंग्लिश डिक्शनरी, (संक.) एफ.ए. स्टेनगास, लंदन, 1930
कैटेलॉग ऑफ़ इण्डियन क्वायन्स इन ब्रिटिश म्यूज़ियम— द मुग़ल इम्परर्स, (संक.) स्टेनले लेनपूल, लंदन, 1892
कैटेलाग ऑफ़ मुग़ल क्वायन्स इन द स्टेट म्यूज़ियम लखनऊ— सप्लीमेण्टरी (संक.) सी.आर. सिंघल, लखनऊ, 1965
कैटेलॉग ऑफ़ द क्वायन्स इन द इण्डियन म्यूज़ियम, खण्ड-II, (संक.) एच.एन. राइट, वाराणसी, 1972 (रीप्रिन्ट)।
डिक्शनरी ऑफ़ इस्लाम; (संक.) टी.पी. ह्यूज़, दिल्ली, 1988 (रीप्रिन्ट)।

शोध–पत्रिकाएँ एवं प्रोसीडिंग्स

इपीग्रेफिया इण्डिका, I, 1882; XXII, 1933-34
इस्लामिक कल्चर, X, 1937; XI, 1937; XXX, 1956; XXXIV, 1960
इण्डियन कल्चर, IV 1997-38
इण्डियन हिस्टोरिकल क्वार्टरली, X (4) दिसम्बर, 1934ए XVI (1) मार्च, 1940 XVI (4) दिसम्बर, 1940
इण्डियन एण्टीक्वेरी, VIII, जुलाई, 1878; XXX फरवरी, 1901
जरनल ऑफ़ इण्डियन हिस्ट्री, I (1), 1921-22

जनरल ऑफ़ एशियाटिक सोसाइटी ऑफ़ बंगाल, LVI, 1887, LVII, 1888, II (10) न्यू सीरीज़, दिसम्बर, 1906, VII(7), जुलाई, 1911 X(2) ल्सू सीरीज़, 1929

जरनल ऑफ़ न्यूमिस्मैटिक सोसाइटी ऑफ़ इण्डिया, XX, 1958; XXI, 1959; XXIII 1961

जरनल ऑफ़ पंजाब हिस्टोरिकल सोसाइटी, II, 1913

जरनल ऑफ़ बिहार एण्ड उड़ीसा रिसर्च सोसाइटी, XIII, 1927

प्रोसीडिंग्स ऑफ़ इण्डियन हिस्टोरिकल रिकॉर्ड्स कमीशन, V, 1923; VIII, 1926; XXXVI, 1961

प्रोसीडिंग्स ऑफ़ इण्डियन हिस्ट्री कांग्रेस, XXII, सेशन, 1958, LX सेशन, 1999

मिडीवल इण्डिया : ए मिसीलैनी, I, 1969

शब्दानुक्रमणिका

आ

इ

ई

उ

ए

ऐ

ओ

औ

क

ख

झ

ट

ड

त

द

ध

न

भ

म

य

र

ल

व

श

स

ह

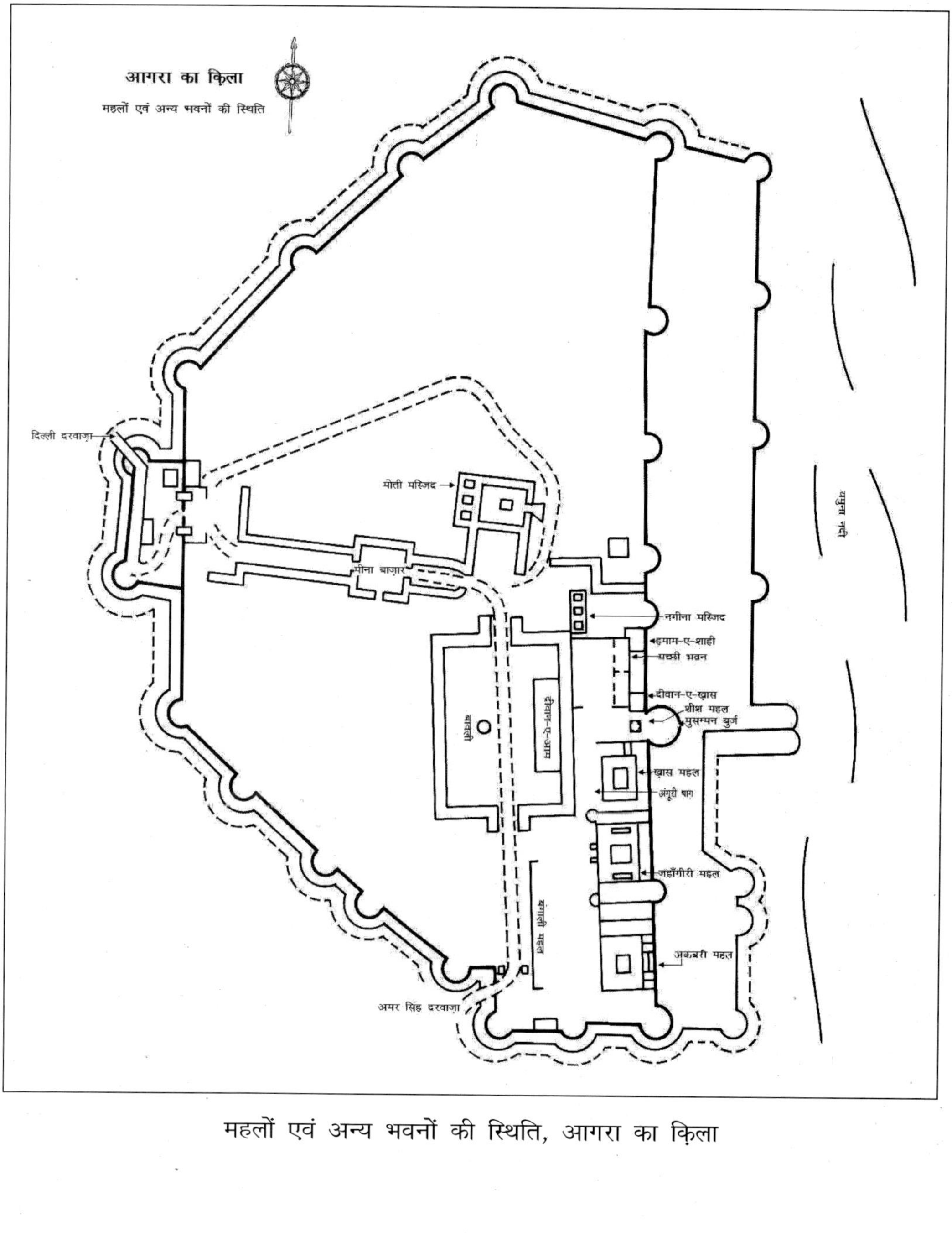

महलों एवं अन्य भवनों की स्थिति, आगरा का क़िला

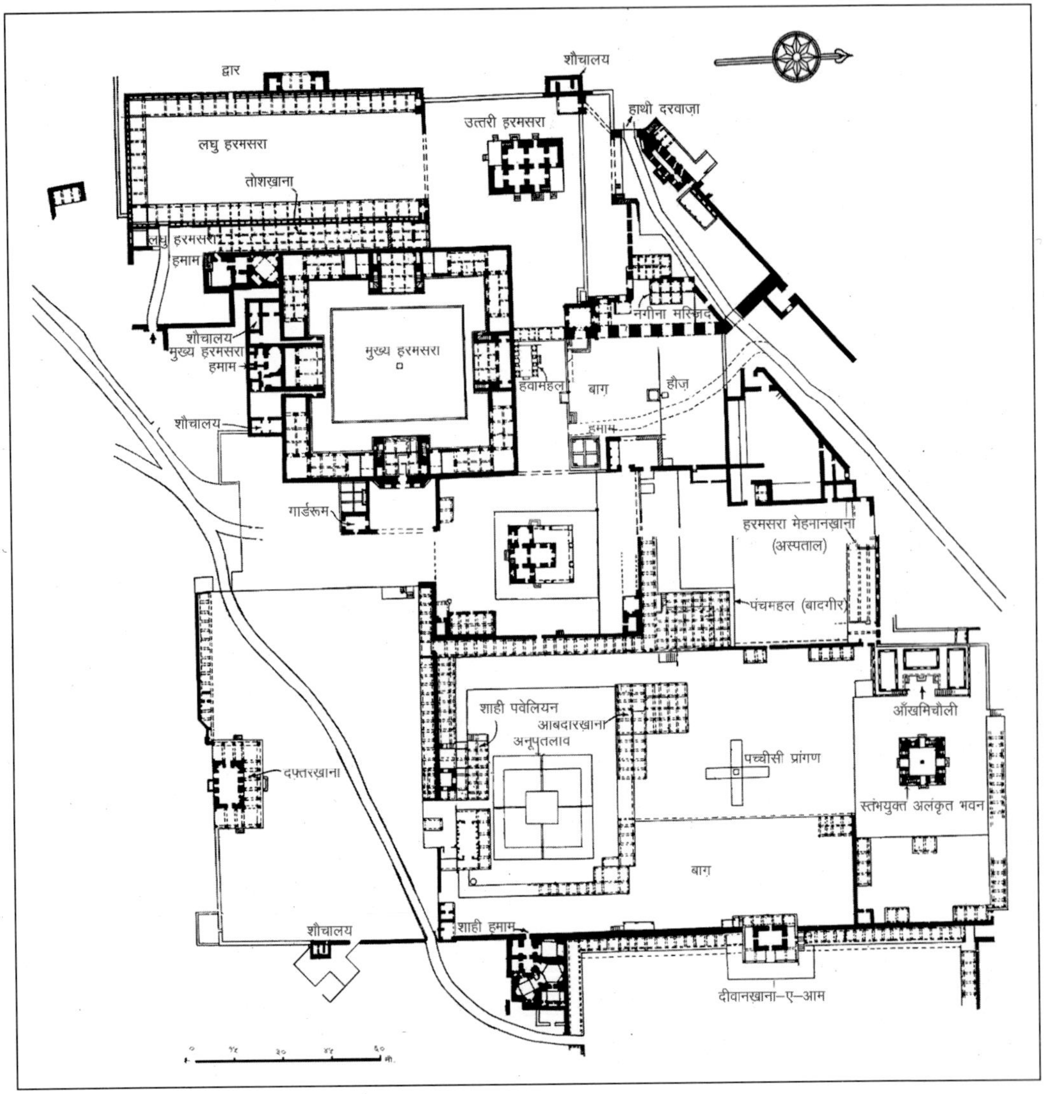

ह़रमसरा परिसर, फ़तेहपुर सीकरी

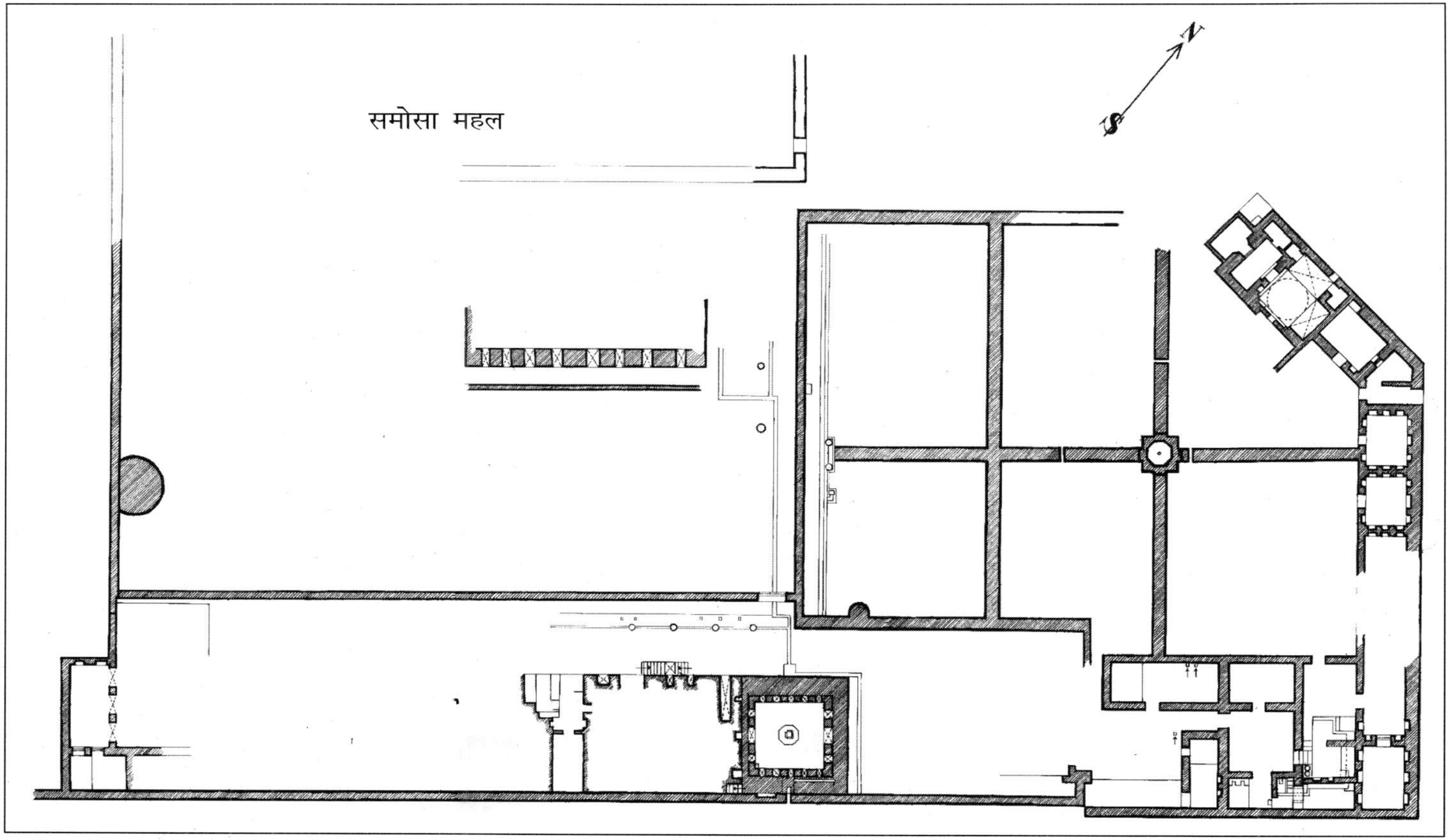

समोसा महल, फ़तेहपुर सीकरी

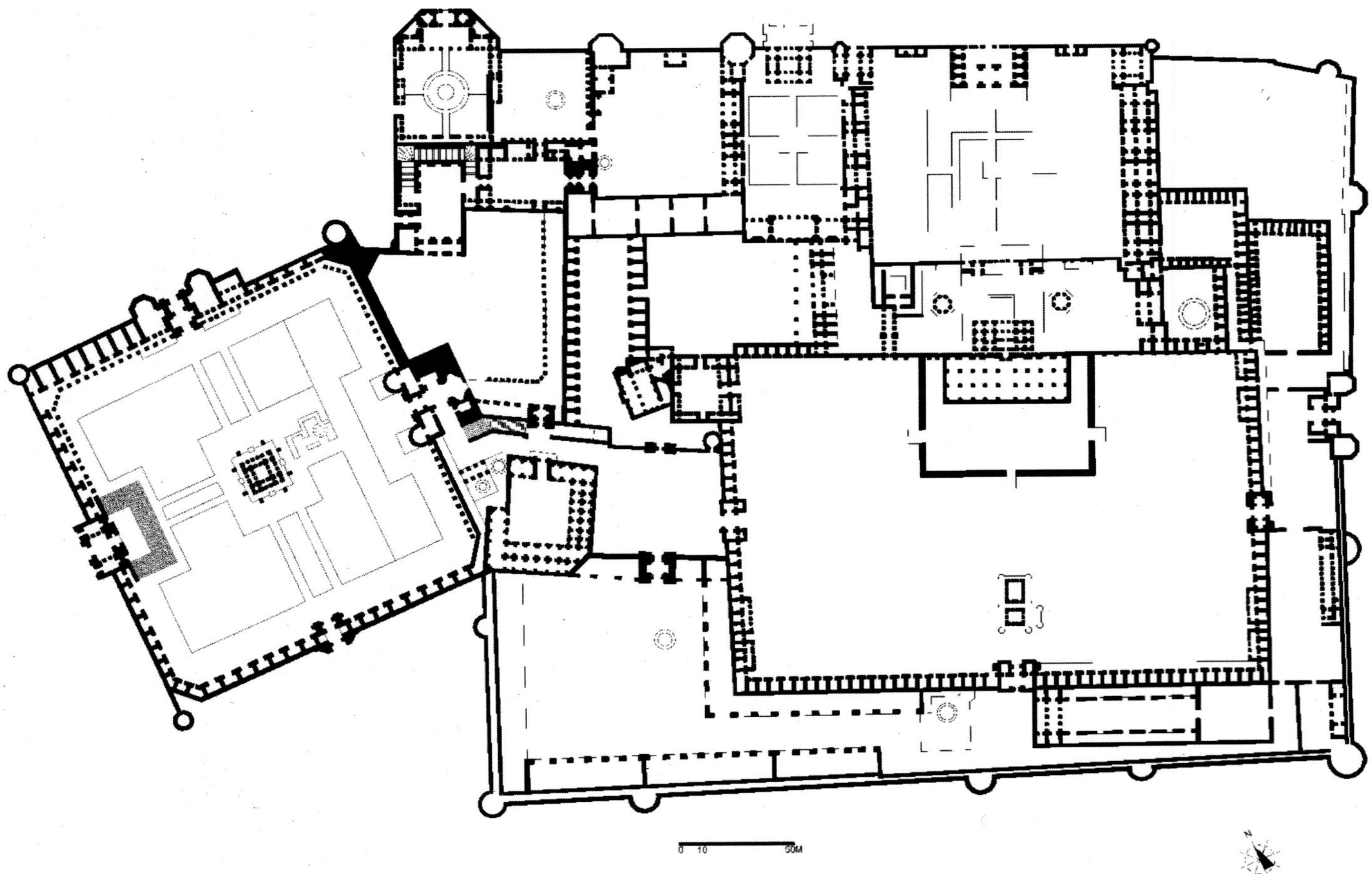

महलों एवं अन्य भवनों की स्थिति, लाहौर का क़िला

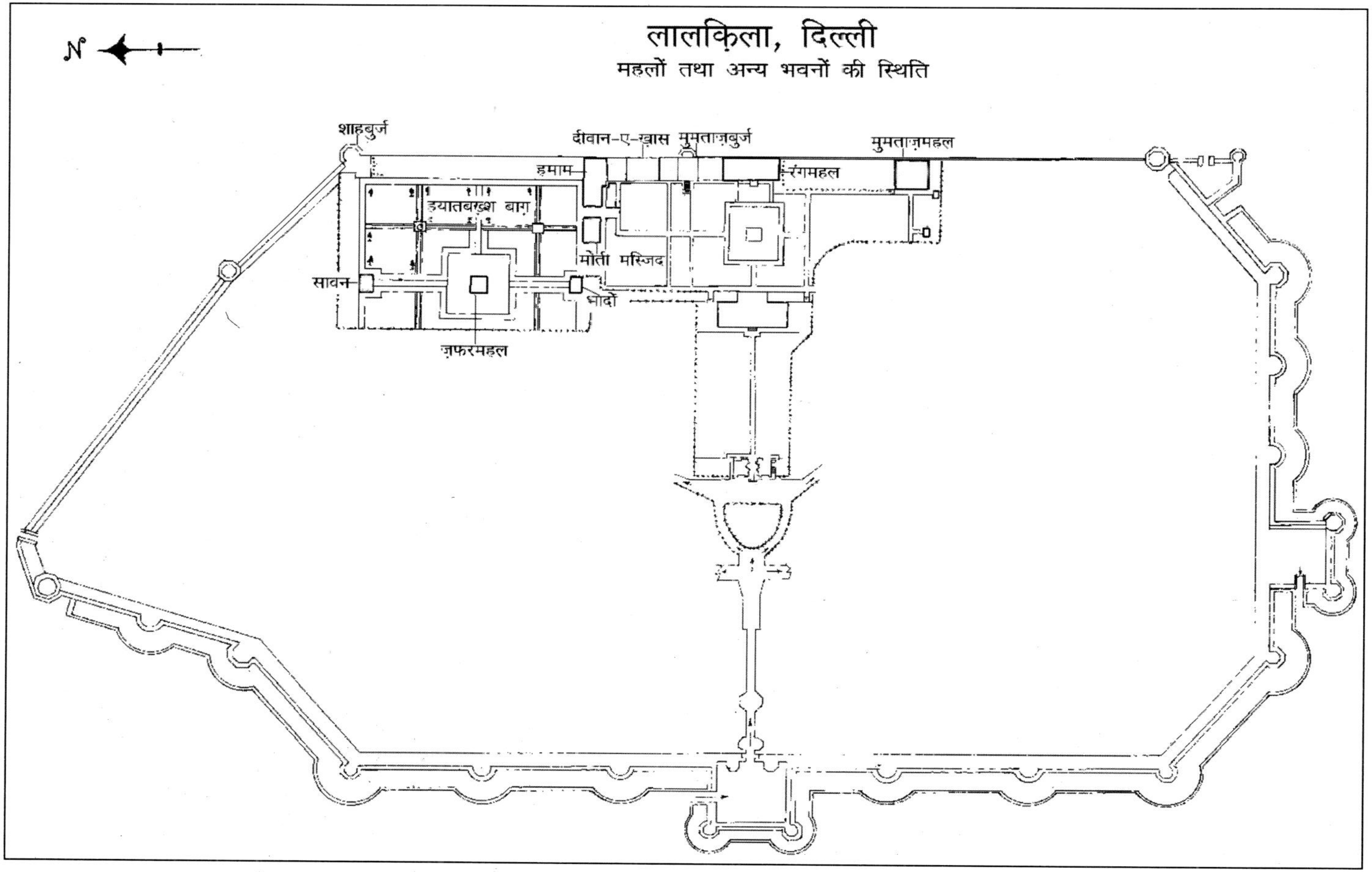

महलों एवं अन्य भवनों की स्थिति, लाल क़िला, दिल्ली

जहाँगीरी महल, लालक़िला, आगरा

मच्छी भवन तथा अन्य स्मारक, लालक़िला, आगरा

ख़ासमहल, बंगला-ए-जहाँआरा तथा ह़रम के अन्य भवन एवं अंगूरी बाग़, लालक़िला, आगरा

मुख्य ह़रमसरा, फ़तेहपुर सीकरी, आगरा

ह़रम से संबंधित निम्न श्रेणी की महिलाओं के उपयोग हेतु भवन, फ़तेहपुर सीकरी, आगरा

नगीना मस्जिद, लालक़िला, आगरा

ख़ैरुल मनाज़िल मस्जिद, दिल्ली

जामा मस्जिद, आगरा

हुमायूँ का मक़बरा, दिल्ली

मरियम-उज़-ज़मानी का मक़बरा, आगरा

एतमादुद्दौला का मक़बरा, आगरा

जहाँगीर का मक़बरा, लाहौर

नूरजहाँ बेगम का मक़बरा, लाहौर

मुमताज़महल का मक़बरा (ताजमहल), आगरा

बीबी (राबिउद्दौरानी) का मक़बरा, औरंगाबाद

जहाँआरा बेगम की समाधि पर स्थित अभिलेख, दिल्ली

ख़ानज़ादा बेगम, मेहरबानो बेगम तथा अन्य
महिलाओं से मिलता हुआ बाबर

नदी पार करती
अकबर की माता

विहावोत्सव में अकबर
तथा माहम अनगा

माण्डू में नूरजहाँ तथा जहाँगीर, साथ में शाहजादा
खुर्रम जिसे शाहजहाँ की उपाधि मिली

ह़रम स्थित जच्चाख़ाना का एक़ दृश्य

नूरजहाँ बेगमकृत सुलेख शैली का एक नमूना

ख़तना का एक दृश्य

नूरजहाँ बेगम को गले लगाते हुए जहाँगीर

उबटन लगवाती एक महिला

मेंहदी लगवाती महिला

आरसी दिखलाती हुयी महिला

चांदनी रात का आनन्द लेती महिलाएँ

चौपड़ खेलती हुयी महिलाएँ

शाहजादे को बिस्तर तक ले जाती महिलाएँ

ह़रम में संगीत का आनन्द लेता हुआ शाहजादा

ह़रम में संगीत का आनन्द लेती हुयी शाहजादी

ह़रम में दीवाली का दृश्य

ह़रम की महिलाओं के साथ
होली खेलता जहाँगीर

संगीत का आनन्द लेता शाहजहाँ

अकबर के जन्म का एक दृश्य

शाहजादा सलीम के जन्म का समाचार प्राप्त
करता अकबर और आनन्दोत्सव

जहाँगीर की उपस्थिति में
शाहज़ादा खुर्रम का तुलादान

दाराशिकोह के विवाह के अवसर
पर बारात का दृश्य

शिकार करता हुआ अकबर तथा ख़ेमें में आनन्द लेती ह़रम की महिलाएँ

नूरजहाँ बेगम

मुमताज़महल

ज़ैबुन्निसा बेगम

कुदसिया बेगम

ज़ीनतमहल